刊行にあたって

私が市町村の変遷をまとめはじめたのは、今から10年ほど前のことです。当初は、自分の頭の中の整理のためでした。市町村の変遷については、それぞれの市町村の資料などにも多少は書いてありますが、大抵はその市町村の誕生以降の場合が多く、また、編入された町村などの歴史については、あまり書かれていません。遡れる年代も明治22年の市制町村制の施行までがほとんどです。

私は、市制町村制以前、さらには郡区町村編制法以前の神奈川県内の姿を蘇らせ、市町村の変遷をもっと簡単に一望できるようにしたいと考えました。そのために市町村の歴史をデータベース化して整理し、編集してみました。

しかしながら、市町村の歴史を調べれば調べるほど、なかなか良い資料が見つからなかったのです。県が発行した資料や市町村が発行した市町村史なども記載に誤りが多く、つじつまの合わない記載も多々あります。これは、資料を作成するときに一つ一つ原資料を確認することなく、既刊の資料の内容をそのまま掲載しているために起こることだと思われます。せめてつじつまの合わない内容については、原資料と突き合わせをしてほしいと思うところです。

本書は、神奈川県内の市町村について一覧性を確保しながら、より正確な歴史を記録するために作成したもので、歴史にはあまり関心のない方でも気軽に市町村の歴史を調べていただけるよう関連市町村を探したり、索引などから簡単に該当市町村を探せるよう読みと番号を付しています。歴史に関心のある方は、これまでの資料や地名辞典などと異なるところを再度検討する材料にしていただければ幸いです。

神奈川県内では明治11年の郡区町村編制法施行により「横浜区」が設置され、明治22年の市制町村制施行で「横浜市」になりました。市町村の歴史を表現するために、この本のタイトルは「神奈川県区市町村変遷総覧」としました。

平成27年1月

齊藤　達也

目　　次

本書は、現在の神奈川県の地域の区市町村等について、江戸期あるいはそれ以前の町村の成立期から、その成り立ちが全て理解できるよう編集したものである。

概　説

町村　町村は、律令制から続く「国、郡、郷」の郷に代わり太閤検地以来制度上の区域となり、江戸期に整備された。

明治なるとその制度も改められる。明治5年には、「大区小区制」が施行される。それまでの「郡」とは別に、町村を纏める単位として大区 小区を置くことになる。神奈川県では同7年6月に施行され、20大区182小区に整理された。その後、明治9年には足柄県が廃止され、その相模国分が神奈川県に編入となり23大区211小区になった。

明治11年7月22日には、大区小区制は廃止され「郡区町村編制法」が布告された。これにより、郡と別に三府、五港及び人口輻湊の地に区が設けられることになった。

三府とは、東京（麹町区、神田区、日本橋区、京橋区、芝区、麻布区、赤坂区、四谷区、牛込区、小石川区、本郷区、下谷区、浅草区、本所区、深川区）、京都（上京区、下京区）、大坂（東区、西区、南区、北区）、五港とは、横浜、神戸、新潟、長崎、函館であり、人口輻湊の地として仙台、金沢、名古屋、堺、岡山、広島、赤間関、福岡、熊本、札幌に区が設置された。

神奈川県では、明治11年11月18日に施行され横浜区が設置されることとなった。

そして、明治22年4月1日には、現在の市町村の基礎となった「市制町村制」が施行されることとなり、これに先立ち神奈川県では、明治

22年3月31日に町村の合併、改称が行われ、横浜区は「横浜市」と改称され、それまで千余りあった町村は、229町村となった（「区市町村数推移」参照）。さらに、同時に各地にあった飛地が整理された。

村には、その中の地域を表す「字」が存在していたが、市制及び町村制の施行に伴って合併した町村のそれぞれの町村名は、それ以前の字と区別するため「大字」として引き継がれた。

なお、市制及び町村制は、明治21年4月25日に法律第1号として同時に公布され「市制町村制」と称されているが、別々の法律である。ちなみに、明治44年の改正では市制の改正は法律第68号、町村制の改正は法律第69号として別々に公布されている。

神奈川県　明治元年3月19日に横浜裁判所が開設され、4月23日に神奈川裁判所と改称された。同年6月17日には、神奈川府が設置され9月21日に神奈川県と改められた。

明治4年7月14日には、廃藩置県が布告され、それまでの大名等の領地をそれぞれ県に置き換えられた。こうしたことから、この時の県は飛地も多く現在の神奈川県内にも佐倉県（千葉）や烏山県（栃木）などの飛地が存在していた。

その後、整理統合が行われ、同年11月14日には神奈川県と六浦県が統合され、改めて神奈川県が設置され、荻野山中県、小田原県と韮山県が統合され、改めて足柄県が設置された。

神奈川県は、武蔵国久良岐郡、橘樹郡、都筑郡、多摩郡、相模国三浦郡及び鎌倉郡を所管することとなり、足柄県は、相模国高座郡、足柄下郡、足柄上郡、淘綾郡、大住郡、愛甲郡、津久井郡及び伊豆国を所管することとなった。

明治9年4月18日、足柄県は廃止され、相模国に属する地域は神奈川県に編入され、伊豆国に属する地域は静岡県に編入された。

明治11年7月22日に布告された郡区町村編制法では、「府県ノ下郡区町村トス」と規定され、各県が纏まった地域を管轄することが定めらた。

多摩郡（たまぐん）　多摩郡については、明治11年11月18日、東京府の管轄する地域が東多摩郡に、神奈川県の管轄する地域が南多摩郡、北多摩郡及び西多摩郡に分割された。

これにより神奈川県の管轄する区域は、横浜区、武蔵国久良岐郡、橘樹郡、都筑郡、南多摩郡、北多摩郡、西多摩郡、相模国三浦郡、鎌倉郡、高座郡、足柄下郡、足柄上郡、淘綾郡、大住郡、愛甲郡及び津久井郡の1区15郡となった。

また、南多摩郡、北多摩郡、西多摩郡の3郡については、明治26年4月1日に東京府に移管された。

県（あがた）　津久井郡は、明治3年まで「津久井県」と称していた。郡の名称に「県」が使われていたのは、全国でも津久井県だけである。

内容 表記

収録範囲　本書は、現在の神奈川県内の区域について、江戸期あるいはそれ以前からの町村等を網羅したものである。また、神奈川県が設置される前あるいは神奈川県が管轄する前に消滅した町村についても収録している。

多摩三郡については、当初神奈川県が管轄していたが、明治26年4月1日に東京府に移管されたため収録の対象から除外した。

漢字表記　県名、郡名、区市町村名などの漢字の表記については、最も一般的に使用されていた漢字又は布達や告示などの公式な資料にある漢字を使用した。また、漢字はできる限り現在の書体を使用した。

例　**神奈川縣　→　神奈川県**

横濱區　→　横浜区

蓬莱町　→　蓬莱町

羽澤村　→　羽沢村

よみ　区市町村名などの読み方については、最も一般的と思われるもの又は布達や告示などの公式な資料を基に記載した。

年月日欄　区市町村の移動時期については、年月日まで特定できたものについては年月日を、月又は年が特定できたものは年月又は年を記載し、これが特定できないものについて元号により寛永年間、享保年間あるいは江戸初期、明治初期などと表記した。

また、江戸期には成立していたが、成立時期が不明である町村については、その時期を「江戸期又は江戸期以前」と表記した。

索引番号　区市町村等には、それぞれ索引番号が振られている。これは区市町村の関連を調べやすくするためのもので、同一の区市町村には、同一の番号が振られている。町村等の中には、合併や編入で消滅したものなどについても変遷を容易に辿ることができるよう消滅した町村等についても索引番号を付けた。

名称が変更された場合でも同一の番号としている。また、合併して名称を引き継いだ場合も同一の番号としている。

横浜町内の町　横浜町内に起立した町の表記については、「久良岐郡」を省略し、それぞれ「横浜町　○○町」のように表記した。

市区町村別変遷一覧

収録内容　「区市町村別変遷一覧」は、区市町村等毎に変遷を記したもので、索引番号順に掲載してある。年月日、区市町村等の旧名称、変遷の内容、新名称を記してある。

見出し　各見出しに記載した名称は、現在存続している区市町村については、現在の名称を、既に廃止されている町村等については、廃止された時点での名称を使用した。

横浜町内の町　横浜町内に起立した町の移動については、横浜町のそれぞれの項にも掲載した。

区制　区制を施行した横浜市、川崎市及び相模原市についての移動についてはそれぞれの区に掲載した。

年代順変遷一覧

収録内容　「年代順変遷一覧」は、変遷を年代順に表示したもので、年月日、市区町村等の旧名称、変遷の内容、新名称を記してある。年代は、「江戸期又は江戸期以前」、「江戸期以降」、「郡区町村編制法施行以降」、「市制・町村制施行前」及び「市制・町村制施行以降」に区分されている。

市制町村制の施行は、明治22年4月1日であるが、これに先立ち前日の明治22年3月31日付けで大規模な合併や改称が実施されたのである。この3月31日の合併及び改称については、年代の区分を「市制・町村制施行前」とした。

索引番号　区市町村等の名称の前の括弧内の数字は、索引番号である。

町村の分割　町村等が分割してその全てが他に編入又は新しい町村となった場合には、最後の行に「(○○村消滅)」のように記載した。

郡変遷一覧

収録内容　「郡変遷一覧」は、変遷を年代順に表示したものである。年月日、郡の旧名称、変遷の内容、新名称を記してある。

国　明治初期のころ県は地域を示すものではなく単に行政の所管を区分けしたものでした。郡区町村編制法施行後も地域を示すものは「国」であり、「神奈川県の所管は、武蔵国久良岐郡、武蔵国橘樹郡」などという表現がされていた。「郡変遷一覧」には国名を表示しているが、地方自治法施行後は「神奈川県○○郡」のように記載した。

区市町村数推移

収録範囲　「区市町村数推移」は、現在の神奈川県内の区域の区市町村等の数の推移を掲載したものである。従って、多摩三郡内の町村等については、明治26年3月31日までは神奈川県の管轄であったが集計から除外した。

集計の期間は、明治22年3月30日から現在に至るまでの期間とした。これは、市制町村制施行に先立って実施された合併の状況が分かるよう、その前日から集計の期間とした。

横浜町　横浜町については、町内に町が起立してから郡区町村編制法が施行され横浜区が設置されるまでの間は、集計に含めず、町内に起立した町のみを集計に含めた。

横浜区と区内の町は、区と町それぞれに、横浜市、川崎市とその区は、市と区それぞれに集計されている。

駅　駅は、明治初期に戸塚駅、平塚駅、大磯駅、箱根駅、与瀬駅、吉野駅が設置されていたが、小田原と藤沢については、小田原では明治4年に小田原駅欄干橋町他37町が、藤沢では明治15年に藤沢駅大鋸町他4町が設置され、それらの総称として小田原駅、藤沢駅と呼ばれていたため、それぞれ町とは別に1駅として集計した。

大区小区制町村一覧

大区小区制は明治5年に布告され、神奈川県は7年6月に施行されものである。「大区小区制町村一覧」は、第一大区（久良岐郡）から第二十大区（高座郡）までは施行時のものを、第二十一大区（足柄下郡）から第二十三大区（愛甲郡、津久井郡）までは明治9年4月18日、神奈川県編入時のものを記載した。

なお、多摩郡については、第八大区から第十三大区までであるが、記載を省略した。

関係法令

法令に記載されている漢字の書体については、出来る限り現在の書体を使用した。

郡区編制を定める神奈川県布達に付されている読み仮名については、原文のまま記載した。

索引

「索引」は、五十音順に表示されている。掲載されている数字は、区市町村等に付いている索引番号である。また、合併、編入や改称などで廃止された名称も全て掲載した。

その他

外国人居留地　明治11年7月22日の郡区町村編制法施行時の神奈川県布達に、それぞれの郡に属する町村及び横浜区に属する町が列挙されている。しかし、外国人居留地がこの記載から脱落していたため、外国人居留地が郡及び区の何れにも属していなかったと誤解されている場合があるが、この脱落に関しては、明治17年3月21日に正誤の布達があり、外国人居留地は横浜区の一部とされている。本書も横浜外国人居留地については、郡区町村編制法施行時から横浜区に含めた。

久良岐郡戸部町　久良岐郡户部町は、明治6年にその一部が横浜町に編入され、町内の町として「户部町（とべちょう）」と呼称が付された。しかし、明治11年7月22日の郡区町村編制法施行時の神奈川県布達の久良岐郡から「户部町」が脱落していたため、明治6年に户部町全てが横浜町に編入されたと誤解されている場合もあるが、明治14年11月24日に訂正の布達があり、户部町は久良岐郡に属すとされている。本書も户部町は、明治22年3月31日の合併により户太村となるまで存続していると記載した。

久良岐郡戸太町　久良岐郡户太町の町制施行は、明治28年10月1日説と明治28年7月1日説があり、「横浜市史稿（昭和7年　横浜市役所）」や「神奈川県会史（昭和28年3月31日　神奈川県議会事務局）」では、明治28年7月1日が町制施行の日とされている。しかし、明治28年10月1日に神奈川県公報で户太町の町制施行が告示されており、本書も久良岐郡户太町の町制施行は、明治28年10月1日とした。

なお、この錯誤には、原因となる事由がないことから、漢数字の「十」を「七」に誤写したものと思われる。

年月日	旧名称			内容	新名称		

(1) 久良岐郡 石川村（いしかわむら）

年月日	旧名称			内容	新名称		
江戸期又は江戸期以前					久良岐郡		石川村
文禄 4年	久良岐郡		石川村の一部	分立	久良岐郡	(2)	横浜村（よこはまむら）
			石川村の一部	分立	久良岐郡	(192)	中村（なかむら）
			石川村の一部（石川村消滅）	分立	久良岐郡	(205)	堀内村（ほりのうちむら）

(2) 久良岐郡 元町（もとまち）

年月日	旧名称			内容	新名称		
文禄 4年	久良岐郡	(1)	石川村（いしかわむら）の一部	分立	久良岐郡		横浜村（よこはまむら）
安政 6年	久良岐郡		横浜村の一部	合併	久良岐郡	(3)	横浜町
万延元年	久良岐郡		横浜村	改称	久良岐郡		元町
明治元年 9月21日				県設置			神奈川県
明治 6年	久良岐郡		元町	編入起立	横浜町	(112)	元町

(3) 横浜市（よこはまし）

年月日	旧名称			内容	新名称		
安政 6年	久良岐郡	(2)	横浜村の一部	合併	久良岐郡		横浜町
		(183)	戸部村（とべむら）の一部				
		(187)	太田村（おおたむら）の一部				
		(192)	中村（なかむら）の一部				
安政 6年				起立	横浜町	(22)	駒形町（こまがたちょう）
				起立	横浜町	(23)	本町（ほんちょう）
				起立	横浜町	(25)	北仲通（きたなかどおり）
				起立	横浜町	(27)	海辺通（うみべどおり）
				起立	横浜町	(29)	南仲通（みなみなかどおり）
				起立	横浜町	(30)	弁天通（べんてんどおり）
安政 6年	久良岐郡	(182)	太田屋新田（おおたやしんでん）の一部	編入起立	横浜町	(34)	太田町
万延元年				起立	横浜町	(31)	港崎町（みよざきちょう）
万延元年	横浜町	(23)	本町の一部	分立	横浜町	(24)	洲干町（すかんちょう）
文久元年	久良岐郡	(182)	太田屋新田の一部	編入起立	横浜町	(119)	坂下町（さかしたちょう）
慶応元年				起立	横浜町	(32)	弁財天町（べんざいてんちょう）
慶応 2年	久良岐郡	(182)	太田屋新田の一部	編入起立	横浜町	(36)	末広町（すえひろちょう）
慶応 2年				起立	横浜町	(59)	浪花町（なにわちょう）

年月日	旧名称	内容	新名称
慶応 2年	横浜町 (31) 港崎町	廃止	
慶応 3年	久良岐郡 (182) 太田屋新田の一部	編入起立	横浜町 (40) 新浜町（しんはまちょう）
	太田屋新田の一部	編入起立	横浜町 (46) 真砂町（まさごちょう）
	太田屋新田の一部	編入起立	横浜町 (47) 緑町（みどりちょう）
慶応 3年		起立	横浜町 (48) 若松町（わかまつちょう）
慶応 3年	久良岐郡 (188) 吉田新田（よしだしんでん）の一部	編入起立	横浜町 (57) 姿見町（すがたみちょう）
	吉田新田の一部	編入起立	横浜町 (61) 吉原町（よしはらちょう）
明治元年		起立	横浜町 (33) 境町（さかいちょう）
明治元年 9月21日		県設置	神奈川県
明治 2年	横浜町 (34) 太田町の一部	分立	横浜町 (35) 黄金町（こがねちょう）
明治 2年	久良岐郡 (182) 太田屋新田の一部	編入起立	横浜町 (41) 入船町（いりふねちょう）
明治 3年	横浜町 (25) 北仲通の一部	分立	横浜町 (26) 小宝町（こだからまち）
明治 3年 6月	久良岐郡 (188) 吉田新田の一部	編入起立	横浜町 (53) 福富町（ふくとみちょう）
	吉田新田の一部	編入起立	横浜町 (54) 長者町（ちょうじゃまち）
明治 3年 9月	久良岐郡 (183) 戸部町の一部	編入起立	横浜町 (101) 宮崎町（みやざきちょう）
明治 4年	横浜町 (41) 入船町	改称	横浜町 (41) 入船町通（いりふねちょうどおり）
明治 4年 4月	横浜町 (24) 洲干町	改称	横浜町 (24) 洲干町通（すかんちょうどおり）
	(27) 海辺通	改称	横浜町 (27) 元浜町（もとはまちょう）
明治 4年 4月		起立	横浜町 (28) 海岸通（かいがんどおり）
明治 4年 7月	久良岐郡 (182) 太田屋新田の一部	編入起立	横浜町 (37) 高砂町（たかさごちょう）
	太田屋新田の一部	編入起立	横浜町 (38) 小松町（こまつちょう）
	太田屋新田の一部	編入起立	横浜町 (39) 小船町（こぶねちょう）
	太田屋新田の一部	編入起立	横浜町 (42) 相生町（あいおいちょう）
	太田屋新田の一部	編入起立	横浜町 (43) 住吉町（すみよしちょう）
	太田屋新田の一部	編入起立	横浜町 (44) 常盤町（ときわちょう）
	太田屋新田の一部	編入起立	横浜町 (45) 尾上町（おのえちょう）
	太田屋新田の一部	編入起立	横浜町 (50) 港町（みなとちょう）
明治 4年 9月	久良岐郡 (187) 太田村の一部	編入起立	横浜町 (99) 日出町（ひのでちょう）
	太田村の一部	編入起立	横浜町 (107) 三春町（みはるちょう）
	太田村の一部	編入起立	横浜町 (108) 初音町（はつねちょう）
	太田村の一部	編入起立	横浜町 (109) 英町（はなぶさちょう）
	太田村の一部	編入起立	横浜町 (110) 霞町（かすみちょう）

年月日	旧名称	内容	新名称
	太田村の一部	編入起立	横浜町 (111) 清水町(しみずちょう)
	太田村の一部	編入起立	横浜町 (121) 児玉町(こだまちょう)
明治 4年12月	横浜町 (41) 入船町通の一部	編入	横浜町 (42) 相生町
	入船町通の一部	編入	横浜町 (43) 住吉町
	入船町通の一部	編入	横浜町 (44) 常盤町
	入船町通の一部	編入	横浜町 (45) 尾上町
明治 5年頃	横浜町 (24) 洲干町通の一部	編入	横浜町 (23) 本町
	(32) 弁財天町の一部	編入	横浜町 (29) 南仲通
	(24) 洲干町通の一部	編入	横浜町 (30) 弁天通
	洲干町通の一部	編入	横浜町 (34) 太田町
	(32) 弁財天町の一部	編入	横浜町 (34) 太田町
明治 5年		起立	横浜町 (52) 柳町(やなぎちょう)
明治 5年 4月		起立	横浜町 (92) 高島町(たかしまちょう)
明治 5年 5月		起立	横浜町 (87) 桜木町(さくらぎちょう)
		起立	横浜町 (100) 福島町(ふくしまちょう)
明治 5年 5月	久良岐郡 (183) 戸部町の一部	編入起立	横浜町 (102) 伊勢町(いせちょう)
明治 5年 9月		起立	横浜町 (88) 内田町(うちだちょう)
明治 5年11月		起立	横浜町 (94) 花咲町(はなさきちょう)
		起立	横浜町 (98) 宮川町(みやがわちょう)
明治 6年頃	横浜町 (36) 末広町	編入	横浜町 (34) 太田町
明治 6年頃	久良岐郡 (188) 吉田新田の一部	編入起立	横浜町 (82) 山田町(やまだちょう)
	吉田新田の一部	編入起立	横浜町 (83) 富士見町(ふじみちょう)
	吉田新田の一部	編入起立	横浜町 (84) 山吹町(やまぶきちょう)
明治 6年	久良岐郡 (190) 吉田町(よしだまち)	編入起立	横浜町 (51) 吉田町
	(191) 羽衣町(はごろもちょう)	編入起立	横浜町 (58) 羽衣町
	(184) 野毛町(のげまち)	編入起立	横浜町 (95) 野毛町
	(183) 戸部町の一部	編入起立	横浜町 (103) 戸部町
	(2) 元町(もとまち)	編入起立	横浜町 (112) 元町
明治 6年 1月	久良岐郡 (185) 平沼新田(ひらぬましんでん)の一部	編入起立	横浜町 (104) 平沼町(ひらぬままち)
	(195) 北方村(きたかたむら)の一部	編入起立	横浜町 (113) 諏訪町(すわちょう)
	北方村の一部	編入起立	横浜町 (114) 上野町(うえのまち)
	北方村の一部	編入起立	横浜町 (115) 千代崎町(ちよざきちょう)

年月日			旧名称	内容			新名称
		(193)	根岸村（ねぎしむら）の一部	編入起立	横浜町	(116)	山元町（やまもとちょう）
		(192)	中村の一部	編入起立	横浜町	(118)	石川町（いしかわまち）
	橘樹郡	(258)	岡野新田（おかのしんでん）の一部	編入起立	横浜町	(123)	岡野町（おかのちょう）
			岡野新田の一部	編入起立	横浜町	(124)	千歳町（ちとせちょう）
			岡野新田の一部	編入起立	横浜町	(125)	新玉町（あらたまちょう）
明治 6年 2月	横浜町	(61)	吉原町の一部	分立	横浜町	(62)	若竹町（わかたけちょう）
			吉原町の一部	分立	横浜町	(63)	松ヶ枝町（まつがえちょう）
			吉原町の一部	分立	横浜町	(64)	梅ヶ枝町（うめがえちょう）
明治 6年 3月	久良岐郡	(188)	吉田新田の一部	編入起立	横浜町	(60)	蓬莱町（ほうらいちょう）
明治 6年 4月	久良岐郡	(188)	吉田新田の一部	編入起立	横浜町	(73)	萬代町（よろずよちょう）
			吉田新田の一部	編入起立	横浜町	(74)	不老町（ふろうちょう）
			吉田新田の一部	編入起立	横浜町	(75)	翁町（おきなちょう）
			吉田新田の一部	編入起立	横浜町	(76)	扇町（おうぎちょう）
			吉田新田の一部	編入起立	横浜町	(77)	寿町（ことぶきちょう）
			吉田新田の一部	編入起立	横浜町	(78)	松影町（まつかげちょう）
明治 6年 5月	横浜町	(22)	駒形町の一部	編入	横浜町	(42)	相生町
		(37)	高砂町の一部	編入	横浜町	(42)	相生町
		(38)	小松町の一部	編入	横浜町	(42)	相生町
		(39)	小船町の一部	編入	横浜町	(42)	相生町
		(22)	駒形町の一部	編入	横浜町	(43)	住吉町
		(37)	高砂町の一部	編入	横浜町	(43)	住吉町
		(38)	小松町の一部	編入	横浜町	(43)	住吉町
		(39)	小船町の一部	編入	横浜町	(43)	住吉町
		(38)	小松町の一部	編入	横浜町	(45)	尾上町
		(39)	小船町の一部	編入	横浜町	(45)	尾上町
		(40)	新浜町	編入	横浜町	(45)	尾上町
		(47)	緑町	編入	横浜町	(46)	真砂町
		(48)	若松町	編入	横浜町	(46)	真砂町
		(38)	小松町の一部	編入	横浜町	(50)	港町
明治 6年11月	久良岐郡	(188)	吉田新田の一部	編入起立	横浜町	(55)	末吉町（すえよしちょう）
			吉田新田の一部	編入起立	横浜町	(65)	若葉町（わかばちょう）
			吉田新田の一部	編入起立	横浜町	(66)	賑町（にぎわいまち）
			吉田新田の一部	編入起立	横浜町	(67)	久方町（ひさかたちょう）
			吉田新田の一部	編入起立	横浜町	(68)	足曳町（あしびきちょう）

年月日			旧名称	内容			新名称
			吉田新田の一部	編入起立	横浜町	(69)	雲井町（くもいちょう）
			吉田新田の一部	編入起立	横浜町	(70)	長島町（ながしまちょう）
			吉田新田の一部	編入起立	横浜町	(71)	吉岡町（よしおかちょう）
			吉田新田の一部	編入起立	横浜町	(72)	駿河町（するがちょう）
明治 6年12月	久良岐郡	(188)	吉田新田の一部	編入起立	横浜町	(122)	和泉町（いずみちょう）
明治 7年 5月20日				起立	横浜町	(56)	伊勢佐木町（いせざきちょう）
明治 7年 6月 9日	久良岐郡	(188)	吉田新田の一部	編入起立	横浜町	(80)	三吉町（みよしちょう）
明治 7年 6月17日				起立	横浜町	(89)	福長町（ふくながちょう）
				起立	横浜町	(90)	長住町（ながすみちょう）
明治 7年 7月 3日	久良岐郡	(188)	吉田新田の一部	編入起立	横浜町	(81)	千歳町
		(192)	中村の一部	編入起立	横浜町	(117)	石川仲町（いしかわなかまち）
明治 7年 7月 7日				起立	横浜町	(49)	緑町（みどりちょう）
				起立	横浜町	(91)	橘町（たちばなちょう）
明治初期	横浜町	(123)	岡野町	廃止			
		(124)	千歳町	廃止			
		(125)	新玉町	廃止			
明治 8年	久良岐郡	(182)	太田屋新田（横浜外国人居留地）	編入	久良岐郡		横浜町
明治 8年 3月23日				起立	横浜町	(93)	裏高島町（うらたかしまちょう）
明治 8年11月 9日	久良岐郡	(188)	吉田新田の一部	編入起立	横浜町	(79)	吉浜町（よしはまちょう）
		(185)	平沼新田の一部	編入起立	横浜町	(105)	仲町
			平沼新田の一部	編入起立	横浜町	(106)	材木町（ざいもくちょう）
明治 9年 2月29日	久良岐郡	(183)	戸部町の一部	編入起立	横浜町	(96)	月岡町（つきおかちょう）
		(187)	太田村の一部				
		(183)	戸部町の一部	編入起立	横浜町	(97)	老松町（おいまつちょう）
		(187)	太田村の一部	編入起立	横浜町	(120)	久保町（くぼちょう）
明治 9年	横浜町	(35)	黄金町の一部	編入	久良岐郡	(187)	太田村
		(107)	三春町の一部	編入	久良岐郡	(187)	太田村
		(108)	初音町の一部	編入	久良岐郡	(187)	太田村
		(111)	清水町の一部	編入	久良岐郡	(187)	太田村
		(120)	久保町	編入	久良岐郡	(187)	太田村
		(121)	児玉町	編入	久良岐郡	(187)	太田村

年月日		旧　名　称	内容		新　名　称
明治10年頃	横浜町	(119) 坂下町	廃止		
		(122) 和泉町	廃止		
明治11年	横浜町	(26) 小宝町	編入	横浜町	(25) 北仲通
明治11年11月18日	久良岐郡	横浜町８１ヶ町	区設置		横浜区
	横浜町	(23) 本町		横浜区	(23) 本町
		(25) 北仲通		横浜区	(25) 北仲通
		(27) 元浜町		横浜区	(27) 元浜町
		(28) 海岸通		横浜区	(28) 海岸通
		(29) 南仲通		横浜区	(29) 南仲通
		(30) 弁天通		横浜区	(30) 弁天通
		(33) 境町		横浜区	(33) 境町
		(34) 太田町		横浜区	(34) 太田町
		(35) 黄金町		横浜区	(35) 黄金町
		(42) 相生町		横浜区	(42) 相生町
		(43) 住吉町		横浜区	(43) 住吉町
		(44) 常盤町		横浜区	(44) 常盤町
		(45) 尾上町		横浜区	(45) 尾上町
		(46) 真砂町		横浜区	(46) 真砂町
		(49) 緑町		横浜区	(49) 緑町
		(50) 港町		横浜区	(50) 港町
		(51) 吉田町		横浜区	(51) 吉田町
		(52) 柳町		横浜区	(52) 柳町
		(53) 福富町		横浜区	(53) 福富町
		(54) 長者町		横浜区	(54) 長者町
		(55) 末吉町		横浜区	(55) 末吉町
		(56) 伊勢佐木町		横浜区	(56) 伊勢佐木町
		(57) 姿見町		横浜区	(57) 姿見町
		(58) 羽衣町		横浜区	(58) 羽衣町
		(59) 浪花町		横浜区	(59) 浪花町
		(60) 蓬莱町		横浜区	(60) 蓬莱町
		(62) 若竹町		横浜区	(62) 若竹町
		(63) 松ヶ枝町		横浜区	(63) 松ヶ枝町
		(64) 梅ヶ枝町		横浜区	(64) 梅ヶ枝町
		(65) 若葉町		横浜区	(65) 若葉町

年月日	旧名称	内容	新名称
	(66) 賑町	横浜区	(66) 賑町
	(67) 久方町	横浜区	(67) 久方町
	(68) 足曳町	横浜区	(68) 足曳町
	(69) 雲井町	横浜区	(69) 雲井町
	(70) 長島町	横浜区	(70) 長島町
	(71) 吉岡町	横浜区	(71) 吉岡町
	(72) 駿河町	横浜区	(72) 駿河町
	(73) 萬代町	横浜区	(73) 萬代町
	(74) 不老町	横浜区	(74) 不老町
	(75) 翁町	横浜区	(75) 翁町
	(76) 扇町	横浜区	(76) 扇町
	(77) 寿町	横浜区	(77) 寿町
	(78) 松影町	横浜区	(78) 松影町
	(79) 吉浜町	横浜区	(79) 吉浜町
	(80) 三吉町	横浜区	(80) 三吉町
	(81) 千歳町	横浜区	(81) 千歳町
	(82) 山田町	横浜区	(82) 山田町
	(83) 富士見町	横浜区	(83) 富士見町
	(84) 山吹町	横浜区	(84) 山吹町
	(87) 桜木町	横浜区	(87) 桜木町
	(88) 内田町	横浜区	(88) 内田町
	(89) 福長町	横浜区	(89) 福長町
	(90) 長住町	横浜区	(90) 長住町
	(91) 橘町	横浜区	(91) 橘町
	(92) 高島町	横浜区	(92) 高島町
	(93) 裏高島町	横浜区	(93) 裏高島町
	(94) 花咲町	横浜区	(94) 花咲町
	(95) 野毛町	横浜区	(95) 野毛町
	(96) 月岡町	横浜区	(96) 月岡町
	(97) 老松町	横浜区	(97) 老松町
	(98) 宮川町	横浜区	(98) 宮川町
	(99) 日出町	横浜区	(99) 日出町
	(100) 福島町	横浜区	(100) 福島町
	(101) 宮崎町	横浜区	(101) 宮崎町
	(102) 伊勢町	横浜区	(102) 伊勢町

年月日	旧名称	内容	新名称
	(103) 戸部町		横浜区 (103) 戸部町
	(104) 平沼町		横浜区 (104) 平沼町
	(105) 仲町		横浜区 (105) 仲町
	(106) 材木町		横浜区 (106) 材木町
	(107) 三春町		横浜区 (107) 三春町
	(108) 初音町		横浜区 (108) 初音町
	(109) 英町		横浜区 (109) 英町
	(110) 霞町		横浜区 (110) 霞町
	(111) 清水町		横浜区 (111) 清水町
	(112) 元町		横浜区 (112) 元町
	(113) 諏訪町		横浜区 (113) 諏訪町
	(114) 上野町		横浜区 (114) 上野町
	(115) 千代崎町		横浜区 (115) 千代崎町
	(116) 山元町		横浜区 (116) 山元町
	(117) 石川仲町		横浜区 (117) 石川仲町
	(118) 石川町		横浜区 (118) 石川町
明治12年 1月11日	(横浜外国人居留地)	起立	横浜区 (126) 日本大通（にほんおおどおり）
	(横浜外国人居留地)	起立	横浜区 (127) 富士山町（ふじやまちょう）
	(横浜外国人居留地)	起立	横浜区 (128) 神戸町（こうべちょう）
	(横浜外国人居留地)	起立	横浜区 (129) 花園町（はなぞのちょう）
	(横浜外国人居留地)	起立	横浜区 (130) 加賀町（かがちょう）
	(横浜外国人居留地)	起立	横浜区 (131) 阿波町（あわちょう）
	(横浜外国人居留地)	起立	横浜区 (132) 薩摩町（さつまちょう）
	(横浜外国人居留地)	起立	横浜区 (133) 本村通（ほんむらどおり）
	(横浜外国人居留地)	起立	横浜区 (134) 京町（きょうちょう）
	(横浜外国人居留地)	起立	横浜区 (135) 越後町（えちごちょう）
	(横浜外国人居留地)	起立	横浜区 (136) 大坂町（おおさかちょう）
	(横浜外国人居留地)	起立	横浜区 (137) 琵琶町（びわちょう）
	(横浜外国人居留地)	起立	横浜区 (138) 前橋町（まえばしちょう）
	(横浜外国人居留地)	起立	横浜区 (139) 蝦夷町（えぞちょう）
	(横浜外国人居留地)	起立	横浜区 (140) 駿河町（するがちょう）
	(横浜外国人居留地)	起立	横浜区 (141) 小田原町（おだわらちょう）
	(横浜外国人居留地)	起立	横浜区 (142) 尾張町（おわりちょう）
	(横浜外国人居留地)	起立	横浜区 (143) 武蔵横町（むさしよこちょう）

年月日	旧　名　称	内容	新　名　称
	(横浜外国人居留地)	起立	横浜区 (144) 豊後町(ぶんごちょう)
	(横浜外国人居留地)	起立	横浜区 (145) 函館町(はこだてちょう)
	(横浜外国人居留地)	起立	横浜区 (146) 角町(つのちょう)
	(横浜外国人居留地)	起立	横浜区 (147) 堀川町(ほりかわちょう)
	(横浜外国人居留地)	起立	横浜区 (148) 武蔵町(むさしちょう)
	(横浜外国人居留地)	起立	横浜区 (149) 二子町(ふたごちょう)
	(横浜外国人居留地)	起立	横浜区 (150) 上田町(うえだちょう)
	(横浜外国人居留地)	起立	横浜区 (151) 本町通(ほんちょうどおり)
	(横浜外国人居留地)	起立	横浜区 (152) 水町通(みずまちどおり)
	(横浜外国人居留地)	起立	横浜区 (153) 九州町(きゅうしゅうちょう)
	(横浜外国人居留地)	起立	横浜区 (154) 長崎町(ながさきちょう)
	(横浜外国人居留地)	起立	横浜区 (155) 海岸通(かいがんどおり)
明治15年 1月18日	横浜区 (81) 千歳町の一部	分立	横浜区 (85) 永楽町(えいらくちょう)
	(82) 山田町の一部		
	(83) 富士見町の一部		
	(84) 山吹町の一部		
	(82) 山田町の一部	分立	横浜区 (86) 真金町(まがねちょう)
	(83) 富士見町の一部		
明治17年 7月10日	(山手外国人居留地)	起立	横浜区 (156) 谷戸坂通(やとざかどおり)
	(山手外国人居留地)	起立	横浜区 (157) 山手本町通(やまてほんちょうどおり)
	(山手外国人居留地)	起立	横浜区 (158) 富士見町(ふじみちょう)
	(山手外国人居留地)	起立	横浜区 (159) 内台坂(うちだいざか)
	(山手外国人居留地)	起立	横浜区 (160) 西坂町(にしざかまち)
	(山手外国人居留地)	起立	横浜区 (161) 地蔵坂(じぞうざか)
	(山手外国人居留地)	起立	横浜区 (162) 小坂町(こさかちょう)
	(山手外国人居留地)	起立	横浜区 (163) 大丸坂(おおまるざか)
	(山手外国人居留地)	起立	横浜区 (164) 橦木町(しゅもくちょう)
	(山手外国人居留地)	起立	横浜区 (165) 環町(たまきちょう)
	(山手外国人居留地)	起立	横浜区 (166) 公園坂(こうえんざか)
	(山手外国人居留地)	起立	横浜区 (167) 西野坂(にしのさか)
	(山手外国人居留地)	起立	横浜区 (168) 汐汲坂(しおくみざか)
	(山手外国人居留地)	起立	横浜区 (169) 高田坂(たかだざか)
	(山手外国人居留地)	起立	横浜区 (170) 三ノ輪坂(みのわざか)
	(山手外国人居留地)	起立	横浜区 (171) 稲荷町(いなりちょう)

年月日	旧名称	内容	新名称
	(山手外国人居留地)	起立	横浜区 (172) 南坂(みなみざか)
	(山手外国人居留地)	起立	横浜区 (173) 貝殻坂(かいがらざか)
	(山手外国人居留地)	起立	横浜区 (174) 宮脇坂(みやわきざか)
	(山手外国人居留地)	起立	横浜区 (175) 陣屋町(じんやまち)
	(山手外国人居留地)	起立	横浜区 (176) 諏訪町通(すわちょうどおり)
	(山手外国人居留地)	起立	横浜区 (177) 弓町(ゆみちょう)
	(山手外国人居留地)	起立	横浜区 (178) 畑町(はたちょう)
	(山手外国人居留地)	起立	横浜区 (179) 矢ノ根町(やのねちょう)
	(山手外国人居留地)	起立	横浜区 (180) 泉町(いずみちょう)
	(山手外国人居留地)	起立	横浜区 (181) 林町(はやしちょう)
明治20年 7月18日	横浜区 (88) 内田町の一部	編入	横浜区 (90) 長住町
	(89) 福長町	編入	横浜区 (90) 長住町
明治22年 4月 1日	横浜区１３８ヶ町	市制	横浜市
	横浜区 (23) 本町		
	(25) 北仲通		
	(27) 元浜町		
	(28) 海岸通		
	(29) 南仲通		
	(30) 弁天通		
	(33) 境町		
	(34) 太田町		
	(35) 黄金町		
	(42) 相生町		
	(43) 住吉町		
	(44) 常盤町		
	(45) 尾上町		
	(46) 真砂町		
	(49) 緑町		
	(50) 港町		
	(51) 吉田町		
	(52) 柳町		
	(53) 福富町		
	(54) 長者町		
	(55) 末吉町		

年月日	旧　名　称	内容	新　名　称
	(56) 伊勢佐木町		
	(57) 姿見町		
	(58) 羽衣町		
	(59) 浪花町		
	(60) 蓬莱町		
	(62) 若竹町		
	(63) 松ヶ枝町		
	(64) 梅ヶ枝町		
	(65) 若葉町		
	(66) 賑町		
	(67) 久方町		
	(68) 足曳町		
	(69) 雲井町		
	(70) 長島町		
	(71) 吉岡町		
	(72) 駿河町		
	(73) 萬代町		
	(74) 不老町		
	(75) 翁町		
	(76) 扇町		
	(77) 寿町		
	(78) 松影町		
	(79) 吉浜町		
	(80) 三吉町		
	(81) 千歳町		
	(82) 山田町		
	(83) 富士見町		
	(84) 山吹町		
	(85) 永楽町		
	(86) 真金町		
	(87) 桜木町		
	(88) 内田町		
	(90) 長住町		
	(91) 橘町		
	(92) 高島町		

年月日	旧　名　称	内容	新　名　称
	(93) 裏高島町		
	(94) 花咲町		
	(95) 野毛町		
	(96) 月岡町		
	(97) 老松町		
	(98) 宮川町		
	(99) 日出町		
	(100) 福島町		
	(101) 宮崎町		
	(102) 伊勢町		
	(103) 戸部町		
	(104) 平沼町		
	(105) 仲町		
	(106) 材木町		
	(107) 三春町		
	(108) 初音町		
	(109) 英町		
	(110) 霞町		
	(111) 清水町		
	(112) 元町		
	(113) 諏訪町		
	(114) 上野町		
	(115) 千代崎町		
	(116) 山元町		
	(117) 石川仲町		
	(118) 石川町		
	(126) 日本大通		
	(127) 富士山町		
	(128) 神戸町		
	(129) 花園町		
	(130) 加賀町		
	(131) 阿波町		
	(132) 薩摩町		
	(133) 本村通		
	(134) 京町		

年月日	旧名称	内容	新名称
	(135) 越後町		
	(136) 大坂町		
	(137) 琵琶町		
	(138) 前橋町		
	(139) 蝦夷町		
	(140) 駿河町		
	(141) 小田原町		
	(142) 尾張町		
	(143) 武蔵横町		
	(144) 豊後町		
	(145) 函館町		
	(146) 角町		
	(147) 堀川町		
	(148) 武蔵町		
	(149) 二子町		
	(150) 上田町		
	(151) 本町通		
	(152) 水町通		
	(153) 九州町		
	(154) 長崎町		
	(155) 海岸通		
	(156) 谷戸坂通		
	(157) 山手本町通		
	(158) 富士見町		
	(159) 内台坂		
	(160) 西坂町		
	(161) 地蔵坂		
	(162) 小坂町		
	(163) 大丸坂		
	(164) 橦木町		
	(165) 環町		
	(166) 公園坂		
	(167) 西野坂		
	(168) 汐汲坂		
	(169) 高田坂		

年月日		旧名称	内容		新名称
		(170) 三ノ輪坂			
		(171) 稲荷町			
		(172) 南坂			
		(173) 貝殻坂			
		(174) 宮脇坂			
		(175) 陣屋町			
		(176) 諏訪町通			
		(177) 弓町			
		(178) 畑町			
		(179) 矢ノ根町			
		(180) 泉町			
		(181) 林町			
明治34年 4月 1日	久良岐郡	(189) 戸太町(とだまち)	編入		横浜市
		(192) 中村	編入		横浜市
		(193) 根岸村	編入		横浜市
		(196) 本牧村(ほんもくむら)	編入		横浜市
	橘樹郡	(266) 宮川村	編入		横浜市
		(270) 神奈川町(かながわまち)	編入		横浜市
明治44年 4月 1日	久良岐郡	(210) 大岡川村(おおおかがわむら)の大字堀内、同蒔田、同井戸ヶ谷の全部、大字下大岡、同弘明寺、同中里、同上大岡の一部	編入		横浜市
		(219) 屏風浦村(びょうぶがうらむら)の大字滝頭、同磯子、同岡	編入		横浜市
	橘樹郡	(283) 子安村(こやすむら)の大字子安	編入		横浜市
昭和 2年 4月 1日	久良岐郡	(210) 大岡川村	編入		横浜市
		(219) 屏風浦村	編入		横浜市
		(237) 日下村(ひのしたむら)	編入		横浜市
	橘樹郡	(257) 保土ヶ谷町(ほどがやまち)	編入		横浜市
		(274) 城郷村(しろさとむら)	編入		横浜市
		(288) 鶴見町(つるみまち)	編入		横浜市
		(307) 旭村(あさひむら)	編入		横浜市
		(317) 大綱村(おおづなむら)	編入		横浜市
	都筑郡	(422) 西谷村(にしやむら)	編入		横浜市
昭和 2年10月 1日		横浜市	区制	横浜市	(4) 鶴見区(つるみく)

年月日		旧名称	内容		新名称
					(5) 神奈川区（かながわく）
					(6) 中区（なかく）
					(10) 保土ヶ谷区（ほどがやく）
					(12) 磯子区（いそごく）

(4) 横浜市 鶴見区（つるみく）

年月日		旧名称	内容		新名称
昭和 2年10月 1日		(3) 横浜市（よこはまし）	区制	横浜市	鶴見区

(5) 横浜市 神奈川区（かながわく）

年月日		旧名称	内容		新名称
昭和 2年10月 1日		(3) 横浜市（よこはまし）	区制	横浜市	神奈川区
昭和12年 4月 1日	橘樹郡	(419) 日吉村（ひよしむら）の一部	編入	横浜市	神奈川区
昭和14年 4月 1日	横浜市	神奈川区	分区	横浜市	神奈川区
					(14) 港北区（こうほくく）

(6) 横浜市 中区（なかく）

年月日		旧名称	内容		新名称
昭和 2年10月 1日		(3) 横浜市（よこはまし）	区制	横浜市	中区
昭和11年10月 1日	鎌倉郡	(728) 永野村（ながのむら）	編入	横浜市	中区
昭和18年12月 1日	横浜市	中区	分区	横浜市	中区
					(7) 南区（みなみく）
昭和19年 4月 1日	横浜市	中区	分区	横浜市	中区
					(9) 西区（にしく）

(7) 横浜市 南区（みなみく）

年月日		旧名称	内容		新名称
昭和18年12月 1日	横浜市	(6) 中区（なかく）	分区	横浜市	南区
昭和44年10月 1日	横浜市	南区	分区	横浜市	南区
					(8) 港南区（こうなんく）

(8) 横浜市 港南区（こうなんく）

年月日		旧名称	内容		新名称
昭和44年10月 1日	横浜市	(7) 南区（みなみく）	分区	横浜市	港南区

(9) 横浜市 西区（にしく）

年月日		旧名称	内容		新名称
昭和19年 4月 1日	横浜市	(6) 中区（なかく）	分区	横浜市	西区

(10) 横浜市 保土ヶ谷区（ほどがやく）

年月日		旧名称	内容		新名称
昭和 2年10月 1日		(3) 横浜市（よこはまし）	区制	横浜市	保土ヶ谷区

年月日	旧名称		内容	新名称
昭和14年 4月 1日	都筑郡	(455) 二俣川村（ふたまたがわむら）	編入	横浜市 保土ヶ谷区
		(472) 都岡村（つおかむら）	編入	横浜市 保土ヶ谷区
昭和44年10月 1日	横浜市	保土ヶ谷区	分区	横浜市 保土ヶ谷区
				(11) 旭区（あさひく）

(11) 横浜市 旭区（あさひく）

年月日	旧名称		内容	新名称
昭和44年10月 1日	横浜市	(10) 保土ヶ谷区（ほどがやく）	分区	横浜市 旭区

(12) 横浜市 磯子区（いそごく）

年月日	旧名称		内容	新名称
昭和 2年10月 1日		(3) 横浜市（よこはまし）	区制	横浜市 磯子区
昭和11年10月 1日	久良岐郡	(247) 金沢町（かなざわまち）	編入	横浜市 磯子区
		(256) 六浦荘村（むつらのしょうむら）	編入	横浜市 磯子区
昭和23年 5月15日	横浜市	磯子区	分区	横浜市 磯子区
				(13) 金沢区

(13) 横浜市 金沢区（かなざわく）

年月日	旧名称		内容	新名称
昭和23年 5月15日	横浜市	(12) 磯子区（いそごく）	分区	横浜市 金沢区

(14) 横浜市 港北区（こうほくく）

年月日	旧名称		内容	新名称
昭和14年 4月 1日	横浜市	(5) 神奈川区（かながわく）	分区	横浜市 港北区
昭和14年 4月 1日	都筑郡	(438) 新田村（にったむら）	編入	横浜市 港北区
		(444) 中川村（なかがわむら）	編入	横浜市 港北区
		(445) 川和町（かわわまち）	編入	横浜市 港北区
		(454) 山内村（やまうちむら）	編入	横浜市 港北区
		(486) 新治村（にいはるむら）	編入	横浜市 港北区
		(503) 中里村（なかざとむら）	編入	横浜市 港北区
		(507) 田奈村（たなむら）	編入	横浜市 港北区
昭和44年10月 1日	横浜市	港北区	分区	横浜市 港北区
				(15) 緑区（みどりく）
平成 6年11月 6日	横浜市	港北区	分区	横浜市 港北区
				(17) 都筑区（つづきく）

(15) 横浜市 緑区（みどりく）

年月日	旧名称		内容	新名称
昭和44年10月 1日	横浜市	(14) 港北区（こうほくく）	分区	横浜市 緑区

年月日		旧名称	内容		新名称
平成 6年11月 6日	横浜市	緑区	分区	横浜市	緑区
					(16) 青葉区（あおばく）
					(17) 都筑区（つづきく）

(16) 横浜市 青葉区（あおばく）

年月日		旧名称	内容		新名称
平成 6年11月 6日	横浜市	(15) 緑区（みどりく）	分区	横浜市	青葉区

(17) 横浜市 都筑区（つづきく）

年月日		旧名称	内容		新名称
平成 6年11月 6日	横浜市	(14) 港北区（こうほくく）	分区	横浜市	都筑区
		(15) 緑区（みどりく）	分区	横浜市	都筑区

(18) 横浜市 戸塚区（とつかく）

年月日		旧名称	内容		新名称
昭和14年 4月 1日	鎌倉郡	(671) 大正村（たいしょうむら）	編入設定	横浜市	戸塚区
		(716) 本郷村（ほんごうむら）			
		(721) 豊田村（とよだむら）			
		(737) 川上村（かわかみむら）			
		(738) 戸塚町			
		(741) 瀬谷村（せやむら）			
		(748) 中和田村（なかわだむら）			
		(754) 中川村（なかがわむら）			
昭和44年10月 1日	横浜市	戸塚区	分区	横浜市	戸塚区
					(19) 瀬谷区
昭和61年11月 3日	横浜市	戸塚区	分区	横浜市	戸塚区
					(20) 栄区（さかえく）
					(21) 泉区（いずみく）

(19) 横浜市 瀬谷区（せやく）

年月日		旧名称	内容		新名称
昭和44年10月 1日	横浜市	(18) 戸塚区（とつかく）	分区	横浜市	瀬谷区

(20) 横浜市 栄区（さかえく）

年月日		旧名称	内容		新名称
昭和61年11月 3日	横浜市	(18) 戸塚区（とつかく）	分区	横浜市	栄区

(21) 横浜市 泉区（いずみく）

年月日		旧名称	内容		新名称
昭和61年11月 3日	横浜市	(18) 戸塚区（とつかく）	分区	横浜市	泉区

年月日		旧名称	内容		新名称

(22) 横浜町 駒形町（こまがたちょう）

年月日		旧名称	内容		新名称
安政 6年			起立	横浜町	駒形町
明治 6年 5月	横浜町	駒形町の一部	編入	横浜町	(42) 相生町（あいおいちょう）
		駒形町の一部（駒形町消滅）	編入	横浜町	(43) 住吉町（すみよしちょう）

(23) 横浜区 本町（ほんちょう）

年月日		旧名称	内容		新名称
安政 6年			起立	横浜町	本町
万延元年	横浜町	本町の一部	分立	横浜町	(24) 洲干町（すかんちょう）
明治 5年頃	横浜町	(24) 洲干町通（すかんちょうどおり）の一部	編入	横浜町	本町
明治11年11月18日	横浜町	本町	区設置	横浜区	本町
明治22年 4月 1日	横浜区	本町	市制		(3) 横浜市（よこはまし）

(24) 横浜町 洲干町通（すかんちょうどおり）

年月日		旧名称	内容		新名称
万延元年	横浜町	(23) 本町（ほんちょう）の一部	分立	横浜町	洲干町（すかんちょう）
明治 4年 4月	横浜町	洲干町	改称	横浜町	洲干町通
明治 5年頃	横浜町	洲干町通の一部	編入	横浜町	(23) 本町
		洲干町通の一部	編入	横浜町	(30) 弁天通（べんてんどおり）
		洲干町通の一部（洲干町通消滅）	編入	横浜町	(34) 太田町（おおたまち）

(25) 横浜区 北仲通（きたなかどおり）

年月日		旧名称	内容		新名称
安政 6年			起立	横浜町	北仲通
明治 3年	横浜町	北仲通の一部	分立	横浜町	(26) 小宝町（こだからまち）
明治11年	横浜町	(26) 小宝町	編入	横浜町	北仲通
明治11年11月18日	横浜町	北仲通	区設置	横浜区	北仲通
明治22年 4月 1日	横浜区	北仲通	市制		(3) 横浜市（よこはまし）

(26) 横浜町 小宝町（こだからまち）

年月日		旧名称	内容		新名称
明治 3年	横浜町	(25) 北仲通（きたなかどおり）の一部	分立	横浜町	小宝町
明治11年	横浜町	小宝町	編入	横浜町	(25) 北仲通

(27) 横浜区 元浜町（もとはまちょう）

年月日		旧名称	内容		新名称
安政 6年			起立	横浜町	海辺通（うみべどおり）

年月日		旧名称	内容		新名称
明治 4年 4月	横浜町	海辺通	改称	横浜町	元浜町
明治11年11月18日	横浜町	元浜町	区設置	横浜区	元浜町
明治22年 4月 1日	横浜区	元浜町	市制		(3) 横浜市（よこはまし）

(28) 横浜区 海岸通（かいがんどおり）

年月日		旧名称	内容		新名称
明治 4年 4月			起立	横浜町	海岸通
明治11年11月18日	横浜町	海岸通	区設置	横浜区	海岸通
明治22年 4月 1日	横浜区	海岸通	市制		(3) 横浜市（よこはまし）

(29) 横浜区 南仲通（みなみなかどおり）

年月日		旧名称	内容		新名称
安政 6年			起立	横浜町	南仲通
明治 5年頃	横浜町	(32) 弁財天町（べんざいてんちょう）の一部	編入	横浜町	南仲通
明治11年11月18日	横浜町	南仲通	区設置	横浜区	南仲通
明治22年 4月 1日	横浜区	南仲通	市制		(3) 横浜市（よこはまし）

(30) 横浜区 弁天通（べんてんどおり）

年月日		旧名称	内容		新名称
安政 6年			起立	横浜町	弁天通
明治 5年頃	横浜町	(24) 洲干町通（すかんちょうどおり）の一部	編入	横浜町	弁天通
明治11年11月18日	横浜町	弁天通	区設置	横浜区	弁天通
明治22年 4月 1日	横浜区	弁天通	市制		(3) 横浜市（よこはまし）

(31) 横浜町 港崎町（みよざきちょう）

年月日		旧名称	内容		新名称
万延元年			起立	横浜町	港崎町
慶応 2年	横浜町	港崎町	廃止		

(32) 横浜町 弁財天町（べんざいてんちょう）

年月日		旧名称	内容		新名称
慶応元年			起立	横浜町	弁財天町
明治 5年頃	横浜町	弁財天町の一部	編入	横浜町	(29) 南仲通（みなみなかどおり）
		弁財天町の一部（弁財天町消滅）	編入	横浜町	(34) 太田町（おおたまち）

(33) 横浜区 境町（さかいちょう）

年月日		旧名称	内容		新名称
明治元年			起立	横浜町	境町
明治11年11月18日	横浜町	境町	区設置	横浜区	境町

年月日	旧 名 称		内容		新 名 称
明治22年 4月 1日	横浜区	境町	市制		(3) 横浜市（よこはまし）

(34) 横浜区 太田町（おおたまち）

年月日	旧 名 称		内容		新 名 称
安政 6年	久良岐郡	(182) 太田屋新田（おおたやしんでん）の一部	編入起立	横浜町	太田町
明治 2年	横浜町	太田町の一部	分立	横浜町	(35) 黄金町（こがねちょう）
明治 5年頃	横浜町	(24) 洲干町通（すかんちょうどおり）の一部	編入	横浜町	太田町
		(32) 弁財天町（べんざいてんちょう）の一部	編入	横浜町	太田町
明治 6年頃	横浜町	(36) 末広町（すえひろちょう）	編入	横浜町	太田町
明治11年11月18日	横浜町	太田町	区設置	横浜区	太田町
明治22年 4月 1日	横浜区	太田町	市制		(3) 横浜市（よこはまし）

(35) 横浜区 黄金町（こがねちょう）

年月日	旧 名 称		内容		新 名 称
明治 2年	横浜町	(34) 太田町（おおたまち）の一部	分立	横浜町	黄金町
明治 9年	横浜町	黄金町の一部	編入	久良岐郡	(187) 太田村
明治11年11月18日	横浜町	黄金町	区設置	横浜区	黄金町
明治22年 4月 1日	横浜区	黄金町	市制		(3) 横浜市（よこはまし）

(36) 横浜町 末広町（すえひろちょう）

年月日	旧 名 称		内容		新 名 称
慶応 2年	久良岐郡	(182) 太田屋新田（おおたやしんでん）の一部	編入起立	横浜町	末広町
明治 6年頃	横浜町	末広町	編入	横浜町	(34) 太田町（おおたまち）

(37) 横浜町 高砂町（たかさごちょう）

年月日	旧 名 称		内容		新 名 称
明治 4年 7月	久良岐郡	(182) 太田屋新田（おおたやしんでん）の一部	編入起立	横浜町	高砂町
明治 6年 5月	横浜町	高砂町の一部	編入	横浜町	(42) 相生町（あいおいちょう）
		高砂町の一部（高砂町消滅）	編入	横浜町	(43) 住吉町（すみよしちょう）

(38) 横浜町 小松町（こまつちょう）

年月日	旧 名 称		内容		新 名 称
明治 4年 7月	久良岐郡	(182) 太田屋新田（おおたやしんでん）の一部	編入起立	横浜町	小松町
明治 6年 5月	横浜町	小松町の一部	編入	横浜町	(42) 相生町（あいおいちょう）
		小松町の一部	編入	横浜町	(43) 住吉町（すみよしちょう）
		小松町の一部	編入	横浜町	(45) 尾上町（おのえちょう）
		小松町の一部（小松町消滅）	編入	横浜町	(50) 港町（みなとちょう）

年月日		旧　名　称	内容		新　名　称

(39)　横浜町　小船町（こぶねちょう）

年月日		旧　名　称	内容		新　名　称
明治 4年 7月	久良岐郡	(182) 太田屋新田（おおたやしんでん）の一部	編入起立	横浜町	小船町
明治 6年 5月	横浜町	小船町の一部	編入	横浜町	(42) 相生町（あいおいちょう）
		小船町の一部	編入	横浜町	(43) 住吉町（すみよしちょう）
		小船町の一部（小船町消滅）	編入	横浜町	(45) 尾上町（おのえちょう）

(40)　横浜町　新浜町（しんはまちょう）

年月日		旧　名　称	内容		新　名　称
慶応 3年	久良岐郡	(182) 太田屋新田（おおたやしんでん）の一部	編入起立	横浜町	新浜町
明治 6年 5月	横浜町	新浜町	編入	横浜町	(45) 尾上町（おのえちょう）

(41)　横浜町　入船町通（いりふねちょうどおり）

年月日		旧　名　称	内容		新　名　称
明治 2年	久良岐郡	(182) 太田屋新田（おおたやしんでん）の一部	編入起立	横浜町	入船町（いりふねちょう）
明治 4年	横浜町	入船町	改称	横浜町	入船町通
明治 4年12月	横浜町	入船町通の一部	編入	横浜町	(42) 相生町（あいおいちょう）
		入船町通の一部	編入	横浜町	(43) 住吉町（すみよしちょう）
		入船町通の一部	編入	横浜町	(44) 常盤町（ときわちょう）
		入船町通の一部（入船町通消滅）	編入	横浜町	(45) 尾上町（おのえちょう）

(42)　横浜区　相生町（あいおいちょう）

年月日		旧　名　称	内容		新　名　称
明治 4年 7月	久良岐郡	(182) 太田屋新田（おおたやしんでん）の一部	編入起立	横浜町	相生町
明治 4年12月	横浜町	(41) 入船町通（いりふねちょうどおり）の一部	編入	横浜町	相生町
明治 6年 5月	横浜町	(22) 駒形町（こまがたちょう）の一部	編入	横浜町	相生町
		(37) 高砂町（たかさごちょう）の一部	編入	横浜町	相生町
		(38) 小松町（こまつちょう）の一部	編入	横浜町	相生町
		(39) 小船町（こぶねちょう）の一部	編入	横浜町	相生町
明治11年11月18日	横浜町	相生町	区設置	横浜区	相生町
明治22年 4月 1日	横浜区	相生町	市制		(3) 横浜市（よこはまし）

(43)　横浜区　住吉町（すみよしちょう）

年月日		旧　名　称	内容		新　名　称
明治 4年 7月	久良岐郡	(182) 太田屋新田（おおたやしんでん）の一部	編入起立	横浜町	住吉町
明治 4年12月	横浜町	(41) 入船町通（いりふねちょうどおり）の一部	編入	横浜町	住吉町
明治 6年 5月	横浜町	(22) 駒形町（こまがたちょう）の一部	編入	横浜町	住吉町

年月日		旧名称	内容		新名称
		(37) 高砂町（たかさごちょう）の一部	編入	横浜町	住吉町
		(38) 小松町（こまつちょう）の一部	編入	横浜町	住吉町
		(39) 小船町（こぶねちょう）の一部	編入	横浜町	住吉町
明治11年11月18日	横浜町	住吉町	区設置	横浜区	住吉町
明治22年 4月 1日	横浜区	住吉町	市制		(3) 横浜市（よこはまし）

(44) 横浜区 常盤町（ときわちょう）

年月日		旧名称	内容		新名称
明治 4年 7月	久良岐郡	(182) 太田屋新田（おおたやしんでん）の一部	編入起立	横浜町	常盤町
明治 4年12月	横浜町	(41) 入船町通（いりふねちょうどおり）の一部	編入	横浜町	常盤町
明治11年11月18日	横浜町	常盤町	区設置	横浜区	常盤町
明治22年 4月 1日	横浜区	常盤町	市制		(3) 横浜市（よこはまし）

(45) 横浜区 尾上町（おのえちょう）

年月日		旧名称	内容		新名称
明治 4年 7月	久良岐郡	(182) 太田屋新田（おおたやしんでん）の一部	編入起立	横浜町	尾上町
明治 4年12月	横浜町	(41) 入船町通（いりふねちょうどおり）の一部	編入	横浜町	尾上町
明治 6年 5月	横浜町	(38) 小松町（こまつちょう）の一部	編入	横浜町	尾上町
		(39) 小船町（こぶねちょう）の一部	編入	横浜町	尾上町
		(40) 新浜町（しんはまちょう）	編入	横浜町	尾上町
明治11年11月18日	横浜町	尾上町	区設置	横浜区	尾上町
明治22年 4月 1日	横浜区	尾上町	市制		(3) 横浜市（よこはまし）

(46) 横浜区 真砂町（まさごちょう）

年月日		旧名称	内容		新名称
慶応 3年	久良岐郡	(182) 太田屋新田（おおたやしんでん）の一部	編入起立	横浜町	真砂町
明治 6年 5月	横浜町	(47) 緑町（みどりちょう）	編入	横浜町	真砂町
		(48) 若松町（わかまつちょう）	編入	横浜町	真砂町
明治11年11月18日	横浜町	真砂町	区設置	横浜区	真砂町
明治22年 4月 1日	横浜区	真砂町	市制		(3) 横浜市（よこはまし）

(47) 横浜町 緑町（みどりちょう）

年月日		旧名称	内容		新名称
慶応 3年	久良岐郡	(182) 太田屋新田（おおたやしんでん）の一部	編入起立	横浜町	緑町
明治 6年 5月	横浜町	緑町	編入	横浜町	(46) 真砂町（まさごちょう）

年月日	旧名称		内容		新名称

(48) 横浜町 若松町（わかまつちょう）

年月日	旧名称		内容		新名称
慶応 3年			起立	横浜町	若松町
明治 6年 5月	横浜町	若松町	編入	横浜町	(46) 真砂町（まさごちょう）

(49) 横浜区 緑町（みどりちょう）

年月日	旧名称		内容		新名称
明治 7年 7月 7日			起立	横浜町	緑町
明治11年11月18日	横浜町	緑町	区設置	横浜区	緑町
明治22年 4月 1日	横浜区	緑町	市制		(3) 横浜市（よこはまし）

(50) 横浜区 港町（みなとちょう）

年月日	旧名称		内容		新名称
明治 4年 7月	久良岐郡	(182) 太田屋新田（おおたやしんでん）の一部	編入起立	横浜町	港町
明治 6年 5月	横浜町	(38) 小松町（こまつちょう）の一部	編入	横浜町	港町
明治11年11月18日	横浜町	港町	区設置	横浜区	港町
明治22年 4月 1日	横浜区	港町	市制		(3) 横浜市（よこはまし）

(51) 横浜区 吉田町（よしだまち）

年月日	旧名称		内容		新名称
明治 6年	久良岐郡	(190) 吉田町	編入起立	横浜町	吉田町
明治11年11月18日	横浜町	吉田町	区設置	横浜区	吉田町
明治22年 4月 1日	横浜区	吉田町	市制		(3) 横浜市（よこはまし）

(52) 横浜区 柳町（やなぎちょう）

年月日	旧名称		内容		新名称
明治 5年			起立	横浜町	柳町
明治11年11月18日	横浜町	柳町	区設置	横浜区	柳町
明治22年 4月 1日	横浜区	柳町	市制		(3) 横浜市（よこはまし）

(53) 横浜区 福富町（ふくとみちょう）

年月日	旧名称		内容		新名称
明治 3年 6月	久良岐郡	(188) 吉田新田（よしだしんでん）の一部	編入起立	横浜町	福富町
明治11年11月18日	横浜町	福富町	区設置	横浜区	福富町
明治22年 4月 1日	横浜区	福富町	市制		(3) 横浜市（よこはまし）

(54) 横浜区 長者町（ちょうじゃまち）

年月日	旧名称		内容		新名称
明治 3年 6月	久良岐郡	(188) 吉田新田（よしだしんでん）の一部	編入起立	横浜町	長者町
明治11年11月18日	横浜町	長者町	区設置	横浜区	長者町

年月日	旧 名 称		内容		新 名 称
明治22年 4月 1日	横浜区	長者町	市制		(3) 横浜市（よこはまし）

(55) 横浜区 末吉町（すえよしちょう）

年月日	旧 名 称		内容		新 名 称
明治 6年11月	久良岐郡	(188) 吉田新田（よしだしんでん）の一部	編入起立	横浜町	末吉町
明治11年11月18日	横浜町	末吉町	区設置	横浜区	末吉町
明治22年 4月 1日	横浜区	末吉町	市制		(3) 横浜市（よこはまし）

(56) 横浜区 伊勢佐木町（いせざきちょう）

年月日	旧 名 称		内容		新 名 称
明治 7年 5月20日			起立	横浜町	伊勢佐木町
明治11年11月18日	横浜町	伊勢佐木町	区設置	横浜区	伊勢佐木町
明治22年 4月 1日	横浜区	伊勢佐木町	市制		(3) 横浜市（よこはまし）

(57) 横浜区 姿見町（すがたみちょう）

年月日	旧 名 称		内容		新 名 称
慶応 3年	久良岐郡	(188) 吉田新田（よしだしんでん）の一部	編入起立	横浜町	姿見町
明治11年11月18日	横浜町	姿見町	区設置	横浜区	姿見町
明治22年 4月 1日	横浜区	姿見町	市制		(3) 横浜市（よこはまし）

(58) 横浜区 羽衣町（はごろもちょう）

年月日	旧 名 称		内容		新 名 称
明治 6年	久良岐郡	(191) 羽衣町	編入起立	横浜町	羽衣町
明治11年11月18日	横浜町	羽衣町	区設置	横浜区	羽衣町
明治22年 4月 1日	横浜区	羽衣町	市制		(3) 横浜市（よこはまし）

(59) 横浜区 浪花町（なにわちょう）

年月日	旧 名 称		内容		新 名 称
慶応 2年			起立	横浜町	浪花町
明治11年11月18日	横浜町	浪花町	区設置	横浜区	浪花町
明治22年 4月 1日	横浜区	浪花町	市制		(3) 横浜市（よこはまし）

(60) 横浜区 蓬莱町（ほうらいちょう）

年月日	旧 名 称		内容		新 名 称
明治 6年 3月	久良岐郡	(188) 吉田新田（よしだしんでん）の一部	編入起立	横浜町	蓬莱町
明治11年11月18日	横浜町	蓬莱町	区設置	横浜区	蓬莱町
明治22年 4月 1日	横浜区	蓬莱町	市制		(3) 横浜市（よこはまし）

(61) 横浜町 吉原町（よしはらちょう）

年月日	旧 名 称		内容		新 名 称
慶応 3年	久良岐郡	(188) 吉田新田（よしだしんでん）の一部	編入起立	横浜町	吉原町

年月日		旧　名　称	内容		新　名　称
明治 6年 2月	横浜町	吉原町の一部	分立	横浜町	(62) 若竹町（わかたけちょう）
		吉原町の一部	分立	横浜町	(63) 松ヶ枝町（まつがえちょう）
		吉原町の一部（吉原町消滅）	分立	横浜町	(64) 梅ヶ枝町（うめがえちょう）

(62) 横浜区 若竹町（わかたけちょう）

年月日		旧　名　称	内容		新　名　称
明治 6年 2月	横浜町	(61) 吉原町（よしはらちょう）の一部	分立	横浜町	若竹町
明治11年11月18日	横浜町	若竹町	区設置	横浜区	若竹町
明治22年 4月 1日	横浜区	若竹町	市制		(3) 横浜市（よこはまし）

(63) 横浜区 松ヶ枝町（まつがえちょう）

年月日		旧　名　称	内容		新　名　称
明治 6年 2月	横浜町	(61) 吉原町（よしはらちょう）の一部	分立	横浜町	松ヶ枝町
明治11年11月18日	横浜町	松ヶ枝町	区設置	横浜区	松ヶ枝町
明治22年 4月 1日	横浜区	松ヶ枝町	市制		(3) 横浜市（よこはまし）

(64) 横浜区 梅ヶ枝町（うめがえちょう）

年月日		旧　名　称	内容		新　名　称
明治 6年 2月	横浜町	(61) 吉原町（よしはらちょう）の一部	分立	横浜町	梅ヶ枝町
明治11年11月18日	横浜町	梅ヶ枝町	区設置	横浜区	梅ヶ枝町
明治22年 4月 1日	横浜区	梅ヶ枝町	市制		(3) 横浜市（よこはまし）

(65) 横浜区 若葉町（わかばちょう）

年月日		旧　名　称	内容		新　名　称
明治 6年11月	久良岐郡	(188) 吉田新田（よしだしんでん）の一部	編入起立	横浜町	若葉町
明治11年11月18日	横浜町	若葉町	区設置	横浜区	若葉町
明治22年 4月 1日	横浜区	若葉町	市制		(3) 横浜市（よこはまし）

(66) 横浜区 賑町（にぎわいまち）

年月日		旧　名　称	内容		新　名　称
明治 6年11月	久良岐郡	(188) 吉田新田（よしだしんでん）の一部	編入起立	横浜町	賑町
明治11年11月18日	横浜町	賑町	区設置	横浜区	賑町
明治22年 4月 1日	横浜区	賑町	市制		(3) 横浜市（よこはまし）

(67) 横浜区 久方町（ひさかたちょう）

年月日		旧　名　称	内容		新　名　称
明治 6年11月	久良岐郡	(188) 吉田新田（よしだしんでん）の一部	編入起立	横浜町	久方町
明治11年11月18日	横浜町	久方町	区設置	横浜区	久方町
明治22年 4月 1日	横浜区	久方町	市制		(3) 横浜市（よこはまし）

年月日	旧　名　称		内容		新　名　称
(68)　横浜区　足曳町（あしびきちょう）					
明治 6年11月	久良岐郡	(188) 吉田新田の一部（よしだしんでん）	編入起立	横浜町	足曳町
明治11年11月18日	横浜町	足曳町	区設置	横浜区	足曳町
明治22年 4月 1日	横浜区	足曳町	市制		(3) 横浜市（よこはまし）
(69)　横浜区　雲井町（くもいちょう）					
明治 6年11月	久良岐郡	(188) 吉田新田の一部（よしだしんでん）	編入起立	横浜町	雲井町
明治11年11月18日	横浜町	雲井町	区設置	横浜区	雲井町
明治22年 4月 1日	横浜区	雲井町	市制		(3) 横浜市（よこはまし）
(70)　横浜区　長島町（ながしまちょう）					
明治 6年11月	久良岐郡	(188) 吉田新田の一部（よしだしんでん）	編入起立	横浜町	長島町
明治11年11月18日	横浜町	長島町	区設置	横浜区	長島町
明治22年 4月 1日	横浜区	長島町	市制		(3) 横浜市（よこはまし）
(71)　横浜区　吉岡町（よしおかちょう）					
明治 6年11月	久良岐郡	(188) 吉田新田の一部（よしだしんでん）	編入起立	横浜町	吉岡町
明治11年11月18日	横浜町	吉岡町	区設置	横浜区	吉岡町
明治22年 4月 1日	横浜区	吉岡町	市制		(3) 横浜市（よこはまし）
(72)　横浜区　駿河町（するがちょう）					
明治 6年11月	久良岐郡	(188) 吉田新田の一部（よしだしんでん）	編入起立	横浜町	駿河町
明治11年11月18日	横浜町	駿河町	区設置	横浜区	駿河町
明治22年 4月 1日	横浜区	駿河町	市制		(3) 横浜市（よこはまし）
(73)　横浜区　萬代町（よろずよちょう）					
明治 6年 4月	久良岐郡	(188) 吉田新田の一部（よしだしんでん）	編入起立	横浜町	萬代町
明治11年11月18日	横浜町	萬代町	区設置	横浜区	萬代町
明治22年 4月 1日	横浜区	萬代町	市制		(3) 横浜市（よこはまし）
(74)　横浜区　不老町（ふろうちょう）					
明治 6年 4月	久良岐郡	(188) 吉田新田の一部（よしだしんでん）	編入起立	横浜町	不老町
明治11年11月18日	横浜町	不老町	区設置	横浜区	不老町

年月日		旧名称	内容		新名称
明治22年 4月 1日	横浜区	不老町	市制		(3) 横浜市(よこはまし)

(75) 横浜区 **翁町**(おきなちょう)

年月日		旧名称	内容		新名称
明治 6年 4月	久良岐郡	(188) 吉田新田(よしだしんでん)の一部	編入起立	横浜町	翁町
明治11年11月18日	横浜町	翁町	区設置	横浜区	翁町
明治22年 4月 1日	横浜区	翁町	市制		(3) 横浜市(よこはまし)

(76) 横浜区 **扇町**(おうぎちょう)

年月日		旧名称	内容		新名称
明治 6年 4月	久良岐郡	(188) 吉田新田(よしだしんでん)の一部	編入起立	横浜町	扇町
明治11年11月18日	横浜町	扇町	区設置	横浜区	扇町
明治22年 4月 1日	横浜区	扇町	市制		(3) 横浜市(よこはまし)

(77) 横浜区 **寿町**(ことぶきちょう)

年月日		旧名称	内容		新名称
明治 6年 4月	久良岐郡	(188) 吉田新田(よしだしんでん)の一部	編入起立	横浜町	寿町
明治11年11月18日	横浜町	寿町	区設置	横浜区	寿町
明治22年 4月 1日	横浜区	寿町	市制		(3) 横浜市(よこはまし)

(78) 横浜区 **松影町**(まつかげちょう)

年月日		旧名称	内容		新名称
明治 6年 4月	久良岐郡	(188) 吉田新田(よしだしんでん)の一部	編入起立	横浜町	松影町
明治11年11月18日	横浜町	松影町	区設置	横浜区	松影町
明治22年 4月 1日	横浜区	松影町	市制		(3) 横浜市(よこはまし)

(79) 横浜区 **吉浜町**(よしはまちょう)

年月日		旧名称	内容		新名称
明治 8年11月 9日	久良岐郡	(188) 吉田新田(よしだしんでん)の一部	編入起立	横浜町	吉浜町
明治11年11月18日	横浜町	吉浜町	区設置	横浜区	吉浜町
明治22年 4月 1日	横浜区	吉浜町	市制		(3) 横浜市(よこはまし)

(80) 横浜区 **三吉町**(みよしちょう)

年月日		旧名称	内容		新名称
明治 7年 6月 9日	久良岐郡	(188) 吉田新田(よしだしんでん)の一部	編入起立	横浜町	三吉町
明治11年11月18日	横浜町	三吉町	区設置	横浜区	三吉町
明治22年 4月 1日	横浜区	三吉町	市制		(3) 横浜市(よこはまし)

年月日		旧名称	内容		新名称

(81) 横浜区 千歳町（ちとせちょう）

年月日		旧名称	内容		新名称
明治 7年 7月 3日	久良岐郡	(188) 吉田新田（よしだしんでん）の一部	編入起立	横浜町	千歳町
明治11年11月18日	横浜町	千歳町	区設置	横浜区	千歳町
明治15年 1月18日	横浜区	千歳町の一部	分立	横浜区	(85) 永楽町（えいらくちょう）
明治22年 4月 1日	横浜区	千歳町	市制		(3) 横浜市（よこはまし）

(82) 横浜区 山田町（やまだちょう）

年月日		旧名称	内容		新名称
明治 6年頃	久良岐郡	(188) 吉田新田（よしだしんでん）の一部	編入起立	横浜町	山田町
明治11年11月18日	横浜町	山田町	区設置	横浜区	山田町
明治15年 1月18日	横浜区	山田町の一部	分立	横浜区	(85) 永楽町（えいらくちょう）
		山田町の一部	分立	横浜区	(86) 真金町（まがねちょう）
明治22年 4月 1日	横浜区	山田町	市制		(3) 横浜市（よこはまし）

(83) 横浜区 富士見町（ふじみちょう）

年月日		旧名称	内容		新名称
明治 6年頃	久良岐郡	(188) 吉田新田（よしだしんでん）の一部	編入起立	横浜町	富士見町
明治11年11月18日	横浜町	富士見町	区設置	横浜区	富士見町
明治15年 1月18日	横浜区	富士見町の一部	分立	横浜区	(85) 永楽町（えいらくちょう）
		富士見町の一部	分立	横浜区	(86) 真金町（まがねちょう）
明治22年 4月 1日	横浜区	富士見町	市制		(3) 横浜市（よこはまし）

(84) 横浜区 山吹町（やまぶきちょう）

年月日		旧名称	内容		新名称
明治 6年頃	久良岐郡	(188) 吉田新田（よしだしんでん）の一部	編入起立	横浜町	山吹町
明治11年11月18日	横浜町	山吹町	区設置	横浜区	山吹町
明治15年 1月18日	横浜区	山吹町の一部	分立	横浜区	(85) 永楽町（えいらくちょう）
明治22年 4月 1日	横浜区	山吹町	市制		(3) 横浜市（よこはまし）

(85) 横浜区 永楽町（えいらくちょう）

年月日		旧名称	内容		新名称
明治15年 1月18日	横浜区	(81) 千歳町（ちとせちょう）の一部 (82) 山田町（やまだちょう）の一部 (83) 富士見町（ふじみちょう）の一部 (84) 山吹町（やまぶきちょう）の一部	分立	横浜区	永楽町
明治22年 4月 1日	横浜区	永楽町	市制		(3) 横浜市（よこはまし）

年月日		旧　名　称	内容		新　名　称

(86)　横浜区　真金町（まがねちょう）

年月日		旧　名　称	内容		新　名　称
明治15年 1月18日	横浜区	(82) 山田町（やまだちょう）の一部	分立	横浜区	真金町
		(83) 富士見町（ふじみちょう）の一部			
明治22年 4月 1日	横浜区	真金町	市制		(3) 横浜市（よこはまし）

(87)　横浜区　桜木町（さくらぎちょう）

年月日		旧　名　称	内容		新　名　称
明治 5年 5月			起立	横浜町	桜木町
明治11年11月18日	横浜町	桜木町	区設置	横浜区	桜木町
明治22年 4月 1日	横浜区	桜木町	市制		(3) 横浜市（よこはまし）

(88)　横浜区　内田町（うちだちょう）

年月日		旧　名　称	内容		新　名　称
明治 5年 9月			起立	横浜町	内田町
明治11年11月18日	横浜町	内田町	区設置	横浜区	内田町
明治20年 7月18日	横浜区	内田町の一部	編入	横浜区	(90) 長住町（ながすみちょう）
明治22年 4月 1日	横浜区	内田町	市制		(3) 横浜市（よこはまし）

(89)　横浜区　福長町（ふくながちょう）

年月日		旧　名　称	内容		新　名　称
明治 7年 6月17日			起立	横浜町	福長町
明治11年11月18日	横浜町	福長町	区設置	横浜区	福長町
明治20年 7月18日	横浜区	福長町	編入	横浜区	(90) 長住町（ながすみちょう）

(90)　横浜区　長住町（ながすみちょう）

年月日		旧　名　称	内容		新　名　称
明治 7年 6月17日			起立	横浜町	長住町
明治11年11月18日	横浜町	長住町	区設置	横浜区	長住町
明治20年 7月18日	横浜区	(88) 内田町（うちだちょう）の一部	編入	横浜区	長住町
		(89) 福長町（ふくながちょう）	編入	横浜区	長住町
明治22年 4月 1日	横浜区	長住町	市制		(3) 横浜市（よこはまし）

(91)　横浜区　橘町（たちばなちょう）

年月日		旧　名　称	内容		新　名　称
明治 7年 7月 7日			起立	横浜町	橘町
明治11年11月18日	横浜町	橘町	区設置	横浜区	橘町
明治22年 4月 1日	横浜区	橘町	市制		(3) 横浜市（よこはまし）

年月日	旧　名　称	内容	新　名　称
(92)　横浜区　高島町（たかしまちょう）			
明治 5年 4月		起立　横浜町	高島町
明治11年11月18日	横浜町　高島町	区設置　横浜区	高島町
明治22年 4月 1日	横浜区　高島町	市制	(3) 横浜市（よこはまし）
(93)　横浜区　裏高島町（うらたかしまちょう）			
明治 8年 3月23日		起立　横浜町	裏高島町
明治11年11月18日	横浜町　裏高島町	区設置　横浜区	裏高島町
明治22年 4月 1日	横浜区　裏高島町	市制	(3) 横浜市（よこはまし）
(94)　横浜区　花咲町（はなさきちょう）			
明治 5年11月		起立　横浜町	花咲町
明治11年11月18日	横浜町　花咲町	区設置　横浜区	花咲町
明治22年 4月 1日	横浜区　花咲町	市制	(3) 横浜市（よこはまし）
(95)　横浜区　野毛町（のげちょう）			
明治 6年	久良岐郡 (184) 野毛町	編入起立　横浜町	野毛町
明治11年11月18日	横浜町　野毛町	区設置　横浜区	野毛町
明治22年 4月 1日	横浜区　野毛町	市制	(3) 横浜市（よこはまし）
(96)　横浜区　月岡町（つきおかちょう）			
明治 9年 2月29日	久良岐郡 (183) 戸部町（とべまち）の一部 (187) 太田村（おおたむら）の一部	編入起立　横浜町	月岡町
明治11年11月18日	横浜町　月岡町	区設置　横浜区	月岡町
明治22年 4月 1日	横浜区　月岡町	市制	(3) 横浜市（よこはまし）
(97)　横浜区　老松町（おいまつちょう）			
明治 9年 2月29日	久良岐郡 (183) 戸部町（とべまち）の一部	編入起立　横浜町	老松町
明治11年11月18日	横浜町　老松町	区設置　横浜区	老松町
明治22年 4月 1日	横浜区　老松町	市制	(3) 横浜市（よこはまし）
(98)　横浜区　宮川町（みやがわちょう）			
明治 5年11月		起立　横浜町	宮川町

年月日		旧名称	内容		新名称
明治11年11月18日	横浜町	宮川町	区設置	横浜区	宮川町
明治22年 4月 1日	横浜区	宮川町	市制		(3) 横浜市（よこはまし）

(99) 横浜区 日出町（ひのでちょう）

年月日		旧名称	内容		新名称
明治 4年 9月	久良岐郡	(187) 太田村（おおたむら）の一部	編入起立	横浜町	日出町
明治11年11月18日	横浜町	日出町	区設置	横浜区	日出町
明治22年 4月 1日	横浜区	日出町	市制		(3) 横浜市（よこはまし）

(100) 横浜区 福島町（ふくしまちょう）

年月日		旧名称	内容		新名称
明治 5年 5月			起立	横浜町	福島町
明治11年11月18日	横浜町	福島町	区設置	横浜区	福島町
明治22年 4月 1日	横浜区	福島町	市制		(3) 横浜市（よこはまし）

(101) 横浜区 宮崎町（みやざきちょう）

年月日		旧名称	内容		新名称
明治 3年 9月	久良岐郡	(183) 戸部町（とべまち）の一部	編入起立	横浜町	宮崎町
明治11年11月18日	横浜町	宮崎町	区設置	横浜区	宮崎町
明治22年 4月 1日	横浜区	宮崎町	市制		(3) 横浜市（よこはまし）

(102) 横浜区 伊勢町（いせちょう）

年月日		旧名称	内容		新名称
明治 5年 5月	久良岐郡	(183) 戸部町（とべまち）の一部	編入起立	横浜町	伊勢町
明治11年11月18日	横浜町	伊勢町	区設置	横浜区	伊勢町
明治22年 4月 1日	横浜区	伊勢町	市制		(3) 横浜市（よこはまし）

(103) 横浜区 戸部町（とべちょう）

年月日		旧名称	内容		新名称
明治 6年	久良岐郡	(183) 戸部町の一部	編入起立	横浜町	戸部町
明治11年11月18日	横浜町	戸部町	区設置	横浜区	戸部町
明治22年 4月 1日	横浜区	戸部町	市制		(3) 横浜市（よこはまし）

(104) 横浜区 平沼町（ひらぬままち）

年月日		旧名称	内容		新名称
明治 6年 1月	久良岐郡	(185) 平沼新田（ひらぬましんでん）の一部	編入起立	横浜町	平沼町
明治11年11月18日	横浜町	平沼町	区設置	横浜区	平沼町
明治22年 4月 1日	横浜区	平沼町	市制		(3) 横浜市（よこはまし）

年月日		旧名称	内容		新名称
(105) 横浜区		仲町(なかちょう)			
明治 8年11月 9日	久良岐郡 (185)	平沼新田(ひらぬましんでん)の一部	編入起立	横浜町	仲町
明治11年11月18日	横浜町	仲町	区設置	横浜区	仲町
明治22年 4月 1日	横浜区	仲町	市制		(3) 横浜市(よこはまし)
(106) 横浜区		材木町(ざいもくちょう)			
明治 8年11月 9日	久良岐郡 (185)	平沼新田(ひらぬましんでん)の一部	編入起立	横浜町	材木町
明治11年11月18日	横浜町	材木町	区設置	横浜区	材木町
明治22年 4月 1日	横浜区	材木町	市制		(3) 横浜市(よこはまし)
(107) 横浜区		三春町(みはるちょう)			
明治 4年 9月	久良岐郡 (187)	太田村(おおたむら)の一部	編入起立	横浜町	三春町
明治 9年	横浜町	三春町の一部	編入	久良岐郡 (187)	太田村
明治11年11月18日	横浜町	三春町	区設置	横浜区	三春町
明治22年 4月 1日	横浜区	三春町	市制		(3) 横浜市(よこはまし)
(108) 横浜区		初音町(はつねちょう)			
明治 4年 9月	久良岐郡 (187)	太田村(おおたむら)の一部	編入起立	横浜町	初音町
明治 9年	横浜町	初音町の一部	編入	久良岐郡 (187)	太田村
明治11年11月18日	横浜町	初音町	区設置	横浜区	初音町
明治22年 4月 1日	横浜区	初音町	市制		(3) 横浜市(よこはまし)
(109) 横浜区		英町(はなぶさちょう)			
明治 4年 9月	久良岐郡 (187)	太田村(おおたむら)の一部	編入起立	横浜町	英町
明治11年11月18日	横浜町	英町	区設置	横浜区	英町
明治22年 4月 1日	横浜区	英町	市制		(3) 横浜市(よこはまし)
(110) 横浜区		霞町(かすみちょう)			
明治 4年 9月	久良岐郡 (187)	太田村(おおたむら)の一部	編入起立	横浜町	霞町
明治11年11月18日	横浜町	霞町	区設置	横浜区	霞町
明治22年 4月 1日	横浜区	霞町	市制		(3) 横浜市(よこはまし)

年月日	旧名称	内容	新名称

(111) 横浜区 清水町（しみずちょう）

年月日	旧名称	内容	新名称
明治 4年 9月	久良岐郡 (187) 太田村（おおたむら）の一部	編入起立	横浜町 清水町
明治 9年	横浜町 清水町の一部	編入	久良岐郡 (187) 太田村
明治11年11月18日	横浜町 清水町	区設置	横浜区 清水町
明治22年 4月 1日	横浜区 清水町	市制	(3) 横浜市（よこはまし）

(112) 横浜区 元町（もとまち）

年月日	旧名称	内容	新名称
明治 6年	久良岐郡 (2) 元町	編入起立	横浜町 元町
明治11年11月18日	横浜町 元町	区設置	横浜区 元町
明治22年 4月 1日	横浜区 元町	市制	(3) 横浜市（よこはまし）

(113) 横浜区 諏訪町（すわちょう）

年月日	旧名称	内容	新名称
明治 6年 1月	久良岐郡 (195) 北方村（きたかたむら）の一部	編入起立	横浜町 諏訪町
明治11年11月18日	横浜町 諏訪町	区設置	横浜区 諏訪町
明治22年 4月 1日	横浜区 諏訪町	市制	(3) 横浜市（よこはまし）

(114) 横浜区 上野町（うえのまち）

年月日	旧名称	内容	新名称
明治 6年 1月	久良岐郡 (195) 北方村（きたかたむら）の一部	編入起立	横浜町 上野町
明治11年11月18日	横浜町 上野町	区設置	横浜区 上野町
明治22年 4月 1日	横浜区 上野町	市制	(3) 横浜市（よこはまし）

(115) 横浜区 千代崎町（ちよざきちょう）

年月日	旧名称	内容	新名称
明治 6年 1月	久良岐郡 (195) 北方村（きたかたむら）の一部	編入起立	横浜町 千代崎町
明治11年11月18日	横浜町 千代崎町	区設置	横浜区 千代崎町
明治22年 4月 1日	横浜区 千代崎町	市制	(3) 横浜市（よこはまし）

(116) 横浜区 山元町（やまもとちょう）

年月日	旧名称	内容	新名称
明治 6年 1月	久良岐郡 (193) 根岸村（ねぎしむら）の一部	編入起立	横浜町 山元町
明治11年11月18日	横浜町 山元町	区設置	横浜区 山元町
明治22年 4月 1日	横浜区 山元町	市制	(3) 横浜市（よこはまし）

(117) 横浜区 石川仲町（いしかわなかまち）

年月日	旧名称	内容	新名称
明治 7年 7月 3日	久良岐郡 (192) 中村（なかむら）の一部	編入起立	横浜町 石川仲町

年月日		旧　名　称	内容		新　名　称
明治11年11月18日	横浜町	石川仲町	区設置	横浜区	石川仲町
明治22年 4月 1日	横浜区	石川仲町	市制		(3) 横浜市（よこはまし）

(118) 横浜区　石川町（いしかわまち）

年月日		旧　名　称	内容		新　名　称
明治 6年 1月	久良岐郡 (192)	中村（なかむら）の一部	編入起立	横浜町	石川町
明治11年11月18日	横浜町	石川町	区設置	横浜区	石川町
明治22年 4月 1日	横浜区	石川町	市制		(3) 横浜市（よこはまし）

(119) 横浜町　坂下町（さかしたちょう）

年月日		旧　名　称	内容		新　名　称
文久元年	久良岐郡 (182)	太田屋新田（おおたやしんでん）の一部	編入起立	横浜町	坂下町
明治10年頃	横浜町	坂下町	廃止		

(120) 横浜町　久保町（くぼちょう）

年月日		旧　名　称	内容		新　名　称
明治 9年 2月29日	久良岐郡 (187)	太田村（おおたむら）の一部	編入起立	横浜町	久保町
明治 9年	横浜町	久保町	編入	久良岐郡 (187)	太田村

(121) 横浜町　児玉町（こだまちょう）

年月日		旧　名　称	内容		新　名　称
明治 4年 9月	久良岐郡 (187)	太田村（おおたむら）の一部	編入起立	横浜町	児玉町
明治 9年	横浜町	児玉町	編入	久良岐郡 (187)	太田村

(122) 横浜町　和泉町（いずみちょう）

年月日		旧　名　称	内容		新　名　称
明治 6年12月	久良岐郡 (188)	吉田新田（よしだしんでん）の一部	編入起立	横浜町	和泉町
明治10年頃	横浜町	和泉町	廃止		

(123) 横浜町　岡野町（おかのちょう）

年月日		旧　名　称	内容		新　名　称
明治 6年 1月	橘樹郡 (258)	岡野新田（おかのしんでん）の一部	編入起立	横浜町	岡野町
明治初期	横浜町	岡野町	廃止		

(124) 横浜町　千歳町（ちとせちょう）

年月日		旧　名　称	内容		新　名　称
明治 6年 1月	橘樹郡 (258)	岡野新田（おかのしんでん）の一部	編入起立	横浜町	千歳町
明治初期	横浜町	千歳町	廃止		

(125) 横浜町　新玉町（あらたまちょう）

年月日		旧　名　称	内容		新　名　称
明治 6年 1月	橘樹郡 (258)	岡野新田（おかのしんでん）の一部	編入起立	横浜町	新玉町

年月日		旧　名　称	内容		新　名　称
明治初期	横浜町	新玉町	廃止		

(126)　横浜区　日本大通（にほんおおどおり）

明治12年 1月11日		(横浜外国人居留地)	起立	横浜区	日本大通
明治22年 4月 1日	横浜区	日本大通	市制		(3) 横浜市（よこはまし）

(127)　横浜区　富士山町（ふじやまちょう）

明治12年 1月11日		(横浜外国人居留地)	起立	横浜区	富士山町
明治22年 4月 1日	横浜区	富士山町	市制		(3) 横浜市（よこはまし）

(128)　横浜区　神戸町（こうべちょう）

明治12年 1月11日		(横浜外国人居留地)	起立	横浜区	神戸町
明治22年 4月 1日	横浜区	神戸町	市制		(3) 横浜市（よこはまし）

(129)　横浜区　花園町（はなぞのちょう）

明治12年 1月11日		(横浜外国人居留地)	起立	横浜区	花園町
明治22年 4月 1日	横浜区	花園町	市制		(3) 横浜市（よこはまし）

(130)　横浜区　加賀町（かがちょう）

明治12年 1月11日		(横浜外国人居留地)	起立	横浜区	加賀町
明治22年 4月 1日	横浜区	加賀町	市制		(3) 横浜市（よこはまし）

(131)　横浜区　阿波町（あわちょう）

明治12年 1月11日		(横浜外国人居留地)	起立	横浜区	阿波町
明治22年 4月 1日	横浜区	阿波町	市制		(3) 横浜市（よこはまし）

(132)　横浜区　薩摩町（さつまちょう）

明治12年 1月11日		(横浜外国人居留地)	起立	横浜区	薩摩町
明治22年 4月 1日	横浜区	薩摩町	市制		(3) 横浜市（よこはまし）

(133)　横浜区　本村通（ほんむらどおり）

明治12年 1月11日		(横浜外国人居留地)	起立	横浜区	本村通
明治22年 4月 1日	横浜区	本村通	市制		(3) 横浜市（よこはまし）

年月日		旧名称	内容		新名称
(134) 横浜区 京町（きょうちょう）					
明治12年 1月11日		（横浜外国人居留地）	起立	横浜区	京町
明治22年 4月 1日	横浜区	京町	市制		(3) 横浜市（よこはまし）
(135) 横浜区 越後町（えちごちょう）					
明治12年 1月11日		（横浜外国人居留地）	起立	横浜区	越後町
明治22年 4月 1日	横浜区	越後町	市制		(3) 横浜市（よこはまし）
(136) 横浜区 大坂町（おおさかちょう）					
明治12年 1月11日		（横浜外国人居留地）	起立	横浜区	大坂町
明治22年 4月 1日	横浜区	大坂町	市制		(3) 横浜市（よこはまし）
(137) 横浜区 琵琶町（びわちょう）					
明治12年 1月11日		（横浜外国人居留地）	起立	横浜区	琵琶町
明治22年 4月 1日	横浜区	琵琶町	市制		(3) 横浜市（よこはまし）
(138) 横浜区 前橋町（まえばしちょう）					
明治12年 1月11日		（横浜外国人居留地）	起立	横浜区	前橋町
明治22年 4月 1日	横浜区	前橋町	市制		(3) 横浜市（よこはまし）
(139) 横浜区 蝦夷町（えぞちょう）					
明治12年 1月11日		（横浜外国人居留地）	起立	横浜区	蝦夷町
明治22年 4月 1日	横浜区	蝦夷町	市制		(3) 横浜市（よこはまし）
(140) 横浜区 駿河町（するがちょう）					
明治12年 1月11日		（横浜外国人居留地）	起立	横浜区	駿河町
明治22年 4月 1日	横浜区	駿河町	市制		(3) 横浜市（よこはまし）
(141) 横浜区 小田原町（おだわらちょう）					
明治12年 1月11日		（横浜外国人居留地）	起立	横浜区	小田原町
明治22年 4月 1日	横浜区	小田原町	市制		(3) 横浜市（よこはまし）
(142) 横浜区 尾張町（おわりちょう）					
明治12年 1月11日		（横浜外国人居留地）	起立	横浜区	尾張町

年月日		旧名称	内容		新名称
明治22年 4月 1日	横浜区	尾張町	市制		(3) 横浜市(よこはまし)

(143) 横浜区 武蔵横町(むさしよこちょう)

年月日		旧名称	内容		新名称
明治12年 1月11日		(横浜外国人居留地)	起立	横浜区	武蔵横町
明治22年 4月 1日	横浜区	武蔵横町	市制		(3) 横浜市(よこはまし)

(144) 横浜区 豊後町(ぶんごちょう)

年月日		旧名称	内容		新名称
明治12年 1月11日		(横浜外国人居留地)	起立	横浜区	豊後町
明治22年 4月 1日	横浜区	豊後町	市制		(3) 横浜市(よこはまし)

(145) 横浜区 函館町(はこだてちょう)

年月日		旧名称	内容		新名称
明治12年 1月11日		(横浜外国人居留地)	起立	横浜区	函館町
明治22年 4月 1日	横浜区	函館町	市制		(3) 横浜市(よこはまし)

(146) 横浜区 角町(つのちょう)

年月日		旧名称	内容		新名称
明治12年 1月11日		(横浜外国人居留地)	起立	横浜区	角町
明治22年 4月 1日	横浜区	角町	市制		(3) 横浜市(よこはまし)

(147) 横浜区 堀川町(ほりかわちょう)

年月日		旧名称	内容		新名称
明治12年 1月11日		(横浜外国人居留地)	起立	横浜区	堀川町
明治22年 4月 1日	横浜区	堀川町	市制		(3) 横浜市(よこはまし)

(148) 横浜区 武蔵町(むさしちょう)

年月日		旧名称	内容		新名称
明治12年 1月11日		(横浜外国人居留地)	起立	横浜区	武蔵町
明治22年 4月 1日	横浜区	武蔵町	市制		(3) 横浜市(よこはまし)

(149) 横浜区 二子町(ふたごちょう)

年月日		旧名称	内容		新名称
明治12年 1月11日		(横浜外国人居留地)	起立	横浜区	二子町
明治22年 4月 1日	横浜区	二子町	市制		(3) 横浜市(よこはまし)

(150) 横浜区 上田町(うえだちょう)

年月日		旧名称	内容		新名称
明治12年 1月11日		(横浜外国人居留地)	起立	横浜区	上田町
明治22年 4月 1日	横浜区	上田町	市制		(3) 横浜市(よこはまし)

年月日	旧	名称	内容	新	名称

(151) 横浜区 本町通（ほんちょうどおり）

年月日	旧	名称	内容	新	名称
明治12年 1月11日		(横浜外国人居留地)	起立	横浜区	本町通
明治22年 4月 1日	横浜区	本町通	市制		(3) 横浜市（よこはまし）

(152) 横浜区 水町通（みずまちどおり）

年月日	旧	名称	内容	新	名称
明治12年 1月11日		(横浜外国人居留地)	起立	横浜区	水町通
明治22年 4月 1日	横浜区	水町通	市制		(3) 横浜市（よこはまし）

(153) 横浜区 九州町（きゅうしゅうちょう）

年月日	旧	名称	内容	新	名称
明治12年 1月11日		(横浜外国人居留地)	起立	横浜区	九州町
明治22年 4月 1日	横浜区	九州町	市制		(3) 横浜市（よこはまし）

(154) 横浜区 長崎町（ながさきちょう）

年月日	旧	名称	内容	新	名称
明治12年 1月11日		(横浜外国人居留地)	起立	横浜区	長崎町
明治22年 4月 1日	横浜区	長崎町	市制		(3) 横浜市（よこはまし）

(155) 横浜区 海岸通（かいがんどおり）

年月日	旧	名称	内容	新	名称
明治12年 1月11日		(横浜外国人居留地)	起立	横浜区	海岸通
明治22年 4月 1日	横浜区	海岸通	市制		(3) 横浜市（よこはまし）

(156) 横浜区 谷戸坂通（やとざかどおり）

年月日	旧	名称	内容	新	名称
明治17年 7月10日		(山手外国人居留地)	起立	横浜区	谷戸坂通
明治22年 4月 1日	横浜区	谷戸坂通	市制		(3) 横浜市（よこはまし）

(157) 横浜区 山手本町通（やまてほんちょうどおり）

年月日	旧	名称	内容	新	名称
明治17年 7月10日		(山手外国人居留地)	起立	横浜区	山手本町通
明治22年 4月 1日	横浜区	山手本町通	市制		(3) 横浜市（よこはまし）

(158) 横浜区 富士見町（ふじみちょう）

年月日	旧	名称	内容	新	名称
明治17年 7月10日		(山手外国人居留地)	起立	横浜区	富士見町
明治22年 4月 1日	横浜区	富士見町	市制		(3) 横浜市（よこはまし）

(159) 横浜区 内台坂（うちだいざか）

年月日	旧	名称	内容	新	名称
明治17年 7月10日		(山手外国人居留地)	起立	横浜区	内台坂

年月日		旧名称	内容		新名称
明治22年 4月 1日	横浜区	内台坂	市制		(3) 横浜市(よこはまし)

(160) 横浜区 西坂町(にしざかまち)

年月日		旧名称	内容		新名称
明治17年 7月10日		(山手外国人居留地)	起立	横浜区	西坂町
明治22年 4月 1日	横浜区	西坂町	市制		(3) 横浜市(よこはまし)

(161) 横浜区 地蔵坂(じぞうざか)

年月日		旧名称	内容		新名称
明治17年 7月10日		(山手外国人居留地)	起立	横浜区	地蔵坂
明治22年 4月 1日	横浜区	地蔵坂	市制		(3) 横浜市(よこはまし)

(162) 横浜区 小坂町(こさかちょう)

年月日		旧名称	内容		新名称
明治17年 7月10日		(山手外国人居留地)	起立	横浜区	小坂町
明治22年 4月 1日	横浜区	小坂町	市制		(3) 横浜市(よこはまし)

(163) 横浜区 大丸坂(おおまるざか)

年月日		旧名称	内容		新名称
明治17年 7月10日		(山手外国人居留地)	起立	横浜区	大丸坂
明治22年 4月 1日	横浜区	大丸坂	市制		(3) 横浜市(よこはまし)

(164) 横浜区 檀木町(しゅもくちょう)

年月日		旧名称	内容		新名称
明治17年 7月10日		(山手外国人居留地)	起立	横浜区	檀木町
明治22年 4月 1日	横浜区	檀木町	市制		(3) 横浜市(よこはまし)

(165) 横浜区 環町(たまきちょう)

年月日		旧名称	内容		新名称
明治17年 7月10日		(山手外国人居留地)	起立	横浜区	環町
明治22年 4月 1日	横浜区	環町	市制		(3) 横浜市(よこはまし)

(166) 横浜区 公園坂(こうえんざか)

年月日		旧名称	内容		新名称
明治17年 7月10日		(山手外国人居留地)	起立	横浜区	公園坂
明治22年 4月 1日	横浜区	公園坂	市制		(3) 横浜市(よこはまし)

(167) 横浜区 西野坂(にしのさか)

年月日		旧名称	内容		新名称
明治17年 7月10日		(山手外国人居留地)	起立	横浜区	西野坂
明治22年 4月 1日	横浜区	西野坂	市制		(3) 横浜市(よこはまし)

年月日		旧名称	内容		新名称
(168) 横浜区	汐汲坂(しおくみざか)				
明治17年 7月10日		(山手外国人居留地)	起立	横浜区	汐汲坂
明治22年 4月 1日	横浜区	汐汲坂	市制		(3) 横浜市(よこはまし)
(169) 横浜区	高田坂(たかだざか)				
明治17年 7月10日		(山手外国人居留地)	起立	横浜区	高田坂
明治22年 4月 1日	横浜区	高田坂	市制		(3) 横浜市(よこはまし)
(170) 横浜区	三ノ輪坂(みのわざか)				
明治17年 7月10日		(山手外国人居留地)	起立	横浜区	三ノ輪坂
明治22年 4月 1日	横浜区	三ノ輪坂	市制		(3) 横浜市(よこはまし)
(171) 横浜区	稲荷町(いなりちょう)				
明治17年 7月10日		(山手外国人居留地)	起立	横浜区	稲荷町
明治22年 4月 1日	横浜区	稲荷町	市制		(3) 横浜市(よこはまし)
(172) 横浜区	南坂(みなみざか)				
明治17年 7月10日		(山手外国人居留地)	起立	横浜区	南坂
明治22年 4月 1日	横浜区	南坂	市制		(3) 横浜市(よこはまし)
(173) 横浜区	貝殻坂(かいがらざか)				
明治17年 7月10日		(山手外国人居留地)	起立	横浜区	貝殻坂
明治22年 4月 1日	横浜区	貝殻坂	市制		(3) 横浜市(よこはまし)
(174) 横浜区	宮脇坂(みやわきざか)				
明治17年 7月10日		(山手外国人居留地)	起立	横浜区	宮脇坂
明治22年 4月 1日	横浜区	宮脇坂	市制		(3) 横浜市(よこはまし)
(175) 横浜区	陣屋町(じんやまち)				
明治17年 7月10日		(山手外国人居留地)	起立	横浜区	陣屋町
明治22年 4月 1日	横浜区	陣屋町	市制		(3) 横浜市(よこはまし)
(176) 横浜区	諏訪町通(すわちょうどおり)				
明治17年 7月10日		(山手外国人居留地)	起立	横浜区	諏訪町通

年月日		旧　名　称	内容		新　名　称
明治22年 4月 1日	横浜区	諏訪町通	市制		(3) 横浜市（よこはまし）

(177) 横浜区 弓町（ゆみちょう）

年月日		旧　名　称	内容		新　名　称
明治17年 7月10日		（山手外国人居留地）	起立	横浜区	弓町
明治22年 4月 1日	横浜区	弓町	市制		(3) 横浜市（よこはまし）

(178) 横浜区 畑町（はたちょう）

年月日		旧　名　称	内容		新　名　称
明治17年 7月10日		（山手外国人居留地）	起立	横浜区	畑町
明治22年 4月 1日	横浜区	畑町	市制		(3) 横浜市（よこはまし）

(179) 横浜区 矢ノ根町（やのねちょう）

年月日		旧　名　称	内容		新　名　称
明治17年 7月10日		（山手外国人居留地）	起立	横浜区	矢ノ根町
明治22年 4月 1日	横浜区	矢ノ根町	市制		(3) 横浜市（よこはまし）

(180) 横浜区 泉町（いずみちょう）

年月日		旧　名　称	内容		新　名　称
明治17年 7月10日		（山手外国人居留地）	起立	横浜区	泉町
明治22年 4月 1日	横浜区	泉町	市制		(3) 横浜市（よこはまし）

(181) 横浜区 林町（はやしちょう）

年月日		旧　名　称	内容		新　名　称
明治17年 7月10日		（山手外国人居留地）	起立	横浜区	林町
明治22年 4月 1日	横浜区	林町	市制		(3) 横浜市（よこはまし）

(182) 久良岐郡 太田屋新田（おおたやしんでん）

年月日		旧　名　称	内容		新　名　称
安政 3年			成立	久良岐郡	太田屋新田
安政 6年	久良岐郡	太田屋新田の一部	編入起立	横浜町	(34) 太田町（おおたまち）
文久元年	久良岐郡	太田屋新田の一部	編入起立	横浜町	(119) 坂下町（さかしたちょう）
慶応 2年	久良岐郡	太田屋新田の一部	編入起立	横浜町	(36) 末広町（すえひろちょう）
慶応 3年	久良岐郡	太田屋新田の一部	編入起立	横浜町	(40) 新浜町（しんはまちょう）
		太田屋新田の一部	編入起立	横浜町	(46) 真砂町（まさごちょう）
		太田屋新田の一部	編入起立	横浜町	(47) 緑町（みどりちょう）
明治元年 9月21日			県設置		神奈川県
明治 2年	久良岐郡	太田屋新田の一部	編入起立	横浜町	(41) 入船町（いりふねちょう）
明治 4年 7月	久良岐郡	太田屋新田の一部	編入起立	横浜町	(37) 高砂町（たかさごちょう）
		太田屋新田の一部	編入起立	横浜町	(38) 小松町（こまつちょう）

年月日	旧名称	内容	新名称
	太田屋新田の一部	編入起立　横浜町	(39) 小船町(こぶねちょう)
	太田屋新田の一部	編入起立　横浜町	(42) 相生町(あいおいちょう)
	太田屋新田の一部	編入起立　横浜町	(43) 住吉町(すみよしちょう)
	太田屋新田の一部	編入起立　横浜町	(44) 常盤町(ときわちょう)
	太田屋新田の一部	編入起立　横浜町	(45) 尾上町(おのえちょう)
	太田屋新田の一部	編入起立　横浜町	(50) 港町(みなとちょう)
明治 8年	久良岐郡　太田屋新田（横浜外国人居留地）（太田屋新田消滅）	編入　久良岐郡	(3) 横浜町(よこはままち)

(183) 久良岐郡 戸部町(とべまち)

年月日	旧名称	内容	新名称
江戸期又は江戸期以前		久良岐郡	戸部村
安政 6年	久良岐郡　戸部村の一部	合併　久良岐郡	(3) 横浜町(よこはままち)
万延元年	久良岐郡　戸部村の一部	分立　久良岐郡	(184) 野毛町(のげまち)
万延元年	久良岐郡　戸部村	改称　久良岐郡	戸部町
明治元年 9月21日		県設置	神奈川県
明治 3年 9月	久良岐郡　戸部町の一部	編入起立　横浜町	(101) 宮崎町(みやざきちょう)
明治 5年 5月	久良岐郡　戸部町の一部	編入起立　横浜町	(102) 伊勢町(いせちょう)
明治 6年	久良岐郡　戸部町の一部	編入起立　横浜町	(103) 戸部町
明治 9年 2月29日	久良岐郡　戸部町の一部	編入起立　横浜町	(96) 月岡町(つきおかちょう)
	戸部町の一部	編入起立　横浜町	(97) 老松町(おいまつちょう)
明治22年 3月31日	久良岐郡　戸部町	合併　久良岐郡	(189) 戸太村(とだむら)

(184) 久良岐郡 野毛町(のげまち)

年月日	旧名称	内容	新名称
万延元年	久良岐郡 (183) 戸部村(とべむら)の一部	分立　久良岐郡	野毛町
明治元年 9月21日		県設置	神奈川県
明治 6年	久良岐郡　野毛町	編入起立　横浜町	(95) 野毛町

(185) 久良岐郡 平沼新田(ひらぬましんでん)

年月日	旧名称	内容	新名称
江戸末期		成立　久良岐郡	平沼新田
明治元年 9月21日		県設置	神奈川県
明治 6年 1月	久良岐郡　平沼新田の一部	編入起立　横浜町	(104) 平沼町(ひらぬままち)
明治 8年11月 9日	久良岐郡　平沼新田の一部	編入起立　横浜町	(105) 仲町(なかちょう)

年月日		旧名称	内容		新名称
		平沼新田の一部	編入起立	横浜町	(106) 材木町（ざいもくちょう）
明治22年 3月31日	久良岐郡	平沼新田	合併	久良岐郡	(189) 戸太村（とだむら）

(186) 久良岐郡 尾張屋新田（おわりやしんでん）

年月日		旧名称	内容		新名称
宝暦年間			成立	久良岐郡	尾張屋新田
明治元年 9月21日			県設置		神奈川県
明治22年 3月31日	久良岐郡	尾張屋新田	合併	久良岐郡	(189) 戸太村（とだむら）

(187) 久良岐郡 太田村（おおたむら）

年月日		旧名称	内容		新名称
江戸期又は江戸期以前				久良岐郡	太田村
安政 6年	久良岐郡	太田村の一部	合併	久良岐郡	(3) 横浜町（よこはままち）
明治元年 9月21日			県設置		神奈川県
明治 4年 9月	久良岐郡	太田村の一部	編入起立	横浜町	(99) 日出町（ひのでちょう）
		太田村の一部	編入起立	横浜町	(107) 三春町（みはるちょう）
		太田村の一部	編入起立	横浜町	(108) 初音町（はつねちょう）
		太田村の一部	編入起立	横浜町	(109) 英町（はなぶさちょう）
		太田村の一部	編入起立	横浜町	(110) 霞町（かすみちょう）
		太田村の一部	編入起立	横浜町	(111) 清水町（しみずちょう）
		太田村の一部	編入起立	横浜町	(121) 児玉町（こだまちょう）
明治 9年 2月29日	久良岐郡	太田村の一部	編入起立	横浜町	(96) 月岡町（つきおかちょう）
		太田村の一部	編入起立	横浜町	(120) 久保町（くぼちょう）
明治 9年	横浜町	(35) 黄金町（こがねちょう）の一部	編入	久良岐郡	太田村
		(107) 三春町の一部	編入	久良岐郡	太田村
		(108) 初音町の一部	編入	久良岐郡	太田村
		(111) 清水町の一部	編入	久良岐郡	太田村
		(120) 久保町	編入	久良岐郡	太田村
		(121) 児玉町	編入	久良岐郡	太田村
明治22年 3月31日	久良岐郡	太田村	合併	久良岐郡	(189) 戸太村（とだむら）

(188) 久良岐郡 吉田新田（よしだしんでん）

年月日		旧名称	内容		新名称
寛文 9年 4月			成立	久良岐郡	吉田新田
元治元年	久良岐郡	吉田新田の一部	分立	久良岐郡	(190) 吉田町（よしだまち）
慶応 3年	久良岐郡	吉田新田の一部	編入起立	横浜町	(57) 姿見町（すがたみちょう）

年月日		旧名称	内容		新名称
		吉田新田の一部	編入起立	横浜町	(61) 吉原町（よしはらちょう）
明治元年 9月21日			県設置		神奈川県
明治 2年 8月	久良岐郡	吉田新田の一部	分立	久良岐郡	(191) 羽衣町（はごろもちょう）
明治 3年 6月	久良岐郡	吉田新田の一部	編入起立	横浜町	(53) 福富町（ふくとみちょう）
		吉田新田の一部	編入起立	横浜町	(54) 長者町（ちょうじゃまち）
明治 6年頃	久良岐郡	吉田新田の一部	編入起立	横浜町	(82) 山田町（やまだちょう）
		吉田新田の一部	編入起立	横浜町	(83) 富士見町（ふじみちょう）
		吉田新田の一部	編入起立	横浜町	(84) 山吹町（やまぶきちょう）
明治 6年 3月	久良岐郡	吉田新田の一部	編入起立	横浜町	(60) 蓬莱町（ほうらいちょう）
明治 6年 4月	久良岐郡	吉田新田の一部	編入起立	横浜町	(73) 萬代町（よろずよちょう）
		吉田新田の一部	編入起立	横浜町	(74) 不老町（ふろうちょう）
		吉田新田の一部	編入起立	横浜町	(75) 翁町（おきなちょう）
		吉田新田の一部	編入起立	横浜町	(76) 扇町（おうぎちょう）
		吉田新田の一部	編入起立	横浜町	(77) 寿町（ことぶきちょう）
		吉田新田の一部	編入起立	横浜町	(78) 松影町（まつかげちょう）
明治 6年11月	久良岐郡	吉田新田の一部	編入起立	横浜町	(55) 末吉町（すえよしちょう）
		吉田新田の一部	編入起立	横浜町	(65) 若葉町（わかばちょう）
		吉田新田の一部	編入起立	横浜町	(66) 賑町（にぎわいまち）
		吉田新田の一部	編入起立	横浜町	(67) 久方町（ひさかたちょう）
		吉田新田の一部	編入起立	横浜町	(68) 足曳町（あしびきちょう）
		吉田新田の一部	編入起立	横浜町	(69) 雲井町（くもいちょう）
		吉田新田の一部	編入起立	横浜町	(70) 長島町（ながしまちょう）
		吉田新田の一部	編入起立	横浜町	(71) 吉岡町（よしおかちょう）
		吉田新田の一部	編入起立	横浜町	(72) 駿河町（するがちょう）
明治 6年12月	久良岐郡	吉田新田の一部	編入起立	横浜町	(122) 和泉町（いずみちょう）
明治 7年 6月 9日	久良岐郡	吉田新田の一部	編入起立	横浜町	(80) 三吉町（みよしちょう）
明治 7年 7月 3日	久良岐郡	吉田新田の一部	編入起立	横浜町	(81) 千歳町（ちとせちょう）
明治 8年11月 9日	久良岐郡	吉田新田の一部	編入起立	横浜町	(79) 吉浜町（よしはまちょう）
明治22年 3月31日	久良岐郡	吉田新田	合併	久良岐郡	(189) 戸太村（とだむら）

(189) 久良岐郡 戸太町（とだまち）

年月日		旧名称	内容		新名称
明治22年 3月31日	久良岐郡	(183) 戸部町（とべまち）	合併	久良岐郡	戸太村

年月日		旧名称	内容		新名称
		(185) 平沼新田(ひらぬましんでん)			
		(186) 尾張屋新田(おわりやしんでん)			
		(187) 太田村(おおたむら)			
		(188) 吉田新田(よしだしんでん)			
明治28年10月 1日	久良岐郡	戸太村	町制	久良岐郡	戸太町
明治34年 4月 1日	久良岐郡	戸太町	編入		(3) 横浜市(よこはまし)

(190) 久良岐郡 吉田町(よしだまち)

年月日		旧名称	内容		新名称
元治元年	久良岐郡	(188) 吉田新田(よしだしんでん)の一部	分立	久良岐郡	吉田町
明治元年 9月21日			県設置		神奈川県
明治 6年	久良岐郡	吉田町	編入起立	横浜町	(51) 吉田町

(191) 久良岐郡 羽衣町(はごろもちょう)

年月日		旧名称	内容		新名称
明治 2年 8月	久良岐郡	(188) 吉田新田(よしだしんでん)の一部	分立	久良岐郡	羽衣町
明治 6年	久良岐郡	羽衣町	編入起立	横浜町	(58) 羽衣町

(192) 久良岐郡 中村(なかむら)

年月日		旧名称	内容		新名称
文禄 4年	久良岐郡	(1) 石川村(いしかわむら)の一部	分立	久良岐郡	中村
安政 6年	久良岐郡	中村の一部	合併	久良岐郡	(3) 横浜町(よこはままち)
明治元年 9月21日			県設置		神奈川県
明治 6年 1月	久良岐郡	中村の一部	編入起立	横浜町	(118) 石川町
明治 7年 7月 3日	久良岐郡	中村の一部	編入起立	横浜町	(117) 石川仲町(いしかわなかまち)
明治34年 4月 1日	久良岐郡	中村	編入		(3) 横浜市

(193) 久良岐郡 根岸村(ねぎしむら)

年月日		旧名称	内容		新名称
江戸期又は江戸期以前				久良岐郡	根岸村
明治元年 9月21日			県設置		神奈川県
明治 6年 1月	久良岐郡	根岸村の一部	編入起立	横浜町	(116) 山元町(やまもとちょう)
明治34年 4月 1日	久良岐郡	根岸村	編入		(3) 横浜市(よこはまし)

(194) 久良岐郡 本牧本郷村(ほんもくほんごうむら)

年月日		旧名称	内容		新名称
江戸期又は江戸期以前				久良岐郡	本牧本郷村
明治元年 9月21日			県設置		神奈川県

年月日	旧名称		内容	新名称	
明治22年 3月31日	久良岐郡	本牧本郷村	合併	久良岐郡 (196)	本牧村（ほんもくむら）

(195) 久良岐郡 北方村（きたかたむら）

年月日	旧名称		内容	新名称	
江戸期又は江戸期以前				久良岐郡	北方村
明治元年 9月21日			県設置		神奈川県
明治 6年 1月	久良岐郡	北方村の一部	編入起立	横浜町 (113)	諏訪町（すわちょう）
		北方村の一部	編入起立	横浜町 (114)	上野町（うえのまち）
		北方村の一部	編入起立	横浜町 (115)	千代崎町（ちよざきちょう）
明治22年 3月31日	久良岐郡	北方村	合併	久良岐郡 (196)	本牧村（ほんもくむら）

(196) 久良岐郡 本牧村（ほんもくむら）

年月日	旧名称		内容	新名称	
明治22年 3月31日	久良岐郡	(194) 本牧本郷村（ほんもくほんごうむら） (195) 北方村（きたかたむら）	合併	久良岐郡	本牧村
明治34年 4月 1日	久良岐郡	本牧村	編入	(3)	横浜市（よこはまし）

(197) 久良岐郡 永田村（ながたむら）

年月日	旧名称		内容	新名称	
江戸期又は江戸期以前				久良岐郡	永田村
明治元年 9月21日			県設置		神奈川県
明治22年 3月31日	久良岐郡	永田村	合併	久良岐郡 (210)	大岡川村（おおおかがわむら）

(198) 久良岐郡 引越村（ひっこしむら）

年月日	旧名称		内容	新名称	
江戸期又は江戸期以前				久良岐郡	引越村
明治元年 9月21日			県設置		神奈川県
明治22年 3月31日	久良岐郡	引越村	合併	久良岐郡 (210)	大岡川村（おおおかがわむら）

(199) 久良岐郡 弘明寺村（ぐみょうじむら）

年月日	旧名称		内容	新名称	
江戸期又は江戸期以前				久良岐郡	弘明寺村
明治元年 9月21日			県設置		神奈川県
明治22年 3月31日	久良岐郡	弘明寺村	合併	久良岐郡 (210)	大岡川村（おおおかがわむら）

(200) 久良岐郡 中里村（なかざとむら）

年月日	旧名称		内容	新名称	
江戸期又は江戸期以前				久良岐郡	中里村
明治元年 9月21日			県設置		神奈川県

年月日	旧名称	内容	新名称
明治22年 3月31日	久良岐郡 中里村	合併	久良岐郡 (210) 大岡川村（おおおかがわむら）

(201) 久良岐郡 最戸村（さいどむら）

年月日	旧名称	内容	新名称
江戸期又は江戸期以前			久良岐郡 最戸村
明治元年 9月21日		県設置	神奈川県
明治22年 3月31日	久良岐郡 最戸村	合併	久良岐郡 (210) 大岡川村（おおおかがわむら）

(202) 久良岐郡 久保村（くぼむら）

年月日	旧名称	内容	新名称
江戸期又は江戸期以前			久良岐郡 久保村
明治元年 9月21日		県設置	神奈川県
明治22年 3月31日	久良岐郡 久保村	合併	久良岐郡 (210) 大岡川村（おおおかがわむら）

(203) 久良岐郡 別所村（べっしょむら）

年月日	旧名称	内容	新名称
江戸期又は江戸期以前			久良岐郡 別所村
明治元年 9月21日		県設置	神奈川県
明治22年 3月31日	久良岐郡 別所村	合併	久良岐郡 (210) 大岡川村（おおおかがわむら）

(204) 久良岐郡 蒔田村（まいたむら）

年月日	旧名称	内容	新名称
江戸期又は江戸期以前			久良岐郡 蒔田村
明治元年 9月21日		県設置	神奈川県
明治22年 3月31日	久良岐郡 蒔田村	合併	久良岐郡 (210) 大岡川村（おおおかがわむら）

(205) 久良岐郡 堀内村（ほりのうちむら）

年月日	旧名称	内容	新名称
文禄 4年	久良岐郡 (1) 石川村（いしかわむら）の一部	分立	久良岐郡 堀内村
明治元年 9月21日		県設置	神奈川県
明治22年 3月31日	久良岐郡 堀内村	合併	久良岐郡 (210) 大岡川村（おおおかがわむら）

(206) 久良岐郡 井土ヶ谷村（いどがやむら）

年月日	旧名称	内容	新名称
江戸期又は江戸期以前			久良岐郡 井土ヶ谷村
明治元年 9月21日		県設置	神奈川県
明治22年 3月31日	久良岐郡 井土ヶ谷村	合併	久良岐郡 (210) 大岡川村（おおおかがわむら）

(207) 久良岐郡 大岡村（おおおかむら）

年月日	旧名称	内容	新名称
江戸期又は江戸期以前			久良岐郡 大岡村

年月日	旧名称	内容	新名称
元禄年間	久良岐郡 大岡村の一部	分立	久良岐郡 (208) 下大岡村（しもおおおかむら）
	大岡村の一部（大岡村消滅）	分立	久良岐郡 (209) 上大岡村（かみおおおかむら）

(208) 久良岐郡 下大岡村（しもおおおかむら）

年月日	旧名称	内容	新名称
元禄年間	久良岐郡 (207) 大岡村（おおおかむら）の一部	分立	久良岐郡 下大岡村
明治元年 9月21日		県設置	神奈川県
明治22年 3月31日	久良岐郡 下大岡村	合併	久良岐郡 (210) 大岡川村（おおおかがわむら）

(209) 久良岐郡 上大岡村（かみおおおかむら）

年月日	旧名称	内容	新名称
元禄年間	久良岐郡 (207) 大岡村（おおおかむら）の一部	分立	久良岐郡 上大岡村
明治元年 9月21日		県設置	神奈川県
明治22年 3月31日	久良岐郡 上大岡村	合併	久良岐郡 (210) 大岡川村（おおおかがわむら）

(210) 久良岐郡 大岡川村（おおおかがわむら）

年月日	旧名称	内容	新名称
明治22年 3月31日	久良岐郡 (197) 永田村（ながたむら） (198) 引越村（ひっこしむら） (199) 弘明寺村（ぐみょうじむら） (200) 中里村（なかざとむら） (201) 最戸村（さいどむら） (202) 久保村（くぼむら） (203) 別所村（べっしょむら） (204) 蒔田村（まいたむら） (205) 堀内村（ほりのうちむら） (206) 井土ヶ谷村（いどがやむら） (208) 下大岡村（しもおおおかむら） (209) 上大岡村（かみおおおかむら）	合併	久良岐郡 大岡川村
明治44年 4月 1日	久良岐郡 大岡川村の大字堀内、同蒔田、同井戸ヶ谷の全部、大字下大岡、同弘明寺、同中里、同上大岡の一部	編入	(3) 横浜市（よこはまし）
昭和 2年 4月 1日	久良岐郡 大岡川村	編入	(3) 横浜市

(211) 久良岐郡 磯子村（いそごむら）

年月日	旧名称	内容	新名称
江戸期又は江戸期以前			久良岐郡 磯子村

年月日	旧名称			内容	新名称		
明治元年 9月21日				県設置			神奈川県
明治22年 3月31日	久良岐郡		磯子村	合併	久良岐郡	(219)	屏風浦村（びょうぶがうらむら）

(212) 久良岐郡 滝頭村（たきがしらむら）

年月日	旧名称			内容	新名称		
江戸期又は江戸期以前					久良岐郡		滝頭村
明治元年 9月21日				県設置			神奈川県
明治22年 3月31日	久良岐郡		滝頭村	合併	久良岐郡	(219)	屏風浦村（びょうぶがうらむら）

(213) 久良岐郡 岡村（おかむら）

年月日	旧名称			内容	新名称		
江戸期又は江戸期以前					久良岐郡		岡村
明治元年 9月21日				県設置			神奈川県
明治22年 3月31日	久良岐郡		岡村	合併	久良岐郡	(219)	屏風浦村（びょうぶがうらむら）

(214) 久良岐郡 森村（もりむら）

年月日	旧名称			内容	新名称		
江戸期又は江戸期以前					久良岐郡		森村
寛文 4年	久良岐郡		森村の一部	分立	久良岐郡	(215)	森公田村（もりくでんむら）
			森村の一部	分立	久良岐郡	(216)	森雑色村（もりぞうしきむら）
			森村の一部（森村消滅）	分立	久良岐郡	(217)	森中原村（もりなかはらむら）
明治 8年 1月15日	久良岐郡	(215)	森公田村	合併	久良岐郡		森村
		(216)	森雑色村				
明治22年 3月31日	久良岐郡		森村	合併	久良岐郡	(219)	屏風浦村（びょうぶがうらむら）

(215) 久良岐郡 森公田村（もりくでんむら）

年月日	旧名称			内容	新名称		
寛文 4年	久良岐郡	(214)	森村（もりむら）の一部	分立	久良岐郡		森公田村
明治元年 9月21日				県設置			神奈川県
明治 8年 1月15日	久良岐郡		森公田村	合併	久良岐郡	(214)	森村

(216) 久良岐郡 森雑色村（もりぞうしきむら）

年月日	旧名称			内容	新名称		
寛文 4年	久良岐郡	(214)	森村（もりむら）の一部	分立	久良岐郡		森雑色村
明治元年 9月21日				県設置			神奈川県
明治 8年 1月15日	久良岐郡		森雑色村	合併	久良岐郡	(214)	森村

(217) 久良岐郡 森中原村（もりなかはらむら）

年月日		旧名称	内容		新名称
寛文 4年	久良岐郡	(214) 森村（もりむら）の一部	分立	久良岐郡	森中原村
明治元年 9月21日			県設置		神奈川県
明治22年 3月31日	久良岐郡	森中原村	合併	久良岐郡	(219) 屏風浦村（びょうぶがうらむら）

(218) 久良岐郡 杉田村（すぎたむら）

年月日		旧名称	内容		新名称
江戸期又は江戸期以前				久良岐郡	杉田村
明治元年 9月21日			県設置		神奈川県
明治22年 3月31日	久良岐郡	杉田村	合併	久良岐郡	(219) 屏風浦村（びょうぶがうらむら）

(219) 久良岐郡 屏風浦村（びょうぶがうらむら）

年月日		旧名称	内容		新名称
明治22年 3月31日	久良岐郡	(211) 磯子村（いそごむら） (212) 滝頭村（たきがしらむら） (213) 岡村（おかむら） (214) 森村（もりむら） (217) 森中原村（もりなかはらむら） (218) 杉田村（すぎたむら）	合併	久良岐郡	屏風浦村
明治44年 4月 1日	久良岐郡	屏風浦村の大字滝頭、同磯子、同岡	編入		(3) 横浜市（よこはまし）
昭和 2年 4月 1日	久良岐郡	屏風浦村	編入		(3) 横浜市

(220) 久良岐郡 下郷村（しもごうむら）

年月日		旧名称	内容		新名称
江戸期又は江戸期以前				久良岐郡	下郷村
江戸初期	久良岐郡	下郷村の一部	分立	久良岐郡	(221) 松本村（まつもとむら）
		下郷村の一部	分立	久良岐郡	(222) 関村（せきむら）
		下郷村の一部（下郷村消滅）	分立	久良岐郡	(223) 雑色村（ぞうしきむら）

(221) 久良岐郡 松本村（まつもとむら）

年月日		旧名称	内容		新名称
江戸初期	久良岐郡	(220) 下郷村（しもごうむら）の一部	分立	久良岐郡	松本村
明治元年 9月21日			県設置		神奈川県
明治 8年11月 9日	久良岐郡	松本村	合併	久良岐郡	(224) 笹下村（ささげむら）

(222) 久良岐郡 関村（せきむら）

年月日	旧名称			内容	新名称		
江戸初期	久良岐郡	(220)	下郷村（しもごうむら）の一部	分立	久良岐郡		関村
明治元年 9月21日				県設置			神奈川県
明治 8年11月 9日	久良岐郡		関村	合併	久良岐郡	(224)	笹下村（ささげむら）

(223) 久良岐郡 雑色村（ぞうしきむら）

年月日	旧名称			内容	新名称		
江戸初期	久良岐郡	(220)	下郷村（しもごうむら）の一部	分立	久良岐郡		雑色村
明治元年 9月21日				県設置			神奈川県
明治 8年11月 9日	久良岐郡		雑色村	合併	久良岐郡	(224)	笹下村（ささげむら）

(224) 久良岐郡 笹下村（ささげむら）

年月日	旧名称			内容	新名称		
明治 8年11月 9日	久良岐郡	(221)	松本村（まつもとむら）	合併	久良岐郡		笹下村
		(222)	関村（せきむら）				
		(223)	雑色村（ぞうしきむら）				
明治22年 3月31日	久良岐郡		笹下村	合併	久良岐郡	(237)	日下村（ひのしたむら）

(225) 久良岐郡 金井村（かないむら）

年月日	旧名称			内容	新名称		
江戸期又は江戸期以前					久良岐郡		金井村
正保年間頃	久良岐郡		金井村の一部	分立	久良岐郡	(226)	吉原村（よしはらむら）
明治元年 9月21日				県設置			神奈川県
明治 8年11月 9日	久良岐郡		金井村	合併	久良岐郡	(229)	日野村（ひのむら）

(226) 久良岐郡 吉原村（よしはらむら）

年月日	旧名称			内容	新名称		
正保年間頃	久良岐郡	(225)	金井村（かないむら）の一部	分立	久良岐郡		吉原村
明治元年 9月21日				県設置			神奈川県
明治 8年11月 9日	久良岐郡		吉原村	合併	久良岐郡	(229)	日野村（ひのむら）

(227) 久良岐郡 宮ヶ谷村（みやがやむら）

年月日	旧名称			内容	新名称		
江戸期又は江戸期以前					久良岐郡		宮ヶ谷村
正保年間頃	久良岐郡		宮ヶ谷村の一部	分立	久良岐郡	(228)	宮下村（みやしたむら）
明治元年 9月21日				県設置			神奈川県
明治 8年11月 9日	久良岐郡		宮ヶ谷村	合併	久良岐郡	(229)	日野村（ひのむら）

(228) 久良岐郡 宮下村（みやしたむら）

年月日	旧名称	内容	新名称
正保年間頃	久良岐郡 (227) 宮ヶ谷村（みやがやむら）の一部	分立	久良岐郡 宮下村
明治元年 9月21日		県設置	神奈川県
明治 8年11月 9日	久良岐郡 宮下村	合併	久良岐郡 (229) 日野村（ひのむら）

(229) 久良岐郡 日野村（ひのむら）

年月日	旧名称	内容	新名称
明治 8年11月 9日	久良岐郡 (225) 金井村（かないむら） (226) 吉原村（よしはらむら） (227) 宮ヶ谷村（みやがやむら） (228) 宮下村（みやしたむら）	合併	久良岐郡 日野村
明治22年 3月31日	久良岐郡 日野村	合併	久良岐郡 (237) 日下村（ひのしたむら）

(230) 久良岐郡 上郷村（かみごうむら）

年月日	旧名称	内容	新名称
江戸期又は江戸期以前			久良岐郡 上郷村
江戸初期	久良岐郡 上郷村の一部	分立	久良岐郡 (231) 矢部野村（やべのむら）
	上郷村の一部	分立	久良岐郡 (232) 田中村（たなかむら）
	上郷村の一部	分立	久良岐郡 (233) 栗木村（くりきむら）
	上郷村の一部（上郷村消滅）	分立	久良岐郡 (234) 峰村（みねむら）

(231) 久良岐郡 矢部野村（やべのむら）

年月日	旧名称	内容	新名称
江戸初期	久良岐郡 (230) 上郷村（かみごうむら）の一部	分立	久良岐郡 矢部野村
明治元年 9月21日		県設置	神奈川県
明治22年 3月31日	久良岐郡 矢部野村	合併	久良岐郡 (237) 日下村（ひのしたむら）

(232) 久良岐郡 田中村（たなかむら）

年月日	旧名称	内容	新名称
江戸初期	久良岐郡 (230) 上郷村（かみごうむら）の一部	分立	久良岐郡 田中村
明治元年 9月21日		県設置	神奈川県
明治22年 3月31日	久良岐郡 田中村	合併	久良岐郡 (237) 日下村（ひのしたむら）

(233) 久良岐郡 栗木村（くりきむら）

年月日	旧名称	内容	新名称
江戸初期	久良岐郡 (230) 上郷村（かみごうむら）の一部	分立	久良岐郡 栗木村
明治元年 9月21日		県設置	神奈川県
明治22年 3月31日	久良岐郡 栗木村	合併	久良岐郡 (237) 日下村（ひのしたむら）

年月日	旧名称	内容	新名称

(234) 久良岐郡 峰村（みねむら）

年月日	旧名称	内容	新名称
江戸初期	久良岐郡 (230) 上郷村（かみごうむら）の一部	分立	久良岐郡 峰村
明治元年 9月21日		県設置	神奈川県
明治22年 3月31日	久良岐郡 峰村	合併	久良岐郡 (237) 日下村（ひのしたむら）

(235) 久良岐郡 上中里村（かみなかざとむら）

年月日	旧名称	内容	新名称
江戸期又は江戸期以前			久良岐郡 中里村（なかざとむら）
明治元年 9月21日		県設置	神奈川県
明治14年 3月 9日	久良岐郡 中里村	改称	久良岐郡 上中里村
明治22年 3月31日	久良岐郡 上中里村	合併	久良岐郡 (237) 日下村（ひのしたむら）

(236) 久良岐郡 氷取沢村（ひとりざわむら）

年月日	旧名称	内容	新名称
江戸期又は江戸期以前			久良岐郡 氷取沢村
明治元年 9月21日		県設置	神奈川県
明治22年 3月31日	久良岐郡 氷取沢村	合併	久良岐郡 (237) 日下村（ひのしたむら）

(237) 久良岐郡 日下村（ひのしたむら）

年月日	旧名称	内容	新名称
明治22年 3月31日	久良岐郡 (224) 笹下村（ささげむら） (229) 日野村（ひのむら） (231) 矢部野村（やべのむら） (232) 田中村（たなかむら） (233) 栗木村（くりきむら） (234) 峰村（みねむら） (235) 上中里村（かみなかざとむら） (236) 氷取沢村（ひとりざわむら）	合併	久良岐郡 日下村
昭和 2年 4月 1日	久良岐郡 日下村	編入	(3) 横浜市（よこはまし）

(238) 久良岐郡 町屋村（まちやむら）

年月日	旧名称	内容	新名称
江戸期又は江戸期以前			久良岐郡 町屋村
明治元年 9月21日		県設置	神奈川県
明治22年 3月31日	久良岐郡 町屋村	合併	久良岐郡 (247) 金沢村（かなざわむら）

年月日	旧名称			内容	新名称		

(239) 久良岐郡 洲崎村（すさきむら）

年月日	旧郡	番号	旧名称	内容	新郡	番号	新名称
江戸期又は江戸期以前					久良岐郡		洲崎村
江戸末期	久良岐郡		洲崎村の一部	分立	久良岐郡	(240)	野島浦（のじまうら）
明治元年 9月21日				県設置			神奈川県
明治22年 3月31日	久良岐郡		洲崎村	合併	久良岐郡	(247)	金沢村（かなざわむら）

(240) 久良岐郡 野島浦（のじまうら）

年月日	旧郡	番号	旧名称	内容	新郡	番号	新名称
江戸末期	久良岐郡	(239)	洲崎村（すさきむら）の一部	分立	久良岐郡		野島浦
明治元年 9月21日				県設置			神奈川県
明治22年 3月31日	久良岐郡		野島浦	合併	久良岐郡	(247)	金沢村（かなざわむら）

(241) 久良岐郡 寺前村（てらまえむら）

年月日	旧郡	番号	旧名称	内容	新郡	番号	新名称
江戸期又は江戸期以前					久良岐郡		寺前村
明治元年 9月21日			(寺社領)	県設置			神奈川県
明治 4年 7月14日			(金沢藩領)	廃藩置県			六浦県
明治 4年11月14日			(金沢藩領)	県編入			神奈川県
明治22年 3月31日	久良岐郡		寺前村	合併	久良岐郡	(247)	金沢村（かなざわむら）

(242) 久良岐郡 谷津村（やつむら）

年月日	旧郡	番号	旧名称	内容	新郡	番号	新名称
江戸期又は江戸期以前					久良岐郡		谷津村
明治元年 9月21日				県設置			神奈川県
明治22年 3月31日	久良岐郡		谷津村	合併	久良岐郡	(247)	金沢村（かなざわむら）

(243) 久良岐郡 富岡村（とみおかむら）

年月日	旧郡	番号	旧名称	内容	新郡	番号	新名称
江戸期又は江戸期以前					久良岐郡		富岡村
明治元年 9月21日				県設置			神奈川県
明治22年 3月31日	久良岐郡		富岡村	合併	久良岐郡	(247)	金沢村（かなざわむら）

(244) 久良岐郡 柴村（しばむら）

年月日	旧郡	番号	旧名称	内容	新郡	番号	新名称
江戸期又は江戸期以前					久良岐郡		柴村
明治元年 9月21日				県設置			神奈川県
明治22年 3月31日	久良岐郡		柴村	合併	久良岐郡	(247)	金沢村（かなざわむら）

年月日	旧名称	内容	新名称

(245) 久良岐郡 金沢入江新田（かなざわいりえしんでん）

年月日	旧名称	内容	新名称
江戸期又は江戸期以前			久良岐郡 金沢入江新田
明治元年 9月21日		県設置	神奈川県
明治 8年11月 9日	久良岐郡 金沢入江新田	編入	久良岐郡 (246) 泥亀新田（でいきしんでん）

(246) 久良岐郡 泥亀新田（でいきしんでん）

年月日	旧名称	内容	新名称
寛文 8年		成立	久良岐郡 泥亀新田
明治元年 9月21日		県設置	神奈川県
明治 8年11月 9日	久良岐郡 (245) 金沢入江新田（かなざわいりえしんでん）	編入	久良岐郡 泥亀新田
明治22年 3月31日	久良岐郡 泥亀新田	合併	久良岐郡 (247) 金沢村（かなざわむら）
	泥亀新田飛地	合併	久良岐郡 (256) 六浦荘村（むつらのしょうむら）

(247) 久良岐郡 金沢町（かなざわまち）

年月日	旧名称	内容	新名称
明治22年 3月31日	久良岐郡 (238) 町屋村（まちやむら） (239) 洲崎村（すさきむら） (240) 野島浦（のじまうら） (241) 寺前村（てらまえむら） (242) 谷津村（やつむら） (243) 富岡村（とみおかむら） (244) 柴村（しばむら） (246) 泥亀新田（でいきしんでん）	合併	久良岐郡 金沢村
大正15年 1月 1日	久良岐郡 金沢村	町制	久良岐郡 金沢町
昭和11年10月 1日	久良岐郡 金沢町	編入	横浜市 (12) 磯子区（いそごく）

(248) 久良岐郡 社家分村（しゃけぶんむら）

年月日	旧名称	内容	新名称
江戸期又は江戸期以前			久良岐郡 社家分村
明治元年 9月21日	(寺社領)	県設置	神奈川県
明治 4年 7月14日	(金沢藩領)	廃藩置県	六浦県
明治 4年11月14日	(金沢藩領)	県編入	神奈川県
明治 5年頃	久良岐郡 社家分村	合併	久良岐郡 (251) 三分村（さんぶむら）

(249) 久良岐郡 寺分村（てらぶんむら）

年月日	旧名称	内容	新名称
江戸期又は江戸期以前			久良岐郡 寺分村

年月日	旧名称	内容	新名称
明治 4年 7月14日		廃藩置県	六浦県
明治 4年11月14日		県編入	神奈川県
明治 5年頃	久良岐郡 寺分村	合併	久良岐郡 (251) 三分村（さんぶむら）

(250) 久良岐郡 平分村（ひらぶんむら）

年月日	旧名称	内容	新名称
江戸期又は江戸期以前			久良岐郡 平分村
明治 4年 7月14日		廃藩置県	六浦県
明治 4年11月14日		県編入	神奈川県
明治 5年頃	久良岐郡 平分村	合併	久良岐郡 (251) 三分村（さんぶむら）

(251) 久良岐郡 三分村（さんぶむら）

年月日	旧名称	内容	新名称
明治 5年頃	久良岐郡 (248) 社家分村（しゃけぶんむら） (249) 寺分村（てらぶんむら） (250) 平分村（ひらぶんむら）	合併	久良岐郡 三分村
明治22年 3月31日	久良岐郡 三分村	合併	久良岐郡 (256) 六浦荘村（むつらのしょうむら）

(252) 久良岐郡 釜利谷村（かまりやむら）

年月日	旧名称	内容	新名称
江戸期又は江戸期以前			久良岐郡 釜利谷村
江戸初期	久良岐郡 釜利谷村の一部	分立	久良岐郡 (253) 赤井村（あかいむら）
	釜利谷村の一部	分立	久良岐郡 (254) 宿村（しゅくむら）
	釜利谷村の一部（釜利谷村消滅）	分立	久良岐郡 (255) 坂本村（さかもとむら）
明治 8年11月 9日	久良岐郡 (253) 赤井村 (254) 宿村 (255) 坂本村	合併	久良岐郡 釜利谷村
明治22年 3月31日	久良岐郡 釜利谷村	合併	久良岐郡 (256) 六浦荘村（むつらのしょうむら）

(253) 久良岐郡 赤井村（あかいむら）

年月日	旧名称	内容	新名称
江戸初期	久良岐郡 (252) 釜利谷村（かまりやむら）の一部	分立	久良岐郡 赤井村
明治 4年 7月14日		廃藩置県	六浦県
明治 4年11月14日		県編入	神奈川県
明治 8年11月 9日	久良岐郡 赤井村	合併	久良岐郡 (252) 釜利谷村

(254) 久良岐郡 宿村（しゅくむら）

年月日	旧名称	内容	新名称
江戸初期	久良岐郡 (252) 釜利谷村（かまりやむら）の一部	分立	久良岐郡 宿村
明治 4年 7月14日		廃藩置県	六浦県
明治 4年11月14日		県編入	神奈川県
明治 8年11月 9日	久良岐郡 宿村	合併	久良岐郡 (252) 釜利谷村

(255) 久良岐郡 坂本村（さかもとむら）

年月日	旧名称	内容	新名称
江戸初期	久良岐郡 (252) 釜利谷村（かまりやむら）の一部	分立	久良岐郡 坂本村
明治元年 9月21日		県設置	神奈川県
明治 8年11月 9日	久良岐郡 坂本村	合併	久良岐郡 (252) 釜利谷村

(256) 久良岐郡 六浦荘村（むつらのしょうむら）

年月日	旧名称	内容	新名称
明治22年 3月31日	久良岐郡 (251) 三分村（さんぶむら） (252) 釜利谷村（かまりやむら） (246) 泥亀新田（でいきしんでん）飛地	合併	久良岐郡 六浦荘村
明治30年 5月11日	鎌倉郡 (687) 鎌倉町（かまくらまち）の大字峠	編入	久良岐郡 六浦荘村
昭和11年10月 1日	久良岐郡 六浦荘村	編入	横浜市 (12) 磯子区（いそごく）

(257) 橘樹郡 保土ヶ谷町（ほどがやまち）

年月日	旧名称	内容	新名称
江戸期又は江戸期以前			橘樹郡 保土ヶ谷町
明治元年 9月21日		県設置	神奈川県
明治22年 3月31日	橘樹郡 保土ヶ谷町 (258) 岡野新田（おかのしんでん） (261) 神戸町（ごうどまち） (262) 帷子町（かたびらまち） (263) 岩間町（いわままち）	合併	橘樹郡 保土ヶ谷町
明治42年 4月 1日	橘樹郡 保土ヶ谷町 (269) 矢崎村（やざきむら）	合併	橘樹郡 保土ヶ谷町
昭和 2年 4月 1日	橘樹郡 保土ヶ谷町	編入	(3) 横浜市（よこはまし）

(258) 橘樹郡 岡野新田（おかのしんでん）

年月日	旧名称	内容	新名称
江戸期又は江戸期以前			橘樹郡 岡野新田
明治元年 9月21日		県設置	神奈川県

年月日		旧　名　称	内容		新　名　称
明治 6年 1月	橘樹郡	岡野新田の一部	編入起立	横浜町	(123) 岡野町（おかのちょう）
		岡野新田の一部	編入起立	横浜町	(124) 千歳町（ちとせちょう）
		岡野新田の一部	編入起立	横浜町	(125) 新玉町（あらたまちょう）
明治 8年11月 9日	橘樹郡	(259) 藤江新田（ふじえしんでん）	編入	橘樹郡	岡野新田
明治22年 3月31日	橘樹郡	岡野新田	合併	橘樹郡	(257) 保土ヶ谷町（ほどがやまち）

(259) 橘樹郡 藤江新田（ふじえしんでん）

年月日		旧名称	内容		新名称
寛政年間			成立	橘樹郡	藤江新田
明治元年 9月21日			県設置		神奈川県
明治 8年11月 9日	橘樹郡	藤江新田	編入	橘樹郡	(258) 岡野新田（おかのしんでん）

(260) 橘樹郡 藤江町（ふじえちょう）

年月日		旧名称	内容		新名称
明治初期			成立	橘樹郡	藤江町
明治初期	橘樹郡	藤江町	廃止		

(261) 橘樹郡 神戸町（ごうどまち）

年月日		旧名称	内容		新名称
江戸期又は江戸期以前				橘樹郡	神戸町
明治元年 9月21日			県設置		神奈川県
明治22年 3月31日	橘樹郡	神戸町	合併	橘樹郡	(257) 保土ヶ谷町（ほどがやまち）

(262) 橘樹郡 帷子町（かたびらまち）

年月日		旧名称	内容		新名称
江戸期又は江戸期以前				橘樹郡	帷子町
明治元年 9月21日			県設置		神奈川県
明治22年 3月31日	橘樹郡	帷子町	合併	橘樹郡	(257) 保土ヶ谷町（ほどがやまち）

(263) 橘樹郡 岩間町（いわままち）

年月日		旧名称	内容		新名称
江戸期又は江戸期以前				久良岐郡	岩間町
元禄14年	久良岐郡	岩間町	郡編入	橘樹郡	岩間町
明治元年 9月21日			県設置		神奈川県
明治22年 3月31日	橘樹郡	岩間町	合併	橘樹郡	(257) 保土ヶ谷町（ほどがやまち）

(264) 橘樹郡 下星川村（しもほしかわむら）

年月日		旧名称	内容		新名称
江戸期又は江戸期以前				橘樹郡	下星川村

年月日		旧名称	内容		新名称
明治元年 9月21日			県設置		神奈川県
明治22年 3月31日	橘樹郡	下星川村	合併	橘樹郡	(266) 宮川村（みやがわむら）

(265) 橘樹郡 和田村（わだむら）

年月日		旧名称	内容		新名称
江戸期又は江戸期以前				橘樹郡	和田村
明治元年 9月21日			県設置		神奈川県
明治22年 3月31日	橘樹郡	和田村	合併	橘樹郡	(266) 宮川村（みやがわむら）

(266) 橘樹郡 宮川村（みやがわむら）

年月日		旧名称	内容		新名称
明治22年 3月31日	橘樹郡	(264) 下星川村（しもほしかわむら） (265) 和田村（わだむら）	合併	橘樹郡	宮川村
明治34年 4月 1日	橘樹郡	宮川村	編入		(3) 横浜市（よこはまし）

(267) 橘樹郡 仏向村（ぶっこうむら）

年月日		旧名称	内容		新名称
江戸期又は江戸期以前				橘樹郡	仏向村
明治元年 9月21日			県設置		神奈川県
明治22年 3月31日	橘樹郡	仏向村	合併	橘樹郡	(269) 矢崎村（やざきむら）

(268) 橘樹郡 坂本村（さかもとむら）

年月日		旧名称	内容		新名称
江戸期又は江戸期以前				橘樹郡	坂本村
明治元年 9月21日			県設置		神奈川県
明治22年 3月31日	橘樹郡	坂本村	合併	橘樹郡	(269) 矢崎村（やざきむら）

(269) 橘樹郡 矢崎村（やざきむら）

年月日		旧名称	内容		新名称
明治22年 3月31日	橘樹郡	(267) 仏向村（ぶっこうむら） (268) 坂本村（さかもとむら）	合併	橘樹郡	矢崎村
明治42年 4月 1日	橘樹郡	矢崎村	合併	橘樹郡	(257) 保土ヶ谷町（ほどがやまち）

(270) 橘樹郡 神奈川町（かながわまち）

年月日		旧名称	内容		新名称
江戸期又は江戸期以前				橘樹郡	神奈川町
明治元年 9月21日			県設置		神奈川県
明治 5年頃	橘樹郡	神奈川町の一部	分立	橘樹郡	(271) 新漁師町（しんりょうしまち）
明治 8年11月 9日	橘樹郡	(271) 新漁師町	編入	橘樹郡	神奈川町

年月日		旧名称	内容		新名称
明治22年 3月31日	橘樹郡	神奈川町 (272) 青木町（あおきまち） (273) 芝生村（しぼうむら）	合併	橘樹郡	神奈川町
明治34年 4月 1日	橘樹郡	神奈川町	編入		(3) 横浜市（よこはまし）

(271) 橘樹郡 新漁師町（しんりょうしまち）

年月日		旧名称	内容		新名称
明治 5年頃	橘樹郡	(270) 神奈川町（かながわまち）の一部	分立	橘樹郡	新漁師町
明治 8年11月 9日	橘樹郡	新漁師町	編入	橘樹郡	(270) 神奈川町

(272) 橘樹郡 青木町（あおきまち）

年月日		旧名称	内容		新名称
江戸期又は江戸期以前				橘樹郡	青木町
明治元年 9月21日			県設置		神奈川県
明治22年 3月31日	橘樹郡	青木町	合併	橘樹郡	(270) 神奈川町（かながわまち）

(273) 橘樹郡 芝生村（しぼうむら）

年月日		旧名称	内容		新名称
江戸期又は江戸期以前				橘樹郡	芝生村
明治元年 9月21日			県設置		神奈川県
明治22年 3月31日	橘樹郡	芝生村	合併	橘樹郡	(270) 神奈川町（かながわまち）

(274) 橘樹郡 城郷村（しろさとむら）

年月日		旧名称	内容		新名称
江戸期又は江戸期以前				橘樹郡	小机村（こづくえむら）
明治元年 9月21日			県設置		神奈川県
明治22年 3月31日	橘樹郡	小机村 (275) 下菅田村（しもすがたむら） (276) 羽沢村（はざわむら） (277) 三枚橋村（さんまいばしむら） (278) 片倉村（かたくらむら） (279) 岸根村（きしのねむら） (280) 鳥山村（とりやまむら） (281) 六角橋村（ろっかくばしむら） (282) 神大寺村（かんだいじむら）	合併	橘樹郡	小机村
明治25年 2月 5日	橘樹郡	小机村	改称	橘樹郡	城郷村
昭和 2年 4月 1日	橘樹郡	城郷村	編入		(3) 横浜市（よこはまし）

年月日		旧 名 称	内容			新 名 称
(275) 橋樹郡 下菅田村（しもすがたむら）						
江戸期又は江戸期以前				橘樹郡		下菅田村
明治元年 9月21日			県設置			神奈川県
明治22年 3月31日	橘樹郡	下菅田村	合併	橘樹郡	(274)	小机村（こづくえむら）
(276) 橋樹郡 羽沢村（はざわむら）						
江戸期又は江戸期以前				橘樹郡		羽沢村
明治元年 9月21日			県設置			神奈川県
明治22年 3月31日	橘樹郡	羽沢村	合併	橘樹郡	(274)	小机村（こづくえむら）
(277) 橋樹郡 三枚橋村（さんまいばしむら）						
江戸期又は江戸期以前				橘樹郡		三枚橋村
明治元年 9月21日			県設置			神奈川県
明治22年 3月31日	橘樹郡	三枚橋村	合併	橘樹郡	(274)	小机村（こづくえむら）
(278) 橋樹郡 片倉村（かたくらむら）						
江戸期又は江戸期以前				橘樹郡		片倉村
明治元年 9月21日			県設置			神奈川県
明治22年 3月31日	橘樹郡	片倉村	合併	橘樹郡	(274)	小机村（こづくえむら）
(279) 橋樹郡 岸根村（きしのねむら）						
江戸期又は江戸期以前				橘樹郡		岸根村
明治元年 9月21日			県設置			神奈川県
明治22年 3月31日	橘樹郡	岸根村	合併	橘樹郡	(274)	小机村（こづくえむら）
(280) 橋樹郡 鳥山村（とりやまむら）						
江戸期又は江戸期以前				橘樹郡		鳥山村
明治元年 9月21日			県設置			神奈川県
明治22年 3月31日	橘樹郡	鳥山村	合併	橘樹郡	(274)	小机村（こづくえむら）
(281) 橋樹郡 六角橋村（ろっかくばしむら）						
江戸期又は江戸期以前				橘樹郡		六角橋村
明治元年 9月21日			県設置			神奈川県

年月日	旧名称	内容	新名称
明治22年 3月31日	橋樹郡 六角橋村	合併	橋樹郡 (274) 小机村（こづくえむら）

(282) 橋樹郡 神大寺村（かんだいじむら）

年月日	旧名称	内容	新名称
江戸期又は江戸期以前			橋樹郡 神大寺村
明治元年 9月21日		県設置	神奈川県
明治22年 3月31日	橋樹郡 神大寺村	合併	橋樹郡 (274) 小机村（こづくえむら）

(283) 橋樹郡 子安村（こやすむら）

年月日	旧名称	内容	新名称
江戸期又は江戸期以前			橋樹郡 子安村
元禄年間	橋樹郡 子安村の一部	分立	橋樹郡 (284) 西子安村（にしこやすむら）
	子安村の一部	分立	橋樹郡 (285) 東子安村（ひがしこやすむら）
	子安村の一部（子安村消滅）	分立	橋樹郡 (286) 新宿村（しんしゅくむら）
明治 8年 1月15日	橋樹郡 (284) 西子安村	合併	橋樹郡 子安村
	(285) 東子安村		
	(286) 新宿村		
明治22年 3月31日	橋樹郡 子安村	合併	橋樹郡 子安村
	(287) 白幡村（しらはたむら）		
	(299) 西寺尾村（にしてらおむら）		
明治44年 4月 1日	橋樹郡 子安村の大字子安	編入	(3) 横浜市（よこはまし）
	子安村の大字西寺尾	編入	橋樹郡 (307) 旭村（あさひむら）
	子安村の大字白幡（子安村消滅）	編入	橋樹郡 (317) 大綱村（おおづなむら）

(284) 橋樹郡 西子安村（にしこやすむら）

年月日	旧名称	内容	新名称
元禄年間	橋樹郡 (283) 子安村（こやすむら）の一部	分立	橋樹郡 西子安村
明治元年 9月21日		県設置	神奈川県
明治 8年 1月15日	橋樹郡 西子安村	合併	橋樹郡 (283) 子安村

(285) 橋樹郡 東子安村（ひがしこやすむら）

年月日	旧名称	内容	新名称
元禄年間	橋樹郡 (283) 子安村（こやすむら）の一部	分立	橋樹郡 東子安村
明治元年 9月21日		県設置	神奈川県
明治 8年 1月15日	橋樹郡 東子安村	合併	橋樹郡 (283) 子安村

年月日	旧　名　称	内容	新　名　称

(286) 橘樹郡 新宿村（しんしゅくむら）

年月日	旧　名　称	内容	新　名　称
元禄年間	橘樹郡 (283) 子安村（こやすむら）の一部	分立	橘樹郡 新宿村
明治元年 9月21日		県設置	神奈川県
明治 8年 1月15日	橘樹郡 新宿村	合併	橘樹郡 (283) 子安村

(287) 橘樹郡 白幡村（しらはたむら）

年月日	旧　名　称	内容	新　名　称
江戸期又は江戸期以前			橘樹郡 白幡村
明治元年 9月21日		県設置	神奈川県
明治22年 3月31日	橘樹郡 白幡村	合併	橘樹郡 (283) 子安村（こやすむら）

(288) 橘樹郡 鶴見町（つるみまち）

年月日	旧　名　称	内容	新　名　称
江戸期又は江戸期以前			橘樹郡 鶴見村
明治元年 9月21日		県設置	神奈川県
明治22年 3月31日	橘樹郡 鶴見村 (289) 生麦村（なまむぎむら） (300) 東寺尾村（ひがしてらおむら） (297) 馬場村（ばばむら）飛地	合併	橘樹郡 生見尾村（うみおむら）
大正10年 4月 1日	橘樹郡 生見尾村	町制	橘樹郡 鶴見町
大正14年 4月 1日	橘樹郡 鶴見町 (290) 潮田町（うしおだまち）	合併	橘樹郡 鶴見町
昭和 2年 4月 1日	橘樹郡 鶴見町	編入	(3) 横浜市（よこはまし）

(289) 橘樹郡 生麦村（なまむぎむら）

年月日	旧　名　称	内容	新　名　称
江戸期又は江戸期以前			橘樹郡 生麦村
明治元年 9月21日		県設置	神奈川県
明治22年 3月31日	橘樹郡 生麦村	合併	橘樹郡 (288) 生見尾村（うみおむら）

(290) 橘樹郡 潮田町（うしおだまち）

年月日	旧　名　称	内容	新　名　称
江戸期又は江戸期以前			橘樹郡 潮田村
天保年間	橘樹郡 潮田村の一部	分立	橘樹郡 (291) 小野新田（おのしんでん）
明治元年 9月21日		県設置	神奈川県
明治22年 3月31日	橘樹郡 潮田村	合併	橘樹郡 町田村（まちだむら）

年月日		旧名称	内容		新名称
		(291) 小野新田			
		(292) 市場村(いちばむら)			
		(293) 菅沢村(すがさわむら)			
		(294) 矢向村(やこうむら)			
		(295) 江ヶ崎村(えがさきむら)			
		(348) 小田村飛地(おだむら)			
大正12年 4月 1日	橘樹郡	町田村	町制	橘樹郡	潮田町
大正14年 4月 1日	橘樹郡	潮田町	合併	橘樹郡	(288) 鶴見町(つるみまち)

(291) 橘樹郡 小野新田(おのしんでん)

年月日		旧名称	内容		新名称
天保年間	橘樹郡	(290) 潮田村(うしおだむら)の一部	分立	橘樹郡	小野新田
明治元年 9月21日			県設置		神奈川県
明治22年 3月31日	橘樹郡	小野新田	合併	橘樹郡	(290) 町田村(まちだむら)

(292) 橘樹郡 市場村(いちばむら)

年月日		旧名称	内容		新名称
江戸期又は江戸期以前				橘樹郡	市場村
明治元年 9月21日			県設置		神奈川県
明治22年 3月31日	橘樹郡	市場村	合併	橘樹郡	(290) 町田村(まちだむら)

(293) 橘樹郡 菅沢村(すがさわむら)

年月日		旧名称	内容		新名称
江戸期又は江戸期以前				橘樹郡	菅沢村
明治元年 9月21日			県設置		神奈川県
明治22年 3月31日	橘樹郡	菅沢村	合併	橘樹郡	(290) 町田村(まちだむら)
		菅沢村飛地	合併	橘樹郡	(351) 田島村(たしまむら)

(294) 橘樹郡 矢向村(やこうむら)

年月日		旧名称	内容		新名称
江戸期又は江戸期以前				橘樹郡	矢向村
明治元年 9月21日			県設置		神奈川県
明治22年 3月31日	橘樹郡	矢向村	合併	橘樹郡	(290) 町田村(まちだむら)
		矢向村飛地	合併	橘樹郡	(344) 御幸村(みゆきむら)

(295) 橘樹郡 江ヶ崎村(えがさきむら)

年月日		旧名称	内容		新名称
江戸期又は江戸期以前				橘樹郡	江ヶ崎村

年月日		旧名称	内容		新名称
明治元年 9月21日			県設置		神奈川県
明治22年 3月31日	橘樹郡	江ヶ崎村	合併	橘樹郡	(290) 町田村（まちだむら）

(296) 橘樹郡 寺尾村（てらおむら）

年月日		旧名称	内容		新名称
江戸期又は江戸期以前				橘樹郡	寺尾村
江戸初期	橘樹郡	寺尾村の一部	分立	橘樹郡	(297) 馬場村（ばばむら）
		寺尾村の一部	分立	橘樹郡	(298) 北寺尾村（きたてらおむら）
		寺尾村の一部	分立	橘樹郡	(299) 西寺尾村（にしてらおむら）
		寺尾村の一部（寺尾村消滅）	分立	橘樹郡	(300) 東寺尾村（ひがしてらおむら）

(297) 橘樹郡 馬場村（ばばむら）

年月日		旧名称	内容		新名称
江戸初期	橘樹郡	(296) 寺尾村（てらおむら）の一部	分立	橘樹郡	馬場村
明治元年 9月21日			県設置		神奈川県
明治22年 3月31日	橘樹郡	馬場村飛地	合併	橘樹郡	(288) 生見尾村（うみおむら）
		馬場村	合併	橘樹郡	(307) 旭村（あさひむら）

(298) 橘樹郡 北寺尾村（きたてらおむら）

年月日		旧名称	内容		新名称
江戸初期	橘樹郡	(296) 寺尾村（てらおむら）の一部	分立	橘樹郡	北寺尾村
明治元年 9月21日			県設置		神奈川県
明治22年 3月31日	橘樹郡	北寺尾村	合併	橘樹郡	(307) 旭村（あさひむら）

(299) 橘樹郡 西寺尾村（にしてらおむら）

年月日		旧名称	内容		新名称
江戸初期	橘樹郡	(296) 寺尾村（てらおむら）の一部	分立	橘樹郡	西寺尾村
明治元年 9月21日			県設置		神奈川県
明治22年 3月31日	橘樹郡	西寺尾村	合併	橘樹郡	(283) 子安村（こやすむら）
		西寺尾村飛地	合併	橘樹郡	(307) 旭村（あさひむら）

(300) 橘樹郡 東寺尾村（ひがしてらおむら）

年月日		旧名称	内容		新名称
江戸初期	橘樹郡	(296) 寺尾村（てらおむら）の一部	分立	橘樹郡	東寺尾村
明治元年 9月21日			県設置		神奈川県
明治22年 3月31日	橘樹郡	東寺尾村	合併	橘樹郡	(288) 生見尾村（うみおむら）
		東寺尾村飛地	合併	橘樹郡	(307) 旭村（あさひむら）

年月日	旧名称		内容	新名称	

(301) 橘樹郡 獅子ヶ谷村（ししがやむら）

年月日	旧名称		内容	新名称	
江戸期又は江戸期以前				橘樹郡	獅子ヶ谷村
明治元年 9月21日			県設置		神奈川県
明治22年 3月31日	橘樹郡	獅子ヶ谷村	合併	橘樹郡	(307) 旭村（あさひむら）

(302) 橘樹郡 師岡村（もろおかむら）

年月日	旧名称		内容	新名称	
江戸期又は江戸期以前				橘樹郡	師岡村
明治元年 9月21日			県設置		神奈川県
明治22年 3月31日	橘樹郡	師岡村	合併	橘樹郡	(307) 旭村（あさひむら）

(303) 橘樹郡 駒岡村（こまおかむら）

年月日	旧名称		内容	新名称	
江戸期又は江戸期以前				橘樹郡	駒岡村
明治元年 9月21日			県設置		神奈川県
明治22年 3月31日	橘樹郡	駒岡村	合併	橘樹郡	(307) 旭村（あさひむら）

(304) 橘樹郡 末吉村（すえよしむら）

年月日	旧名称		内容	新名称	
江戸期又は江戸期以前				橘樹郡	末吉村
江戸初期	橘樹郡	末吉村の一部	分立	橘樹郡	(305) 上末吉村（かみすえよしむら）
		末吉村の一部（末吉村消滅）	分立	橘樹郡	(306) 下末吉村（しもすえよしむら）

(305) 橘樹郡 上末吉村（かみすえよしむら）

年月日	旧名称		内容	新名称	
江戸初期	橘樹郡	(304) 末吉村（すえよしむら）の一部	分立	橘樹郡	上末吉村
明治元年 9月21日			県設置		神奈川県
明治22年 3月31日	橘樹郡	上末吉村	合併	橘樹郡	(307) 旭村（あさひむら）

(306) 橘樹郡 下末吉村（しもすえよしむら）

年月日	旧名称		内容	新名称	
江戸初期	橘樹郡	(304) 末吉村（すえよしむら）の一部	分立	橘樹郡	下末吉村
明治元年 9月21日			県設置		神奈川県
明治22年 3月31日	橘樹郡	下末吉村	合併	橘樹郡	(307) 旭村（あさひむら）

(307) 橘樹郡 旭村（あさひむら）

年月日	旧名称		内容	新名称	
明治22年 3月31日	橘樹郡	(297) 馬場村（ばばむら） (298) 北寺尾村（きたてらおむら）	合併	橘樹郡	旭村

年月日		旧名称	内容		新名称
		(301) 獅子ヶ谷村（ししがやむら）			
		(302) 師岡村（もろおかむら）			
		(303) 駒岡村（こまおかむら）			
		(305) 上末吉村（かみすえよしむら）			
		(306) 下末吉村（しもすえよしむら）			
		(299) 西寺尾村（にしてらおむら）飛地			
		(300) 東寺尾村（ひがしてらおむら）飛地			
明治44年 4月 1日	橘樹郡	(283) 子安村（こやすむら）の大字西寺尾	編入	橘樹郡	旭村
昭和 2年 4月 1日	橘樹郡	旭村	編入		(3) 横浜市（よこはまし）

(308) 橘樹郡 大豆戸村（おおまめどむら）

年月日		旧名称	内容		新名称
江戸期又は江戸期以前				橘樹郡	大豆戸村
明治元年 9月21日			県設置		神奈川県
明治22年 3月31日	橘樹郡	大豆戸村	合併	橘樹郡	(317) 大綱村（おおづなむら）

(309) 橘樹郡 篠原村（しのはらむら）

年月日		旧名称	内容		新名称
江戸期又は江戸期以前				橘樹郡	篠原村
明治元年 9月21日			県設置		神奈川県
明治22年 3月31日	橘樹郡	篠原村	合併	橘樹郡	(317) 大綱村（おおづなむら）

(310) 橘樹郡 菊名村（きくなむら）

年月日		旧名称	内容		新名称
江戸期又は江戸期以前				橘樹郡	菊名村
明治元年 9月21日			県設置		神奈川県
明治22年 3月31日	橘樹郡	菊名村	合併	橘樹郡	(317) 大綱村（おおづなむら）

(311) 橘樹郡 樽村（たるむら）

年月日		旧名称	内容		新名称
江戸期又は江戸期以前				橘樹郡	樽村
明治元年 9月21日			県設置		神奈川県
明治22年 3月31日	橘樹郡	樽村	合併	橘樹郡	(317) 大綱村（おおづなむら）

(312) 橘樹郡 大曽根村（おおそねむら）

年月日		旧名称	内容		新名称
江戸期又は江戸期以前				橘樹郡	大曽根村
明治元年 9月21日			県設置		神奈川県

年月日		旧名称	内容		新名称
明治22年 3月31日	橘樹郡	大曽根村	合併	橘樹郡	(317) 大綱村（おおづなむら）

(313) 橘樹郡 太尾村（ふとおむら）

年月日		旧名称	内容		新名称
江戸期又は江戸期以前				橘樹郡	太尾村
明治元年 9月21日			県設置		神奈川県
明治22年 3月31日	橘樹郡	太尾村	合併	橘樹郡	(317) 大綱村（おおづなむら）

(314) 橘樹郡 綱島村（つなしまむら）

年月日		旧名称	内容		新名称
江戸期又は江戸期以前				橘樹郡	綱島村
江戸中期	橘樹郡	綱島村の一部	分立	橘樹郡	(315) 南綱島村（みなみつなしまむら）
		綱島村の一部（綱島村消滅）	分立	橘樹郡	(316) 北綱島村（きたつなしまむら）

(315) 橘樹郡 南綱島村（みなみつなしまむら）

年月日		旧名称	内容		新名称
江戸中期	橘樹郡	(314) 綱島村（つなしまむら）の一部	分立	橘樹郡	南綱島村
明治元年 9月21日			県設置		神奈川県
明治22年 3月31日	橘樹郡	南綱島村	合併	橘樹郡	(317) 大綱村（おおづなむら）

(316) 橘樹郡 北綱島村（きたつなしまむら）

年月日		旧名称	内容		新名称
江戸中期	橘樹郡	(314) 綱島村（つなしまむら）の一部	分立	橘樹郡	北綱島村
明治元年 9月21日			県設置		神奈川県
明治22年 3月31日	橘樹郡	北綱島村	合併	橘樹郡	(317) 大綱村（おおづなむら）

(317) 橘樹郡 大綱村（おおづなむら）

年月日		旧名称	内容		新名称
明治22年 3月31日	橘樹郡	(308) 大豆戸村（おおまめどむら） (309) 篠原村（しのはらむら） (310) 菊名村（きくなむら） (311) 樽村（たるむら） (312) 大曽根村（おおそねむら） (313) 太尾村（ふとおむら） (315) 南綱島村（みなみつなしまむら） (316) 北綱島村（きたつなしまむら）	合併	橘樹郡	大綱村
明治44年 4月 1日	橘樹郡	(283) 子安村（こやすむら）の大字白幡	編入	橘樹郡	大綱村
昭和 2年 4月 1日	橘樹郡	大綱村	編入		(3) 横浜市（よこはまし）

しんじゅくまち
(318) 橋樹郡 新宿町

年月日		旧名称	内容		新名称
江戸期又は江戸期以前				橋樹郡	新宿町
明治元年 9月21日			県設置		神奈川県
明治22年 3月31日	橋樹郡	新宿町	合併	橋樹郡	(323) 川崎町（かわさきまち）
		新宿町飛地	合併	橋樹郡	(331) 大師河原村（だいしがわらむら）
		新宿町飛地	合併	橋樹郡	(344) 御幸村（みゆきむら）
		新宿町飛地	合併	橋樹郡	(351) 田島村（たしまむら）

いさごまち
(319) 橋樹郡 砂子町

年月日		旧名称	内容		新名称
江戸期又は江戸期以前				橋樹郡	砂子町
明治元年 9月21日			県設置		神奈川県
明治22年 3月31日	橋樹郡	砂子町	合併	橋樹郡	(323) 川崎町（かわさきまち）
		砂子町飛地	合併	橋樹郡	(331) 大師河原村（だいしがわらむら）
		砂子町飛地	合併	橋樹郡	(344) 御幸村（みゆきむら）

ことろまち
(320) 橋樹郡 小土呂町

年月日		旧名称	内容		新名称
江戸期又は江戸期以前				橋樹郡	小土呂町
明治元年 9月21日			県設置		神奈川県
明治22年 3月31日	橋樹郡	小土呂町	合併	橋樹郡	(323) 川崎町（かわさきまち）

くねざきまち
(321) 橋樹郡 久根崎町

年月日		旧名称	内容		新名称
江戸期又は江戸期以前				橋樹郡	久根崎町
明治元年 9月21日			県設置		神奈川県
明治22年 3月31日	橋樹郡	久根崎町	合併	橋樹郡	(323) 川崎町（かわさきまち）

ほりのうちむら
(322) 橋樹郡 堀ノ内村

年月日		旧名称	内容		新名称
江戸期又は江戸期以前				橋樹郡	堀ノ内村
明治元年 9月21日			県設置		神奈川県
明治22年 3月31日	橋樹郡	堀ノ内村	合併	橋樹郡	(323) 川崎町（かわさきまち）
		堀ノ内村飛地	合併	橋樹郡	(344) 御幸村（みゆきむら）
		堀ノ内村飛地	合併	橋樹郡	(351) 田島村（たしまむら）

(323) 川崎市（かわさきし）

年月日		旧名称	内容		新名称
明治22年 3月31日	橘樹郡	(318) 新宿町（しんじゅくまち）	合併	橘樹郡	川崎町
		(319) 砂子町（いさごまち）			
		(320) 小土呂町（ことろまち）			
		(321) 久根崎町（くねざきまち）			
		(322) 堀ノ内村（ほりのうちむら）			
		(331) 大師河原村飛地（だいしがわらむら）			
		(336) 南河原村飛地（みなみかわらむら）			
		(346) 大島村飛地（おおしまむら）			
		(347) 中島村飛地（なかじまむら）			
大正13年 7月 1日	橘樹郡	川崎町	合併		川崎市
		(331) 大師町（だいしまち）			
		(344) 御幸村（みゆきむら）			
昭和 2年 4月 1日	橘樹郡	(351) 田島町（たしままち）	編入		川崎市
昭和 8年 8月 1日	橘樹郡	(358) 中原町（なかはらまち）	編入		川崎市
昭和12年 4月 1日	橘樹郡	(374) 高津町（たかつまち）	編入		川崎市
		(419) 日吉村の一部（ひよしむら）	編入		川崎市
昭和12年 6月 1日	橘樹郡	(384) 橘村（たちばなむら）	編入		川崎市
昭和13年10月 1日	橘樹郡	(392) 宮前村（みやさきむら）	編入		川崎市
		(399) 向丘村（むかいおかむら）	編入		川崎市
		(402) 生田村（いくたむら）	編入		川崎市
		(411) 稲田町（いなだまち）	編入		川崎市
昭和14年 4月 1日	都筑郡	(433) 柿生村（かきおむら）	編入		川崎市
		(434) 岡上村（おかのぼりむら）	編入		川崎市
昭和47年 4月 1日		川崎市	区制	川崎市	(324) 川崎区（かわさきく）
					(325) 幸区（さいわいく）
					(326) 中原区（なかはらく）
					(327) 高津区（たかつく）
					(329) 多摩区（たまく）

(324) 川崎市 川崎区（かわさきく）

年月日		旧名称	内容		新名称
昭和47年 4月 1日		(323) 川崎市（かわさきし）	区制	川崎市	川崎区

年月日		旧名称	内容		新名称

(325) 川崎市 幸区（さいわいく）

年月日		旧名称	内容		新名称
昭和47年 4月 1日		(323) 川崎市（かわさきし）	区制	川崎市	幸区

(326) 川崎市 中原区（なかはらく）

年月日		旧名称	内容		新名称
昭和47年 4月 1日		(323) 川崎市（かわさきし）	区制	川崎市	中原区

(327) 川崎市 高津区（たかつく）

年月日		旧名称	内容		新名称
昭和47年 4月 1日		(323) 川崎市（かわさきし）	区制	川崎市	高津区
昭和57年 7月 1日	川崎市	高津区	分区	川崎市	高津区
					(328) 宮前区（みやまえく）

(328) 川崎市 宮前区（みやまえく）

年月日		旧名称	内容		新名称
昭和57年 7月 1日	川崎市	(327) 高津区（たかつく）	分区	川崎市	宮前区

(329) 川崎市 多摩区（たまく）

年月日		旧名称	内容		新名称
昭和47年 4月 1日		(323) 川崎市（かわさきし）	区制	川崎市	多摩区
昭和57年 7月 1日	川崎市	多摩区	分区	川崎市	多摩区
					(330) 麻生区（あさおく）

(330) 川崎市 麻生区（あさおく）

年月日		旧名称	内容		新名称
昭和57年 7月 1日	川崎市	(329) 多摩区（たまく）	分区	川崎市	麻生区

(331) 橘樹郡 大師町（だいしまち）

年月日		旧名称	内容		新名称
江戸期又は江戸期以前				橘樹郡	大師河原村（だいしがわらむら）
明治元年 9月21日			県設置		神奈川県
明治 8年11月 9日	橘樹郡	(332) 川中島村（かわなかじまむら）	編入	橘樹郡	大師河原村
		(333) 稲荷新田（いなりしんでん）	編入	橘樹郡	大師河原村
明治22年 3月31日	橘樹郡	大師河原村飛地	合併	橘樹郡	(323) 川崎町（かわさきまち）
		大師河原村	合併	橘樹郡	大師河原村
		(335) 池上新田（いけがみしんでん）			
		(318) 新宿町飛地（しんじゅくまち）			
		(319) 砂子町飛地（いさごまち）			
		(347) 中島村飛地（なかじまむら）			
		大師河原村飛地	合併	橘樹郡	(351) 田島村（たしまむら）

年月日		旧名称	内容			新名称
大正12年 1月 1日	橘樹郡	大師河原村	町制	橘樹郡		大師町
大正13年 7月 1日	橘樹郡	大師町	合併		(323)	川崎市

(332) 橘樹郡 川中島村（かわなかじまむら）

年月日		旧名称	内容			新名称
江戸期又は江戸期以前				橘樹郡		川中島村
明治元年 9月21日			県設置			神奈川県
明治 8年11月 9日	橘樹郡	川中島村	編入	橘樹郡	(331)	大師河原村（だいしがわらむら）

(333) 橘樹郡 稲荷新田（いなりしんでん）

年月日		旧名称	内容			新名称
寛永年間			成立	橘樹郡		稲荷新田
明治元年 9月21日			県設置			神奈川県
明治 8年11月 9日	橘樹郡	稲荷新田	編入	橘樹郡	(331)	大師河原村（だいしがわらむら）

(334) 橘樹郡 池上義田村（いけがみぎたむら）

年月日		旧名称	内容			新名称
江戸期又は江戸期以前				橘樹郡		池上義田村
明治元年 9月21日			県設置			神奈川県
明治10年頃	橘樹郡	池上義田村	廃止			

(335) 橘樹郡 池上新田（いけがみしんでん）

年月日		旧名称	内容			新名称
宝暦12年			成立	橘樹郡		池上新田
明治元年 9月21日			県設置			神奈川県
明治22年 3月31日	橘樹郡	池上新田	合併	橘樹郡	(331)	大師河原村（だいしがわらむら）

(336) 橘樹郡 南河原村（みなみかわらむら）

年月日		旧名称	内容			新名称
江戸期又は江戸期以前				橘樹郡		南河原村
明治元年 9月21日			県設置			神奈川県
明治22年 3月31日	橘樹郡	南河原村飛地	合併	橘樹郡	(323)	川崎町（かわさきまち）
		南河原村	合併	橘樹郡	(344)	御幸村（みゆきむら）

(337) 橘樹郡 塚越村（つかごしむら）

年月日		旧名称	内容			新名称
江戸期又は江戸期以前				橘樹郡		塚越村
明治元年 9月21日			県設置			神奈川県
明治22年 3月31日	橘樹郡	塚越村	合併	橘樹郡	(344)	御幸村（みゆきむら）

年月日	旧名称	内容	新名称

(338) 橋樹郡 古川村（ふるかわむら）

年月日	旧名称	内容	新名称
江戸期又は江戸期以前			橋樹郡 古川村
明治元年 9月21日		県設置	神奈川県
明治22年 3月31日	橋樹郡 古川村	合併	橋樹郡 (344) 御幸村（みゆきむら）

(339) 橋樹郡 戸手村（とてむら）

年月日	旧名称	内容	新名称
江戸期又は江戸期以前			橋樹郡 戸手村
明治元年 9月21日		県設置	神奈川県
明治22年 3月31日	橋樹郡 戸手村	合併	橋樹郡 (344) 御幸村（みゆきむら）

(340) 橋樹郡 小向村（こむかいむら）

年月日	旧名称	内容	新名称
江戸期又は江戸期以前			橋樹郡 小向村
明治元年 9月21日		県設置	神奈川県
明治22年 3月31日	橋樹郡 小向村	合併	橋樹郡 (344) 御幸村（みゆきむら）

(341) 橋樹郡 下平間村（しもひらまむら）

年月日	旧名称	内容	新名称
江戸期又は江戸期以前			橋樹郡 下平間村
明治元年 9月21日		県設置	神奈川県
明治22年 3月31日	橋樹郡 下平間村	合併	橋樹郡 (344) 御幸村（みゆきむら）

(342) 橋樹郡 上平間村（かみひらまむら）

年月日	旧名称	内容	新名称
江戸期又は江戸期以前			橋樹郡 上平間村
明治元年 9月21日		県設置	神奈川県
明治22年 3月31日	橋樹郡 上平間村	合併	橋樹郡 (344) 御幸村（みゆきむら）

(343) 橋樹郡 中丸子村（なかまるこむら）

年月日	旧名称	内容	新名称
江戸期又は江戸期以前			橋樹郡 中丸子村
明治元年 9月21日		県設置	神奈川県
明治22年 3月31日	橋樹郡 中丸子村	合併	橋樹郡 (344) 御幸村（みゆきむら）
	中丸子村飛地	合併	橋樹郡 (358) 中原村（なかはらむら）

(344) 橋樹郡 御幸村（みゆきむら）

年月日	旧名称	内容	新名称
明治22年 3月31日	橋樹郡 (336) 南河原村（みなみかわらむら）	合併	橋樹郡 御幸村

年月日		旧名称	内容		新名称
		(337) 塚越村（つかごしむら）			
		(338) 古川村（ふるかわむら）			
		(339) 戸手村（とてむら）			
		(340) 小向村（こむかいむら）			
		(341) 下平間村（しもひらまむら）			
		(342) 上平間村（かみひらまむら）			
		(343) 中丸子村（なかまるこむら）			
		(294) 矢向村飛地（やこうむら）			
		(318) 新宿町飛地（しんじゅくまち）			
		(319) 砂子町飛地（いさごまち）			
		(322) 堀ノ内村飛地（ほりのうちむら）			
		(352) 小杉村飛地（こすぎむら）			
大正13年 7月 1日	橘樹郡	御幸村	合併		(323) 川崎市（かわさきし）

(345) 橘樹郡 渡田村（わたりだむら）

年月日		旧名称	内容		新名称
江戸期又は江戸期以前				橘樹郡	渡田村
明治元年 9月21日			県設置		神奈川県
明治22年 3月31日	橘樹郡	渡田村	合併	橘樹郡	(351) 田島村（たしまむら）

(346) 橘樹郡 大島村（おおしまむら）

年月日		旧名称	内容		新名称
江戸期又は江戸期以前				橘樹郡	大島村
明治元年 9月21日			県設置		神奈川県
明治22年 3月31日	橘樹郡	大島村飛地	合併	橘樹郡	(323) 川崎町（かわさきまち）
		大島村	合併	橘樹郡	(351) 田島村（たしまむら）

(347) 橘樹郡 中島村（なかじまむら）

年月日		旧名称	内容		新名称
江戸期又は江戸期以前				橘樹郡	中島村
明治元年 9月21日			県設置		神奈川県
明治22年 3月31日	橘樹郡	中島村飛地	合併	橘樹郡	(323) 川崎町（かわさきまち）
		中島村飛地	合併	橘樹郡	(331) 大師河原村（だいしがわらむら）
		中島村	合併	橘樹郡	(351) 田島村（たしまむら）

(348) 橘樹郡 小田村（おだむら）

年月日		旧名称	内容		新名称
江戸期又は江戸期以前				橘樹郡	小田村

年月日		旧名称	内容		新名称
明治元年 9月21日			県設置		神奈川県
明治22年 3月31日	橘樹郡	小田村飛地	合併	橘樹郡	(290) 町田村（まちだむら）
		小田村	合併	橘樹郡	(351) 田島村（たしまむら）

(349) 橘樹郡 下新田村（しもしんでんむら）

年月日		旧名称	内容		新名称
江戸期又は江戸期以前				橘樹郡	下新田村
明治元年 9月21日			県設置		神奈川県
明治22年 3月31日	橘樹郡	下新田村	合併	橘樹郡	(351) 田島村（たしまむら）

(350) 橘樹郡 田辺新田（たなべしんでん）

年月日		旧名称	内容		新名称
江戸期又は江戸期以前				橘樹郡	田辺新田
明治元年 9月21日			県設置		神奈川県
明治22年 3月31日	橘樹郡	田辺新田	合併	橘樹郡	(351) 田島村（たしまむら）

(351) 橘樹郡 田島町（たしままち）

年月日		旧名称	内容		新名称
明治22年 3月31日	橘樹郡	(345) 渡田村（わたりだむら）	合併	橘樹郡	田島村
		(346) 大島村（おおしまむら）			
		(347) 中島村（なかじまむら）			
		(348) 小田村（おだむら）			
		(349) 下新田村（しもしんでんむら）			
		(350) 田辺新田（たなべしんでん）			
		(293) 菅沢村飛地（すがさわむら）			
		(318) 新宿町飛地（しんじゅくまち）			
		(322) 堀ノ内村飛地（ほりのうちむら）			
		(331) 大師河原村飛地（だいしがわらむら）			
大正12年 6月 1日	橘樹郡	田島村	町制	橘樹郡	田島町
昭和 2年 4月 1日	橘樹郡	田島町	編入		(323) 川崎市（かわさきし）

(352) 橘樹郡 小杉村（こすぎむら）

年月日		旧名称	内容		新名称
江戸期又は江戸期以前				橘樹郡	小杉村
明治元年 9月21日			県設置		神奈川県
明治22年 3月31日	橘樹郡	小杉村飛地	合併	橘樹郡	(344) 御幸村（みゆきむら）
		小杉村	合併	橘樹郡	(358) 中原村（なかはらむら）

(353) 橘樹郡 上丸子村（かみまるこむら）

年月日	旧名称		内容	新名称	
江戸期又は江戸期以前				橘樹郡	上丸子村
明治元年 9月21日			県設置		神奈川県
明治22年 3月31日	橘樹郡	上丸子村	合併	橘樹郡	(358) 中原村（なかはらむら）

(354) 橘樹郡 宮内村（みやうちむら）

年月日	旧名称		内容	新名称	
江戸期又は江戸期以前				橘樹郡	宮内村
明治元年 9月21日			県設置		神奈川県
明治22年 3月31日	橘樹郡	宮内村	合併	橘樹郡	(358) 中原村（なかはらむら）

(355) 橘樹郡 上小田中村（かみこだなかむら）

年月日	旧名称		内容	新名称	
江戸期又は江戸期以前				橘樹郡	上小田中村
明治元年 9月21日			県設置		神奈川県
明治22年 3月31日	橘樹郡	上小田中村	合併	橘樹郡	(358) 中原村（なかはらむら）

(356) 橘樹郡 下小田中村（しもこだなかむら）

年月日	旧名称		内容	新名称	
江戸期又は江戸期以前				橘樹郡	下小田中村
明治元年 9月21日			県設置		神奈川県
明治22年 3月31日	橘樹郡	下小田中村	合併	橘樹郡	(358) 中原村（なかはらむら）

(357) 橘樹郡 新城村（しんじょうむら）

年月日	旧名称		内容	新名称	
江戸期又は江戸期以前				橘樹郡	新城村
明治元年 9月21日			県設置		神奈川県
明治22年 3月31日	橘樹郡	新城村	合併	橘樹郡	(358) 中原村（なかはらむら）

(358) 橘樹郡 中原町（なかはらまち）

年月日	旧名称		内容	新名称	
明治22年 3月31日	橘樹郡	(352) 小杉村（こすぎむら） (353) 上丸子村（かみまるこむら） (354) 宮内村（みやうちむら） (355) 上小田中村（かみこだなかむら） (356) 下小田中村（しもこだなかむら） (357) 新城村（しんじょうむら） (343) 中丸子村（なかまるこむら）飛地	合併	橘樹郡	中原村

年月日		旧 名 称	内容		新 名 称
大正14年 5月10日	橘樹郡	中原村 (365) 住吉村（すみよしむら）	合併	橘樹郡	中原町
昭和 8年 8月 1日	橘樹郡	中原町	編入		(323) 川崎市（かわさきし）

(359) 橘樹郡 苅宿村（かりやどむら）

年月日		旧 名 称	内容		新 名 称
江戸期又は江戸期以前				橘樹郡	苅宿村
明治元年 9月21日			県設置		神奈川県
明治22年 3月31日	橘樹郡	苅宿村	合併	橘樹郡	(365) 住吉村（すみよしむら）

(360) 橘樹郡 今井村（いまいむら）

年月日		旧 名 称	内容		新 名 称
江戸期又は江戸期以前				橘樹郡	今井村
明治元年 9月21日			県設置		神奈川県
明治22年 3月31日	橘樹郡	今井村	合併	橘樹郡	(365) 住吉村（すみよしむら）

(361) 橘樹郡 市ノ坪村（いちのつぼむら）

年月日		旧 名 称	内容		新 名 称
江戸期又は江戸期以前				橘樹郡	市ノ坪村
明治元年 9月21日			県設置		神奈川県
明治22年 3月31日	橘樹郡	市ノ坪村	合併	橘樹郡	(365) 住吉村（すみよしむら）

(362) 橘樹郡 木月村（きづきむら）

年月日		旧 名 称	内容		新 名 称
江戸期又は江戸期以前				橘樹郡	木月村
明治元年 9月21日			県設置		神奈川県
明治22年 3月31日	橘樹郡	木月村	合併	橘樹郡	(365) 住吉村（すみよしむら）

(363) 橘樹郡 井田村（いだむら）

年月日		旧 名 称	内容		新 名 称
江戸期又は江戸期以前				橘樹郡	井田村
明治元年 9月21日			県設置		神奈川県
明治22年 3月31日	橘樹郡	井田村	合併	橘樹郡	(365) 住吉村（すみよしむら）

(364) 橘樹郡 北加瀬村（きたかせむら）

年月日		旧 名 称	内容		新 名 称
江戸期又は江戸期以前				橘樹郡	北加瀬村
明治元年 9月21日			県設置		神奈川県
明治22年 3月31日	橘樹郡	北加瀬村	合併	橘樹郡	(365) 住吉村（すみよしむら）

年月日	旧名称	内容	新名称

(365) 橘樹郡 住吉村（すみよしむら）

年月日	旧名称	内容	新名称
明治22年 3月31日	橘樹郡 (359)苅宿村（かりやどむら） (360)今井村（いまいむら） (361)市ノ坪村（いちのつぼむら） (362)木月村（きづきむら） (363)井田村（いだむら） (364)北加瀬村（きたかせむら）	合併	橘樹郡 住吉村
大正14年 5月10日	橘樹郡 住吉村	合併	橘樹郡 (358)中原町（なかはらまち）

(366) 橘樹郡 溝口村（みぞのくちむら）

年月日	旧名称	内容	新名称
江戸期又は江戸期以前			橘樹郡 溝口村
明治元年 9月21日		県設置	神奈川県
明治22年 3月31日	橘樹郡 溝口村	合併	橘樹郡 (374)高津村（たかつむら）
	溝口村飛地	合併	橘樹郡 (392)宮前村（みやさきむら）

(367) 橘樹郡 下作延村（しもさくのべむら）

年月日	旧名称	内容	新名称
江戸期又は江戸期以前			橘樹郡 下作延村
明治元年 9月21日		県設置	神奈川県
明治22年 3月31日	橘樹郡 下作延村	合併	橘樹郡 (374)高津村（たかつむら）
	下作延村飛地	合併	橘樹郡 (399)向丘村（むかいおかむら）

(368) 橘樹郡 久本村（ひさもとむら）

年月日	旧名称	内容	新名称
江戸期又は江戸期以前			橘樹郡 久本村
明治元年 9月21日		県設置	神奈川県
明治22年 3月31日	橘樹郡 久本村	合併	橘樹郡 (374)高津村（たかつむら）

(369) 橘樹郡 二子村（ふたごむら）

年月日	旧名称	内容	新名称
江戸期又は江戸期以前			橘樹郡 二子村
明治元年 9月21日		県設置	神奈川県
明治22年 3月31日	橘樹郡 二子村	合併	橘樹郡 (374)高津村（たかつむら）

(370) 橘樹郡 久地村（くじむら）

年月日	旧名称	内容	新名称
江戸期又は江戸期以前			橘樹郡 久地村

年月日		旧名称	内容		新名称
明治元年 9月21日			県設置		神奈川県
明治22年 3月31日	橘樹郡	久地村	合併	橘樹郡	(374) 高津村（たかつむら）

(371) 橘樹郡 北見方村（きたみがたむら）

年月日		旧名称	内容		新名称
江戸期又は江戸期以前				橘樹郡	北見方村
明治元年 9月21日			県設置		神奈川県
明治22年 3月31日	橘樹郡	北見方村	合併	橘樹郡	(374) 高津村（たかつむら）

(372) 橘樹郡 諏訪河原村（すわかわらむら）

年月日		旧名称	内容		新名称
江戸期又は江戸期以前				橘樹郡	諏訪河原村
明治元年 9月21日			県設置		神奈川県
明治22年 3月31日	橘樹郡	諏訪河原村	合併	橘樹郡	(374) 高津村（たかつむら）

(373) 橘樹郡 坂戸村（さかどむら）

年月日		旧名称	内容		新名称
江戸期又は江戸期以前				橘樹郡	坂戸村
明治元年 9月21日			県設置		神奈川県
明治22年 3月31日	橘樹郡	坂戸村	合併	橘樹郡	(374) 高津村（たかつむら）

(374) 橘樹郡 高津町（たかつまち）

年月日		旧名称	内容		新名称
明治22年 3月31日	橘樹郡	(366) 溝口村（みぞのくちむら） (367) 下作延村（しもさくのべむら） (368) 久本村（ひさもとむら） (369) 二子村（ふたごむら） (370) 久地村（くじむら） (371) 北見方村（きたみがたむら） (372) 諏訪河原村（すわかわらむら） (373) 坂戸村（さかどむら）	合併	橘樹郡	高津村
昭和 3年 4月17日	橘樹郡	高津村	町制	橘樹郡	高津町
昭和12年 4月 1日	橘樹郡	高津町	編入		(323) 川崎市（かわさきし）

(375) 橘樹郡 明津村（あくつむら）

年月日		旧名称	内容		新名称
江戸期又は江戸期以前				橘樹郡	明津村
明治元年 9月21日			県設置		神奈川県

年月日	旧名称	内容	新名称
明治22年 3月31日	橘樹郡 明津村	合併	橘樹郡 (384) 橘村（たちばなむら）

(376) 橘樹郡 蟹ヶ谷村（かにがやむら）

年月日	旧名称	内容	新名称
江戸期又は江戸期以前			橘樹郡 蟹ヶ谷村
明治元年 9月21日		県設置	神奈川県
明治22年 3月31日	橘樹郡 蟹ヶ谷村	合併	橘樹郡 (384) 橘村（たちばなむら）

(377) 橘樹郡 岩川村（いわかわむら）

年月日	旧名称	内容	新名称
江戸期又は江戸期以前			橘樹郡 岩川村
明治元年 9月21日		県設置	神奈川県
明治 8年11月 9日	橘樹郡 岩川村	合併	橘樹郡 (379) 千年村（ちとせむら）

(378) 橘樹郡 清沢村（きよさわむら）

年月日	旧名称	内容	新名称
江戸期又は江戸期以前			橘樹郡 清沢村
明治元年 9月21日		県設置	神奈川県
明治 8年11月 9日	橘樹郡 清沢村	合併	橘樹郡 (379) 千年村（ちとせむら）

(379) 橘樹郡 千年村（ちとせむら）

年月日	旧名称	内容	新名称
明治 8年11月 9日	橘樹郡 (377) 岩川村（いわかわむら） (378) 清沢村（きよさわむら）	合併	橘樹郡 千年村
明治22年 3月31日	橘樹郡 千年村	合併	橘樹郡 (384) 橘村（たちばなむら）

(380) 橘樹郡 新作村（しんさくむら）

年月日	旧名称	内容	新名称
江戸期又は江戸期以前			橘樹郡 新作村
明治元年 9月21日		県設置	神奈川県
明治22年 3月31日	橘樹郡 新作村	合併	橘樹郡 (384) 橘村（たちばなむら）

(381) 橘樹郡 子母口村（しぼくちむら）

年月日	旧名称	内容	新名称
江戸期又は江戸期以前			橘樹郡 子母口村
明治元年 9月21日		県設置	神奈川県
明治22年 3月31日	橘樹郡 子母口村	合併	橘樹郡 (384) 橘村（たちばなむら）

(382) 橘樹郡 末長村（すえながむら）

年月日	旧名称	内容	新名称
江戸期又は江戸期以前			橘樹郡 末長村

年月日	旧名称	内容	新名称
明治元年 9月21日		県設置	神奈川県
明治22年 3月31日	橘樹郡 末長村	合併	橘樹郡 (384) 橘村（たちばなむら）

(383) 橘樹郡 久末村（ひさすえむら）

年月日	旧名称	内容	新名称
江戸期又は江戸期以前			橘樹郡 久末村
明治元年 9月21日		県設置	神奈川県
明治22年 3月31日	橘樹郡 久末村	合併	橘樹郡 (384) 橘村（たちばなむら）

(384) 橘樹郡 橘村（たちばなむら）

年月日	旧名称	内容	新名称
明治22年 3月31日	橘樹郡 (375) 明津村（あくつむら） (376) 蟹ヶ谷村（かにがやむら） (379) 千年村（ちとせむら） (380) 新作村（しんさくむら） (381) 子母口村（しぼくちむら） (382) 末長村（すえながむら） (383) 久末村（ひさすえむら）	合併	橘樹郡 橘村
昭和12年 6月 1日	橘樹郡 橘村	編入	(323) 川崎市（かわさきし）

(385) 橘樹郡 梶ヶ谷村（かじがやむら）

年月日	旧名称	内容	新名称
江戸期又は江戸期以前			橘樹郡 梶ヶ谷村
明治元年 9月21日		県設置	神奈川県
明治22年 3月31日	橘樹郡 梶ヶ谷村	合併	橘樹郡 (392) 宮前村（みやさきむら）

(386) 橘樹郡 下野川村（しものがわむら）

年月日	旧名称	内容	新名称
江戸期又は江戸期以前			橘樹郡 下野川村
明治元年 9月21日		県設置	神奈川県
明治 8年11月 9日	橘樹郡 下野川村	合併	橘樹郡 (388) 野川村（のがわむら）

(387) 橘樹郡 上野川村（かみのがわむら）

年月日	旧名称	内容	新名称
江戸期又は江戸期以前			橘樹郡 上野川村
明治元年 9月21日		県設置	神奈川県
明治 8年11月 9日	橘樹郡 上野川村	合併	橘樹郡 (388) 野川村（のがわむら）

年月日		旧名称	内容		新名称

(388) 橘樹郡 野川村（のがわむら）

年月日		旧名称	内容		新名称
明治 8年11月 9日	橘樹郡	(386) 下野川村（しものがわむら） (387) 上野川村（かみのがわむら）	合併	橘樹郡	野川村
明治22年 3月31日	橘樹郡	野川村	合併	橘樹郡	(392) 宮前村（みやさきむら）

(389) 橘樹郡 馬絹村（まぎぬむら）

年月日		旧名称	内容		新名称
江戸期又は江戸期以前				橘樹郡	馬絹村
明治元年 9月21日			県設置		神奈川県
明治22年 3月31日	橘樹郡	馬絹村	合併	橘樹郡	(392) 宮前村（みやさきむら）

(390) 橘樹郡 有馬村（ありまむら）

年月日		旧名称	内容		新名称
江戸期又は江戸期以前				橘樹郡	有馬村
明治元年 9月21日			県設置		神奈川県
明治22年 3月31日	橘樹郡	有馬村	合併	橘樹郡	(392) 宮前村（みやさきむら）

(391) 橘樹郡 土橋村（つちはしむら）

年月日		旧名称	内容		新名称
江戸期又は江戸期以前				橘樹郡	土橋村
明治元年 9月21日			県設置		神奈川県
明治22年 3月31日	橘樹郡	土橋村	合併	橘樹郡	(392) 宮前村（みやさきむら）

(392) 橘樹郡 宮前村（みやさきむら）

年月日		旧名称	内容		新名称
明治22年 3月31日	橘樹郡	(385) 梶ヶ谷村（かじがやむら） (388) 野川村（のがわむら） (389) 馬絹村（まぎぬむら） (390) 有馬村（ありまむら） (391) 土橋村（つちはしむら） (366) 溝口村飛地（みぞのくちむら）	合併	橘樹郡	宮前村
昭和13年10月 1日	橘樹郡	宮前村	編入		(323) 川崎市（かわさきし）

(393) 橘樹郡 平村（たいらむら）

年月日		旧名称	内容		新名称
江戸期又は江戸期以前				橘樹郡	平村
明治元年 9月21日			県設置		神奈川県
明治22年 3月31日	橘樹郡	平村	合併	橘樹郡	(399) 向丘村（むかいおかむら）

年月日		旧名称	内容		新名称

(394) 橘樹郡 下菅生村（しもすがおむら）

年月日		旧名称	内容		新名称
江戸期又は江戸期以前				橘樹郡	下菅生村
明治元年 9月21日			県設置		神奈川県
明治 8年11月 9日	橘樹郡	下菅生村	合併	橘樹郡	(396) 菅生村（すがおむら）

(395) 橘樹郡 天真寺新田（てんしんじしんでん）

年月日		旧名称	内容		新名称
享保16年			成立	橘樹郡	天真寺新田
明治元年 9月21日			県設置		神奈川県
明治 8年11月 9日	橘樹郡	天真寺新田	合併	橘樹郡	(396) 菅生村（すがおむら）

(396) 橘樹郡 菅生村（すがおむら）

年月日		旧名称	内容		新名称
明治 8年11月 9日	橘樹郡	(394) 下菅生村（しもすがおむら） (395) 天真寺新田（てんしんじしんでん）	合併	橘樹郡	菅生村
明治22年 3月31日	橘樹郡	菅生村	合併	橘樹郡	(399) 向丘村（むかいおかむら）

(397) 橘樹郡 長尾村（ながおむら）

年月日		旧名称	内容		新名称
江戸期又は江戸期以前				橘樹郡	長尾村
明治元年 9月21日			県設置		神奈川県
明治22年 3月31日	橘樹郡	長尾村	合併	橘樹郡	(399) 向丘村（むかいおかむら）

(398) 橘樹郡 上作延村（かみさくのべむら）

年月日		旧名称	内容		新名称
江戸期又は江戸期以前				橘樹郡	上作延村
明治元年 9月21日			県設置		神奈川県
明治22年 3月31日	橘樹郡	上作延村	合併	橘樹郡	(399) 向丘村（むかいおかむら）

(399) 橘樹郡 向丘村（むかいおかむら）

年月日		旧名称	内容		新名称
明治22年 3月31日	橘樹郡	(393) 平村（たいらむら） (396) 菅生村（すがおむら） (397) 長尾村（ながおむら） (398) 上作延村（かみさくのべむら） (367) 下作延村（しもさくのべむら）飛地	合併	橘樹郡	向丘村
昭和13年10月 1日	橘樹郡	向丘村	編入		(323) 川崎市（かわさきし）

年月日	旧名称		内容	新名称	

(400) 橘樹郡 上菅生村（かみすがおむら）

年月日	郡	旧名称	内容	郡	新名称
江戸期又は江戸期以前				橘樹郡	上菅生村
元禄 3年	橘樹郡	上菅生村の一部	分立	橘樹郡	(401) 五反田村（ごたんだむら）
明治元年 9月21日			県設置		神奈川県
明治 8年11月 9日	橘樹郡	上菅生村	合併	橘樹郡	(402) 生田村（いくたむら）

(401) 橘樹郡 五反田村（ごたんだむら）

年月日	郡	旧名称	内容	郡	新名称
元禄 3年	橘樹郡	(400) 上菅生村（かみすがおむら）の一部	分立	橘樹郡	五反田村
明治元年 9月21日			県設置		神奈川県
明治 8年11月 9日	橘樹郡	五反田村	合併	橘樹郡	(402) 生田村（いくたむら）

(402) 橘樹郡 生田村（いくたむら）

年月日	郡	旧名称	内容	郡	新名称
明治 8年11月 9日	橘樹郡	(400) 上菅生村（かみすがおむら） (401) 五反田村（ごたんだむら）	合併	橘樹郡	生田村
明治22年 3月31日	橘樹郡	生田村 (403) 高石村（たかいしむら） (404) 細山村（ほそやまむら） (405) 金程村（かなほどむら）	合併	橘樹郡	生田村
昭和13年10月 1日	橘樹郡	生田村	編入		(323) 川崎市（かわさきし）

(403) 橘樹郡 高石村（たかいしむら）

年月日	郡	旧名称	内容	郡	新名称
江戸期又は江戸期以前				橘樹郡	高石村
明治元年 9月21日			県設置		神奈川県
明治22年 3月31日	橘樹郡	高石村	合併	橘樹郡	(402) 生田村（いくたむら）

(404) 橘樹郡 細山村（ほそやまむら）

年月日	郡	旧名称	内容	郡	新名称
江戸期又は江戸期以前				橘樹郡	細山村
明治元年 9月21日			県設置		神奈川県
明治22年 3月31日	橘樹郡	細山村	合併	橘樹郡	(402) 生田村（いくたむら）

(405) 橘樹郡 金程村（かなほどむら）

年月日	郡	旧名称	内容	郡	新名称
江戸期又は江戸期以前				橘樹郡	金程村
明治元年 9月21日			県設置		神奈川県

年月日	旧名称		内容	新名称	
明治22年 3月31日	橘樹郡	金程村	合併	橘樹郡	(402) 生田村（いくたむら）

(406) 橘樹郡 登戸村（のぼりとむら）

年月日	旧名称		内容	新名称	
江戸期又は江戸期以前				橘樹郡	登戸村
明治元年 9月21日			県設置		神奈川県
明治22年 3月31日	橘樹郡	登戸村	合併	橘樹郡	(411) 稲田村（いなだむら）

(407) 橘樹郡 宿河原村（しゅくがわらむら）

年月日	旧名称		内容	新名称	
江戸期又は江戸期以前				橘樹郡	宿河原村
明治元年 9月21日			県設置		神奈川県
明治22年 3月31日	橘樹郡	宿河原村	合併	橘樹郡	(411) 稲田村（いなだむら）

(408) 橘樹郡 堰村（せきむら）

年月日	旧名称		内容	新名称	
江戸期又は江戸期以前				橘樹郡	堰村
明治元年 9月21日			県設置		神奈川県
明治22年 3月31日	橘樹郡	堰村	合併	橘樹郡	(411) 稲田村（いなだむら）

(409) 橘樹郡 菅村（すげむら）

年月日	旧名称		内容	新名称	
江戸期又は江戸期以前				橘樹郡	菅村
明治元年 9月21日			県設置		神奈川県
明治22年 3月31日	橘樹郡	菅村	合併	橘樹郡	(411) 稲田村（いなだむら）

(410) 橘樹郡 中野島村（なかのしまむら）

年月日	旧名称		内容	新名称	
明治 8年11月 9日	多摩郡	中野島村	郡編入	橘樹郡	中野島村
明治22年 3月31日	橘樹郡	中野島村	合併	橘樹郡	(411) 稲田村（いなだむら）

(411) 橘樹郡 稲田町（いなだまち）

年月日	旧名称		内容	新名称	
明治22年 3月31日	橘樹郡	(406) 登戸村（のぼりとむら） (407) 宿河原村（しゅくがわらむら） (408) 堰村（せきむら） (409) 菅村（すげむら） (410) 中野島村（なかのしまむら）	合併	橘樹郡	稲田村
昭和 7年 6月 1日	橘樹郡	稲田村	町制	橘樹郡	稲田町
昭和13年10月 1日	橘樹郡	稲田町	編入		(323) 川崎市（かわさきし）

年月日	旧名称		内容	新名称	

(412) 橋樹郡 箕輪村（みのわむら）

年月日	旧名称		内容	新名称	
江戸期又は江戸期以前				橋樹郡	箕輪村
明治元年 9月21日			県設置		神奈川県
明治22年 3月31日	橋樹郡	箕輪村	合併	橋樹郡	(419) 日吉村（ひよしむら）

(413) 橋樹郡 小倉村（おぐらむら）

年月日	旧名称		内容	新名称	
江戸期又は江戸期以前				橋樹郡	小倉村
明治元年 9月21日			県設置		神奈川県
明治22年 3月31日	橋樹郡	小倉村	合併	橋樹郡	(419) 日吉村（ひよしむら）

(414) 橋樹郡 鹿島田村（かしまだむら）

年月日	旧名称		内容	新名称	
江戸期又は江戸期以前				橋樹郡	鹿島田村
明治元年 9月21日			県設置		神奈川県
明治22年 3月31日	橋樹郡	鹿島田村	合併	橋樹郡	(419) 日吉村（ひよしむら）

(415) 橋樹郡 矢上村（やがみむら）

年月日	旧名称		内容	新名称	
江戸期又は江戸期以前				橋樹郡	矢上村
明治元年 9月21日			県設置		神奈川県
明治22年 3月31日	橋樹郡	矢上村	合併	橋樹郡	(419) 日吉村（ひよしむら）

(416) 橋樹郡 南加瀬村（みなみかせむら）

年月日	旧名称		内容	新名称	
江戸期又は江戸期以前				橋樹郡	南加瀬村
明治元年 9月21日			県設置		神奈川県
明治22年 3月31日	橋樹郡	南加瀬村	合併	橋樹郡	(419) 日吉村（ひよしむら）

(417) 橋樹郡 駒林村（こまばやしむら）

年月日	旧名称		内容	新名称	
江戸期又は江戸期以前				橋樹郡	駒林村
明治元年 9月21日			県設置		神奈川県
明治22年 3月31日	橋樹郡	駒林村	合併	橋樹郡	(419) 日吉村（ひよしむら）

(418) 橋樹郡 駒ヶ橋村（こまがはしむら）

年月日	旧名称		内容	新名称	
江戸期又は江戸期以前				橋樹郡	駒ヶ橋村

年月日		旧名称	内容		新名称
明治元年 9月21日			県設置		神奈川県
明治22年 3月31日	橘樹郡	駒ヶ橋村	合併	橘樹郡	(419) 日吉村（ひよしむら）

(419) 橘樹郡 日吉村（ひよしむら）

年月日		旧名称	内容		新名称
明治22年 3月31日	橘樹郡	(412) 箕輪村（みのわむら） (413) 小倉村（おぐらむら） (414) 鹿島田村（かしまだむら） (415) 矢上村（やがみむら） (416) 南加瀬村（みなみかせむら） (417) 駒林村（こまばやしむら） (418) 駒ヶ橋村（こまがはしむら）	合併	橘樹郡	日吉村
昭和12年 4月 1日	橘樹郡	日吉村の一部	編入	横浜市	(5) 神奈川区（かながわく）
		日吉村の一部（日吉村消滅）	編入		(323) 川崎市（かわさきし）

(420) 都筑郡 上星川村（かみほしかわむら）

年月日		旧名称	内容		新名称
江戸期又は江戸期以前				都筑郡	上星川村
明治元年 9月21日			県設置		神奈川県
明治22年 3月31日	都筑郡	上星川村	合併	都筑郡	(422) 西谷村（にしやむら）

(421) 都筑郡 川島村（かわしまむら）

年月日		旧名称	内容		新名称
江戸期又は江戸期以前				都筑郡	川島村
明治元年 9月21日			県設置		神奈川県
明治22年 3月31日	都筑郡	川島村	合併	都筑郡	(422) 西谷村（にしやむら）

(422) 都筑郡 西谷村（にしやむら）

年月日		旧名称	内容		新名称
明治22年 3月31日	都筑郡	(420) 上星川村（かみほしかわむら） (421) 川島村（かわしまむら）	合併	都筑郡	西谷村
昭和 2年 4月 1日	都筑郡	西谷村	編入		(3) 横浜市（よこはまし）

(423) 都筑郡 下麻生村（しもあさおむら）

年月日		旧名称	内容		新名称
江戸期又は江戸期以前				都筑郡	下麻生村
明治元年 9月21日			県設置		神奈川県
明治22年 3月31日	都筑郡	下麻生村	合併	都筑郡	(433) 柿生村（かきおむら）

年月日		旧名称	内容			新名称
		下麻生村飛地	合併	都筑郡	(503)	中里村（なかざとむら）

(424) 都筑郡 王禅寺村（おうぜんじむら）

年月日		旧名称	内容			新名称
江戸期又は江戸期以前				都筑郡		王禅寺村
明治元年 9月21日			県設置			神奈川県
明治22年 3月31日	都筑郡	王禅寺村	合併	都筑郡	(433)	柿生村（かきおむら）

(425) 都筑郡 早野村（はやのむら）

年月日		旧名称	内容			新名称
江戸期又は江戸期以前				都筑郡		早野村
明治元年 9月21日			県設置			神奈川県
明治22年 3月31日	都筑郡	早野村	合併	都筑郡	(433)	柿生村（かきおむら）

(426) 都筑郡 上麻生村（かみあさおむら）

年月日		旧名称	内容			新名称
江戸期又は江戸期以前				都筑郡		上麻生村
明治元年 9月21日			県設置			神奈川県
明治22年 3月31日	都筑郡	上麻生村	合併	都筑郡	(433)	柿生村（かきおむら）

(427) 都筑郡 五力田村（ごりきだむら）

年月日		旧名称	内容			新名称
江戸期又は江戸期以前				都筑郡		五力田村
明治元年 9月21日			県設置			神奈川県
明治22年 3月31日	都筑郡	五力田村	合併	都筑郡	(433)	柿生村（かきおむら）

(428) 都筑郡 古沢村（ふるさわむら）

年月日		旧名称	内容			新名称
江戸期又は江戸期以前				都筑郡		古沢村
明治元年 9月21日			県設置			神奈川県
明治22年 3月31日	都筑郡	古沢村	合併	都筑郡	(433)	柿生村（かきおむら）

(429) 都筑郡 萬福寺村（まんぷくじむら）

年月日		旧名称	内容			新名称
江戸期又は江戸期以前				都筑郡		萬福寺村
明治元年 9月21日			県設置			神奈川県
明治22年 3月31日	都筑郡	萬福寺村	合併	都筑郡	(433)	柿生村（かきおむら）

(430) 都筑郡 片平村（かたひらむら）

年月日		旧名称	内容			新名称
江戸期又は江戸期以前				都筑郡		片平村

年月日		旧名称	内容		新名称
明治元年 9月21日			県設置		神奈川県
明治22年 3月31日	都筑郡	片平村	合併	都筑郡	(433) 柿生村（かきおむら）

(431) 都筑郡 栗木村（くりぎむら）

年月日		旧名称	内容		新名称
江戸期又は江戸期以前				都筑郡	栗木村
明治元年 9月21日			県設置		神奈川県
明治22年 3月31日	都筑郡	栗木村	合併	都筑郡	(433) 柿生村（かきおむら）

(432) 都筑郡 黒川村（くろかわむら）

年月日		旧名称	内容		新名称
江戸期又は江戸期以前				都筑郡	黒川村
明治元年 9月21日			県設置		神奈川県
明治22年 3月31日	都筑郡	黒川村	合併	都筑郡	(433) 柿生村（かきおむら）

(433) 都筑郡 柿生村（かきおむら）

年月日		旧名称	内容		新名称
明治22年 3月31日	都筑郡	(423) 下麻生村（しもあさおむら）	合併	都筑郡	柿生村
		(424) 王禅寺村（おうぜんじむら）			
		(425) 早野村（はやのむら）			
		(426) 上麻生村（かみあさおむら）			
		(427) 五力田村（ごりきだむら）			
		(428) 古沢村（ふるさわむら）			
		(429) 萬福寺村（まんぷくじむら）			
		(430) 片平村（かたひらむら）			
		(431) 栗木村（くりぎむら）			
		(432) 黒川村（くろかわむら）			
昭和14年 4月 1日	都筑郡	柿生村	編入		(323) 川崎市（かわさきし）

(434) 都筑郡 岡上村（おかのぼりむら）

年月日		旧名称	内容		新名称
江戸期又は江戸期以前				都筑郡	岡上村
明治元年 9月21日			県設置		神奈川県
昭和14年 4月 1日	都筑郡	岡上村	編入		(323) 川崎市（かわさきし）

(435) 都筑郡 新羽村（にっぱむら）

年月日		旧名称	内容		新名称
江戸期又は江戸期以前				都筑郡	新羽村
明治元年 9月21日			県設置		神奈川県

年月日		旧名称	内容		新名称
明治22年 3月31日	都筑郡	新羽村	合併	都筑郡	(438) 新田村（にったむら）

(436) 都筑郡 吉田村（よしだむら）

年月日		旧名称	内容		新名称
江戸期又は江戸期以前				都筑郡	吉田村
明治元年 9月21日			県設置		神奈川県
明治22年 3月31日	都筑郡	吉田村	合併	都筑郡	(438) 新田村（にったむら）

(437) 都筑郡 高田村（たかだむら）

年月日		旧名称	内容		新名称
江戸期又は江戸期以前				都筑郡	高田村
明治元年 9月21日			県設置		神奈川県
明治22年 3月31日	都筑郡	高田村	合併	都筑郡	(438) 新田村（にったむら）

(438) 都筑郡 新田村（にったむら）

年月日		旧名称	内容		新名称
明治22年 3月31日	都筑郡	(435) 新羽村（にっぱむら） (436) 吉田村（よしだむら） (437) 高田村（たかだむら）	合併	都筑郡	新田村
昭和14年 4月 1日	都筑郡	新田村	編入	横浜市	(14) 港北区（こうほくく）

(439) 都筑郡 山田村（やまだむら）

年月日		旧名称	内容		新名称
江戸期又は江戸期以前				都筑郡	山田村
明治元年 9月21日			県設置		神奈川県
明治22年 3月31日	都筑郡	山田村	合併	都筑郡	(444) 中川村（なかがわむら）

(440) 都筑郡 勝田村（かちだむら）

年月日		旧名称	内容		新名称
江戸期又は江戸期以前				都筑郡	勝田村
明治元年 9月21日			県設置		神奈川県
明治22年 3月31日	都筑郡	勝田村	合併	都筑郡	(444) 中川村（なかがわむら）

(441) 都筑郡 大棚村（おおだなむら）

年月日		旧名称	内容		新名称
江戸期又は江戸期以前				都筑郡	大棚村
文禄 3年	都筑郡	大棚村の一部	分立	都筑郡	(442) 牛久保村（うしくぼむら）
明治元年 9月21日			県設置		神奈川県
明治22年 3月31日	都筑郡	大棚村	合併	都筑郡	(444) 中川村（なかがわむら）

年月日	旧　名　称	内容	新　名　称

(442) 都筑郡 牛久保村（うしくぼむら）

年月日	旧名称	内容	新名称
文禄 3年	都筑郡 (441) 大棚村（おおだなむら）の一部	分立	都筑郡 牛久保村
明治元年 9月21日		県設置	神奈川県
明治22年 3月31日	都筑郡 牛久保村	合併	都筑郡 (444) 中川村（なかがわむら）

(443) 都筑郡 茅ヶ崎村（ちがさきむら）

年月日	旧名称	内容	新名称
江戸期又は江戸期以前			都筑郡 茅ヶ崎村
明治元年 9月21日		県設置	神奈川県
明治22年 3月31日	都筑郡 茅ヶ崎村	合併	都筑郡 (444) 中川村（なかがわむら）

(444) 都筑郡 中川村（なかがわむら）

年月日	旧名称	内容	新名称
明治22年 3月31日	都筑郡 (439) 山田村（やまだむら） (440) 勝田村（かちだむら） (441) 大棚村（おおだなむら） (442) 牛久保村（うしくぼむら） (443) 茅ヶ崎村（ちがさきむら）	合併	都筑郡 中川村
昭和14年 4月 1日	都筑郡 中川村	編入	横浜市 (14) 港北区（こうほくく）

(445) 都筑郡 川和町（かわわまち）

年月日	旧名称	内容	新名称
江戸期又は江戸期以前			都筑郡 川和村
明治元年 9月21日		県設置	神奈川県
明治22年 3月31日	都筑郡 川和村 (446) 大熊村（おおくまむら） (447) 東方村（ひがしがたむら） (448) 川向村（かわむこうむら） (449) 折本村（おりもとむら） (450) 池辺村（いけのべむら） (451) 佐江戸村（さえどむら） (474) 本郷村（ほんごうむら）飛地	合併	都筑郡 都田村（つだむら）
昭和 9年 1月 1日	都筑郡 都田村	町制	都筑郡 川和町
昭和14年 4月 1日	都筑郡 川和町	編入	横浜市 (14) 港北区（こうほくく）

年月日	旧名称		内容	新名称	

(446) 都筑郡 大熊村（おおくまむら）

年月日	旧名称		内容	新名称	
江戸期又は江戸期以前				都筑郡	大熊村
明治元年 9月21日			県設置		神奈川県
明治22年 3月31日	都筑郡	大熊村	合併	都筑郡	(445) 都田村（つだむら）

(447) 都筑郡 東方村（ひがしがたむら）

年月日	旧名称		内容	新名称	
江戸期又は江戸期以前				都筑郡	東方村
明治元年 9月21日			県設置		神奈川県
明治22年 3月31日	都筑郡	東方村	合併	都筑郡	(445) 都田村（つだむら）

(448) 都筑郡 川向村（かわむこうむら）

年月日	旧名称		内容	新名称	
江戸期又は江戸期以前				都筑郡	川向村
明治元年 9月21日			県設置		神奈川県
明治22年 3月31日	都筑郡	川向村	合併	都筑郡	(445) 都田村（つだむら）

(449) 都筑郡 折本村（おりもとむら）

年月日	旧名称		内容	新名称	
江戸期又は江戸期以前				都筑郡	折本村
明治元年 9月21日			県設置		神奈川県
明治22年 3月31日	都筑郡	折本村	合併	都筑郡	(445) 都田村（つだむら）

(450) 都筑郡 池辺村（いけのべむら）

年月日	旧名称		内容	新名称	
江戸期又は江戸期以前				都筑郡	池辺村
明治元年 9月21日			県設置		神奈川県
明治22年 3月31日	都筑郡	池辺村	合併	都筑郡	(445) 都田村（つだむら）

(451) 都筑郡 佐江戸村（さえどむら）

年月日	旧名称		内容	新名称	
江戸期又は江戸期以前				都筑郡	佐江戸村
明治元年 9月21日			県設置		神奈川県
明治22年 3月31日	都筑郡	佐江戸村	合併	都筑郡	(445) 都田村（つだむら）

(452) 都筑郡 茌田村（えだむら）

年月日	旧名称		内容	新名称	
江戸期又は江戸期以前				都筑郡	茌田村
明治元年 9月21日			県設置		神奈川県

年月日		旧名称	内容		新名称
明治22年 3月31日	都筑郡	荏田村	合併	都筑郡	(454) 山内村（やまうちむら）

(453) 都筑郡 石川村（いしかわむら）

年月日		旧名称	内容		新名称
江戸期又は江戸期以前				都筑郡	石川村
明治元年 9月21日			県設置		神奈川県
明治22年 3月31日	都筑郡	石川村	合併	都筑郡	(454) 山内村（やまうちむら）

(454) 都筑郡 山内村（やまうちむら）

年月日		旧名称	内容		新名称
明治22年 3月31日	都筑郡	(452) 荏田村（えだむら）	合併	都筑郡	山内村
		(453) 石川村（いしかわむら）			
		(498) 黒須田村飛地（くろすだむら）			
昭和14年 4月 1日	都筑郡	山内村	編入	横浜市	(14) 港北区（こうほくく）

(455) 都筑郡 二俣川村（ふたまたがわむら）

年月日		旧名称	内容		新名称
江戸期又は江戸期以前				都筑郡	二俣川村
明治元年 9月21日			県設置		神奈川県
明治初期	都筑郡	(456) 岡津新田（おかつしんでん）	編入	都筑郡	二俣川村
明治10年頃	都筑郡	(457) 本宿新田（ほんじゅくしんでん）	編入	都筑郡	二俣川村
		(458) 密経新田（みっきょうしんでん）	編入	都筑郡	二俣川村
明治22年 3月31日	都筑郡	二俣川村	合併	都筑郡	二俣川村
		(459) 三反田村（さんたんだむら）			
		(460) 小高新田（おたかしんでん）			
		(461) 市野沢村（いちのさわむら）			
		(462) 今井村（いまいむら）			
昭和14年 4月 1日	都筑郡	二俣川村	編入	横浜市	(10) 保土ヶ谷区（ほどがやく）

(456) 都筑郡 岡津新田（おかつしんでん）

年月日		旧名称	内容		新名称
天保10年			成立	都筑郡	岡津新田
明治元年 9月21日			県設置		神奈川県
明治初期	都筑郡	岡津新田	編入	都筑郡	(455) 二俣川村（ふたまたがわむら）

(457) 都筑郡 本宿新田（ほんじゅくしんでん）

年月日		旧名称	内容		新名称
元禄 8年			成立	都筑郡	本宿新田

年月日	旧　名　称		内容	新　名　称		
明治元年 9月21日			県設置			神奈川県
明治10年頃	都筑郡	本宿新田	編入	都筑郡	(455)	二俣川村（ふたまたがわむら）

(458) 都筑郡 密経新田（みっきょうしんでん）

年月日	旧　名　称		内容	新　名　称		
元禄年間			成立	都筑郡		密経新田
明治元年 9月21日			県設置			神奈川県
明治10年頃	都筑郡	密経新田	編入	都筑郡	(455)	二俣川村（ふたまたがわむら）

(459) 都筑郡 三反田村（さんたんだむら）

年月日	旧　名　称		内容	新　名　称		
江戸期又は江戸期以前				都筑郡		三反田村
明治元年 9月21日			県設置			神奈川県
明治22年 3月31日	都筑郡	三反田村	合併	都筑郡	(455)	二俣川村（ふたまたがわむら）

(460) 都筑郡 小高新田（おたかしんでん）

年月日	旧　名　称		内容	新　名　称		
貞享 4年			成立	都筑郡		小高新田
明治元年 9月21日			県設置			神奈川県
明治22年 3月31日	都筑郡	小高新田	合併	都筑郡	(455)	二俣川村（ふたまたがわむら）

(461) 都筑郡 市野沢村（いちのさわむら）

年月日	旧　名　称		内容	新　名　称		
江戸期又は江戸期以前				都筑郡		市野沢村
明治元年 9月21日			県設置			神奈川県
明治22年 3月31日	都筑郡	市野沢村	合併	都筑郡	(455)	二俣川村（ふたまたがわむら）

(462) 都筑郡 今井村（いまいむら）

年月日	旧　名　称		内容	新　名　称		
江戸期又は江戸期以前				都筑郡		今井村
明治元年 9月21日			県設置			神奈川県
明治22年 3月31日	都筑郡	今井村	合併	都筑郡	(455)	二俣川村（ふたまたがわむら）

(463) 都筑郡 今宿村（いまじゅくむら）

年月日	旧　名　称		内容	新　名　称		
江戸期又は江戸期以前				都筑郡		今宿村
明治元年 9月21日			県設置			神奈川県
明治10年頃	都筑郡	(464) 鶴ヶ峰新田（つるがみねしんでん）	編入	都筑郡		今宿村
明治22年 3月31日	都筑郡	今宿村	合併	都筑郡	(472)	都岡村（つおかむら）

年月日	旧名称			内容	新名称		

(464) 都筑郡 鶴ヶ峰新田（つるがみねしんでん）

年月日	郡	番号	旧名称	内容	郡	番号	新名称
貞享 4年				成立	都筑郡		鶴ヶ峰新田
明治元年 9月21日				県設置			神奈川県
明治10年頃	都筑郡		鶴ヶ峰新田	編入	都筑郡	(463)	今宿村（いまじゅくむら）

(465) 都筑郡 川井村（かわいむら）

年月日	郡	番号	旧名称	内容	郡	番号	新名称
江戸期又は江戸期以前					都筑郡		川井村
寛永年間	都筑郡		川井村の一部	分立	都筑郡	(466)	下川井村（しもかわいむら）
			川井村の一部	分立	都筑郡	(467)	上川井村（かみかわいむら）
明治元年 9月21日				県設置			神奈川県
明治 8年11月 9日	都筑郡		川井村の一部	編入	都筑郡	(467)	上川井村
明治22年 3月31日	都筑郡		川井村	合併	都筑郡	(472)	都岡村（つおかむら）

(466) 都筑郡 下川井村（しもかわいむら）

年月日	郡	番号	旧名称	内容	郡	番号	新名称
寛永年間	都筑郡	(465)	川井村（かわいむら）の一部	分立	都筑郡		下川井村
明治元年 9月21日				県設置			神奈川県
明治22年 3月31日	都筑郡		下川井村	合併	都筑郡	(472)	都岡村（つおかむら）

(467) 都筑郡 上川井村（かみかわいむら）

年月日	郡	番号	旧名称	内容	郡	番号	新名称
寛永年間	都筑郡	(465)	川井村（かわいむら）の一部	分立	都筑郡		上川井村
明治元年 9月21日				県設置			神奈川県
明治 8年11月 9日	都筑郡	(465)	川井村の一部	編入	都筑郡		上川井村
		(471)	坂倉新田（さかくらしんでん）	編入	都筑郡		上川井村
明治22年 3月31日	都筑郡		上川井村	合併	都筑郡	(472)	都岡村（つおかむら）

(468) 都筑郡 白根村（しらねむら）

年月日	郡	番号	旧名称	内容	郡	番号	新名称
江戸期又は江戸期以前					都筑郡		白根村
江戸初期	都筑郡		白根村の一部	分立	都筑郡	(469)	上白根村（かみしらねむら）
			白根村の一部（白根村消滅）	分立	都筑郡	(470)	下白根村（しもしらねむら）

(469) 都筑郡 上白根村（かみしらねむら）

年月日	郡	番号	旧名称	内容	郡	番号	新名称
江戸初期	都筑郡	(468)	白根村（しらねむら）の一部	分立	都筑郡		上白根村

年月日		旧名称	内容		新名称
明治元年 9月21日			県設置		神奈川県
明治22年 3月31日	都筑郡	上白根村	合併	都筑郡	(472) 都岡村(つおかむら)

(470) 都筑郡 下白根村(しもしらねむら)

年月日		旧名称	内容		新名称
江戸初期	都筑郡	(468) 白根村(しらねむら)の一部	分立	都筑郡	下白根村
明治元年 9月21日			県設置		神奈川県
明治22年 3月31日	都筑郡	下白根村	合併	都筑郡	(472) 都岡村(つおかむら)

(471) 都筑郡 坂倉新田(さかくらしんでん)

年月日		旧名称	内容		新名称
江戸期又は江戸期以前				都筑郡	坂倉新田
明治元年 9月21日			県設置		神奈川県
明治 8年11月 9日	都筑郡	坂倉新田	編入	都筑郡	(467) 上川井村(かみかわいむら)

(472) 都筑郡 都岡村(つおかむら)

年月日		旧名称	内容		新名称
明治22年 3月31日	都筑郡	(463) 今宿村(いまじゅくむら) (465) 川井村(かわいむら) (466) 下川井村(しもかわいむら) (467) 上川井村(かみかわいむら) (469) 上白根村(かみしらねむら) (470) 下白根村(しもしらねむら)	合併	都筑郡	都岡村
昭和14年 4月 1日	都筑郡	都岡村	編入	横浜市	(10) 保土ケ谷区(ほどがやく)

(473) 都筑郡 鴨居村(かもいむら)

年月日		旧名称	内容		新名称
江戸期又は江戸期以前				都筑郡	鴨居村
明治元年 9月21日			県設置		神奈川県
明治22年 3月31日	都筑郡	鴨居村	合併	都筑郡	(486) 新治村(にいはるむら)

(474) 都筑郡 本郷村(ほんごうむら)

年月日		旧名称	内容		新名称
江戸期又は江戸期以前				都筑郡	本郷村
明治元年 9月21日			県設置		神奈川県
明治22年 3月31日	都筑郡	本郷村飛地	合併	都筑郡	(445) 都田村(つだむら)
		本郷村	合併	都筑郡	(486) 新治村(にいはるむら)

年月日	旧	名称	内容		新	名称

(475) 都筑郡 上菅田村（かみすげだむら）

年月日	旧	名称	内容		新	名称
江戸期又は江戸期以前				都筑郡		上菅田村
明治元年 9月21日			県設置			神奈川県
明治22年 3月31日	都筑郡	上菅田村	合併	都筑郡	(486)	新治村（にいはるむら）

(476) 都筑郡 新井新田（あらいしんでん）

年月日	旧	名称	内容		新	名称
宝暦年間			成立	都筑郡		新井新田
明治元年 9月21日			県設置			神奈川県
明治22年 3月31日	都筑郡	新井新田	合併	都筑郡	(486)	新治村（にいはるむら）

(477) 都筑郡 中山村（なかやまむら）

年月日	旧	名称	内容		新	名称
江戸期又は江戸期以前				都筑郡		中山村
明治元年 9月21日			県設置			神奈川県
明治22年 3月31日	都筑郡	中山村	合併	都筑郡	(486)	新治村（にいはるむら）

(478) 都筑郡 榎下村（えのしたむら）

年月日	旧	名称	内容		新	名称
江戸期又は江戸期以前				都筑郡		榎下村
明治元年 9月21日			県設置			神奈川県
明治22年 3月31日	都筑郡	榎下村	合併	都筑郡	(486)	新治村（にいはるむら）

(479) 都筑郡 久保村（くぼむら）

年月日	旧	名称	内容		新	名称
江戸期又は江戸期以前				都筑郡		久保村
明治元年 9月21日			県設置			神奈川県
明治22年 3月31日	都筑郡	久保村	合併	都筑郡	(486)	新治村（にいはるむら）

(480) 都筑郡 寺山村（てらやまむら）

年月日	旧	名称	内容		新	名称
江戸期又は江戸期以前				都筑郡		寺山村
明治元年 9月21日			県設置			神奈川県
明治22年 3月31日	都筑郡	寺山村	合併	都筑郡	(486)	新治村（にいはるむら）

(481) 都筑郡 台村（だいむら）

年月日	旧	名称	内容		新	名称
江戸期又は江戸期以前				都筑郡		台村
明治元年 9月21日			県設置			神奈川県

年月日		旧　名　称	内容		新　名　称
明治22年 3月31日	都筑郡	台村	合併	都筑郡	(486) 新治村（にいはるむら）

(482) 都筑郡 猿山村（さるやまむら）

年月日		旧　名　称	内容		新　名　称
江戸期又は江戸期以前				都筑郡	猿山村
明治初期	都筑郡	猿山村の一部	分立	都筑郡	(483) 上猿山村（かみさるやまむら）
		猿山村の一部（猿山村消滅）	分立	都筑郡	(484) 下猿山村（しもさるやまむら）

(483) 都筑郡 上猿山村（かみさるやまむら）

年月日		旧　名　称	内容		新　名　称
明治初期	都筑郡	(482) 猿山村（さるやまむら）の一部	分立	都筑郡	上猿山村
明治元年 9月21日			県設置		神奈川県
明治22年 3月31日	都筑郡	上猿山村	合併	都筑郡	(486) 新治村（にいはるむら）

(484) 都筑郡 下猿山村（しもさるやまむら）

年月日		旧　名　称	内容		新　名　称
明治初期	都筑郡	(482) 猿山村（さるやまむら）の一部	分立	都筑郡	下猿山村
明治元年 9月21日			県設置		神奈川県
明治22年 3月31日	都筑郡	下猿山村	合併	都筑郡	(486) 新治村（にいはるむら）

(485) 都筑郡 十日市場村（とおかいちばむら）

年月日		旧　名　称	内容		新　名　称
江戸期又は江戸期以前				都筑郡	十日市場村
明治元年 9月21日			県設置		神奈川県
明治22年 3月31日	都筑郡	十日市場村	合併	都筑郡	(486) 新治村（にいはるむら）

(486) 都筑郡 新治村（にいはるむら）

年月日		旧　名　称	内容		新　名　称
明治22年 3月31日	都筑郡	(473) 鴨居村（かもいむら） (474) 本郷村（ほんごうむら） (475) 上菅田村（かみすげだむら） (476) 新井新田（あらいしんでん） (477) 中山村（なかやまむら） (478) 榎下村（えのしたむら） (479) 久保村（くぼむら） (480) 寺山村（てらやまむら） (481) 台村（だいむら） (483) 上猿山村（かみさるやまむら） (484) 下猿山村（しもさるやまむら）	合併	都筑郡	新治村

年月日		旧　名　称	内容		新　名　称
		(485) 十日市場村（とおかいちばむら）			
昭和14年 4月 1日	都筑郡	新治村	編入	横浜市	(14) 港北区（こうほくく）

(487) 都筑郡 小山村（こやまむら）

年月日		旧　名　称	内容		新　名　称
江戸期又は江戸期以前				都筑郡	小山村
明治元年 9月21日			県設置		神奈川県
明治22年 3月31日	都筑郡	小山村	合併	都筑郡	(503) 中里村（なかざとむら）

(488) 都筑郡 青砥村（あおとむら）

年月日		旧　名　称	内容		新　名　称
江戸期又は江戸期以前				都筑郡	青砥村
明治元年 9月21日			県設置		神奈川県
明治22年 3月31日	都筑郡	青砥村	合併	都筑郡	(503) 中里村（なかざとむら）

(489) 都筑郡 北八朔村（きたはっさくむら）

年月日		旧　名　称	内容		新　名　称
江戸期又は江戸期以前				都筑郡	北八朔村
明治元年 9月21日			県設置		神奈川県
明治22年 3月31日	都筑郡	北八朔村	合併	都筑郡	(503) 中里村（なかざとむら）

(490) 都筑郡 西八朔村（にしはっさくむら）

年月日		旧　名　称	内容		新　名　称
江戸期又は江戸期以前				都筑郡	西八朔村
明治元年 9月21日			県設置		神奈川県
明治22年 3月31日	都筑郡	西八朔村	合併	都筑郡	(503) 中里村（なかざとむら）

(491) 都筑郡 下谷本村（しもやもとむら）

年月日		旧　名　称	内容		新　名　称
江戸期又は江戸期以前				都筑郡	下谷本村
明治元年 9月21日			県設置		神奈川県
明治22年 3月31日	都筑郡	下谷本村	合併	都筑郡	(503) 中里村（なかざとむら）

(492) 都筑郡 上谷本村（かみやもとむら）

年月日		旧　名　称	内容		新　名　称
江戸期又は江戸期以前				都筑郡	上谷本村
明治元年 9月21日			県設置		神奈川県
明治22年 3月31日	都筑郡	上谷本村	合併	都筑郡	(503) 中里村（なかざとむら）

年月日			旧名称	内容			新名称

(493) 都筑郡 成合村（なりあいむら）

年月日			旧名称	内容			新名称
江戸期又は江戸期以前					都筑郡		成合村
明治元年 9月21日				県設置			神奈川県
明治22年 3月31日	都筑郡		成合村	合併	都筑郡	(503)	中里村（なかざとむら）

(494) 都筑郡 鉄村（くろがねむら）

年月日			旧名称	内容			新名称
江戸期又は江戸期以前					都筑郡		鉄村
江戸初期	都筑郡		鉄村の一部	分立	都筑郡	(495)	上鉄村（かみくろがねむら）
			鉄村の一部	分立	都筑郡	(496)	中鉄村（なかくろがねむら）
			鉄村の一部（鉄村消滅）	分立	都筑郡	(497)	下鉄村（しもくろがねむら）
明治初期	都筑郡	(495)	上鉄村	合併	都筑郡		鉄村
		(496)	中鉄村				
		(497)	下鉄村				
明治元年 9月21日				県設置			神奈川県
明治22年 3月31日	都筑郡		鉄村	合併	都筑郡	(503)	中里村（なかざとむら）

(495) 都筑郡 上鉄村（かみくろがねむら）

年月日			旧名称	内容			新名称
江戸初期	都筑郡	(494)	鉄村（くろがねむら）の一部	分立	都筑郡		上鉄村
明治初期	都筑郡		上鉄村	合併	都筑郡	(494)	鉄村

(496) 都筑郡 中鉄村（なかくろがねむら）

年月日			旧名称	内容			新名称
江戸初期	都筑郡	(494)	鉄村（くろがねむら）の一部	分立	都筑郡		中鉄村
明治初期	都筑郡		中鉄村	合併	都筑郡	(494)	鉄村

(497) 都筑郡 下鉄村（しもくろがねむら）

年月日			旧名称	内容			新名称
江戸初期	都筑郡	(494)	鉄村（くろがねむら）の一部	分立	都筑郡		下鉄村
明治初期	都筑郡		下鉄村	合併	都筑郡	(494)	鉄村

(498) 都筑郡 黒須田村（くろすだむら）

年月日			旧名称	内容			新名称
江戸期又は江戸期以前					都筑郡		黒須田村
明治元年 9月21日				県設置			神奈川県
明治22年 3月31日	都筑郡		黒須田村飛地	合併	都筑郡	(454)	山内村（やまうちむら）

年月日		旧名称	内容		新名称
		黒須田村	合併	都筑郡	(503) 中里村（なかざとむら）

(499) 都筑郡 大場村（おおばむら）

年月日		旧名称	内容		新名称
江戸期又は江戸期以前				都筑郡	大場村
明治元年 9月21日			県設置		神奈川県
明治22年 3月31日	都筑郡	大場村	合併	都筑郡	(503) 中里村（なかざとむら）

(500) 都筑郡 市ヶ尾村（いちがおむら）

年月日		旧名称	内容		新名称
江戸期又は江戸期以前				都筑郡	市ヶ尾村
明治元年 9月21日			県設置		神奈川県
明治22年 3月31日	都筑郡	市ヶ尾村	合併	都筑郡	(503) 中里村（なかざとむら）

(501) 都筑郡 寺家村（じけむら）

年月日		旧名称	内容		新名称
江戸期又は江戸期以前				都筑郡	寺家村
明治元年 9月21日			県設置		神奈川県
明治22年 3月31日	都筑郡	寺家村	合併	都筑郡	(503) 中里村（なかざとむら）

(502) 都筑郡 鴨志田村（かもしだむら）

年月日		旧名称	内容		新名称
江戸期又は江戸期以前				都筑郡	鴨志田村
明治元年 9月21日			県設置		神奈川県
明治22年 3月31日	都筑郡	鴨志田村	合併	都筑郡	(503) 中里村（なかざとむら）

(503) 都筑郡 中里村（なかざとむら）

年月日		旧名称	内容		新名称
明治22年 3月31日	都筑郡	(487) 小山村（こやまむら） (488) 青砥村（あおとむら） (489) 北八朔村（きたはっさくむら） (490) 西八朔村（にしはっさくむら） (491) 下谷本村（しもやもとむら） (492) 上谷本村（かみやもとむら） (493) 成合村（なりあいむら） (494) 鉄村（くろがねむら） (498) 黒須田村（くろすだむら） (499) 大場村（おおばむら） (500) 市ヶ尾村（いちがおむら）	合併	都筑郡	中里村

年月日		旧名称	内容		新名称
		(501) 寺家村（じけむら）			
		(502) 鴨志田村（かもしだむら）			
		(423) 下麻生村（しもあさおむら）飛地			
昭和14年 4月 1日	都筑郡	中里村	編入	横浜市	(14) 港北区（こうほくく）

(504) 都筑郡 長津田村（ながつだむら）

年月日		旧名称	内容		新名称
江戸期又は江戸期以前				都筑郡	長津田村
明治元年 9月21日			県設置		神奈川県
明治22年 3月31日	都筑郡	長津田村	合併	都筑郡	(507) 田奈村（たなむら）

(505) 都筑郡 恩田村（おんだむら）

年月日		旧名称	内容		新名称
江戸期又は江戸期以前				都筑郡	恩田村
明治元年 9月21日			県設置		神奈川県
明治22年 3月31日	都筑郡	恩田村	合併	都筑郡	(507) 田奈村（たなむら）

(506) 都筑郡 奈良村（ならむら）

年月日		旧名称	内容		新名称
江戸期又は江戸期以前				都筑郡	奈良村
明治元年 9月21日			県設置		神奈川県
明治22年 3月31日	都筑郡	奈良村	合併	都筑郡	(507) 田奈村（たなむら）

(507) 都筑郡 田奈村（たなむら）

年月日		旧名称	内容		新名称
明治22年 3月31日	都筑郡	(504) 長津田村（ながつだむら）	合併	都筑郡	田奈村
		(505) 恩田村（おんだむら）			
		(506) 奈良村（ならむら）			
昭和14年 4月 1日	都筑郡	田奈村	編入	横浜市	(14) 港北区（こうほくく）

(508) 三浦郡 菊名村（きくなむら）

年月日		旧名称	内容		新名称
江戸期又は江戸期以前				三浦郡	菊名村
明治元年 9月21日			県設置		神奈川県
明治22年 3月31日	三浦郡	菊名村	合併	三浦郡	(513) 南下浦村（みなみしたうらむら）

(509) 三浦郡 上宮田村（かみみやたむら）

年月日		旧名称	内容		新名称
江戸期又は江戸期以前				三浦郡	上宮田村
明治元年 9月21日			県設置		神奈川県

年月日		旧名称	内容			新名称
明治22年 3月31日	三浦郡	上宮田村	合併	三浦郡	(513)	南下浦村（みなみしたうらむら）

(510) 三浦郡 金田村（かねだむら）

年月日		旧名称	内容			新名称
江戸期又は江戸期以前				三浦郡		金田村
明治元年 9月21日			県設置			神奈川県
明治22年 3月31日	三浦郡	金田村	合併	三浦郡	(513)	南下浦村（みなみしたうらむら）

(511) 三浦郡 松輪村（まつわむら）

年月日		旧名称	内容			新名称
江戸期又は江戸期以前				三浦郡		松輪村
明治元年 9月21日			県設置			神奈川県
明治22年 3月31日	三浦郡	松輪村	合併	三浦郡	(513)	南下浦村（みなみしたうらむら）

(512) 三浦郡 毘沙門村（びしゃもんむら）

年月日		旧名称	内容			新名称
江戸期又は江戸期以前				三浦郡		毘沙門村
明治元年 9月21日			県設置			神奈川県
明治22年 3月31日	三浦郡	毘沙門村	合併	三浦郡	(513)	南下浦村（みなみしたうらむら）

(513) 三浦郡 南下浦町（みなみしたうらまち）

年月日		旧名称	内容			新名称
明治22年 3月31日	三浦郡	(508) 菊名村（きくなむら） (509) 上宮田村（かみみやたむら） (510) 金田村（かねだむら） (511) 松輪村（まつわむら） (512) 毘沙門村（びしゃもんむら）	合併	三浦郡		南下浦村
昭和15年 4月 1日	三浦郡	南下浦村	町制	三浦郡		南下浦町
昭和30年 1月 1日	三浦郡	南下浦町	合併		(543)	三浦市（みうらし）

(514) 三浦郡 三崎町（みさきまち）

年月日		旧名称	内容			新名称
江戸期又は江戸期以前				三浦郡		三崎町
延宝 4年	三浦郡	三崎町の一部	分立	三浦郡	(523)	三崎城村（みさきじょうむら）
		三崎町の一部	分立	三浦郡	(524)	城ヶ島村（じょうがしまむら）
		三崎町の一部	分立	三浦郡	(525)	仲町岡村（なかのちょうおかむら）
		三崎町の一部	分立	三浦郡	(526)	東岡村（ひがしおかむら）
		三崎町の一部	分立	三浦郡	(527)	向ヶ崎村（むこうがさきむら）
		三崎町の一部	分立	三浦郡	(528)	宮川村（みやがわむら）

年月日	旧 名 称	内容	新 名 称
	三崎町の一部	分立	三浦郡 (529) 二町谷村（ふたまちやむら）
	三崎町の一部	分立	三浦郡 (530) 原村（はらむら）
明治元年 9月21日		県設置	神奈川県
明治 8年 1月15日	三浦郡 (523) 三崎城村	編入	三浦郡 三崎町
明治12年11月28日	三浦郡 三崎町の一部	分立	三浦郡 (515) 三崎花暮町（みさきはなくれちょう）
	三崎町の一部	分立	三浦郡 (516) 三崎日ノ出町（みさきひのでちょう）
	三崎町の一部	分立	三浦郡 (517) 三崎入船町（みさきいりふねちょう）
	三崎町の一部	分立	三浦郡 (518) 三崎仲崎町（みさきなかざきちょう）
	三崎町の一部	分立	三浦郡 (519) 三崎海南町（みさきかいなんちょう）
	三崎町の一部	分立	三浦郡 (520) 三崎西野町（みさきにしのちょう）
	三崎町の一部	分立	三浦郡 (521) 三崎宮城町（みさきみやぎちょう）
	三崎町の一部（三崎町消滅）	分立	三浦郡 (522) 三崎西浜町（みさきにしはまちょう）
明治22年 3月31日	三浦郡 (515) 三崎花暮町 (516) 三崎日ノ出町 (517) 三崎入船町 (518) 三崎仲崎町 (519) 三崎海南町 (520) 三崎西野町 (521) 三崎宮城町 (522) 三崎西浜町 (524) 城ヶ島村 (531) 六合村（むつあいむら） (532) 諸磯村（もろいそむら） (533) 小網代村（こあじろむら）	合併	三浦郡 三崎町
昭和30年 1月 1日	三浦郡 三崎町	合併	(543) 三浦市（みうらし）

(515) 三浦郡 三崎花暮町（みさきはなくれちょう）

年月日	旧 名 称	内容	新 名 称
明治12年11月28日	三浦郡 (514) 三崎町（みさきまち）の一部	分立	三浦郡 三崎花暮町
明治22年 3月31日	三浦郡 三崎花暮町	合併	三浦郡 (514) 三崎町

(516) 三浦郡 三崎日ノ出町（みさきひのでちょう）

年月日	旧 名 称	内容	新 名 称
明治12年11月28日	三浦郡 (514) 三崎町（みさきまち）の一部	分立	三浦郡 三崎日ノ出町
明治22年 3月31日	三浦郡 三崎日ノ出町	合併	三浦郡 (514) 三崎町

年月日	旧名称	内容	新名称

(517) 三浦郡 三崎入船町（みさきいりふねちょう）

年月日	旧名称	内容	新名称
明治12年11月28日	三浦郡 (514) 三崎町（みさきまち）の一部	分立	三浦郡 三崎入船町
明治22年 3月31日	三浦郡 三崎入船町	合併	三浦郡 (514) 三崎町

(518) 三浦郡 三崎仲崎町（みさきなかざきちょう）

年月日	旧名称	内容	新名称
明治12年11月28日	三浦郡 (514) 三崎町（みさきまち）の一部	分立	三浦郡 三崎仲崎町
明治22年 3月31日	三浦郡 三崎仲崎町	合併	三浦郡 (514) 三崎町

(519) 三浦郡 三崎海南町（みさきかいなんちょう）

年月日	旧名称	内容	新名称
明治12年11月28日	三浦郡 (514) 三崎町（みさきまち）の一部	分立	三浦郡 三崎海南町
明治22年 3月31日	三浦郡 三崎海南町	合併	三浦郡 (514) 三崎町

(520) 三浦郡 三崎西野町（みさきにしのちょう）

年月日	旧名称	内容	新名称
明治12年11月28日	三浦郡 (514) 三崎町（みさきまち）の一部	分立	三浦郡 三崎西野町
明治22年 3月31日	三浦郡 三崎西野町	合併	三浦郡 (514) 三崎町

(521) 三浦郡 三崎宮城町（みさきみやぎちょう）

年月日	旧名称	内容	新名称
明治12年11月28日	三浦郡 (514) 三崎町（みさきまち）の一部	分立	三浦郡 三崎宮城町
明治22年 3月31日	三浦郡 三崎宮城町	合併	三浦郡 (514) 三崎町

(522) 三浦郡 三崎西浜町（みさきにしはまちょう）

年月日	旧名称	内容	新名称
明治12年11月28日	三浦郡 (514) 三崎町（みさきまち）の一部	分立	三浦郡 三崎西浜町
明治22年 3月31日	三浦郡 三崎西浜町	合併	三浦郡 (514) 三崎町

(523) 三浦郡 三崎城村（みさきじょうむら）

年月日	旧名称	内容	新名称
延宝 4年	三浦郡 (514) 三崎町（みさきまち）の一部	分立	三浦郡 三崎城村
明治元年 9月21日		県設置	神奈川県
明治 8年 1月15日	三浦郡 三崎城村	編入	三浦郡 (514) 三崎町

(524) 三浦郡 城ヶ島村（じょうがしまむら）

年月日	旧名称	内容	新名称
延宝 4年	三浦郡 (514) 三崎町（みさきまち）の一部	分立	三浦郡 城ヶ島村
明治元年 9月21日		県設置	神奈川県
明治22年 3月31日	三浦郡 城ヶ島村	合併	三浦郡 (514) 三崎町

年月日	旧名称		内容	新名称	

(525) 三浦郡 仲町岡村（なかのちょうおかむら）

年月日	旧名称		内容	新名称	
延宝 4年	三浦郡	(514) 三崎町（みさきまち）の一部	分立	三浦郡	仲町岡村
明治元年 9月21日			県設置		神奈川県
明治 8年 1月15日	三浦郡	仲町岡村	合併	三浦郡	(531) 六合村（むつあいむら）

(526) 三浦郡 東岡村（ひがしおかむら）

年月日	旧名称		内容	新名称	
延宝 4年	三浦郡	(514) 三崎町（みさきまち）の一部	分立	三浦郡	東岡村
明治元年 9月21日			県設置		神奈川県
明治 8年 1月15日	三浦郡	東岡村	合併	三浦郡	(531) 六合村（むつあいむら）

(527) 三浦郡 向ヶ崎村（むこうがさきむら）

年月日	旧名称		内容	新名称	
延宝 4年	三浦郡	(514) 三崎町（みさきまち）の一部	分立	三浦郡	向ヶ崎村
明治元年 9月21日			県設置		神奈川県
明治 8年 1月15日	三浦郡	向ヶ崎村	合併	三浦郡	(531) 六合村（むつあいむら）

(528) 三浦郡 宮川村（みやがわむら）

年月日	旧名称		内容	新名称	
延宝 4年	三浦郡	(514) 三崎町（みさきまち）の一部	分立	三浦郡	宮川村
明治元年 9月21日			県設置		神奈川県
明治 8年 1月15日	三浦郡	宮川村	合併	三浦郡	(531) 六合村（むつあいむら）

(529) 三浦郡 二町谷村（ふたまちやむら）

年月日	旧名称		内容	新名称	
延宝 4年	三浦郡	(514) 三崎町（みさきまち）の一部	分立	三浦郡	二町谷村
明治元年 9月21日			県設置		神奈川県
明治 8年 1月15日	三浦郡	二町谷村	合併	三浦郡	(531) 六合村（むつあいむら）

(530) 三浦郡 原村（はらむら）

年月日	旧名称		内容	新名称	
延宝 4年	三浦郡	(514) 三崎町（みさきまち）の一部	分立	三浦郡	原村
明治元年 9月21日			県設置		神奈川県
明治 8年 1月15日	三浦郡	原村	合併	三浦郡	(531) 六合村（むつあいむら）

(531) 三浦郡 六合村（むつあいむら）

年月日	旧名称		内容	新名称	
明治 8年 1月15日	三浦郡	(525) 仲町岡村（なかのちょうおかむら） (526) 東岡村（ひがしおかむら）	合併	三浦郡	六合村

年月日	旧名称	内容	新名称
	(527) 向ヶ崎村（むこうがさきむら）		
	(528) 宮川村（みやがわむら）		
	(529) 二町谷村（ふたまちやむら）		
	(530) 原村（はらむら）		
明治22年 3月31日	三浦郡 六合村	合併	三浦郡 (514) 三崎町（みさきまち）

(532) 三浦郡 諸磯村（もろいそむら）

年月日	旧名称	内容	新名称
江戸期又は江戸期以前			三浦郡 諸磯村
明治元年 9月21日		県設置	神奈川県
明治22年 3月31日	三浦郡 諸磯村	合併	三浦郡 (514) 三崎町（みさきまち）

(533) 三浦郡 小網代村（こあじろむら）

年月日	旧名称	内容	新名称
江戸期又は江戸期以前			三浦郡 小網代村
明治元年 9月21日		県設置	神奈川県
明治22年 3月31日	三浦郡 小網代村	合併	三浦郡 (514) 三崎町（みさきまち）

(534) 三浦郡 下宮田村（しもみやたむら）

年月日	旧名称	内容	新名称
江戸期又は江戸期以前			三浦郡 下宮田村
明治元年 9月21日		県設置	神奈川県
明治22年 3月31日	三浦郡 下宮田村	合併	三浦郡 (542) 初声村（はっせむら）

(535) 三浦郡 三戸村（みとむら）

年月日	旧名称	内容	新名称
江戸期又は江戸期以前			三浦郡 三戸村
明治元年 9月21日		県設置	神奈川県
明治22年 3月31日	三浦郡 三戸村	合併	三浦郡 (542) 初声村（はっせむら）

(536) 三浦郡 高円坊村（こうえんぼうむら）

年月日	旧名称	内容	新名称
江戸期又は江戸期以前			三浦郡 高円坊村
明治元年 9月21日		県設置	神奈川県
明治22年 3月31日	三浦郡 高円坊村	合併	三浦郡 (542) 初声村（はっせむら）

(537) 三浦郡 和田村（わだむら）

年月日	旧名称	内容	新名称
江戸期又は江戸期以前			三浦郡 和田村

年月日	旧名称	内容	新名称
慶安年間	三浦郡 和田村の一部	分立	三浦郡 (538) 赤羽根村（あかばねむら）
	和田村の一部	分立	三浦郡 (539) 竹ノ下村（たけのしたむら）
	和田村の一部（和田村消滅）	分立	三浦郡 (540) 本和田村（もとわだむら）
明治 8年11月 9日	三浦郡 (538) 赤羽根村	合併	三浦郡 和田村
	(539) 竹ノ下村		
	(540) 本和田村		
明治22年 3月31日	三浦郡 和田村	合併	三浦郡 (542) 初声村（はっせむら）

(538) 三浦郡 赤羽根村（あかばねむら）

年月日	旧名称	内容	新名称
慶安年間	三浦郡 (537) 和田村（わだむら）の一部	分立	三浦郡 赤羽根村
明治元年 9月21日		県設置	神奈川県
明治 8年11月 9日	三浦郡 赤羽根村	合併	三浦郡 (537) 和田村

(539) 三浦郡 竹ノ下村（たけのしたむら）

年月日	旧名称	内容	新名称
慶安年間	三浦郡 (537) 和田村（わだむら）の一部	分立	三浦郡 竹ノ下村
明治元年 9月21日		県設置	神奈川県
明治 8年11月 9日	三浦郡 竹ノ下村	合併	三浦郡 (537) 和田村

(540) 三浦郡 本和田村（もとわだむら）

年月日	旧名称	内容	新名称
慶安年間	三浦郡 (537) 和田村（わだむら）の一部	分立	三浦郡 本和田村
明治元年 9月21日		県設置	神奈川県
明治 8年11月 9日	三浦郡 本和田村	合併	三浦郡 (537) 和田村

(541) 三浦郡 入江新田（いりえしんでん）

年月日	旧名称	内容	新名称
元文 3年		成立	三浦郡 入江新田
明治元年 9月21日		県設置	神奈川県
明治22年 3月31日	三浦郡 入江新田	合併	三浦郡 (542) 初声村（はっせむら）

(542) 三浦郡 初声村（はっせむら）

年月日	旧名称	内容	新名称
明治22年 3月31日	三浦郡 (534) 下宮田村（しもみやたむら）	合併	三浦郡 初声村
	(535) 三戸村（みとむら）		
	(536) 高円坊村（こうえんぼうむら）		
	(537) 和田村（わだむら）		

年月日		旧名称	内容		新名称
		(541) 入江新田（いりえしんでん）			
昭和30年 1月 1日	三浦郡	初声村	合併		(543) 三浦市（みうらし）

(543) 三浦市（みうらし）

年月日		旧名称	内容		新名称
昭和30年 1月 1日	三浦郡	(513) 南下浦町（みなみしたうらまち）	合併		三浦市
		(514) 三崎町（みさきまち）			
		(542) 初声村（はっせむら）			

(544) 横須賀市（よこすかし）

年月日		旧名称	内容		新名称
江戸期又は江戸期以前				三浦郡	横須賀村
明治元年 9月21日			県設置		神奈川県
明治 9年 5月 1日	三浦郡	横須賀村の一部	分立	三浦郡	(545) 横須賀元町（よこすかもとまち）
		横須賀村の一部	分立	三浦郡	(546) 横須賀汐留町（よこすかしおどめちょう）
		横須賀村の一部	分立	三浦郡	(547) 横須賀汐留新道（よこすかしおどめしんみち）
		横須賀村の一部	分立	三浦郡	(548) 横須賀汐入町（よこすかしおいりちょう）
		横須賀村の一部	分立	三浦郡	(549) 横須賀湊町（よこすかみなとちょう）
		横須賀村の一部	分立	三浦郡	(550) 横須賀旭町（よこすかあさひまち）
		横須賀村の一部	分立	三浦郡	(551) 横須賀諏訪町（よこすかすわちょう）
		横須賀村の一部	分立	三浦郡	(552) 横須賀三王町（よこすかさんのうちょう）
		横須賀村の一部	分立	三浦郡	(553) 横須賀大滝町（よこすかおおたきちょう）
		横須賀村の一部	分立	三浦郡	(554) 横須賀若松町（よこすかわかまつちょう）
		横須賀村の一部	分立	三浦郡	(555) 横須賀稲岡町（よこすかいなおかちょう）
		横須賀村の一部	分立	三浦郡	(556) 横須賀楠ヶ浦町（よこすかくすがうらちょう）
		横須賀村の一部	分立	三浦郡	(557) 横須賀泊り町（よこすかとまりちょう）
		横須賀村の一部	分立	三浦郡	(558) 横須賀坂本町（よこすかさかもとちょう）
		横須賀村の一部（横須賀村消滅）	分立	三浦郡	(559) 横須賀谷町（よこすかたにまち）
明治22年 3月31日	三浦郡	(545) 横須賀元町	合併	三浦郡	横須賀町
		(546) 横須賀汐留町			
		(547) 横須賀汐留新道			
		(548) 横須賀汐入町			
		(549) 横須賀湊町			
		(550) 横須賀旭町			
		(551) 横須賀諏訪町			
		(552) 横須賀三王町			

年月日	旧名称	内容	新名称
	(553) 横須賀大滝町		
	(554) 横須賀若松町		
	(555) 横須賀稲岡町		
	(556) 横須賀楠ヶ浦町		
	(557) 横須賀泊り町		
	(558) 横須賀坂本町		
	(559) 横須賀谷町		
	(560) 横須賀小川町(よこすかおがわちょう)		
	(561) 逸見村(へみむら)		
明治39年12月15日	三浦郡 横須賀町	合併	三浦郡 横須賀町
	(568) 豊島町(としままち)		
明治40年 2月15日	三浦郡 横須賀町	市制	横須賀市
昭和 8年 2月15日	三浦郡 (569) 衣笠村(きぬかさむら)	編入	横須賀市
昭和 8年 4月 1日	三浦郡 (577) 田浦町(たうらまち)	編入	横須賀市
昭和12年 4月 1日	三浦郡 (586) 久里浜村(くりはまむら)	編入	横須賀市
昭和18年 4月 1日	三浦郡 (590) 北下浦村(きたしたうらむら)	編入	横須賀市
	(595) 武山村(たけやまむら)	編入	横須賀市
	(596) 長井町(ながいまち)	編入	横須賀市
	(602) 大楠町(おおぐすまち)	編入	横須賀市
	(603) 浦賀町(うらがまち)	編入	横須賀市
	(627) 逗子町(ずしまち)	編入	横須賀市
昭和25年 7月 1日	横須賀市の久木、小坪、山野根、新宿、逗子、桜山、池子、沼間	分立	三浦郡 (627) 逗子町

(545) 三浦郡 横須賀元町(よこすかもとまち)

年月日	旧名称	内容	新名称
明治 9年 5月 1日	三浦郡 (544) 横須賀村(よこすかむら)の一部	分立	三浦郡 横須賀元町
明治22年 3月31日	三浦郡 横須賀元町	合併	三浦郡 (544) 横須賀町

(546) 三浦郡 横須賀汐留町(よこすかしおどめちょう)

年月日	旧名称	内容	新名称
明治 9年 5月 1日	三浦郡 (544) 横須賀村(よこすかむら)の一部	分立	三浦郡 横須賀汐留町
明治22年 3月31日	三浦郡 横須賀汐留町	合併	三浦郡 (544) 横須賀町

年月日	旧名称	内容	新名称
(547) 三浦郡 横須賀汐留新道（よこすかしおどめしんみち）			
明治 9年 5月 1日	三浦郡 (544) 横須賀村（よこすかむら）の一部	分立	三浦郡 横須賀汐留新道
明治22年 3月31日	三浦郡 横須賀汐留新道	合併	三浦郡 (544) 横須賀町
(548) 三浦郡 横須賀汐入町（よこすかしおいりちょう）			
明治 9年 5月 1日	三浦郡 (544) 横須賀村（よこすかむら）の一部	分立	三浦郡 横須賀汐入町
明治22年 3月31日	三浦郡 横須賀汐入町	合併	三浦郡 (544) 横須賀町
(549) 三浦郡 横須賀湊町（よこすかみなとちょう）			
明治 9年 5月 1日	三浦郡 (544) 横須賀村（よこすかむら）の一部	分立	三浦郡 横須賀湊町
明治22年 3月31日	三浦郡 横須賀湊町	合併	三浦郡 (544) 横須賀町
(550) 三浦郡 横須賀旭町（よこすかあさひまち）			
明治 9年 5月 1日	三浦郡 (544) 横須賀村（よこすかむら）の一部	分立	三浦郡 横須賀旭町
明治22年 3月31日	三浦郡 横須賀旭町	合併	三浦郡 (544) 横須賀町
(551) 三浦郡 横須賀諏訪町（よこすかすわちょう）			
明治 9年 5月 1日	三浦郡 (544) 横須賀村（よこすかむら）の一部	分立	三浦郡 横須賀諏訪町
明治22年 3月31日	三浦郡 横須賀諏訪町	合併	三浦郡 (544) 横須賀町
(552) 三浦郡 横須賀三王町（よこすかさんのうちょう）			
明治 9年 5月 1日	三浦郡 (544) 横須賀村（よこすかむら）の一部	分立	三浦郡 横須賀三王町
明治22年 3月31日	三浦郡 横須賀三王町	合併	三浦郡 (544) 横須賀町
(553) 三浦郡 横須賀大滝町（よこすかおおたきちょう）			
明治 9年 5月 1日	三浦郡 (544) 横須賀村（よこすかむら）の一部	分立	三浦郡 横須賀大滝町
明治22年 3月31日	三浦郡 横須賀大滝町	合併	三浦郡 (544) 横須賀町
(554) 三浦郡 横須賀若松町（よこすかわかまつちょう）			
明治 9年 5月 1日	三浦郡 (544) 横須賀村（よこすかむら）の一部	分立	三浦郡 横須賀若松町
明治22年 3月31日	三浦郡 横須賀若松町	合併	三浦郡 (544) 横須賀町
(555) 三浦郡 横須賀稲岡町（よこすかいなおかちょう）			
明治 9年 5月 1日	三浦郡 (544) 横須賀村（よこすかむら）の一部	分立	三浦郡 横須賀稲岡町

年月日	旧名称	内容	新名称
明治22年 3月31日	三浦郡 横須賀稲岡町	合併	三浦郡 (544) 横須賀町

(556) 三浦郡 横須賀楠ヶ浦町（よこすかくすがうらちょう）

年月日	旧名称	内容	新名称
明治 9年 5月 1日	三浦郡 (544) 横須賀村（よこすかむら）の一部	分立	三浦郡 横須賀楠ヶ浦町
明治22年 3月31日	三浦郡 横須賀楠ヶ浦町	合併	三浦郡 (544) 横須賀町

(557) 三浦郡 横須賀泊り町（よこすかとまりちょう）

年月日	旧名称	内容	新名称
明治 9年 5月 1日	三浦郡 (544) 横須賀村（よこすかむら）の一部	分立	三浦郡 横須賀泊り町
明治22年 3月31日	三浦郡 横須賀泊り町	合併	三浦郡 (544) 横須賀町

(558) 三浦郡 横須賀坂本町（よこすかさかもとちょう）

年月日	旧名称	内容	新名称
明治 9年 5月 1日	三浦郡 (544) 横須賀村（よこすかむら）の一部	分立	三浦郡 横須賀坂本町
明治22年 3月31日	三浦郡 横須賀坂本町	合併	三浦郡 (544) 横須賀町

(559) 三浦郡 横須賀谷町（よこすかたにまち）

年月日	旧名称	内容	新名称
明治 9年 5月 1日	三浦郡 (544) 横須賀村（よこすかむら）の一部	分立	三浦郡 横須賀谷町
明治22年 3月31日	三浦郡 横須賀谷町	合併	三浦郡 (544) 横須賀町

(560) 三浦郡 横須賀小川町（よこすかおがわちょう）

年月日	旧名称	内容	新名称
明治15年 5月 1日		成立	三浦郡 横須賀小川町
明治22年 3月31日	三浦郡 横須賀小川町	合併	三浦郡 (544) 横須賀町（よこすかまち）

(561) 三浦郡 逸見村（へみむら）

年月日	旧名称	内容	新名称
江戸期又は江戸期以前			三浦郡 逸見村
明治元年 9月21日		県設置	神奈川県
明治22年 3月31日	三浦郡 逸見村	合併	三浦郡 (544) 横須賀町（よこすかまち）

(562) 三浦郡 公郷村（くごうむら）

年月日	旧名称	内容	新名称
江戸期又は江戸期以前			三浦郡 公郷村
江戸初期	三浦郡 公郷村の一部	分立	三浦郡 (563) 深田村（ふかだむら）
	公郷村の一部	分立	三浦郡 (564) 中里村（なかざとむら）
	公郷村の一部	分立	三浦郡 (565) 佐野村（さのむら）
	公郷村の一部	分立	三浦郡 (566) 金谷村（かなやむら）
明治元年 9月21日		県設置	神奈川県

年月日		旧名称	内容		新名称
明治22年 3月31日	三浦郡	公郷村	合併	三浦郡	(568) 豊島村(としまむら)
		公郷村飛地	合併	三浦郡	(603) 浦賀町(うらがまち)

(563) 三浦郡 深田村(ふかだむら)

年月日		旧名称	内容		新名称
江戸初期	三浦郡	(562) 公郷村(くごうむら)の一部	分立	三浦郡	深田村
明治元年 9月21日			県設置		神奈川県
明治22年 3月31日	三浦郡	深田村	合併	三浦郡	(568) 豊島村(としまむら)

(564) 三浦郡 中里村(なかざとむら)

年月日		旧名称	内容		新名称
江戸初期	三浦郡	(562) 公郷村(くごうむら)の一部	分立	三浦郡	中里村
明治元年 9月21日			県設置		神奈川県
明治22年 3月31日	三浦郡	中里村	合併	三浦郡	(568) 豊島村(としまむら)

(565) 三浦郡 佐野村(さのむら)

年月日		旧名称	内容		新名称
江戸初期	三浦郡	(562) 公郷村(くごうむら)の一部	分立	三浦郡	佐野村
明治元年 9月21日			県設置		神奈川県
明治22年 3月31日	三浦郡	佐野村	合併	三浦郡	(568) 豊島村(としまむら)
		佐野村飛地	合併	三浦郡	(569) 衣笠村(きぬかさむら)

(566) 三浦郡 金谷村(かなやむら)

年月日		旧名称	内容		新名称
江戸初期	三浦郡	(562) 公郷村(くごうむら)の一部	分立	三浦郡	金谷村
明治元年 9月21日			県設置		神奈川県
明治22年 3月31日	三浦郡	金谷村	合併	三浦郡	(569) 衣笠村(きぬかさむら)

(567) 三浦郡 不入斗村(いりやまずむら)

年月日		旧名称	内容		新名称
江戸期又は江戸期以前				三浦郡	不入斗村
明治元年 9月21日			県設置		神奈川県
明治22年 3月31日	三浦郡	不入斗村	合併	三浦郡	(568) 豊島村(としまむら)
		不入斗村飛地	合併	三浦郡	(569) 衣笠村(きぬかさむら)

(568) 三浦郡 豊島町(としままち)

年月日		旧名称	内容		新名称
明治22年 3月31日	三浦郡	(562) 公郷村(くごうむら) (563) 深田村(ふかだむら) (564) 中里村(なかざとむら)	合併	三浦郡	豊島村

年月日		旧名称	内容		新名称
		(565) 佐野村（さのむら）			
		(567) 不入斗村（いりやまずむら）			
明治36年10月 1日	三浦郡	豊島村	町制	三浦郡	豊島町
明治39年12月15日	三浦郡	豊島町	合併	三浦郡	(544) 横須賀町（よこすかまち）

(569) 三浦郡 衣笠村（きぬかさむら）

年月日		旧名称	内容		新名称
江戸期又は江戸期以前				三浦郡	衣笠村
明治元年 9月21日			県設置		神奈川県
明治22年 3月31日	三浦郡	(566) 金谷村（かなやむら）	合併	三浦郡	衣笠村
		衣笠村			
		(570) 小矢部村（こやべむら）			
		(571) 大矢部村（おおやべむら）			
		(572) 森崎村（もりさきむら）			
		(573) 平作村（ひらさくむら）			
		(565) 佐野村飛地（さのむら）			
		(567) 不入斗村飛地（いりやまずむら）			
昭和 8年 2月15日	三浦郡	衣笠村	編入		(544) 横須賀市（よこすかし）

(570) 三浦郡 小矢部村（こやべむら）

年月日		旧名称	内容		新名称
江戸期又は江戸期以前				三浦郡	小矢部村
明治元年 9月21日			県設置		神奈川県
明治22年 3月31日	三浦郡	小矢部村	合併	三浦郡	(569) 衣笠村（きぬかさむら）

(571) 三浦郡 大矢部村（おおやべむら）

年月日		旧名称	内容		新名称
江戸期又は江戸期以前				三浦郡	大矢部村
明治元年 9月21日			県設置		神奈川県
明治22年 3月31日	三浦郡	大矢部村	合併	三浦郡	(569) 衣笠村（きぬかさむら）

(572) 三浦郡 森崎村（もりさきむら）

年月日		旧名称	内容		新名称
江戸期又は江戸期以前				三浦郡	森崎村
明治元年 9月21日			県設置		神奈川県
明治22年 3月31日	三浦郡	森崎村	合併	三浦郡	(569) 衣笠村（きぬかさむら）

年月日		旧名称	内容		新名称

(573) 三浦郡 平作村（ひらさくむら）

年月日		旧名称	内容		新名称
江戸期又は江戸期以前				三浦郡	平作村
延宝年間	三浦郡	平作村の一部	分立	三浦郡	(574) 上平作村（かみひらさくむら）
		平作村の一部（平作村消滅）	分立	三浦郡	(575) 下平作村（しもひらさくむら）
明治 8年11月 9日	三浦郡	(574) 上平作村	合併	三浦郡	平作村
		(575) 下平作村			
		(576) 池上村（いけがみむら）			
明治22年 3月31日	三浦郡	平作村	合併	三浦郡	(569) 衣笠村（きぬかさむら）

(574) 三浦郡 上平作村（かみひらさくむら）

年月日		旧名称	内容		新名称
延宝年間	三浦郡	(573) 平作村（ひらさくむら）の一部	分立	三浦郡	上平作村
明治元年 9月21日			県設置		神奈川県
明治 8年11月 9日	三浦郡	上平作村	合併	三浦郡	(573) 平作村

(575) 三浦郡 下平作村（しもひらさくむら）

年月日		旧名称	内容		新名称
延宝年間	三浦郡	(573) 平作村（ひらさくむら）の一部	分立	三浦郡	下平作村
明治元年 9月21日			県設置		神奈川県
明治 8年11月 9日	三浦郡	下平作村	合併	三浦郡	(573) 平作村

(576) 三浦郡 池上村（いけがみむら）

年月日		旧名称	内容		新名称
江戸期又は江戸期以前				三浦郡	池上村
明治元年 9月21日			県設置		神奈川県
明治 8年11月 9日	三浦郡	池上村	合併	三浦郡	(573) 平作村（ひらさくむら）

(577) 三浦郡 田浦町（たうらまち）

年月日		旧名称	内容		新名称
江戸期又は江戸期以前				三浦郡	浦郷村（うらのごうむら）
明治元年 9月21日			県設置		神奈川県
明治22年 3月31日	三浦郡	浦郷村	合併	三浦郡	浦郷村
		(578) 船越新田（ふなこししんでん）			
		(579) 田浦村			
		(580) 長浦村（ながうらむら）			
大正 3年 6月 1日	三浦郡	浦郷村	町制	三浦郡	田浦町

年月日		旧名称	内容			新名称
昭和 8年 4月 1日	三浦郡	田浦町	編入		(544)	横須賀市（よこすかし）

(578) 三浦郡 船越新田（ふなこししんでん）

年月日		旧名称	内容			新名称
宝永年間			成立	三浦郡		船越新田
明治元年 9月21日			県設置			神奈川県
明治22年 3月31日	三浦郡	船越新田	合併	三浦郡	(577)	浦郷村（うらのごうむら）

(579) 三浦郡 田浦村（たうらむら）

年月日		旧名称	内容			新名称
江戸期又は江戸期以前				三浦郡		田浦村
明治元年 9月21日			県設置			神奈川県
明治22年 3月31日	三浦郡	田浦村	合併	三浦郡	(577)	浦郷村（うらのごうむら）

(580) 三浦郡 長浦村（ながうらむら）

年月日		旧名称	内容			新名称
江戸期又は江戸期以前				三浦郡		長浦村
明治元年 9月21日			県設置			神奈川県
明治22年 3月31日	三浦郡	長浦村	合併	三浦郡	(577)	浦郷村（うらのごうむら）

(581) 三浦郡 佐原村（さはらむら）

年月日		旧名称	内容			新名称
江戸期又は江戸期以前				三浦郡		佐原村
明治元年 9月21日			県設置			神奈川県
明治22年 3月31日	三浦郡	佐原村	合併	三浦郡	(586)	久里浜村（くりはまむら）

(582) 三浦郡 内川新田（うちかわしんでん）

年月日		旧名称	内容			新名称
寛文年間			成立	三浦郡		内川砂村新田（うちかわすなむらしんでん）
延宝年間	三浦郡	内川砂村新田	改称	三浦郡		内川新田
明治元年 9月21日			県設置			神奈川県
明治22年 3月31日	三浦郡	内川新田	合併	三浦郡	(586)	久里浜村（くりはまむら）
		内川新田飛地	合併	三浦郡	(603)	浦賀町（うらがまち）

(583) 三浦郡 八幡久里浜村（やはたくりはまむら）

年月日		旧名称	内容			新名称
江戸期又は江戸期以前				三浦郡		八幡久里浜村
元禄年間	三浦郡	八幡久里浜村の一部	分立	三浦郡	(584)	久村（くむら）
明治元年 9月21日			県設置			神奈川県

年月日		旧名称	内容		新名称
明治22年 3月31日	三浦郡	八幡久里浜村	合併	三浦郡	(586) 久里浜村（くりはまむら）

(584) 三浦郡 久村（くむら）

年月日		旧名称	内容		新名称
元禄年間	三浦郡	(583) 八幡久里浜村（やはたくりはまむら）の一部	分立	三浦郡	久村
明治元年 9月21日			県設置		神奈川県
明治22年 3月31日	三浦郡	久村	合併	三浦郡	(586) 久里浜村（くりはまむら）

(585) 三浦郡 岩戸村（いわとむら）

年月日		旧名称	内容		新名称
江戸期又は江戸期以前				三浦郡	岩戸村
明治元年 9月21日			県設置		神奈川県
明治22年 3月31日	三浦郡	岩戸村	合併	三浦郡	(586) 久里浜村（くりはまむら）

(586) 三浦郡 久里浜村（くりはまむら）

年月日		旧名称	内容		新名称
明治22年 3月31日	三浦郡	(581) 佐原村（さはらむら） (582) 内川新田（うちかわしんでん） (583) 八幡久里浜村（やはたくりはまむら） (584) 久村（くむら） (585) 岩戸村（いわとむら）	合併	三浦郡	久里浜村
昭和12年 4月 1日	三浦郡	久里浜村	編入		(544) 横須賀市（よこすかし）

(587) 三浦郡 長沢村（ながさわむら）

年月日		旧名称	内容		新名称
江戸期又は江戸期以前				三浦郡	長沢村
明治元年 9月21日			県設置		神奈川県
明治22年 3月31日	三浦郡	長沢村	合併	三浦郡	(590) 北下浦村（きたしたうらむら）

(588) 三浦郡 野比村（のびむら）

年月日		旧名称	内容		新名称
江戸期又は江戸期以前				三浦郡	野比村
明治元年 9月21日			県設置		神奈川県
明治22年 3月31日	三浦郡	野比村	合併	三浦郡	(590) 北下浦村（きたしたうらむら）

(589) 三浦郡 津久井村（つくいむら）

年月日		旧名称	内容		新名称
江戸期又は江戸期以前				三浦郡	津久井村
明治元年 9月21日			県設置		神奈川県
明治22年 3月31日	三浦郡	津久井村	合併	三浦郡	(590) 北下浦村（きたしたうらむら）

年月日	旧名称	内容	新名称

(590) 三浦郡 北下浦村（きたしたうらむら）

年月日	旧名称	内容	新名称
明治22年 3月31日	三浦郡 (587) 長沢村（ながさわむら） (588) 野比村（のびむら） (589) 津久井村（つくいむら）	合併	三浦郡 北下浦村
昭和18年 4月 1日	三浦郡 北下浦村	編入	(544) 横須賀市（よこすかし）

(591) 三浦郡 武村（たけむら）

年月日	旧名称	内容	新名称
江戸期又は江戸期以前			三浦郡 武村
明治元年 9月21日		県設置	神奈川県
明治22年 3月31日	三浦郡 武村	合併	三浦郡 (595) 武山村（たけやまむら）

(592) 三浦郡 須軽谷村（すがりやむら）

年月日	旧名称	内容	新名称
江戸期又は江戸期以前			三浦郡 須軽谷村
明治元年 9月21日		県設置	神奈川県
明治22年 3月31日	三浦郡 須軽谷村	合併	三浦郡 (595) 武山村（たけやまむら）

(593) 三浦郡 林村（はやしむら）

年月日	旧名称	内容	新名称
江戸期又は江戸期以前			三浦郡 林村
明治元年 9月21日		県設置	神奈川県
明治22年 3月31日	三浦郡 林村	合併	三浦郡 (595) 武山村（たけやまむら）

(594) 三浦郡 大田和村（おおたわむら）

年月日	旧名称	内容	新名称
江戸期又は江戸期以前			三浦郡 大田和村
明治元年 9月21日		県設置	神奈川県
明治22年 3月31日	三浦郡 大田和村	合併	三浦郡 (595) 武山村（たけやまむら）

(595) 三浦郡 武山村（たけやまむら）

年月日	旧名称	内容	新名称
明治22年 3月31日	三浦郡 (591) 武村（たけむら） (592) 須軽谷村（すがりやむら） (593) 林村（はやしむら） (594) 大田和村（おおたわむら） (596) 長井村飛地（ながいむら）	合併	三浦郡 武山村
昭和18年 4月 1日	三浦郡 武山村	編入	(544) 横須賀市（よこすかし）

(596) 三浦郡 長井町（ながいまち）

年月日	旧名称		内容	新名称	
江戸期又は江戸期以前				三浦郡	長井村
明治元年 9月21日			県設置		神奈川県
明治22年 3月31日	三浦郡	長井村飛地	合併	三浦郡	(595) 武山村（たけやまむら）
大正15年 2月 1日	三浦郡	長井村	町制	三浦郡	長井町
昭和18年 4月 1日	三浦郡	長井町	編入		(544) 横須賀市（よこすかし）

(597) 三浦郡 芦名村（あしなむら）

年月日	旧名称		内容	新名称	
江戸期又は江戸期以前				三浦郡	芦名村
明治元年 9月21日			県設置		神奈川県
明治22年 3月31日	三浦郡	芦名村	合併	三浦郡	(602) 中西浦村（なかにしうらむら）

(598) 三浦郡 長坂村（ながさかむら）

年月日	旧名称		内容	新名称	
江戸期又は江戸期以前				三浦郡	長坂村
寛文年間	三浦郡	長坂村の一部	分立	三浦郡	(599) 荻野村（おぎのむら）
明治元年 9月21日			県設置		神奈川県
明治22年 3月31日	三浦郡	長坂村	合併	三浦郡	(602) 中西浦村（なかにしうらむら）

(599) 三浦郡 荻野村（おぎのむら）

年月日	旧名称		内容	新名称	
寛文年間	三浦郡	(598) 長坂村（ながさかむら）の一部	分立	三浦郡	荻野村
明治元年 9月21日			県設置		神奈川県
明治22年 3月31日	三浦郡	荻野村	合併	三浦郡	(602) 中西浦村（なかにしうらむら）

(600) 三浦郡 佐島村（さじまむら）

年月日	旧名称		内容	新名称	
江戸期又は江戸期以前				三浦郡	佐島村
明治元年 9月21日			県設置		神奈川県
明治22年 3月31日	三浦郡	佐島村	合併	三浦郡	(602) 中西浦村（なかにしうらむら）

(601) 三浦郡 秋谷村（あきやむら）

年月日	旧名称		内容	新名称	
江戸期又は江戸期以前				三浦郡	秋谷村
明治元年 9月21日			県設置		神奈川県
明治22年 3月31日	三浦郡	秋谷村	合併	三浦郡	(602) 中西浦村（なかにしうらむら）

年月日		旧名称	内容		新名称

(602) 三浦郡 大楠町（おおぐすまち）

年月日		旧名称	内容		新名称
明治22年 3月31日	三浦郡	(597) 芦名村（あしなむら）	合併	三浦郡	中西浦村（なかにしうらむら）
		(598) 長坂村（ながさかむら）			
		(599) 荻野村（おぎのむら）			
		(600) 佐島村（さじまむら）			
		(601) 秋谷村（あきやむら）			
明治44年 7月 1日	三浦郡	中西浦村	改称	三浦郡	西浦村（にしうらむら）
昭和10年 7月 1日	三浦郡	西浦村	町制	三浦郡	大楠町
昭和18年 4月 1日	三浦郡	大楠町	編入		(544) 横須賀市（よこすかし）

(603) 三浦郡 浦賀町（うらがまち）

年月日		旧名称	内容		新名称
江戸期又は江戸期以前				三浦郡	浦賀村
元禄 5年	三浦郡	浦賀村の一部	分立	三浦郡	(604) 東浦賀村（ひがしうらがむら）
		浦賀村の一部（浦賀村消滅）	分立	三浦郡	(605) 西浦賀村（にしうらがむら）
明治 3年	三浦郡	(604) 東浦賀村	合併	三浦郡	浦賀村
		(605) 西浦賀村			
明治 9年 5月 1日	三浦郡	浦賀村の一部	分立	三浦郡	(606) 浦賀新井町（うらがあらいちょう）
		浦賀村の一部	分立	三浦郡	(607) 浦賀洲崎町（うらがすざきちょう）
		浦賀村の一部	分立	三浦郡	(608) 浦賀新町（うらがしんちょう）
		浦賀村の一部	分立	三浦郡	(609) 浦賀大ヶ谷町（うらがおおがやちょう）
		浦賀村の一部	分立	三浦郡	(610) 浦賀築地新町（うらがつきじしんまち）
		浦賀村の一部	分立	三浦郡	(611) 浦賀築地古町（うらがつきじふるまち）
		浦賀村の一部	分立	三浦郡	(612) 浦賀谷戸町（うらがやとちょう）
		浦賀村の一部	分立	三浦郡	(613) 浦賀宮下町（うらがみやしたちょう）
		浦賀村の一部	分立	三浦郡	(614) 浦賀田中町（うらがたなかちょう）
		浦賀村の一部	分立	三浦郡	(615) 浦賀紺屋町（うらがこんやちょう）
		浦賀村の一部	分立	三浦郡	(616) 浦賀蛇畠町（うらがじゃばたけちょう）
		浦賀村の一部	分立	三浦郡	(617) 浦賀浜町（うらがはまちょう）
		浦賀村の一部	分立	三浦郡	(618) 浦賀芝生町（うらがしぼうちょう）
		浦賀村の一部	分立	三浦郡	(619) 浦賀荒巻町（うらがあらまきちょう）
		浦賀村の一部	分立	三浦郡	(620) 浦賀高坂町（うらがこうさかちょう）
		浦賀村の一部	分立	三浦郡	(621) 浦賀川間町（うらがかわまちょう）
		浦賀村の一部	分立	三浦郡	(622) 浦賀久比里町（うらがくびりちょう）

年月日	旧名称	内容	新名称
	浦賀村の一部（浦賀村消滅）	分立	三浦郡 (623) 浦賀吉井町（うらがよしいちょう）
明治22年 3月31日	三浦郡 (606) 浦賀新井町	合併	三浦郡 浦賀町
	(607) 浦賀洲崎町		
	(608) 浦賀新町		
	(609) 浦賀大ヶ谷町		
	(610) 浦賀築地新町		
	(611) 浦賀築地古町		
	(612) 浦賀谷戸町		
	(613) 浦賀宮下町		
	(614) 浦賀田中町		
	(615) 浦賀紺屋町		
	(616) 浦賀蛇畠町		
	(617) 浦賀浜町		
	(618) 浦賀芝生町		
	(619) 浦賀荒巻町		
	(620) 浦賀高坂町		
	(621) 浦賀川間町		
	(622) 浦賀久比里町		
	(623) 浦賀吉井町		
	(624) 大津村（おおつむら）		
	(625) 走水村（はしりみずむら）		
	(626) 鴨居村（かもいむら）		
	(562) 公郷村（くごうむら）飛地		
	(582) 内川新田（うちかわしんでん）飛地		
昭和18年 4月 1日	三浦郡 浦賀町	編入	(544) 横須賀市（よこすかし）

(604) 三浦郡 東浦賀村（ひがしうらがむら）

年月日	旧名称	内容	新名称
元禄 5年	三浦郡 (603) 浦賀村（うらがむら）の一部	分立	三浦郡 東浦賀村
明治元年 9月21日		県設置	神奈川県
明治 3年	三浦郡 東浦賀村	合併	三浦郡 (603) 浦賀村

(605) 三浦郡 西浦賀村（にしうらがむら）

年月日	旧名称	内容	新名称
元禄 5年	三浦郡 (603) 浦賀村（うらがむら）の一部	分立	三浦郡 西浦賀村

年月日	旧名称	内容	新名称
明治元年 9月21日		県設置	神奈川県
明治 3年	三浦郡 西浦賀村	合併	三浦郡 (603) 浦賀村

(606) 三浦郡 浦賀新井町（うらがあらいちょう）

年月日	旧名称	内容	新名称
明治 9年 5月 1日	三浦郡 (603) 浦賀村（うらがむら）の一部	分立	三浦郡 浦賀新井町
明治22年 3月31日	三浦郡 浦賀新井町	合併	三浦郡 (603) 浦賀町

(607) 三浦郡 浦賀洲崎町（うらがすざきちょう）

年月日	旧名称	内容	新名称
明治 9年 5月 1日	三浦郡 (603) 浦賀村（うらがむら）の一部	分立	三浦郡 浦賀洲崎町
明治22年 3月31日	三浦郡 浦賀洲崎町	合併	三浦郡 (603) 浦賀町

(608) 三浦郡 浦賀新町（うらがしんちょう）

年月日	旧名称	内容	新名称
明治 9年 5月 1日	三浦郡 (603) 浦賀村（うらがむら）の一部	分立	三浦郡 浦賀新町
明治22年 3月31日	三浦郡 浦賀新町	合併	三浦郡 (603) 浦賀町

(609) 三浦郡 浦賀大ヶ谷町（うらがおおがやちょう）

年月日	旧名称	内容	新名称
明治 9年 5月 1日	三浦郡 (603) 浦賀村（うらがむら）の一部	分立	三浦郡 浦賀大ヶ谷町
明治22年 3月31日	三浦郡 浦賀大ヶ谷町	合併	三浦郡 (603) 浦賀町

(610) 三浦郡 浦賀築地新町（うらがつきじしんまち）

年月日	旧名称	内容	新名称
明治 9年 5月 1日	三浦郡 (603) 浦賀村（うらがむら）の一部	分立	三浦郡 浦賀築地新町
明治22年 3月31日	三浦郡 浦賀築地新町	合併	三浦郡 (603) 浦賀町

(611) 三浦郡 浦賀築地古町（うらがつきじふるまち）

年月日	旧名称	内容	新名称
明治 9年 5月 1日	三浦郡 (603) 浦賀村（うらがむら）の一部	分立	三浦郡 浦賀築地古町
明治22年 3月31日	三浦郡 浦賀築地古町	合併	三浦郡 (603) 浦賀町

(612) 三浦郡 浦賀谷戸町（うらがやとちょう）

年月日	旧名称	内容	新名称
明治 9年 5月 1日	三浦郡 (603) 浦賀村（うらがむら）の一部	分立	三浦郡 浦賀谷戸町
明治22年 3月31日	三浦郡 浦賀谷戸町	合併	三浦郡 (603) 浦賀町

(613) 三浦郡 浦賀宮下町（うらがみやしたちょう）

年月日	旧名称	内容	新名称
明治 9年 5月 1日	三浦郡 (603) 浦賀村（うらがむら）の一部	分立	三浦郡 浦賀宮下町
明治22年 3月31日	三浦郡 浦賀宮下町	合併	三浦郡 (603) 浦賀町

年月日	旧名称		内容	新名称	

(614) 三浦郡 浦賀田中町（うらがたなかちょう）

明治 9年 5月 1日	三浦郡	(603) 浦賀村（うらがむら）の一部	分立	三浦郡	浦賀田中町
明治22年 3月31日	三浦郡	浦賀田中町	合併	三浦郡	(603) 浦賀町

(615) 三浦郡 浦賀紺屋町（うらがこんやちょう）

明治 9年 5月 1日	三浦郡	(603) 浦賀村（うらがむら）の一部	分立	三浦郡	浦賀紺屋町
明治22年 3月31日	三浦郡	浦賀紺屋町	合併	三浦郡	(603) 浦賀町

(616) 三浦郡 浦賀蛇畠町（うらがじゃばたけちょう）

明治 9年 5月 1日	三浦郡	(603) 浦賀村（うらがむら）の一部	分立	三浦郡	浦賀蛇畠町
明治22年 3月31日	三浦郡	浦賀蛇畠町	合併	三浦郡	(603) 浦賀町

(617) 三浦郡 浦賀浜町（うらがはまちょう）

明治 9年 5月 1日	三浦郡	(603) 浦賀村（うらがむら）の一部	分立	三浦郡	浦賀浜町
明治22年 3月31日	三浦郡	浦賀浜町	合併	三浦郡	(603) 浦賀町

(618) 三浦郡 浦賀芝生町（うらがしぼうちょう）

明治 9年 5月 1日	三浦郡	(603) 浦賀村（うらがむら）の一部	分立	三浦郡	浦賀芝生町
明治22年 3月31日	三浦郡	浦賀芝生町	合併	三浦郡	(603) 浦賀町

(619) 三浦郡 浦賀荒巻町（うらがあらまきちょう）

明治 9年 5月 1日	三浦郡	(603) 浦賀村（うらがむら）の一部	分立	三浦郡	浦賀荒巻町
明治22年 3月31日	三浦郡	浦賀荒巻町	合併	三浦郡	(603) 浦賀町

(620) 三浦郡 浦賀高坂町（うらがこうさかちょう）

明治 9年 5月 1日	三浦郡	(603) 浦賀村（うらがむら）の一部	分立	三浦郡	浦賀高坂町
明治22年 3月31日	三浦郡	浦賀高坂町	合併	三浦郡	(603) 浦賀町

(621) 三浦郡 浦賀川間町（うらがかわまちょう）

明治 9年 5月 1日	三浦郡	(603) 浦賀村（うらがむら）の一部	分立	三浦郡	浦賀川間町
明治22年 3月31日	三浦郡	浦賀川間町	合併	三浦郡	(603) 浦賀町

(622) 三浦郡 浦賀久比里町（うらがくびりちょう）

明治 9年 5月 1日	三浦郡	(603) 浦賀村（うらがむら）の一部	分立	三浦郡	浦賀久比里町

年月日	旧名称	内容	新名称
明治22年 3月31日	三浦郡 浦賀久比里町	合併	三浦郡 (603) 浦賀町

(623) 三浦郡 浦賀吉井町（うらがよしいちょう）

年月日	旧名称	内容	新名称
明治 9年 5月 1日	三浦郡 (603) 浦賀村（うらがむら）の一部	分立	三浦郡 浦賀吉井町
明治22年 3月31日	三浦郡 浦賀吉井町	合併	三浦郡 (603) 浦賀町

(624) 三浦郡 大津村（おおつむら）

年月日	旧名称	内容	新名称
江戸期又は江戸期以前			三浦郡 大津村
明治元年 9月21日		県設置	神奈川県
明治22年 3月31日	三浦郡 大津村	合併	三浦郡 (603) 浦賀町（うらがまち）

(625) 三浦郡 走水村（はしりみずむら）

年月日	旧名称	内容	新名称
江戸期又は江戸期以前			三浦郡 走水村
明治元年 9月21日		県設置	神奈川県
明治22年 3月31日	三浦郡 走水村	合併	三浦郡 (603) 浦賀町（うらがまち）

(626) 三浦郡 鴨居村（かもいむら）

年月日	旧名称	内容	新名称
江戸期又は江戸期以前			三浦郡 鴨居村
明治元年 9月21日		県設置	神奈川県
明治22年 3月31日	三浦郡 鴨居村	合併	三浦郡 (603) 浦賀町（うらがまち）

(627) 逗子市（ずしし）

年月日	旧名称	内容	新名称
江戸期又は江戸期以前			三浦郡 逗子村
明治元年 9月21日		県設置	神奈川県
明治22年 3月31日	三浦郡 逗子村 (628) 沼間村（ぬままむら） (629) 桜山村（さくらやまむら） (630) 池子村（いけごむら） (631) 山野根村（やまのねむら） (634) 久木村（ひさきむら） (635) 小坪村（こつぼむら）	合併	三浦郡 田越村（たごえむら）
大正 2年 4月 1日	三浦郡 田越村	町制	三浦郡 逗子町
昭和18年 4月 1日	三浦郡 逗子町	編入	(544) 横須賀市（よこすかし）

年月日		旧名称	内容		新名称
昭和25年 7月 1日		(544) 横須賀市の久木、小坪、山野根、新宿、逗子、桜山、池子、沼間	分立	三浦郡	逗子町
昭和29年 4月15日	三浦郡	逗子町	市制		逗子市

(628) 三浦郡 沼間村（ぬままむら）

年月日		旧名称	内容		新名称
江戸期又は江戸期以前				三浦郡	沼間村
明治元年 9月21日			県設置		神奈川県
明治22年 3月31日	三浦郡	沼間村	合併	三浦郡	(627) 田越村（たごえむら）

(629) 三浦郡 桜山村（さくらやまむら）

年月日		旧名称	内容		新名称
江戸期又は江戸期以前				三浦郡	桜山村
明治元年 9月21日			県設置		神奈川県
明治22年 3月31日	三浦郡	桜山村	合併	三浦郡	(627) 田越村（たごえむら）

(630) 三浦郡 池子村（いけごむら）

年月日		旧名称	内容		新名称
江戸期又は江戸期以前				三浦郡	池子村
明治元年 9月21日			県設置		神奈川県
明治22年 3月31日	三浦郡	池子村	合併	三浦郡	(627) 田越村（たごえむら）

(631) 三浦郡 山野根村（やまのねむら）

年月日		旧名称	内容		新名称
江戸期又は江戸期以前				三浦郡	山野根村
明治元年 9月21日			県設置		神奈川県
明治22年 3月31日	三浦郡	山野根村	合併	三浦郡	(627) 田越村（たごえむら）

(632) 三浦郡 柏原村（かしわばらむら）

年月日		旧名称	内容		新名称
江戸期又は江戸期以前				三浦郡	柏原村
明治元年 9月21日			県設置		神奈川県
明治 8年 1月15日	三浦郡	柏原村	合併	三浦郡	(634) 久木村（ひさきむら）

(633) 三浦郡 久野谷村（くのやむら）

年月日		旧名称	内容		新名称
江戸期又は江戸期以前				三浦郡	久野谷村
明治元年 9月21日			県設置		神奈川県
明治 8年 1月15日	三浦郡	久野谷村	合併	三浦郡	(634) 久木村（ひさきむら）

年月日		旧名称	内容		新名称

(634) 三浦郡 久木村（ひさきむら）

年月日		旧名称	内容		新名称
明治 8年 1月15日	三浦郡	(632) 柏原村（かしわばらむら） (633) 久野谷村（くのやむら）	合併	三浦郡	久木村
明治22年 3月31日	三浦郡	久木村	合併	三浦郡	(627) 田越村（たごえむら）

(635) 三浦郡 小坪村（こつぼむら）

年月日		旧名称	内容		新名称
江戸期又は江戸期以前				三浦郡	小坪村
明治元年 9月21日			県設置		神奈川県
明治22年 3月31日	三浦郡	小坪村	合併	三浦郡	(627) 田越村（たごえむら）

(636) 三浦郡 一色村（いっしきむら）

年月日		旧名称	内容		新名称
江戸期又は江戸期以前				三浦郡	一色村
明治元年 9月21日			県設置		神奈川県
明治22年 3月31日	三浦郡	一色村	合併	三浦郡	(642) 葉山村（はやまむら）

(637) 三浦郡 木古庭村（きこばむら）

年月日		旧名称	内容		新名称
江戸期又は江戸期以前				三浦郡	木古庭村
明治元年 9月21日			県設置		神奈川県
明治22年 3月31日	三浦郡	木古庭村	合併	三浦郡	(642) 葉山村（はやまむら）

(638) 三浦郡 上山口村（かみやまぐちむら）

年月日		旧名称	内容		新名称
江戸期又は江戸期以前				三浦郡	上山口村
明治元年 9月21日			県設置		神奈川県
明治22年 3月31日	三浦郡	上山口村	合併	三浦郡	(642) 葉山村（はやまむら）

(639) 三浦郡 下山口村（しもやまぐちむら）

年月日		旧名称	内容		新名称
江戸期又は江戸期以前				三浦郡	下山口村
明治元年 9月21日			県設置		神奈川県
明治22年 3月31日	三浦郡	下山口村	合併	三浦郡	(642) 葉山村（はやまむら）

(640) 三浦郡 堀内村（ほりうちむら）

年月日		旧名称	内容		新名称
江戸期又は江戸期以前				三浦郡	堀内村
明治元年 9月21日			県設置		神奈川県

年月日		旧名称	内容		新名称
明治22年 3月31日	三浦郡	堀内村	合併	三浦郡	(642) 葉山村（はやまむら）

(641) 三浦郡 長柄村（ながえむら）

年月日		旧名称	内容		新名称
江戸期又は江戸期以前				三浦郡	長柄村
明治元年 9月21日			県設置		神奈川県
明治22年 3月31日	三浦郡	長柄村	合併	三浦郡	(642) 葉山村（はやまむら）

(642) 三浦郡 葉山町（はやままち）

年月日		旧名称	内容		新名称
明治22年 3月31日	三浦郡	(636) 一色村（いっしきむら） (637) 木古庭村（きこばむら） (638) 上山口村（かみやまぐちむら） (639) 下山口村（しもやまぐちむら） (640) 堀内村（ほりうちむら） (641) 長柄村（ながえむら）	合併	三浦郡	葉山村
大正14年 1月 1日	三浦郡	葉山村	町制	三浦郡	葉山町

(643) 鎌倉郡 藤沢駅大鋸町（ふじさわえきだいぎりまち）

年月日		旧名称	内容		新名称
江戸期又は江戸期以前				鎌倉郡	大鋸町（だいぎりまち）
明治元年 9月21日			県設置		神奈川県
明治13年10月22日	鎌倉郡	大鋸町	改称	鎌倉郡	藤沢駅大鋸町
明治22年 3月31日	鎌倉郡	藤沢駅大鋸町	合併	鎌倉郡	(645) 藤沢大富町（ふじさわおおとみまち）

(644) 鎌倉郡 藤沢駅西富町（ふじさわえきにしとみまち）

年月日		旧名称	内容		新名称
江戸期又は江戸期以前				鎌倉郡	西村（にしむら）
明治元年 9月21日			県設置		神奈川県
明治 8年 1月15日	鎌倉郡	西村	改称	鎌倉郡	西富町（にしとみまち）
明治13年10月22日	鎌倉郡	西富町	改称	鎌倉郡	藤沢駅西富町
明治22年 3月31日	鎌倉郡	藤沢駅西富町	合併	鎌倉郡	(645) 藤沢大富町（ふじさわおおとみまち）

(645) 鎌倉郡 藤沢大富町（ふじさわおおとみまち）

年月日		旧名称	内容		新名称
明治22年 3月31日	鎌倉郡	(643) 藤沢駅大鋸町（ふじさわえきだいぎりまち） (644) 藤沢駅西富町（ふじさわえきにしとみまち）	合併	鎌倉郡	藤沢大富町
明治40年10月 1日	鎌倉郡	藤沢大富町	合併	高座郡	(757) 藤沢大坂町（ふじさわおおさかまち）

年月日	旧名称		内容	新名称		

(646) 鎌倉郡 川名村（かわなむら）

年月日	旧名称		内容	新名称		
江戸期又は江戸期以前				鎌倉郡		川名村
明治元年 9月21日			県設置			神奈川県
明治22年 3月31日	鎌倉郡	川名村	合併	鎌倉郡	(653)	村岡村（むらおかむら）

(647) 鎌倉郡 柄沢村（からさわむら）

年月日	旧名称		内容	新名称		
江戸期又は江戸期以前				鎌倉郡		柄沢村
明治 4年 7月14日			廃藩置県			烏山県
明治 4年11月14日			県編入			神奈川県
明治22年 3月31日	鎌倉郡	柄沢村	合併	鎌倉郡	(653)	村岡村（むらおかむら）

(648) 鎌倉郡 渡内村（わたうちむら）

年月日	旧名称		内容	新名称		
江戸期又は江戸期以前				鎌倉郡		渡内村
明治元年 9月21日			県設置			神奈川県
明治22年 3月31日	鎌倉郡	渡内村	合併	鎌倉郡	(653)	村岡村（むらおかむら）

(649) 鎌倉郡 弥勒寺村（みろくじむら）

年月日	旧名称		内容	新名称		
江戸期又は江戸期以前				鎌倉郡		弥勒寺村
明治元年 9月21日			県設置			神奈川県
明治22年 3月31日	鎌倉郡	弥勒寺村	合併	鎌倉郡	(653)	村岡村（むらおかむら）

(650) 鎌倉郡 小塚村（こつかむら）

年月日	旧名称		内容	新名称		
江戸期又は江戸期以前				鎌倉郡		小塚村
明治元年 9月21日			県設置			神奈川県
明治22年 3月31日	鎌倉郡	小塚村	合併	鎌倉郡	(653)	村岡村（むらおかむら）

(651) 鎌倉郡 宮前村（みやのまえむら）

年月日	旧名称		内容	新名称		
江戸期又は江戸期以前				鎌倉郡		宮前村
明治元年 9月21日			県設置			神奈川県
明治22年 3月31日	鎌倉郡	宮前村	合併	鎌倉郡	(653)	村岡村（むらおかむら）

(652) 鎌倉郡 高谷村（たかやむら）

年月日	旧名称		内容	新名称		
江戸期又は江戸期以前				鎌倉郡		高谷村

年月日		旧名称	内容		新名称
明治元年 9月21日			県設置		神奈川県
明治22年 3月31日	鎌倉郡	高谷村	合併	鎌倉郡	(653) 村岡村（むらおかむら）

(653) 鎌倉郡 村岡村（むらおかむら）

年月日		旧名称	内容		新名称
明治22年 3月31日	鎌倉郡	(646) 川名村（かわなむら） (647) 柄沢村（からさわむら） (648) 渡内村（わたうちむら） (649) 弥勒寺村（みろくじむら） (650) 小塚村（こつかむら） (651) 宮前村（みやのまえむら） (652) 高谷村（たかやむら）	合併	鎌倉郡	村岡村
昭和16年 6月 1日	鎌倉郡	村岡村	編入		(764) 藤沢市（ふじさわし）

(654) 鎌倉郡 片瀬町（かたせまち）

年月日		旧名称	内容		新名称
江戸期又は江戸期以前				鎌倉郡	片瀬村
明治元年 9月21日			県設置		神奈川県
明治22年 3月31日	鎌倉郡	片瀬村 (655) 江ノ島（えのしま）	合併	鎌倉郡	川口村（かわぐちむら）
昭和 8年 4月 1日	鎌倉郡	川口村	町制	鎌倉郡	片瀬町
昭和22年 4月 1日	鎌倉郡	片瀬町	編入		(764) 藤沢市（ふじさわし）

(655) 鎌倉郡 江ノ島（えのしま）

年月日		旧名称	内容		新名称
江戸期又は江戸期以前				鎌倉郡	江ノ島
明治 3年			県編入		神奈川県
明治22年 3月31日	鎌倉郡	江ノ島	合併	鎌倉郡	(654) 川口村（かわぐちむら）

(656) 鎌倉郡 東俣野村（ひがしまたのむら）

年月日		旧名称	内容		新名称
江戸期又は江戸期以前				鎌倉郡	東俣野村
寛永年間	鎌倉郡	東俣野村の一部	分立	鎌倉郡	(657) 上俣野村（かみまたのむら）
明治元年 9月21日			県設置		神奈川県
明治22年 3月31日	鎌倉郡	東俣野村	合併	鎌倉郡	(659) 俣野村（またのむら）

年月日		旧　名　称	内容		新　名　称

(657) 鎌倉郡 上保野村（かみまたのむら）

年月日		旧名称	内容		新名称
寛永年間	鎌倉郡	(656) 東保野村（ひがしまたのむら）の一部	分立	鎌倉郡	上保野村
明治元年 9月21日			県設置		神奈川県
明治22年 3月31日	鎌倉郡	上保野村	合併	鎌倉郡	(659) 保野村（またのむら）

(658) 鎌倉郡 山谷新田（さんやしんでん）

年月日		旧名称	内容		新名称
江戸初期			成立	鎌倉郡	山谷新田
明治元年 9月21日			県設置		神奈川県
明治22年 3月31日	鎌倉郡	山谷新田	合併	鎌倉郡	(659) 保野村（またのむら）
		山谷新田飛地	合併	鎌倉郡	(708) 玉縄村（たまなわむら）

(659) 鎌倉郡 保野村（またのむら）

年月日		旧名称	内容		新名称
明治22年 3月31日	鎌倉郡	(656) 東保野村（ひがしまたのむら）	合併	鎌倉郡	保野村
		(657) 上保野村（かみまたのむら）			
		(658) 山谷新田（さんやしんでん）			
		(705) 城廻村（しろめぐりむら）飛地			
大正 4年 8月15日	鎌倉郡	保野村	合併	鎌倉郡	(671) 大正村（たいしょうむら）

(660) 鎌倉郡 金井村（かないむら）

年月日		旧名称	内容		新名称
江戸期又は江戸期以前				鎌倉郡	金井村
明治元年 9月21日			県設置		神奈川県
明治22年 3月31日	鎌倉郡	金井村	合併	鎌倉郡	(666) 長尾村（ながおむら）

(661) 鎌倉郡 田谷村（たやむら）

年月日		旧名称	内容		新名称
江戸期又は江戸期以前				鎌倉郡	田谷村
享保13年	鎌倉郡	田谷村の一部	分立	鎌倉郡	(662) 大田谷村（おおたやむら）
		田谷村の一部（田谷村消滅）	分立	鎌倉郡	(663) 小田谷村（こたやむら）
明治 5年	鎌倉郡	(662) 大田谷村	合併	鎌倉郡	田谷村
		(663) 小田谷村			
明治22年 3月31日	鎌倉郡	田谷村	合併	鎌倉郡	(666) 長尾村（ながおむら）

(662) 鎌倉郡 大田谷村（おおたやむら）

年月日		旧名称	内容		新名称
享保13年	鎌倉郡	(661) 田谷村（たやむら）の一部	分立	鎌倉郡	大田谷村

年月日		旧名称	内容		新名称
明治元年 9月21日		（幕府領・旗本知行地）	県設置		神奈川県
明治 4年 7月14日		（烏山藩領）	廃藩置県		烏山県
明治 4年11月14日		（烏山藩領）	県編入		神奈川県
明治 5年	鎌倉郡	大田谷村	合併	鎌倉郡	(661) 田谷村

(663) 鎌倉郡 小田谷村（こたやむら）

年月日		旧名称	内容		新名称
享保13年	鎌倉郡	(661) 田谷村（たやむら）の一部	分立	鎌倉郡	小田谷村
明治元年 9月21日		（幕府領・旗本知行地）	県設置		神奈川県
明治 4年 7月14日		（烏山藩領）	廃藩置県		烏山県
明治 4年11月14日		（烏山藩領）	県編入		神奈川県
明治 5年	鎌倉郡	小田谷村	合併	鎌倉郡	(661) 田谷村

(664) 鎌倉郡 小雀村（こすずめむら）

年月日		旧名称	内容		新名称
江戸期又は江戸期以前				鎌倉郡	小雀村
明治元年 9月21日			県設置		神奈川県
明治22年 3月31日	鎌倉郡	小雀村	合併	鎌倉郡	(666) 長尾村（ながおむら）

(665) 鎌倉郡 長尾台村（ながおだいむら）

年月日		旧名称	内容		新名称
江戸期又は江戸期以前				鎌倉郡	長尾台村
明治元年 9月21日			県設置		神奈川県
明治22年 3月31日	鎌倉郡	長尾台村	合併	鎌倉郡	(666) 長尾村（ながおむら）

(666) 鎌倉郡 長尾村（ながおむら）

年月日		旧名称	内容		新名称
明治22年 3月31日	鎌倉郡	(660) 金井村（かないむら） (661) 田谷村（たやむら） (664) 小雀村（こすずめむら） (665) 長尾台村（ながおだいむら）	合併	鎌倉郡	長尾村
大正 4年 8月15日	鎌倉郡	長尾村の一部	合併	鎌倉郡	(671) 大正村（たいしょうむら）
大正 4年 8月15日	鎌倉郡	長尾村の一部（長尾村消滅）	編入	鎌倉郡	(721) 豊田村（とよだむら）

年月日		旧名称	内容		新名称

(667) 鎌倉郡 原宿村（はらじゅくむら）

年月日		旧名称	内容		新名称
江戸期又は江戸期以前				鎌倉郡	原宿村
明治元年 9月21日			県設置		神奈川県
明治22年 3月31日	鎌倉郡	原宿村	合併	鎌倉郡	(670) 富士見村（ふじみむら）

(668) 鎌倉郡 深谷村（ふかやむら）

年月日		旧名称	内容		新名称
江戸期又は江戸期以前				鎌倉郡	深谷村
明治元年 9月21日			県設置		神奈川県
明治22年 3月31日	鎌倉郡	深谷村	合併	鎌倉郡	(670) 富士見村（ふじみむら）

(669) 鎌倉郡 汲沢村（ぐみざわむら）

年月日		旧名称	内容		新名称
江戸期又は江戸期以前				鎌倉郡	汲沢村
明治元年 9月21日			県設置		神奈川県
明治22年 3月31日	鎌倉郡	汲沢村	合併	鎌倉郡	(670) 富士見村（ふじみむら）

(670) 鎌倉郡 富士見村（ふじみむら）

年月日		旧名称	内容		新名称
明治22年 3月31日	鎌倉郡	(667) 原宿村（はらじゅくむら） (668) 深谷村（ふかやむら） (669) 汲沢村（ぐみざわむら）	合併	鎌倉郡	富士見村
大正 4年 8月15日	鎌倉郡	富士見村	合併	鎌倉郡	(671) 大正村（たいしょうむら）

(671) 鎌倉郡 大正村（たいしょうむら）

年月日		旧名称	内容		新名称
大正 4年 8月15日	鎌倉郡	(659) 俣野村（またのむら） (666) 長尾村（ながおむら）の一部 (670) 富士見村（ふじみむら）	合併	鎌倉郡	大正村
昭和14年 4月 1日	鎌倉郡	大正村	編入設定	横浜市	(18) 戸塚区（とつかく）

(672) 鎌倉郡 長谷村（はせむら）

年月日		旧名称	内容		新名称
江戸期又は江戸期以前				鎌倉郡	長谷村
明治元年 9月21日			県設置		神奈川県
明治22年 3月31日	鎌倉郡	長谷村	合併	鎌倉郡	(676) 西鎌倉村（にしかまくらむら）

年月日		旧　名　称	内容		新　名　称

(673)　鎌倉郡　坂ノ下村（さかのしたむら）

年月日		旧名称	内容		新名称
江戸期又は江戸期以前				鎌倉郡	坂ノ下村
明治元年 9月21日			県設置		神奈川県
明治22年 3月31日	鎌倉郡	坂ノ下村	合併	鎌倉郡	(676) 西鎌倉村（にしかまくらむら）

(674)　鎌倉郡　極楽寺村（ごくらくじむら）

年月日		旧名称	内容		新名称
江戸期又は江戸期以前				鎌倉郡	極楽寺村
明治元年 9月21日			県設置		神奈川県
明治22年 3月31日	鎌倉郡	極楽寺村	合併	鎌倉郡	(676) 西鎌倉村（にしかまくらむら）
		極楽寺村飛地	合併	鎌倉郡	(686) 東鎌倉村（ひがしかまくらむら）

(675)　鎌倉郡　乱橋材木座村（みだればしざいもくざむら）

年月日		旧名称	内容		新名称
江戸期又は江戸期以前				鎌倉郡	乱橋材木座村
明治元年 9月21日			県設置		神奈川県
明治22年 3月31日	鎌倉郡	乱橋材木座村	合併	鎌倉郡	(676) 西鎌倉村（にしかまくらむら）
		乱橋材木座村飛地	合併	鎌倉郡	(686) 東鎌倉村（ひがしかまくらむら）

(676)　鎌倉郡　西鎌倉村（にしかまくらむら）

年月日		旧名称	内容		新名称
明治22年 3月31日	鎌倉郡	(672) 長谷村（はせむら）	合併	鎌倉郡	西鎌倉村
		(673) 坂ノ下村（さかのしたむら）			
		(674) 極楽寺村（ごくらくじむら）			
		(675) 乱橋材木座村（みだればしざいもくざむら）			
		(677) 大町村飛地（おおまちむら）			
明治27年 7月 7日	鎌倉郡	西鎌倉村	合併	鎌倉郡	(687) 鎌倉町（かまくらまち）

(677)　鎌倉郡　大町村（おおまちむら）

年月日		旧名称	内容		新名称
江戸期又は江戸期以前				鎌倉郡	大町村
明治元年 9月21日			県設置		神奈川県
明治22年 3月31日	鎌倉郡	大町村飛地	合併	鎌倉郡	(676) 西鎌倉村（にしかまくらむら）
		大町村	合併	鎌倉郡	(686) 東鎌倉村（ひがしかまくらむら）

(678)　鎌倉郡　小町村（こまちむら）

年月日		旧名称	内容		新名称
江戸期又は江戸期以前				鎌倉郡	小町村

年月日	旧　名　称		内容	新　名　称	
明治元年 9月21日			県設置		神奈川県
明治22年 3月31日	鎌倉郡	小町村	合併	鎌倉郡	(686) 東鎌倉村（ひがしかまくらむら）

(679) 鎌倉郡 雪ノ下村（ゆきのしたむら）

年月日	旧　名　称		内容	新　名　称	
江戸期又は江戸期以前				鎌倉郡	雪ノ下村
明治元年 9月21日			県設置		神奈川県
明治22年 3月31日	鎌倉郡	雪ノ下村	合併	鎌倉郡	(686) 東鎌倉村（ひがしかまくらむら）

(680) 鎌倉郡 西御門村（にしみかどむら）

年月日	旧　名　称		内容	新　名　称	
江戸期又は江戸期以前				鎌倉郡	西御門村
明治元年 9月21日			県設置		神奈川県
明治22年 3月31日	鎌倉郡	西御門村	合併	鎌倉郡	(686) 東鎌倉村（ひがしかまくらむら）

(681) 鎌倉郡 峠村（とうげむら）

年月日	旧　名　称		内容	新　名　称	
江戸期又は江戸期以前				鎌倉郡	峠村
明治元年 9月21日			県設置		神奈川県
明治22年 3月31日	鎌倉郡	峠村	合併	鎌倉郡	(686) 東鎌倉村（ひがしかまくらむら）

(682) 鎌倉郡 浄明寺村（じょうみょうじむら）

年月日	旧　名　称		内容	新　名　称	
江戸期又は江戸期以前				鎌倉郡	浄明寺村
明治元年 9月21日			県設置		神奈川県
明治22年 3月31日	鎌倉郡	浄明寺村	合併	鎌倉郡	(686) 東鎌倉村（ひがしかまくらむら）

(683) 鎌倉郡 二階堂村（にかいどうむら）

年月日	旧　名　称		内容	新　名　称	
江戸期又は江戸期以前				鎌倉郡	二階堂村
明治元年 9月21日			県設置		神奈川県
明治22年 3月31日	鎌倉郡	二階堂村	合併	鎌倉郡	(686) 東鎌倉村（ひがしかまくらむら）

(684) 鎌倉郡 十二所村（じゅうにそうむら）

年月日	旧　名　称		内容	新　名　称	
江戸期又は江戸期以前				鎌倉郡	十二所村
明治元年 9月21日			県設置		神奈川県
明治22年 3月31日	鎌倉郡	十二所村	合併	鎌倉郡	(686) 東鎌倉村（ひがしかまくらむら）

(685) 鎌倉郡 扇ヶ谷村（おうぎがやつむら）

年月日	旧名称	内容	新名称
江戸期又は江戸期以前			鎌倉郡 扇ヶ谷村
明治元年 9月21日	（英勝寺領を除く）	県設置	神奈川県
明治 4年 7月14日	（英勝寺領）	廃藩置県	水戸県
明治 4年11月14日	（英勝寺領）	県編入	神奈川県
明治22年 3月31日	鎌倉郡 扇ヶ谷村	合併	鎌倉郡 (686) 東鎌倉村（ひがしかまくらむら）

(686) 鎌倉郡 東鎌倉村（ひがしかまくらむら）

年月日	旧名称	内容	新名称
明治22年 3月31日	鎌倉郡 (677) 大町村（おおまちむら） (678) 小町村（こまちむら） (679) 雪ノ下村（ゆきのしたむら） (680) 西御門村（にしみかどむら） (681) 峠村（とうげむら） (682) 浄明寺村（じょうみょうじむら） (683) 二階堂村（にかいどうむら） (684) 十二所村（じゅうにそうむら） (685) 扇ヶ谷村（おうぎがやつむら） (674) 極楽寺村飛地（ごくらくじむら） (675) 乱橋材木座村飛地（みだればしざいもくざむら）	合併	鎌倉郡 東鎌倉村
明治27年 7月 7日	鎌倉郡 東鎌倉村	合併	鎌倉郡 (687) 鎌倉町（かまくらまち）

(687) 鎌倉市（かまくらし）

年月日	旧名称	内容	新名称
明治27年 7月 7日	鎌倉郡 (676) 西鎌倉村（にしかまくらむら） (686) 東鎌倉村（ひがしかまくらむら）	合併	鎌倉郡 鎌倉町
明治30年 5月11日	鎌倉郡 鎌倉町の大字峠	編入	久良岐郡 (256) 六浦荘村（むつらのしょうむら）
昭和14年11月 3日	鎌倉郡 鎌倉町 (688) 腰越町（こしごえまち）	合併	鎌倉市
昭和23年 1月 1日	鎌倉郡 (697) 深沢村（ふかざわむら）	編入	鎌倉市
昭和23年 6月 1日	鎌倉郡 (698) 大船町（おおふなまち）	編入	鎌倉市

(688) 鎌倉郡 腰越町（こしごえまち）

年月日	旧名称	内容	新名称
江戸期又は江戸期以前			鎌倉郡 腰越村
明治元年 9月21日		県設置	神奈川県

年月日	旧名称		内容	新名称	
明治22年 3月31日	鎌倉郡	腰越村 (689) 津村（つむら）	合併	鎌倉郡	腰越津村（こしごえつむら）
昭和 6年 1月 1日	鎌倉郡	腰越津村	町制	鎌倉郡	腰越町
昭和14年11月 3日	鎌倉郡	腰越町	合併		(687) 鎌倉市（かまくらし）

(689) 鎌倉郡 津村（つむら）

年月日	旧名称		内容	新名称	
江戸期又は江戸期以前				鎌倉郡	津村
明治元年 9月21日			県設置		神奈川県
明治22年 3月31日	鎌倉郡	津村	合併	鎌倉郡	(688) 腰越津村（こしごえつむら）

(690) 鎌倉郡 山崎村（やまざきむら）

年月日	旧名称		内容	新名称	
江戸期又は江戸期以前				鎌倉郡	山崎村
明治元年 9月21日			県設置		神奈川県
明治22年 3月31日	鎌倉郡	山崎村	合併	鎌倉郡	(697) 深沢村（ふかざわむら）

(691) 鎌倉郡 梶原村（かじわらむら）

年月日	旧名称		内容	新名称	
江戸期又は江戸期以前				鎌倉郡	梶原村
明治元年 9月21日			県設置		神奈川県
明治22年 3月31日	鎌倉郡	梶原村	合併	鎌倉郡	(697) 深沢村（ふかざわむら）

(692) 鎌倉郡 笛田村（ふえだむら）

年月日	旧名称		内容	新名称	
江戸期又は江戸期以前				鎌倉郡	笛田村
明治元年 9月21日			県設置		神奈川県
明治22年 3月31日	鎌倉郡	笛田村	合併	鎌倉郡	(697) 深沢村（ふかざわむら）

(693) 鎌倉郡 寺分村（てらぶんむら）

年月日	旧名称		内容	新名称	
江戸期又は江戸期以前				鎌倉郡	寺分村
明治元年 9月21日			県設置		神奈川県
明治22年 3月31日	鎌倉郡	寺分村	合併	鎌倉郡	(697) 深沢村（ふかざわむら）

(694) 鎌倉郡 上町谷村（かみまちやむら）

年月日	旧名称		内容	新名称	
江戸期又は江戸期以前				鎌倉郡	上町谷村
明治元年 9月21日			県設置		神奈川県

年月日	旧名称		内容	新名称	
明治22年 3月31日	鎌倉郡	上町谷村	合併	鎌倉郡	(697) 深沢村（ふかざわむら）

(695) 鎌倉郡 常盤村（ときわむら）

年月日	旧名称		内容	新名称	
江戸期又は江戸期以前				鎌倉郡	常盤村
明治元年 9月21日			県設置		神奈川県
明治22年 3月31日	鎌倉郡	常盤村	合併	鎌倉郡	(697) 深沢村（ふかざわむら）

(696) 鎌倉郡 手広村（てびろむら）

年月日	旧名称		内容	新名称	
江戸期又は江戸期以前				鎌倉郡	手広村
明治元年 9月21日			県設置		神奈川県
明治22年 3月31日	鎌倉郡	手広村	合併	鎌倉郡	(697) 深沢村（ふかざわむら）

(697) 鎌倉郡 深沢村（ふかざわむら）

年月日	旧名称		内容	新名称	
明治22年 3月31日	鎌倉郡	(690) 山崎村（やまざきむら） (691) 梶原村（かじわらむら） (692) 笛田村（ふえだむら） (693) 寺分村（てらぶんむら） (694) 上町谷村（かみまちやむら） (695) 常盤村（ときわむら） (696) 手広村（てびろむら）	合併	鎌倉郡	深沢村
昭和23年 1月 1日	鎌倉郡	深沢村	編入		(687) 鎌倉市（かまくらし）

(698) 鎌倉郡 大船町（おおふなまち）

年月日	旧名称		内容	新名称	
江戸期又は江戸期以前				鎌倉郡	大船村
明治元年 9月21日			県設置		神奈川県
明治22年 3月31日	鎌倉郡	大船村 (699) 山ノ内村（やまのうちむら） (700) 小袋谷村（こぶくろやむら） (701) 台村（だいむら） (702) 岩瀬村（いわせむら） (703) 今泉村（いまいずみむら）	合併	鎌倉郡	小坂村（こさかむら）
昭和 8年 2月11日	鎌倉郡	小坂村	町制	鎌倉郡	大船町
昭和 8年 4月 2日	鎌倉郡	(708) 玉縄村（たまなわむら）	編入	鎌倉郡	大船町

年月日	旧名称		内容	新名称	
昭和23年 6月 1日	鎌倉郡	大船町	編入		(687) 鎌倉市（かまくらし）

(699) 鎌倉郡 山ノ内村（やまのうちむら）

年月日	旧名称		内容	新名称	
江戸期又は江戸期以前				鎌倉郡	山ノ内村
明治元年 9月21日			県設置		神奈川県
明治22年 3月31日	鎌倉郡	山ノ内村	合併	鎌倉郡	(698) 小坂村（こさかむら）

(700) 鎌倉郡 小袋谷村（こぶくろやむら）

年月日	旧名称		内容	新名称	
江戸期又は江戸期以前				鎌倉郡	小袋谷村
明治元年 9月21日			県設置		神奈川県
明治22年 3月31日	鎌倉郡	小袋谷村	合併	鎌倉郡	(698) 小坂村（こさかむら）

(701) 鎌倉郡 台村（だいむら）

年月日	旧名称		内容	新名称	
江戸期又は江戸期以前				鎌倉郡	台村
明治元年 9月21日			県設置		神奈川県
明治22年 3月31日	鎌倉郡	台村	合併	鎌倉郡	(698) 小坂村（こさかむら）

(702) 鎌倉郡 岩瀬村（いわせむら）

年月日	旧名称		内容	新名称	
江戸期又は江戸期以前				鎌倉郡	岩瀬村
明治元年 9月21日			県設置		神奈川県
明治22年 3月31日	鎌倉郡	岩瀬村	合併	鎌倉郡	(698) 小坂村（こさかむら）

(703) 鎌倉郡 今泉村（いまいずみむら）

年月日	旧名称		内容	新名称	
江戸期又は江戸期以前				鎌倉郡	今泉村
明治元年 9月21日			県設置		神奈川県
明治22年 3月31日	鎌倉郡	今泉村	合併	鎌倉郡	(698) 小坂村（こさかむら）

(704) 鎌倉郡 岡本村（おかもとむら）

年月日	旧名称		内容	新名称	
江戸期又は江戸期以前				鎌倉郡	岡本村
明治元年 9月21日			県設置		神奈川県
明治22年 3月31日	鎌倉郡	岡本村	合併	鎌倉郡	(708) 玉縄村（たまなわむら）

(705) 鎌倉郡 城廻村（しろめぐりむら）

年月日	旧名称		内容	新名称	
江戸期又は江戸期以前				鎌倉郡	城廻村

年月日		旧名称	内容		新名称
明治元年 9月21日			県設置		神奈川県
明治22年 3月31日	鎌倉郡	城廻村飛地	合併	鎌倉郡	(659) 俣野村（またのむら）
		城廻村	合併	鎌倉郡	(708) 玉縄村（たまなわむら）

(706) 鎌倉郡 植木村（うえきむら）

年月日		旧名称	内容		新名称
江戸期又は江戸期以前				鎌倉郡	植木村
明治元年 9月21日			県設置		神奈川県
明治22年 3月31日	鎌倉郡	植木村	合併	鎌倉郡	(708) 玉縄村（たまなわむら）

(707) 鎌倉郡 関谷村（せきやむら）

年月日		旧名称	内容		新名称
江戸期又は江戸期以前				鎌倉郡	関谷村
明治元年 9月21日			県設置		神奈川県
明治22年 3月31日	鎌倉郡	関谷村	合併	鎌倉郡	(708) 玉縄村（たまなわむら）

(708) 鎌倉郡 玉縄村（たまなわむら）

年月日		旧名称	内容		新名称
明治22年 3月31日	鎌倉郡	(704) 岡本村（おかもとむら）	合併	鎌倉郡	玉縄村
		(705) 城廻村（しろめぐりむら）			
		(706) 植木村（うえきむら）			
		(707) 関谷村（せきやむら）			
		(658) 山谷新田飛地（さんやしんでん）			
昭和 8年 4月 2日	鎌倉郡	玉縄村	編入	鎌倉郡	(698) 大船町（おおふなまち）

(709) 鎌倉郡 小菅ヶ谷村（こすがやむら）

年月日		旧名称	内容		新名称
江戸期又は江戸期以前				鎌倉郡	小菅ヶ谷村
明治元年 9月21日			県設置		神奈川県
明治22年 3月31日	鎌倉郡	小菅ヶ谷村	合併	鎌倉郡	(716) 本郷村（ほんごうむら）

(710) 鎌倉郡 笠間村（かさまむら）

年月日		旧名称	内容		新名称
江戸期又は江戸期以前				鎌倉郡	笠間村
明治 4年 7月14日			廃藩置県		生実県
明治 4年11月14日			県編入		神奈川県
明治22年 3月31日	鎌倉郡	笠間村	合併	鎌倉郡	(716) 本郷村（ほんごうむら）

(711) 鎌倉郡 公田村（くでんむら）

年月日	旧名称		内容	新名称	
江戸期又は江戸期以前				鎌倉郡	公田村
明治元年 9月21日			県設置		神奈川県
明治22年 3月31日	鎌倉郡	公田村	合併	鎌倉郡	(716) 本郷村（ほんごうむら）

(712) 鎌倉郡 桂村（かつらむら）

年月日	旧名称		内容	新名称	
江戸期又は江戸期以前				鎌倉郡	桂村
明治元年 9月21日			県設置		神奈川県
明治22年 3月31日	鎌倉郡	桂村	合併	鎌倉郡	(716) 本郷村（ほんごうむら）

(713) 鎌倉郡 鍛冶ヶ谷村（かじがやむら）

年月日	旧名称		内容	新名称	
江戸期又は江戸期以前				鎌倉郡	鍛冶ヶ谷村
明治元年 9月21日			県設置		神奈川県
明治22年 3月31日	鎌倉郡	鍛冶ヶ谷村	合併	鎌倉郡	(716) 本郷村（ほんごうむら）

(714) 鎌倉郡 中野村（なかのむら）

年月日	旧名称		内容	新名称	
江戸期又は江戸期以前				鎌倉郡	中野村
明治元年 9月21日			県設置		神奈川県
明治22年 3月31日	鎌倉郡	中野村	合併	鎌倉郡	(716) 本郷村（ほんごうむら）

(715) 鎌倉郡 上野村（かみのむら）

年月日	旧名称		内容	新名称	
江戸期又は江戸期以前				鎌倉郡	上野村
明治元年 9月21日			県設置		神奈川県
明治22年 3月31日	鎌倉郡	上野村	合併	鎌倉郡	(716) 本郷村（ほんごうむら）

(716) 鎌倉郡 本郷村（ほんごうむら）

年月日	旧名称		内容	新名称	
明治22年 3月31日	鎌倉郡	(709) 小菅ヶ谷村（こすがやむら） (710) 笠間村（かさまむら） (711) 公田村（くでんむら） (712) 桂村（かつらむら） (713) 鍛冶ヶ谷村（かじがやむら） (714) 中野村（なかのむら） (715) 上野村（かみのむら）	合併	鎌倉郡	本郷村

年月日		旧名称	内容		新名称
昭和14年 4月 1日	鎌倉郡	本郷村	編入設定	横浜市	(18) 戸塚区（とつかく）

(717) 鎌倉郡 飯島村（いいじまむら）

年月日		旧名称	内容		新名称
江戸期又は江戸期以前				鎌倉郡	飯島村
明治元年 9月21日			県設置		神奈川県
明治22年 3月31日	鎌倉郡	飯島村	合併	鎌倉郡	(721) 豊田村（とよだむら）

(718) 鎌倉郡 長沼村（ながぬまむら）

年月日		旧名称	内容		新名称
江戸期又は江戸期以前				鎌倉郡	長沼村
明治元年 9月21日			県設置		神奈川県
明治22年 3月31日	鎌倉郡	長沼村	合併	鎌倉郡	(721) 豊田村（とよだむら）

(719) 鎌倉郡 下倉田村（しもくらたむら）

年月日		旧名称	内容		新名称
江戸期又は江戸期以前				鎌倉郡	下倉田村
明治元年 9月21日			県設置		神奈川県
明治22年 3月31日	鎌倉郡	下倉田村	合併	鎌倉郡	(721) 豊田村（とよだむら）

(720) 鎌倉郡 上倉田村（かみくらたむら）

年月日		旧名称	内容		新名称
江戸期又は江戸期以前				鎌倉郡	上倉田村
明治元年 9月21日			県設置		神奈川県
明治22年 3月31日	鎌倉郡	上倉田村	合併	鎌倉郡	(721) 豊田村（とよだむら）

(721) 鎌倉郡 豊田村（とよだむら）

年月日		旧名称	内容		新名称
明治22年 3月31日	鎌倉郡	(717) 飯島村（いいじまむら） (718) 長沼村（ながぬまむら） (719) 下倉田村（しもくらたむら） (720) 上倉田村（かみくらたむら）	合併	鎌倉郡	豊田村
大正 4年 8月15日	鎌倉郡	(666) 長尾村（ながおむら）の一部	編入	鎌倉郡	豊田村
昭和14年 4月 1日	鎌倉郡	豊田村	編入設定	横浜市	(18) 戸塚区（とつかく）

(722) 鎌倉郡 野庭村（のばむら）

年月日		旧名称	内容		新名称
江戸期又は江戸期以前				鎌倉郡	野庭村
江戸初期	鎌倉郡	野庭村の一部	分立	鎌倉郡	(723) 上野庭村（かみのばむら）
		野庭村の一部（野庭村	分立	鎌倉郡	(724) 下野庭村（しものばむら）

年月日	郡	旧名称	内容	郡	新名称
		消滅)			

(723) 鎌倉郡 上野庭村（かみのばむら）

年月日	郡	旧名称	内容	郡	新名称
江戸初期	鎌倉郡	(722) 野庭村（のばむら）の一部	分立	鎌倉郡	上野庭村
明治元年 9月21日			県設置		神奈川県
明治22年 3月31日	鎌倉郡	上野庭村	合併	鎌倉郡	(728) 永野村（ながのむら）

(724) 鎌倉郡 下野庭村（しものばむら）

年月日	郡	旧名称	内容	郡	新名称
江戸初期	鎌倉郡	(722) 野庭村（のばむら）の一部	分立	鎌倉郡	下野庭村
明治元年 9月21日			県設置		神奈川県
明治22年 3月31日	鎌倉郡	下野庭村	合併	鎌倉郡	(728) 永野村（ながのむら）

(725) 鎌倉郡 永谷村（ながやむら）

年月日	郡	旧名称	内容	郡	新名称
江戸期又は江戸期以前				鎌倉郡	永谷村
江戸初期	鎌倉郡	永谷村の一部	分立	鎌倉郡	(726) 永谷上村（ながやかみむら）
		永谷村の一部（永谷村消滅）	分立	鎌倉郡	(727) 永谷中村（ながやなかむら）
明治初期	鎌倉郡	(726) 永谷上村	合併	鎌倉郡	永谷村
		(727) 永谷中村			
明治元年 9月21日			県設置		神奈川県
明治22年 3月31日	鎌倉郡	永谷村	合併	鎌倉郡	(728) 永野村（ながのむら）
		永谷村飛地	合併	鎌倉郡	(737) 川上村（かわかみむら）

(726) 鎌倉郡 永谷上村（ながやかみむら）

年月日	郡	旧名称	内容	郡	新名称
江戸初期	鎌倉郡	(725) 永谷村（ながやむら）の一部	分立	鎌倉郡	永谷上村
明治初期	鎌倉郡	永谷上村	合併	鎌倉郡	(725) 永谷村

(727) 鎌倉郡 永谷中村（ながやなかむら）

年月日	郡	旧名称	内容	郡	新名称
江戸初期	鎌倉郡	(725) 永谷村（ながやむら）の一部	分立	鎌倉郡	永谷中村
明治初期	鎌倉郡	永谷中村	合併	鎌倉郡	(725) 永谷村

(728) 鎌倉郡 永野村（ながのむら）

年月日	郡	旧名称	内容	郡	新名称
明治22年 3月31日	鎌倉郡	(723) 上野庭村（かみのばむら）	合併	鎌倉郡	永野村
		(724) 下野庭村（しものばむら）			
		(725) 永谷村（ながやむら）			

年月日		旧名称	内容		新名称
		(736) 平戸村(ひらどむら)飛地			
昭和11年10月 1日	鎌倉郡	永野村	編入	横浜市	(6) 中区(なかく)

(729) 鎌倉郡 柏尾村(かしおむら)

年月日		旧名称	内容		新名称
江戸期又は江戸期以前				鎌倉郡	柏尾村
元禄年間	鎌倉郡	柏尾村の一部	分立	鎌倉郡	(730) 上柏尾村(かみかしおむら)
		柏尾村の一部（柏尾村消滅）	分立	鎌倉郡	(731) 下柏尾村(しもかしおむら)

(730) 鎌倉郡 上柏尾村(かみかしおむら)

年月日		旧名称	内容		新名称
元禄年間	鎌倉郡	(729) 柏尾村(かしおむら)の一部	分立	鎌倉郡	上柏尾村
明治元年 9月21日			県設置		神奈川県
明治22年 3月31日	鎌倉郡	上柏尾村	合併	鎌倉郡	(737) 川上村(かわかみむら)

(731) 鎌倉郡 下柏尾村(しもかしおむら)

年月日		旧名称	内容		新名称
元禄年間	鎌倉郡	(729) 柏尾村(かしおむら)の一部	分立	鎌倉郡	下柏尾村
明治元年 9月21日			県設置		神奈川県
明治22年 3月31日	鎌倉郡	下柏尾村	合併	鎌倉郡	(737) 川上村(かわかみむら)

(732) 鎌倉郡 舞岡村(まいおかむら)

年月日		旧名称	内容		新名称
江戸期又は江戸期以前				鎌倉郡	舞岡村
明治元年 9月21日			県設置		神奈川県
明治22年 3月31日	鎌倉郡	舞岡村	合併	鎌倉郡	(737) 川上村(かわかみむら)

(733) 鎌倉郡 前山田村(まえやまだむら)

年月日		旧名称	内容		新名称
江戸期又は江戸期以前				鎌倉郡	前山田村
明治元年 9月21日			県設置		神奈川県
明治22年 3月31日	鎌倉郡	前山田村	合併	鎌倉郡	(737) 川上村(かわかみむら)

(734) 鎌倉郡 後山田村(うしろやまだむら)

年月日		旧名称	内容		新名称
江戸期又は江戸期以前				鎌倉郡	後山田村
明治元年 9月21日			県設置		神奈川県
明治22年 3月31日	鎌倉郡	後山田村	合併	鎌倉郡	(737) 川上村(かわかみむら)

(735) 鎌倉郡 品濃村（しなのむら）

年月日		旧名称	内容		新名称
江戸期又は江戸期以前				鎌倉郡	品濃村
明治元年 9月21日			県設置		神奈川県
明治22年 3月31日	鎌倉郡	品濃村	合併	鎌倉郡	(737) 川上村（かわかみむら）

(736) 鎌倉郡 平戸村（ひらどむら）

年月日		旧名称	内容		新名称
江戸期又は江戸期以前				鎌倉郡	平戸村
明治元年 9月21日			県設置		神奈川県
明治22年 3月31日	鎌倉郡	平戸村飛地	合併	鎌倉郡	(728) 永野村（ながのむら）
		平戸村	合併	鎌倉郡	(737) 川上村（かわかみむら）

(737) 鎌倉郡 川上村（かわかみむら）

年月日		旧名称	内容		新名称
明治22年 3月31日	鎌倉郡	(730) 上柏尾村（かみかしおむら）	合併	鎌倉郡	川上村
		(731) 下柏尾村（しもかしおむら）			
		(732) 舞岡村（まいおかむら）			
		(733) 前山田村（まえやまだむら）			
		(734) 後山田村（うしろやまだむら）			
		(735) 品濃村（しなのむら）			
		(736) 平戸村（ひらどむら）			
		(725) 永谷村飛地（ながやむら）			
昭和14年 4月 1日	鎌倉郡	川上村	編入設定	横浜市	(18) 戸塚区（とつかく）

(738) 鎌倉郡 戸塚町（とつかまち）

年月日		旧名称	内容		新名称
江戸期又は江戸期以前				鎌倉郡	戸塚宿
明治元年 9月21日			県設置		神奈川県
明治11年	鎌倉郡	戸塚宿	改称	鎌倉郡	戸塚駅
明治22年 3月31日	鎌倉郡	戸塚駅	合併	鎌倉郡	戸塚町
		(739) 矢部町（やべまち）			
		(740) 吉田町（よしだまち）			
昭和14年 4月 1日	鎌倉郡	戸塚町	編入設定	横浜市	(18) 戸塚区

(739) 鎌倉郡 矢部町（やべまち）

年月日		旧名称	内容		新名称
寛永年間			成立	鎌倉郡	矢部町

年月日		旧名称	内容		新名称
明治元年 9月21日			県設置		神奈川県
明治22年 3月31日	鎌倉郡	矢部町	合併	鎌倉郡	(738) 戸塚町（とつかまち）

(740) 鎌倉郡 吉田町（よしだまち）

年月日		旧名称	内容		新名称
寛永年間			成立	鎌倉郡	吉田町
明治元年 9月21日			県設置		神奈川県
明治22年 3月31日	鎌倉郡	吉田町	合併	鎌倉郡	(738) 戸塚町（とつかまち）

(741) 鎌倉郡 瀬谷村（せやむら）

年月日		旧名称	内容		新名称
江戸期又は江戸期以前				鎌倉郡	瀬谷村
明治元年 9月21日			県設置		神奈川県
明治22年 3月31日	鎌倉郡	瀬谷村 (742) 二ツ橋村（ふたつばしむら） (743) 宮沢村（みやざわむら）	合併	鎌倉郡	瀬谷村
昭和14年 4月 1日	鎌倉郡	瀬谷村	編入設定	横浜市	(18) 戸塚区（とつかく）

(742) 鎌倉郡 二ツ橋村（ふたつばしむら）

年月日		旧名称	内容		新名称
享保10年			成立	鎌倉郡	瀬谷野新田（せやのしんでん）
明治元年 9月21日			県設置		神奈川県
明治 5年	鎌倉郡	瀬谷野新田	改称	鎌倉郡	二ツ橋村
明治22年 3月31日	鎌倉郡	二ツ橋村	合併	鎌倉郡	(741) 瀬谷村（せやむら）

(743) 鎌倉郡 宮沢村（みやざわむら）

年月日		旧名称	内容		新名称
江戸期又は江戸期以前				鎌倉郡	宮沢村
明治元年 9月21日			県設置		神奈川県
明治22年 3月31日	鎌倉郡	宮沢村	合併	鎌倉郡	(741) 瀬谷村（せやむら）

(744) 鎌倉郡 和泉村（いずみむら）

年月日		旧名称	内容		新名称
江戸期又は江戸期以前				鎌倉郡	和泉村
明治元年 9月21日			県設置		神奈川県
明治22年 3月31日	鎌倉郡	和泉村	合併	鎌倉郡	(748) 中和田村（なかわだむら）

年月日	旧名称			内容	新名称		

(745) 鎌倉郡 中田村（なかたむら）

年月日	旧名称			内容	新名称		
江戸期又は江戸期以前					鎌倉郡		中田村
明治元年 9月21日				県設置			神奈川県
明治22年 3月31日	鎌倉郡		中田村	合併	鎌倉郡	(748)	中和田村（なかわだむら）

(746) 鎌倉郡 上飯田村（かみいいだむら）

年月日	旧名称			内容	新名称		
江戸期又は江戸期以前					鎌倉郡		上飯田村
明治元年 9月21日				県設置			神奈川県
明治22年 3月31日	鎌倉郡		上飯田村	合併	鎌倉郡	(748)	中和田村（なかわだむら）

(747) 鎌倉郡 下飯田村（しもいいだむら）

年月日	旧名称			内容	新名称		
江戸期又は江戸期以前					鎌倉郡		下飯田村
明治元年 9月21日				県設置			神奈川県
明治22年 3月31日	鎌倉郡		下飯田村	合併	鎌倉郡	(748)	中和田村（なかわだむら）

(748) 鎌倉郡 中和田村（なかわだむら）

年月日	旧名称			内容	新名称		
明治22年 3月31日	鎌倉郡	(744)	和泉村（いずみむら）	合併	鎌倉郡		中和田村
		(745)	中田村（なかたむら）				
		(746)	上飯田村（かみいいだむら）				
		(747)	下飯田村（しもいいだむら）				
	高座郡	(769)	今田村飛地（いまだむら）				
		(785)	上和田村飛地（かみわだむら）				
昭和14年 4月 1日	鎌倉郡		中和田村	編入設定	横浜市	(18)	戸塚区（とつかく）

(749) 鎌倉郡 上矢部村（かみやべむら）

年月日	旧名称			内容	新名称		
江戸期又は江戸期以前					鎌倉郡		上矢部村
明治元年 9月21日				県設置			神奈川県
明治22年 3月31日	鎌倉郡		上矢部村	合併	鎌倉郡	(754)	中川村（なかがわむら）

(750) 鎌倉郡 秋葉村（あきばむら）

年月日	旧名称			内容	新名称		
江戸期又は江戸期以前					鎌倉郡		秋葉村
明治元年 9月21日				県設置			神奈川県
明治22年 3月31日	鎌倉郡		秋葉村	合併	鎌倉郡	(754)	中川村（なかがわむら）

(751) 鎌倉郡 名瀬村（なせむら）

年月日		旧名称	内容		新名称
江戸期又は江戸期以前				鎌倉郡	名瀬村
明治元年 9月21日			県設置		神奈川県
明治22年 3月31日	鎌倉郡	名瀬村	合併	鎌倉郡	(754) 中川村（なかがわむら）

(752) 鎌倉郡 阿久和村（あくわむら）

年月日		旧名称	内容		新名称
江戸期又は江戸期以前				鎌倉郡	阿久和村
明治元年 9月21日			県設置		神奈川県
明治22年 3月31日	鎌倉郡	阿久和村	合併	鎌倉郡	(754) 中川村（なかがわむら）

(753) 鎌倉郡 岡津村（おかつむら）

年月日		旧名称	内容		新名称
江戸期又は江戸期以前				鎌倉郡	岡津村
明治元年 9月21日			県設置		神奈川県
明治22年 3月31日	鎌倉郡	岡津村	合併	鎌倉郡	(754) 中川村（なかがわむら）

(754) 鎌倉郡 中川村（なかがわむら）

年月日		旧名称	内容		新名称
明治22年 3月31日	鎌倉郡	(749) 上矢部村（かみやべむら） (750) 秋葉村（あきばむら） (751) 名瀬村（なせむら） (752) 阿久和村（あくわむら） (753) 岡津村（おかつむら）	合併	鎌倉郡	中川村
昭和14年 4月 1日	鎌倉郡	中川村	編入設定	横浜市	(18) 戸塚区（とつかく）

(755) 高座郡 藤沢駅大久保町（ふじさわえきおおくぼまち）

年月日		旧名称	内容		新名称
江戸期又は江戸期以前				高座郡	大久保町（おおくぼまち）
明治元年 9月21日			県設置		神奈川県
明治13年10月22日	高座郡	大久保町	改称	高座郡	藤沢駅大久保町
明治21年 1月23日	高座郡	藤沢駅大久保町	合併	高座郡	(757) 藤沢駅大坂町（ふじさわえきおおさかまち）

(756) 高座郡 藤沢駅坂戸町（ふじさわえきさかどまち）

年月日		旧名称	内容		新名称
江戸期又は江戸期以前				高座郡	坂戸町（さかどまち）
明治元年 9月21日			県設置		神奈川県
明治13年10月22日	高座郡	坂戸町	改称	高座郡	藤沢駅坂戸町

年月日	旧名称		内容	新名称	
明治21年 1月23日	高座郡	藤沢駅坂戸町	合併	高座郡	(757) 藤沢駅大坂町（ふじさわえきおおさかまち）

(757) 高座郡 藤沢大坂町（ふじさわおおさかまち）

年月日	旧名称		内容	新名称	
明治21年 1月23日	高座郡	(755) 藤沢駅大久保町（ふじさわえきおおくぼまち）	合併	高座郡	藤沢駅大坂町（ふじさわえきおおさかまち）
		(756) 藤沢駅坂戸町（ふじさわえきさかどまち）			
明治22年 3月31日	高座郡	藤沢駅大坂町	改称	高座郡	藤沢大坂町
明治40年10月 1日	鎌倉郡	(645) 藤沢大富町（ふじさわおおとみまち）	合併	高座郡	藤沢大坂町
	高座郡	藤沢大坂町			
明治41年 4月 1日	高座郡	藤沢大坂町	合併	高座郡	(764) 藤沢町（ふじさわまち）

(758) 高座郡 鵠沼村（くげぬまむら）

年月日	旧名称		内容	新名称	
江戸期又は江戸期以前				高座郡	鵠沼村
明治元年 9月21日			県設置		神奈川県
明治41年 4月 1日	高座郡	鵠沼村	合併	高座郡	(764) 藤沢町（ふじさわまち）

(759) 高座郡 羽鳥村（はとりむら）

年月日	旧名称		内容	新名称	
江戸期又は江戸期以前				高座郡	羽鳥村
明治元年 9月21日			県設置		神奈川県
明治22年 3月31日	高座郡	羽鳥村	合併	高座郡	(763) 明治村（めいじむら）

(760) 高座郡 大庭村（おおばむら）

年月日	旧名称		内容	新名称	
江戸期又は江戸期以前				高座郡	大庭村
明治元年 9月21日			県設置		神奈川県
明治22年 3月31日	高座郡	大庭村	合併	高座郡	(763) 明治村（めいじむら）

(761) 高座郡 稲荷村（いなりむら）

年月日	旧名称		内容	新名称	
江戸期又は江戸期以前				高座郡	稲荷村
明治元年 9月21日			県設置		神奈川県
明治22年 3月31日	高座郡	稲荷村	合併	高座郡	(763) 明治村（めいじむら）

(762) 高座郡 辻堂村（つじどうむら）

年月日	旧名称		内容	新名称	
江戸期又は江戸期以前				高座郡	辻堂村
明治元年 9月21日			県設置		神奈川県

年月日		旧名称	内容		新名称
明治22年 3月31日	高座郡	辻堂村	合併	高座郡	(763) 明治村（めいじむら）

(763) 高座郡 明治村（めいじむら）

年月日		旧名称	内容		新名称
明治22年 3月31日	高座郡	(759) 羽鳥村（はとりむら）	合併	高座郡	明治村
		(760) 大庭村（おおばむら）			
		(761) 稲荷村（いなりむら）			
		(762) 辻堂村（つじどうむら）			
明治41年 4月 1日	高座郡	明治村	合併	高座郡	(764) 藤沢町（ふじさわまち）

(764) 藤沢市（ふじさわし）

年月日		旧名称	内容		新名称
明治41年 4月 1日	高座郡	(757) 藤沢大坂町（ふじさわおおさかまち）	合併	高座郡	藤沢町
		(758) 鵠沼村（くげぬまむら）			
		(763) 明治村（めいじむら）			
昭和15年10月 1日	高座郡	藤沢町	市制		藤沢市
昭和16年 6月 1日	鎌倉郡	(653) 村岡村（むらおかむら）	編入		藤沢市
昭和17年 3月10日	高座郡	(771) 六会村（むつあいむら）	編入		藤沢市
昭和22年 4月 1日	鎌倉郡	(654) 片瀬町（かたせまち）	編入		藤沢市
昭和30年 4月 5日	高座郡	(778) 御所見村（ごしょみむら）	編入		藤沢市
		(786) 渋谷町（しぶやまち）の大字長後、同高倉	編入		藤沢市
		(813) 小出村（こいでむら）の大字遠藤	編入		藤沢市

(765) 高座郡 亀井野村（かめいのむら）

年月日		旧名称	内容		新名称
江戸期又は江戸期以前				高座郡	亀井野村
明治元年 9月21日		（旗本知行地）	県設置		神奈川県
明治 4年 7月14日		（烏山藩領）	廃藩置県		烏山県
明治 4年11月14日		（烏山藩領）	県編入		神奈川県
明治22年 3月31日	高座郡	亀井野村	合併	高座郡	(771) 六会村（むつあいむら）

(766) 高座郡 西俣野村（にしまたのむら）

年月日		旧名称	内容		新名称
江戸期又は江戸期以前				高座郡	西俣野村
明治元年 9月21日			県設置		神奈川県
明治22年 3月31日	高座郡	西俣野村	合併	高座郡	(771) 六会村（むつあいむら）

(767) 高座郡 石川村(いしかわむら)

年月日	旧 名 称		内容	新 名 称	
江戸期又は江戸期以前				高座郡	石川村
明治元年 9月21日			県設置		神奈川県
明治22年 3月31日	高座郡	石川村	合併	高座郡	(771) 六会村(むつあいむら)

(768) 高座郡 円行村(えんぎょうむら)

年月日	旧 名 称		内容	新 名 称	
江戸期又は江戸期以前				高座郡	円行村
明治元年 9月21日			県設置		神奈川県
明治22年 3月31日	高座郡	円行村	合併	高座郡	(771) 六会村(むつあいむら)

(769) 高座郡 今田村(いまだむら)

年月日	旧 名 称		内容	新 名 称	
江戸期又は江戸期以前				高座郡	今田村
明治元年 9月21日			県設置		神奈川県
明治22年 3月31日	高座郡	今田村飛地	合併	鎌倉郡	(748) 中和田村(なかわだむら)
		今田村	合併	高座郡	(771) 六会村(むつあいむら)

(770) 高座郡 下土棚村(しもつちだなむら)

年月日	旧 名 称		内容	新 名 称	
江戸期又は江戸期以前				高座郡	下土棚村
明治元年 9月21日			県設置		神奈川県
明治22年 3月31日	高座郡	下土棚村	合併	高座郡	(771) 六会村(むつあいむら)

(771) 高座郡 六会村(むつあいむら)

年月日	旧 名 称		内容	新 名 称	
明治22年 3月31日	高座郡	(765) 亀井野村(かめいのむら) (766) 西俣野村(にしまたのむら) (767) 石川村(いしかわむら) (768) 円行村(えんぎょうむら) (769) 今田村(いまだむら) (770) 下土棚村(しもつちだなむら)	合併	高座郡	六会村
昭和17年 3月10日	高座郡	六会村	編入		(764) 藤沢市(ふじさわし)

(772) 高座郡 用田村(ようだむら)

年月日	旧 名 称		内容	新 名 称	
江戸期又は江戸期以前				高座郡	用田村
明治元年 9月21日		(旗本知行地)	県設置		神奈川県

年月日		旧名称	内容		新名称
明治 4年 7月14日		(佐倉藩領)	廃藩置県		佐倉県
		(烏山藩領)	廃藩置県		烏山県
明治 4年11月14日		(烏山藩領・佐倉藩領)	県編入		神奈川県
明治22年 3月31日	高座郡	用田村	合併	高座郡	(778) 御所見村（ごしょみむら）

(773) 高座郡 葛原村（くずはらむら）

年月日		旧名称	内容		新名称
江戸期又は江戸期以前				高座郡	葛原村
明治元年 9月21日			県設置		神奈川県
明治22年 3月31日	高座郡	葛原村	合併	高座郡	(778) 御所見村（ごしょみむら）

(774) 高座郡 菖蒲沢村（しょうぶざわむら）

年月日		旧名称	内容		新名称
江戸期又は江戸期以前				高座郡	菖蒲沢村
明治元年 9月21日			県設置		神奈川県
明治22年 3月31日	高座郡	菖蒲沢村	合併	高座郡	(778) 御所見村（ごしょみむら）

(775) 高座郡 獺郷村（おそごうむら）

年月日		旧名称	内容		新名称
江戸期又は江戸期以前				高座郡	獺郷村
明治元年 9月21日			県設置		神奈川県
明治22年 3月31日	高座郡	獺郷村	合併	高座郡	(778) 御所見村（ごしょみむら）

(776) 高座郡 打戻村（うちもどりむら）

年月日		旧名称	内容		新名称
江戸期又は江戸期以前				高座郡	打戻村
明治元年 9月21日			県設置		神奈川県
明治22年 3月31日	高座郡	打戻村	合併	高座郡	(778) 御所見村（ごしょみむら）
		打戻村飛地	合併	高座郡	(813) 小出村（こいでむら）

(777) 高座郡 宮原村（みやばらむら）

年月日		旧名称	内容		新名称
江戸期又は江戸期以前				高座郡	宮原村
明治元年 9月21日			県設置		神奈川県
明治22年 3月31日	高座郡	宮原村	合併	高座郡	(778) 御所見村（ごしょみむら）

(778) 高座郡 御所見村（ごしょみむら）

年月日		旧名称	内容		新名称
明治22年 3月31日	高座郡	(772) 用田村（ようだむら）	合併	高座郡	御所見村

年月日		旧名称	内容		新名称
		(773) 葛原村(くずはらむら) (774) 菖蒲沢村(しょうぶざわむら) (775) 獺郷村(おそごうむら) (776) 打戻村(うちもどりむら) (777) 宮原村(みやばらむら)			
昭和30年 4月 5日	高座郡	御所見村	編入		(764) 藤沢市(ふじさわし)

(779) 高座郡 長後村(ちょうごむら)

年月日		旧名称	内容		新名称
江戸期又は江戸期以前				高座郡	長後村
明治元年 9月21日			県設置		神奈川県
明治22年 3月31日	高座郡	長後村	合併	高座郡	(786) 渋谷村(しぶやむら)

(780) 高座郡 千束村(せんぞくむら)

年月日		旧名称	内容		新名称
江戸期又は江戸期以前				高座郡	千束村
明治元年 9月21日			県設置		神奈川県
明治 8年11月 9日	高座郡	千束村	合併	高座郡	(782) 高倉村(たかくらむら)

(781) 高座郡 七ツ木村(ななつぎむら)

年月日		旧名称	内容		新名称
江戸期又は江戸期以前				高座郡	七ツ木村
明治元年 9月21日			県設置		神奈川県
明治 8年11月 9日	高座郡	七ツ木村	合併	高座郡	(782) 高倉村(たかくらむら)

(782) 高座郡 高倉村(たかくらむら)

年月日		旧名称	内容		新名称
明治 8年11月 9日	高座郡	(780) 千束村(せんぞくむら) (781) 七ツ木村(ななつぎむら)	合併	高座郡	高倉村
明治22年 3月31日	高座郡	高倉村	合併	高座郡	(786) 渋谷村(しぶやむら)

(783) 高座郡 下和田村(しもわだむら)

年月日		旧名称	内容		新名称
江戸期又は江戸期以前				高座郡	下和田村
明治元年 9月21日			県設置		神奈川県
明治22年 3月31日	高座郡	下和田村	合併	高座郡	(786) 渋谷村(しぶやむら)

(784) 高座郡 福田村(ふくだむら)

年月日		旧名称	内容		新名称
江戸期又は江戸期以前				高座郡	福田村

年月日	旧名称		内容	新名称	
明治元年 9月21日			県設置		神奈川県
明治22年 3月31日	高座郡	福田村	合併	高座郡	(786) 渋谷村(しぶやむら)

(785) 高座郡 上和田村(かみわだむら)

年月日	旧名称		内容	新名称	
江戸期又は江戸期以前				高座郡	上和田村
明治元年 9月21日			県設置		神奈川県
明治22年 3月31日	高座郡	上和田村飛地	合併	鎌倉郡	(748) 中和田村(なかわだむら)
		上和田村	合併	高座郡	(786) 渋谷村(しぶやむら)
		上和田村飛地	合併	高座郡	(863) 鶴見村(つるみむら)

(786) 高座郡 渋谷村(しぶやむら)

年月日	旧名称		内容	新名称	
明治22年 3月31日	高座郡	(779) 長後村(ちょうごむら) (782) 高倉村(たかくらむら) (783) 下和田村(しもわだむら) (784) 福田村(ふくだむら) (785) 上和田村(かみわだむら) (827) 本蓼川村(ほんたてかわむら)飛地	合併	高座郡	渋谷村
昭和19年11月 3日	高座郡	渋谷村	町制	高座郡	渋谷町
昭和30年 4月 5日	高座郡	渋谷町の大字福田、同上和田、同下和田、同本蓼川	村制	高座郡	渋谷村
昭和30年 4月 5日	高座郡	渋谷町の大字長後、同高倉	編入		(764) 藤沢市(ふじさわし)
昭和31年 9月 1日	高座郡	渋谷村	編入	高座郡	(863) 大和町(やまとまち)

(787) 茅ヶ崎市(ちがさきし)

年月日	旧名称		内容	新名称	
江戸期又は江戸期以前				高座郡	茅ヶ崎村
明治元年 9月21日			県設置		神奈川県
明治41年 7月 1日	高座郡	茅ヶ崎村 (795) 松林村(まつばやしむら) (807) 鶴嶺村(つるがみねむら)	合併	高座郡	茅ヶ崎町
昭和22年10月 1日	高座郡	茅ヶ崎町	市制		茅ヶ崎市
昭和30年 4月 5日	高座郡	(813) 小出村(こいでむら)の大字堤、同下寺尾、同行谷、同芹沢	編入		茅ヶ崎市

年月日	旧名称		内容	新名称	

(788) 高座郡 室田村（むろだむら）

年月日	旧名称		内容	新名称	
江戸期又は江戸期以前				高座郡	室田村
明治元年 9月21日			県設置		神奈川県
明治22年 3月31日	高座郡	室田村	合併	高座郡	(795) 松林村（まつばやしむら）

(789) 高座郡 小和田村（こわだむら）

年月日	旧名称		内容	新名称	
江戸期又は江戸期以前				高座郡	小和田村
明治元年 9月21日			県設置		神奈川県
明治22年 3月31日	高座郡	小和田村	合併	高座郡	(795) 松林村（まつばやしむら）

(790) 高座郡 菱沼村（ひしぬまむら）

年月日	旧名称		内容	新名称	
江戸期又は江戸期以前				高座郡	菱沼村
明治元年 9月21日			県設置		神奈川県
明治22年 3月31日	高座郡	菱沼村	合併	高座郡	(795) 松林村（まつばやしむら）

(791) 高座郡 高田村（たかだむら）

年月日	旧名称		内容	新名称	
江戸期又は江戸期以前				高座郡	高田村
明治元年 9月21日			県設置		神奈川県
明治22年 3月31日	高座郡	高田村	合併	高座郡	(795) 松林村（まつばやしむら）

(792) 高座郡 赤羽根村（あかばねむら）

年月日	旧名称		内容	新名称	
江戸期又は江戸期以前				高座郡	赤羽根村
明治元年 9月21日			県設置		神奈川県
明治22年 3月31日	高座郡	赤羽根村	合併	高座郡	(795) 松林村（まつばやしむら）

(793) 高座郡 甘沼村（あまぬまむら）

年月日	旧名称		内容	新名称	
江戸期又は江戸期以前				高座郡	甘沼村
明治元年 9月21日			県設置		神奈川県
明治22年 3月31日	高座郡	甘沼村	合併	高座郡	(795) 松林村（まつばやしむら）

(794) 高座郡 香川村（かがわむら）

年月日	旧名称		内容	新名称	
江戸期又は江戸期以前				高座郡	香川村
明治元年 9月21日			県設置		神奈川県

年月日	旧名称	内容	新名称
明治22年 3月31日	高座郡 香川村	合併	高座郡 (795) 松林村（まつばやしむら）

(795) 高座郡 松林村（まつばやしむら）

年月日	旧名称	内容	新名称
明治22年 3月31日	高座郡 (788) 室田村（むろだむら） (789) 小和田村（こわだむら） (790) 菱沼村（ひしぬまむら） (791) 高田村（たかだむら） (792) 赤羽根村（あかばねむら） (793) 甘沼村（あまぬまむら） (794) 香川村（かがわむら）	合併	高座郡 松林村
明治41年 7月 1日	高座郡 松林村	合併	高座郡 (787) 茅ヶ崎町（ちがさきまち）

(796) 高座郡 矢畑村（やばたむら）

年月日	旧名称	内容	新名称
江戸期又は江戸期以前			高座郡 矢畑村
明治元年 9月21日		県設置	神奈川県
明治22年 3月31日	高座郡 矢畑村	合併	高座郡 (807) 鶴嶺村（つるがみねむら）

(797) 高座郡 円蔵村（えんぞうむら）

年月日	旧名称	内容	新名称
江戸期又は江戸期以前			高座郡 円蔵村
明治元年 9月21日		県設置	神奈川県
明治22年 3月31日	高座郡 円蔵村	合併	高座郡 (807) 鶴嶺村（つるがみねむら）

(798) 高座郡 西久保村（にしくぼむら）

年月日	旧名称	内容	新名称
江戸期又は江戸期以前			高座郡 西久保村
明治元年 9月21日		県設置	神奈川県
明治22年 3月31日	高座郡 西久保村	合併	高座郡 (807) 鶴嶺村（つるがみねむら）

(799) 高座郡 今宿村（いまじゅくむら）

年月日	旧名称	内容	新名称
江戸期又は江戸期以前			高座郡 今宿村
明治元年 9月21日		県設置	神奈川県
明治22年 3月31日	高座郡 今宿村	合併	高座郡 (807) 鶴嶺村（つるがみねむら）

(800) 高座郡 浜ノ郷村（はまのごうむら）

年月日	旧名称	内容	新名称
江戸期又は江戸期以前			高座郡 浜ノ郷村

年月日	旧	名称	内容	新		名称
明治元年 9月21日			県設置			神奈川県
明治22年 3月31日	高座郡	浜ノ郷村	合併	高座郡	(807)	鶴嶺村（つるがみねむら）

(801) 高座郡 平太夫新田（へいだゆうしんでん）

年月日	旧	名称	内容	新		名称
江戸期又は江戸期以前				高座郡		平太夫新田
明治元年 9月21日			県設置			神奈川県
明治22年 3月31日	高座郡	平太夫新田	合併	高座郡	(807)	鶴嶺村（つるがみねむら）

(802) 高座郡 松尾村（まつおむら）

年月日	旧	名称	内容	新		名称
江戸期又は江戸期以前				高座郡		松尾村
明治元年 9月21日			県設置			神奈川県
明治22年 3月31日	高座郡	松尾村	合併	高座郡	(807)	鶴嶺村（つるがみねむら）

(803) 高座郡 柳島村（やなぎしまむら）

年月日	旧	名称	内容	新		名称
江戸期又は江戸期以前				高座郡		柳島村
明治元年 9月21日			県設置			神奈川県
明治22年 3月31日	高座郡	柳島村	合併	高座郡	(807)	鶴嶺村（つるがみねむら）

(804) 高座郡 中島村（なかじまむら）

年月日	旧	名称	内容	新		名称
江戸期又は江戸期以前				高座郡		中島村
明治元年 9月21日			県設置			神奈川県
明治22年 3月31日	高座郡	中島村	合併	高座郡	(807)	鶴嶺村（つるがみねむら）

(805) 高座郡 萩園村（はぎぞのむら）

年月日	旧	名称	内容	新		名称
江戸期又は江戸期以前				高座郡		萩園村
明治元年 9月21日			県設置			神奈川県
明治22年 3月31日	高座郡	萩園村	合併	高座郡	(807)	鶴嶺村（つるがみねむら）

(806) 高座郡 下町屋村（しもまちやむら）

年月日	旧	名称	内容	新		名称
江戸期又は江戸期以前				高座郡		下町屋村
明治元年 9月21日			県設置			神奈川県
明治22年 3月31日	高座郡	下町屋村	合併	高座郡	(807)	鶴嶺村（つるがみねむら）

年月日	旧名称	内容	新名称

(807) 高座郡 鶴嶺村（つるがみねむら）

年月日	旧名称	内容	新名称
明治22年 3月31日	高座郡 (796) 矢畑村（やばたむら） (797) 円蔵村（えんぞうむら） (798) 西久保村（にしくぼむら） (799) 今宿村（いまじゅくむら） (800) 浜ノ郷村（はまのごうむら） (801) 平太夫新田（へいだゆうしんでん） (802) 松尾村（まつおむら） (803) 柳島村（やなぎしまむら） (804) 中島村（なかじまむら） (805) 萩園村（はぎぞのむら） (806) 下町屋村（しもまちやむら）	合併	高座郡 鶴嶺村
明治41年 7月 1日	高座郡 鶴嶺村	合併	高座郡 (787) 茅ヶ崎町（ちがさきまち）

(808) 高座郡 堤村（つつみむら）

年月日	旧名称	内容	新名称
江戸期又は江戸期以前			高座郡 堤村
明治 4年 7月14日		廃藩置県	西大平県
明治 4年11月14日		県編入	神奈川県
明治22年 3月31日	高座郡 堤村	合併	高座郡 (813) 小出村（こいでむら）

(809) 高座郡 行谷村（なめがやむら）

年月日	旧名称	内容	新名称
江戸期又は江戸期以前			高座郡 行谷村
明治元年 9月21日		県設置	神奈川県
明治22年 3月31日	高座郡 行谷村	合併	高座郡 (813) 小出村（こいでむら）

(810) 高座郡 下寺尾村（しもてらおむら）

年月日	旧名称	内容	新名称
江戸期又は江戸期以前			高座郡 下寺尾村
明治元年 9月21日		県設置	神奈川県
明治22年 3月31日	高座郡 下寺尾村	合併	高座郡 (813) 小出村（こいでむら）

(811) 高座郡 芹沢村（せりさわむら）

年月日	旧名称	内容	新名称
江戸期又は江戸期以前			高座郡 芹沢村
明治元年 9月21日		県設置	神奈川県

年月日	旧名称	内容	新名称
明治22年 3月31日	高座郡 芹沢村	合併	高座郡 (813) 小出村（こいでむら）

(812) 高座郡 遠藤村（えんどうむら）

年月日	旧名称	内容	新名称
江戸期又は江戸期以前			高座郡 遠藤村
明治元年 9月21日		県設置	神奈川県
明治22年 3月31日	高座郡 遠藤村	合併	高座郡 (813) 小出村（こいでむら）

(813) 高座郡 小出村（こいでむら）

年月日	旧名称	内容	新名称
明治22年 3月31日	高座郡 (808) 堤村（つつみむら） (809) 行谷村（なめがやむら） (810) 下寺尾村（しもてらおむら） (811) 芹沢村（せりさわむら） (812) 遠藤村（えんどうむら） (776) 打戻村（うちもどりむら）飛地	合併	高座郡 小出村
昭和30年 4月 5日	高座郡 小出村の大字遠藤	編入	(764) 藤沢市（ふじさわし）
	小出村の大字堤、同下寺尾、同行谷、同芹沢（小出村消滅）	編入	(787) 茅ヶ崎市（ちがさきし）

(814) 高座郡 一ノ宮村（いちのみやむら）

年月日	旧名称	内容	新名称
江戸期又は江戸期以前			高座郡 一ノ宮村
明治元年 9月21日		県設置	神奈川県
明治22年 3月31日	高座郡 一ノ宮村	合併	高座郡 (825) 寒川村（さむかわむら）

(815) 高座郡 中瀬村（なかせむら）

年月日	旧名称	内容	新名称
江戸期又は江戸期以前			高座郡 中瀬村
明治元年 9月21日		県設置	神奈川県
明治22年 3月31日	高座郡 中瀬村	合併	高座郡 (825) 寒川村（さむかわむら）

(816) 高座郡 田端村（たばたむら）

年月日	旧名称	内容	新名称
江戸期又は江戸期以前			高座郡 田端村
明治元年 9月21日		県設置	神奈川県
明治22年 3月31日	高座郡 田端村	合併	高座郡 (825) 寒川村（さむかわむら）

年月日		旧名称	内容		新名称

(817) 高座郡 宮山村（みややまむら）

年月日		旧名称	内容		新名称
江戸期又は江戸期以前				高座郡	宮山村
明治元年 9月21日			県設置		神奈川県
明治22年 3月31日	高座郡	宮山村	合併	高座郡	(825) 寒川村（さむかわむら）

(818) 高座郡 倉見村（くらみむら）

年月日		旧名称	内容		新名称
江戸期又は江戸期以前				高座郡	倉見村
明治元年 9月21日			県設置		神奈川県
明治22年 3月31日	高座郡	倉見村	合併	高座郡	(825) 寒川村（さむかわむら）

(819) 高座郡 下大曲村（しもおおまがりむら）

年月日		旧名称	内容		新名称
江戸期又は江戸期以前				高座郡	下大曲村
明治元年 9月21日			県設置		神奈川県
明治22年 3月31日	高座郡	下大曲村	合併	高座郡	(825) 寒川村（さむかわむら）

(820) 高座郡 大曲村（おおまがりむら）

年月日		旧名称	内容		新名称
江戸期又は江戸期以前				高座郡	大曲村
明治 4年 7月14日			廃藩置県		西大平県
明治 4年11月14日			県編入		神奈川県
明治22年 3月31日	高座郡	大曲村	合併	高座郡	(825) 寒川村（さむかわむら）

(821) 高座郡 岡田村（おかだむら）

年月日		旧名称	内容		新名称
江戸期又は江戸期以前				高座郡	岡田村
江戸初期	高座郡	岡田村の一部	分立	高座郡	(822) 大蔵村（おおぞうむら）
元禄年間	高座郡	岡田村の一部	分立	高座郡	(823) 小谷村（こやとむら）
明治元年 9月21日			県設置		神奈川県
明治22年 3月31日	高座郡	岡田村	合併	高座郡	(825) 寒川村（さむかわむら）

(822) 高座郡 大蔵村（おおぞうむら）

年月日		旧名称	内容		新名称
江戸初期	高座郡	(821) 岡田村（おかだむら）の一部	分立	高座郡	大蔵村
明治元年 9月21日			県設置		神奈川県
明治22年 3月31日	高座郡	大蔵村	合併	高座郡	(825) 寒川村（さむかわむら）

(823) 高座郡 小谷村（こやとむら）

年月日	旧名称	内容	新名称
元禄年間	高座郡 (821) 岡田村（おかだむら）の一部	分立	高座郡 小谷村
明治元年 9月21日		県設置	神奈川県
明治22年 3月31日	高座郡 小谷村	合併	高座郡 (825) 寒川村（さむかわむら）

(824) 高座郡 小動村（こゆるぎむら）

年月日	旧名称	内容	新名称
江戸期又は江戸期以前			高座郡 小動村
明治元年 9月21日		県設置	神奈川県
明治22年 3月31日	高座郡 小動村	合併	高座郡 (825) 寒川村（さむかわむら）

(825) 高座郡 寒川町（さむかわまち）

年月日	旧名称	内容	新名称
明治22年 3月31日	高座郡 (814) 一ノ宮村（いちのみやむら） (815) 中瀬村（なかせむら） (816) 田端村（たばたむら） (817) 宮山村（みややまむら） (818) 倉見村（くらみむら） (819) 下大曲村（しもおおまがりむら） (820) 大曲村（おおまがりむら） (821) 岡田村（おかだむら） (822) 大蔵村（おおぞうむら） (823) 小谷村（こやとむら） (824) 小動村（こゆるぎむら）	合併	高座郡 寒川村
昭和15年11月 1日	高座郡 寒川村	町制	高座郡 寒川町

(826) 高座郡 深谷村（ふかやむら）

年月日	旧名称	内容	新名称
江戸期又は江戸期以前			高座郡 深谷村
明治元年 9月21日		県設置	神奈川県
明治22年 3月31日	高座郡 深谷村	合併	高座郡 (834) 綾瀬村（あやせむら）

(827) 高座郡 本蓼川村（ほんたてかわむら）

年月日	旧名称	内容	新名称
江戸期又は江戸期以前			高座郡 蓼川村（たてかわむら）
江戸初期	高座郡 蓼川村	改称	高座郡 本蓼川村
明治元年 9月21日		県設置	神奈川県

年月日		旧名称	内容		新名称
明治22年 3月31日	高座郡	本蓼川村飛地	合併	高座郡	(786) 渋谷村（しぶやむら）
		本蓼川村	合併	高座郡	(834) 綾瀬村（あやせむら）

(828) 高座郡 蓼川村（たてかわむら）

延宝元年			成立	高座郡	新田村（しんでんむら）
江戸中期	高座郡	新田村	改称	高座郡	蓼川村
明治元年 9月21日			県設置		神奈川県
明治22年 3月31日	高座郡	蓼川村	合併	高座郡	(834) 綾瀬村（あやせむら）

(829) 高座郡 吉岡村（よしおかむら）

江戸期又は江戸期以前				高座郡	吉岡村
明治 4年 7月14日			廃藩置県		佐倉県
明治 4年11月14日			県編入		神奈川県
明治22年 3月31日	高座郡	吉岡村	合併	高座郡	(834) 綾瀬村（あやせむら）

(830) 高座郡 上土棚村（かみつちだなむら）

江戸期又は江戸期以前				高座郡	上土棚村
明治元年 9月21日			県設置		神奈川県
明治22年 3月31日	高座郡	上土棚村	合併	高座郡	(834) 綾瀬村（あやせむら）

(831) 高座郡 寺尾村（てらおむら）

江戸期又は江戸期以前				高座郡	寺尾村
明治元年 9月21日			県設置		神奈川県
明治22年 3月31日	高座郡	寺尾村	合併	高座郡	(834) 綾瀬村（あやせむら）

(832) 高座郡 小園村（こぞのむら）

江戸期又は江戸期以前				高座郡	小園村
明治 4年 7月14日			廃藩置県		佐倉県
明治 4年11月14日			県編入		神奈川県
明治22年 3月31日	高座郡	小園村	合併	高座郡	(834) 綾瀬村（あやせむら）

(833) 高座郡 早川村（はやかわむら）

江戸期又は江戸期以前				高座郡	早川村

年月日		旧名称	内容		新名称
明治元年 9月21日			県設置		神奈川県
明治22年 3月31日	高座郡	早川村	合併	高座郡	(834) 綾瀬村（あやせむら）

(834) 綾瀬市（あやせし）

年月日		旧名称	内容		新名称
明治22年 3月31日	高座郡	(826) 深谷村（ふかやむら）	合併	高座郡	綾瀬村
		(827) 本蓼川村（ほんたてかわむら）			
		(828) 蓼川村（たてかわむら）			
		(829) 吉岡村（よしおかむら）			
		(830) 上土棚村（かみつちだなむら）			
		(831) 寺尾村（てらおむら）			
		(832) 小園村（こぞのむら）			
		(833) 早川村（はやかわむら）			
昭和20年 4月 1日	高座郡	綾瀬村	町制	高座郡	綾瀬町
昭和53年11月 1日	高座郡	綾瀬町	市制		綾瀬市

(835) 高座郡 国分村（こくぶむら）

年月日		旧名称	内容		新名称
江戸期又は江戸期以前				高座郡	国分村
明治 4年 7月14日			廃藩置県		佐倉県
明治 4年11月14日			県編入		神奈川県
明治22年 3月31日	高座郡	国分村	合併	高座郡	(848) 海老名村（えびなむら）

(836) 高座郡 望地村（もうちむら）

年月日		旧名称	内容		新名称
江戸期又は江戸期以前				高座郡	望地村
明治元年 9月21日			県設置		神奈川県
明治22年 3月31日	高座郡	望地村	合併	高座郡	(848) 海老名村（えびなむら）

(837) 高座郡 大谷村（おおやむら）

年月日		旧名称	内容		新名称
江戸期又は江戸期以前				高座郡	大谷村
宝永 7年	高座郡	大谷村の一部	分立	高座郡	(838) 上大谷村（かみおおやむら）
		大谷村の一部（大谷村消滅）	分立	高座郡	(839) 下大谷村（しもおおやむら）
明治 8年 1月15日	高座郡	(838) 上大谷村	合併	高座郡	大谷村
		(839) 下大谷村			
明治22年 3月31日	高座郡	大谷村	合併	高座郡	(848) 海老名村（えびなむら）

(838) 高座郡 上大谷村（かみおおやむら）

年月日	旧名称	内容	新名称
宝永 7年	高座郡 (837) 大谷村（おおやむら）の一部	分立	高座郡 上大谷村
明治元年 9月21日		県設置	神奈川県
明治 8年 1月15日	高座郡 上大谷村	合併	高座郡 (837) 大谷村

(839) 高座郡 下大谷村（しもおおやむら）

年月日	旧名称	内容	新名称
宝永 7年	高座郡 (837) 大谷村（おおやむら）の一部	分立	高座郡 下大谷村
明治 4年 7月14日		廃藩置県	烏山県
明治 4年11月14日		県編入	神奈川県
明治 8年 1月15日	高座郡 下大谷村	合併	高座郡 (837) 大谷村

(840) 高座郡 中新田村（なかしんでんむら）

年月日	旧名称	内容	新名称
江戸期又は江戸期以前			高座郡 中新田村
明治元年 9月21日		県設置	神奈川県
明治22年 3月31日	高座郡 中新田村	合併	高座郡 (848) 海老名村（えびなむら）

(841) 高座郡 河原口村（かわらぐちむら）

年月日	旧名称	内容	新名称
江戸期又は江戸期以前			高座郡 河原口村
明治元年 9月21日		県設置	神奈川県
明治22年 3月31日	高座郡 河原口村	合併	高座郡 (848) 海老名村（えびなむら）

(842) 高座郡 上郷村（かみごうむら）

年月日	旧名称	内容	新名称
江戸期又は江戸期以前			高座郡 上郷村
明治元年 9月21日		県設置	神奈川県
明治22年 3月31日	高座郡 上郷村	合併	高座郡 (848) 海老名村（えびなむら）

(843) 高座郡 今泉村（いまいずみむら）

年月日	旧名称	内容	新名称
江戸期又は江戸期以前			高座郡 今泉村
江戸初期	高座郡 今泉村の一部	分立	高座郡 (844) 上今泉村（かみいまいずみむら）
	今泉村の一部（今泉村消滅）	分立	高座郡 (846) 下今泉村（しもいまいずみむら）

年月日			旧　名　称	内容			新　名　称

(844)　高座郡　上今泉村（かみいまいずみむら）

年月日			旧　名　称	内容			新　名　称
江戸初期	高座郡	(843)	今泉村（いまいずみむら）の一部	分立	高座郡		上今泉村
江戸初期	高座郡		上今泉村の一部	分立	高座郡	(845)	中今泉村（なかいまいずみむら）
天保年間	高座郡	(845)	中今泉村	編入	高座郡		上今泉村
明治元年 9月21日				県設置			神奈川県
明治22年 3月31日	高座郡		上今泉村	合併	高座郡	(848)	海老名村（えびなむら）

(845)　高座郡　中今泉村（なかいまいずみむら）

年月日			旧　名　称	内容			新　名　称
江戸初期	高座郡	(844)	上今泉村（かみいまいずみむら）の一部	分立	高座郡		中今泉村
天保年間	高座郡		中今泉村	編入	高座郡	(844)	上今泉村

(846)　高座郡　下今泉村（しもいまいずみむら）

年月日			旧　名　称	内容			新　名　称
江戸初期	高座郡	(843)	今泉村（いまいずみむら）の一部	分立	高座郡		下今泉村
明治元年 9月21日				県設置			神奈川県
明治22年 3月31日	高座郡		下今泉村	合併	高座郡	(848)	海老名村（えびなむら）

(847)　高座郡　柏ヶ谷村（かしわがやむら）

年月日			旧　名　称	内容			新　名　称
江戸期又は江戸期以前					高座郡		柏ヶ谷村
明治元年 9月21日				県設置			神奈川県
明治22年 3月31日	高座郡		柏ヶ谷村	合併	高座郡	(848)	海老名村（えびなむら）

(848)　海老名市（えびなし）

年月日			旧　名　称	内容			新　名　称
明治22年 3月31日	高座郡	(835)	国分村（こくぶむら）	合併	高座郡		海老名村
		(836)	望地村（もうちむら）				
		(837)	大谷村（おおやむら）				
		(840)	中新田村（なかしんでんむら）				
		(841)	河原口村（かわらぐちむら）				
		(842)	上郷村（かみごうむら）				
		(844)	上今泉村（かみいまいずみむら）				
		(846)	下今泉村（しもいまいずみむら）				
		(847)	柏ヶ谷村（かしわがやむら）				
昭和15年12月20日	高座郡		海老名村	町制	高座郡		海老名町
昭和30年 7月20日	高座郡		海老名町	合併	高座郡		海老名町

年月日		旧名称	内容		新名称
		(858) 有馬村（ありまむら）			
昭和46年11月 1日	高座郡	海老名町	市制		海老名市

(849) 高座郡 杉窪村（すぎくぼむら）

年月日		旧名称	内容		新名称
江戸期又は江戸期以前				高座郡	杉窪村
明治元年 9月21日			県設置		神奈川県
明治22年 3月31日	高座郡	杉窪村	合併	高座郡	(858) 有馬村（ありまむら）

(850) 高座郡 本郷村（ほんごうむら）

年月日		旧名称	内容		新名称
江戸期又は江戸期以前				高座郡	本郷村
寛永 9年	高座郡	(854) 河内村（かわちむら）の一部	編入	高座郡	本郷村
明治元年 9月21日			県設置		神奈川県
明治22年 3月31日	高座郡	本郷村	合併	高座郡	(858) 有馬村（ありまむら）

(851) 高座郡 中野村（なかのむら）

年月日		旧名称	内容		新名称
江戸期又は江戸期以前				高座郡	中野村
明治元年 9月21日		(旗本知行地)	県設置		神奈川県
明治 4年 7月14日		(烏山藩領)	廃藩置県		烏山県
明治 4年11月14日		(烏山藩領)	県編入		神奈川県
明治22年 3月31日	高座郡	中野村	合併	高座郡	(858) 有馬村（ありまむら）

(852) 高座郡 門沢橋村（かどさわばしむら）

年月日		旧名称	内容		新名称
江戸期又は江戸期以前				高座郡	門沢橋村
明治元年 9月21日			県設置		神奈川県
明治22年 3月31日	高座郡	門沢橋村	合併	高座郡	(858) 有馬村（ありまむら）

(853) 高座郡 社家村（しゃけむら）

年月日		旧名称	内容		新名称
江戸期又は江戸期以前				高座郡	社家村
明治元年 9月21日			県設置		神奈川県
明治22年 3月31日	高座郡	社家村	合併	高座郡	(858) 有馬村（ありまむら）

(854) 高座郡 河内村（かわちむら）

年月日		旧名称	内容		新名称
江戸期又は江戸期以前				高座郡	河内村

年月日		旧名称	内容		新名称
寛永 9年	高座郡	河内村の一部	分立	高座郡	(855) 上河内村（かみがわちむら）
		河内村の一部	分立	高座郡	(856) 中河内村（なかがわちむら）
寛永 9年	高座郡	河内村の一部（河内村消滅）	編入	高座郡	(850) 本郷村（ほんごうむら）

(855) 高座郡 上河内村（かみがわちむら）

年月日		旧名称	内容		新名称
寛永 9年	高座郡	(854) 河内村（かわちむら）の一部	分立	高座郡	上河内村
明治 4年 7月14日			廃藩置県		佐倉県
明治 4年11月14日			県編入		神奈川県
明治22年 3月31日	高座郡	上河内村	合併	高座郡	(858) 有馬村（ありまむら）

(856) 高座郡 中河内村（なかがわちむら）

年月日		旧名称	内容		新名称
寛永 9年	高座郡	(854) 河内村（かわちむら）の一部	分立	高座郡	中河内村
明治元年 9月21日			県設置		神奈川県
明治22年 3月31日	高座郡	中河内村	合併	高座郡	(858) 有馬村（ありまむら）

(857) 高座郡 今里村（いまざとむら）

年月日		旧名称	内容		新名称
江戸期又は江戸期以前				高座郡	今里村
明治元年 9月21日			県設置		神奈川県
明治22年 3月31日	高座郡	今里村	合併	高座郡	(858) 有馬村（ありまむら）

(858) 高座郡 有馬村（ありまむら）

年月日		旧名称	内容		新名称
明治22年 3月31日	高座郡	(849) 杉窪村（すぎくぼむら） (850) 本郷村（ほんごうむら） (851) 中野村（なかのむら） (852) 門沢橋村（かどさわばしむら） (853) 社家村（しゃけむら） (855) 上河内村（かみがわちむら） (856) 中河内村（なかがわちむら） (857) 今里村（いまざとむら）	合併	高座郡	有馬村
昭和30年 7月20日	高座郡	有馬村	合併	高座郡	(848) 海老名町（えびなまち）

(859) 高座郡 深見村（ふかみむら）

年月日		旧名称	内容		新名称
江戸期又は江戸期以前				高座郡	深見村

年月日		旧名称	内容		新名称
江戸初期	高座郡	深見村の一部	分立	高座郡	(860) 上草柳村（かみそうやぎむら）
		深見村の一部	分立	高座郡	(861) 下草柳村（しもそうやぎむら）
明治元年 9月21日			県設置		神奈川県
明治22年 3月31日	高座郡	深見村	合併	高座郡	(863) 鶴見村（つるみむら）

(860) 高座郡 上草柳村（かみそうやぎむら）

年月日		旧名称	内容		新名称
江戸初期	高座郡	(859) 深見村（ふかみむら）の一部	分立	高座郡	上草柳村
明治元年 9月21日			県設置		神奈川県
明治22年 3月31日	高座郡	上草柳村	合併	高座郡	(863) 鶴見村（つるみむら）

(861) 高座郡 下草柳村（しもそうやぎむら）

年月日		旧名称	内容		新名称
江戸初期	高座郡	(859) 深見村（ふかみむら）の一部	分立	高座郡	下草柳村
明治元年 9月21日			県設置		神奈川県
明治22年 3月31日	高座郡	下草柳村	合併	高座郡	(863) 鶴見村（つるみむら）

(862) 高座郡 下鶴間村（しもつるまむら）

年月日		旧名称	内容		新名称
江戸期又は江戸期以前				高座郡	下鶴間村
明治元年 9月21日			県設置		神奈川県
明治22年 3月31日	高座郡	下鶴間村	合併	高座郡	(863) 鶴見村（つるみむら）

(863) 大和市（やまとし）

年月日		旧名称	内容		新名称
明治22年 3月31日	高座郡	(859) 深見村（ふかみむら） (860) 上草柳村（かみそうやぎむら） (861) 下草柳村（しもそうやぎむら） (862) 下鶴間村（しもつるまむら） (785) 上和田村（かみわだむら）飛地	合併	高座郡	鶴見村（つるみむら）
明治24年 9月25日	高座郡	鶴見村	改称	高座郡	大和村
昭和18年11月 3日	高座郡	大和村	町制	高座郡	大和町
昭和31年 9月 1日	高座郡	(786) 渋谷村（しぶやむら）	編入	高座郡	大和町
昭和34年 2月 1日	高座郡	大和町	市制		大和市

(864) 高座郡 上鶴間村（かみつるまむら）

年月日		旧名称	内容		新名称
江戸期又は江戸期以前				高座郡	上鶴間村

年月日		旧　名　称	内容		新　名　称
明治元年 9月21日			県設置		神奈川県
明治22年 3月31日	高座郡	上鶴間村	合併	高座郡	(869) 大野村（おおのむら）

(865) 高座郡 鵜ノ森村（うのもりむら）

年月日		旧　名　称	内容		新　名　称
江戸期又は江戸期以前				高座郡	鵜ノ森村
明治元年 9月21日			県設置		神奈川県
明治22年 3月31日	高座郡	鵜ノ森村	合併	高座郡	(869) 大野村（おおのむら）

(866) 高座郡 淵野辺村（ふちのべむら）

年月日		旧　名　称	内容		新　名　称
江戸期又は江戸期以前				高座郡	淵野辺村
明治元年 9月21日		（幕府領・旗本知行地）	県設置		神奈川県
明治 4年 7月14日		（烏山藩領）	廃藩置県		烏山県
明治 4年11月14日		（烏山藩領）	県編入		神奈川県
明治22年 3月31日	高座郡	淵野辺村	合併	高座郡	(869) 大野村（おおのむら）

(867) 高座郡 矢部新田村（やべしんでんむら）

年月日		旧　名　称	内容		新　名　称
延宝年間			成立	高座郡	矢部新田村
明治元年 9月21日		（旗本知行地）	県設置		神奈川県
明治 4年 7月14日		（烏山藩領）	廃藩置県		烏山県
明治 4年11月14日		（烏山藩領）	県編入		神奈川県
明治22年 3月31日	高座郡	矢部新田村	合併	高座郡	(869) 大野村（おおのむら）

(868) 高座郡 上矢部村（かみやべむら）

年月日		旧　名　称	内容		新　名　称
江戸期又は江戸期以前				高座郡	上矢部村
明治 4年 7月14日			廃藩置県		烏山県
明治 4年11月14日			県編入		神奈川県
明治22年 3月31日	高座郡	上矢部村	合併	高座郡	(869) 大野村（おおのむら）

(869) 高座郡 大野村（おおのむら）

年月日		旧　名　称	内容		新　名　称
明治22年 3月31日	高座郡	(864) 上鶴間村（かみつるまむら） (865) 鵜ノ森村（うのもりむら） (866) 淵野辺村（ふちのべむら）	合併	高座郡	大野村

年月日		旧　名　称	内容		新　名　称
		(867) 矢部新田村（やべしんでんむら）			
		(868) 上矢部村（かみやべむら）			
昭和16年 4月29日	高座郡	大野村	合併	高座郡	(886) 相模原町（さがみはらまち）

(870) 高座郡 相原村（あいはらむら）

年月日		旧　名　称	内容		新　名　称
江戸期又は江戸期以前				高座郡	相原村
正保 3年	高座郡	相原村の一部	分立	高座郡	(871) 橋本村（はしもとむら）
		相原村の一部	分立	高座郡	(872) 小山村（おやまむら）
明治元年 9月21日			県設置		神奈川県
明治22年 3月31日	高座郡	相原村	合併	高座郡	相原村
		(871) 橋本村			
		(872) 小山村			
		(873) 清兵衛新田（せいべえしんでん）			
		(876) 下九沢村（しもくざわむら）飛地			
昭和16年 4月29日	高座郡	相原村	合併	高座郡	(886) 相模原町（さがみはらまち）

(871) 高座郡 橋本村（はしもとむら）

年月日		旧　名　称	内容		新　名　称
正保 3年	高座郡	(870) 相原村（あいはらむら）の一部	分立	高座郡	橋本村
明治元年 9月21日			県設置		神奈川県
明治22年 3月31日	高座郡	橋本村	合併	高座郡	(870) 相原村

(872) 高座郡 小山村（おやまむら）

年月日		旧　名　称	内容		新　名　称
正保 3年	高座郡	(870) 相原村（あいはらむら）の一部	分立	高座郡	小山村
明治元年 9月21日		（幕府領・旗本知行地）	県設置		神奈川県
明治 4年 7月14日		（烏山藩領）	廃藩置県		烏山県
明治 4年11月14日		（烏山藩領）	県編入		神奈川県
明治22年 3月31日	高座郡	小山村	合併	高座郡	(870) 相原村

(873) 高座郡 清兵衛新田（せいべえしんでん）

年月日		旧　名　称	内容		新　名　称
安政 3年			成立	高座郡	清兵衛新田
明治元年 9月21日			県設置		神奈川県
明治22年 3月31日	高座郡	清兵衛新田	合併	高座郡	(870) 相原村（あいはらむら）

(874) 高座郡 大島村（おおしまむら）

年月日	旧名称	内容	新名称
江戸期又は江戸期以前			高座郡 大島村
慶長元年	高座郡 大島村の一部	分立	高座郡 (875) 上九沢村（かみくざわむら）
明治 4年 7月14日		廃藩置県	烏山県
明治 4年11月14日		県編入	神奈川県
明治22年 3月31日	高座郡 大島村	合併	高座郡 (877) 大沢村（おおさわむら）

(875) 高座郡 上九沢村（かみくざわむら）

年月日	旧名称	内容	新名称
慶長元年	高座郡 (874) 大島村（おおしまむら）の一部	分立	高座郡 上九沢村
明治元年 9月21日		県設置	神奈川県
明治22年 3月31日	高座郡 上九沢村	合併	高座郡 (877) 大沢村（おおさわむら）

(876) 高座郡 下九沢村（しもくざわむら）

年月日	旧名称	内容	新名称
江戸期又は江戸期以前			高座郡 下九沢村
明治元年 9月21日		県設置	神奈川県
明治22年 3月31日	高座郡 下九沢村飛地	合併	高座郡 (870) 相原村（あいはらむら）
	下九沢村	合併	高座郡 (877) 大沢村（おおさわむら）

(877) 高座郡 大沢村（おおさわむら）

年月日	旧名称	内容	新名称
明治22年 3月31日	高座郡 (874) 大島村（おおしまむら） (875) 上九沢村（かみくざわむら） (876) 下九沢村（しもくざわむら）	合併	高座郡 大沢村
昭和16年 4月29日	高座郡 大沢村	合併	高座郡 (886) 相模原町（さがみはらまち）

(878) 高座郡 田名村（たなむら）

年月日	旧名称	内容	新名称
江戸期又は江戸期以前			高座郡 田名村
明治 4年 7月14日		廃藩置県	烏山県
明治 4年11月14日		県編入	神奈川県
明治22年 3月31日	高座郡 田名村飛地	合併	高座郡 (879) 溝村（みぞむら）
昭和16年 4月29日	高座郡 田名村	合併	高座郡 (886) 相模原町（さがみはらまち）

(879) 高座郡 上溝町（かみみぞまち）

年月日	旧名称	内容	新名称
江戸期又は江戸期以前			高座郡 上溝村

年月日		旧名称	内容		新名称
明治元年 9月21日		（幕府領・旗本知行地）	県設置		神奈川県
明治 4年 7月14日		（烏山藩領）	廃藩置県		烏山県
明治 4年11月14日		（烏山藩領）	県編入		神奈川県
明治22年 3月31日	高座郡	上溝村	合併	高座郡	溝村（みぞむら）
		(878) 田名村（たなむら）飛地			
大正15年 1月 1日	高座郡	溝村	町制	高座郡	上溝町
昭和16年 4月29日	高座郡	上溝町	合併	高座郡	(886) 相模原町（さがみはらまち）

(880) 高座郡 当麻村（たいまむら）

年月日		旧名称	内容		新名称
江戸期又は江戸期以前				高座郡	当麻村
明治元年 9月21日			県設置		神奈川県
明治22年 3月31日	高座郡	当麻村	合併	高座郡	(882) 麻溝村（あさみぞむら）

(881) 高座郡 下溝村（しもみぞむら）

年月日		旧名称	内容		新名称
江戸期又は江戸期以前				高座郡	下溝村
明治元年 9月21日		（幕府領・旗本知行地）	県設置		神奈川県
明治 4年 7月14日		（烏山藩領）	廃藩置県		烏山県
		（荻野山中藩領）	廃藩置県		荻野山中県
明治 4年11月14日		（烏山藩領・荻野山中藩領）	県編入		神奈川県
明治22年 3月31日	高座郡	下溝村	合併	高座郡	(882) 麻溝村（あさみぞむら）

(882) 高座郡 麻溝村（あさみぞむら）

年月日		旧名称	内容		新名称
明治22年 3月31日	高座郡	(880) 当麻村（たいまむら）	合併	高座郡	麻溝村
		(881) 下溝村（しもみぞむら）			
昭和16年 4月29日	高座郡	麻溝村	合併	高座郡	(886) 相模原町（さがみはらまち）

(883) 高座郡 磯部村（いそべむら）

年月日		旧名称	内容		新名称
江戸期又は江戸期以前				高座郡	磯部村
明治元年 9月21日			県設置		神奈川県
明治22年 3月31日	高座郡	磯部村	合併	高座郡	(885) 新磯村（あらいそむら）

(884) 高座郡 新戸村（しんどむら）

年月日	旧名称	内容	新名称
江戸期又は江戸期以前			高座郡 新戸村
明治元年 9月21日		県設置	神奈川県
明治22年 3月31日	高座郡 新戸村	合併	高座郡 (885) 新磯村（あらいそむら）
	新戸村飛地	合併	高座郡 (890) 座間村（ざまむら）

(885) 高座郡 新磯村（あらいそむら）

年月日	旧名称	内容	新名称
明治22年 3月31日	高座郡 (883) 磯部村（いそべむら） (884) 新戸村（しんどむら） (890) 座間村飛地（ざまむら）	合併	高座郡 新磯村
昭和16年 4月29日	高座郡 新磯村	合併	高座郡 (886) 相模原町（さがみはらまち）

(886) 相模原市（さがみはらし）

年月日	旧名称	内容	新名称
昭和16年 4月29日	高座郡 (869) 大野村（おおのむら） (870) 相原村（あいはらむら） (877) 大沢村（おおさわむら） (878) 田名村（たなむら） (879) 上溝町（かみみぞまち） (882) 麻溝村（あさみぞむら） (885) 新磯村（あらいそむら） (890) 座間町（ざままち）	合併	高座郡 相模原町
昭和23年 9月 1日	高座郡 相模原町の大字座間、同座間入谷、同座間新田、同栗原、同新田宿、同四ッ谷	分立	高座郡 (890) 座間町
昭和29年11月20日	高座郡 相模原町	市制	相模原市
平成18年 3月20日	津久井郡 (1406) 津久井町（つくいまち）	編入	相模原市
	(1421) 相模湖町（さがみこまち）	編入	相模原市
平成19年 3月11日	津久井郡 (1389) 城山町（しろやままち）	編入	相模原市
	(1414) 藤野町（ふじのまち）	編入	相模原市
平成22年 4月 1日	相模原市	区制	相模原市 (887) 緑区（みどりく） (888) 中央区（ちゅうおうく） (889) 南区（みなみく）

年月日		旧　名　称	内容		新　名　称

(887)　相模原市 緑区（みどりく）

年月日		旧　名　称	内容		新　名　称
平成22年 4月 1日		(886) 相模原市（さがみはらし）	区制	相模原市	緑区

(888)　相模原市 中央区（ちゅうおうく）

年月日		旧　名　称	内容		新　名　称
平成22年 4月 1日		(886) 相模原市（さがみはらし）	区制	相模原市	中央区

(889)　相模原市 南区（みなみく）

年月日		旧　名　称	内容		新　名　称
平成22年 4月 1日		(886) 相模原市（さがみはらし）	区制	相模原市	南区

(890)　座間市（ざまし）

年月日		旧　名　称	内容		新　名　称
江戸期又は江戸期以前				高座郡	座間村
寛文年間	高座郡	座間村の一部	分立	高座郡	(891) 座間入谷村（ざまいりやむら）
明治元年 9月21日			県設置		神奈川県
明治22年 3月31日	高座郡	座間村飛地	合併	高座郡	(885) 新磯村（あらいそむら）
		座間村	合併	高座郡	座間村
		(891) 座間入谷村			
		(892) 栗原村（くりはらむら）			
		(893) 新田宿村（しんでんじゅくむら）			
		(894) 四ツ谷村（よつやむら）			
		(884) 新戸村飛地（しんどむら）			
昭和12年12月20日	高座郡	座間村	町制	高座郡	座間町
昭和16年 4月29日	高座郡	座間町	合併	高座郡	(886) 相模原町（さがみはらまち）
昭和23年 9月 1日	高座郡	(886) 相模原町の大字座間、同座間入谷、同座間新田、同栗原、同新田宿、同四ッ谷	分立	高座郡	座間町
昭和46年11月 1日	高座郡	座間町	市制		座間市

(891)　高座郡　座間入谷村（ざまいりやむら）

年月日		旧　名　称	内容		新　名　称
寛文年間	高座郡	(890) 座間村の一部（ざまむら）	分立	高座郡	座間入谷村
明治元年 9月21日			県設置		神奈川県
明治22年 3月31日	高座郡	座間入谷村	合併	高座郡	(890) 座間村

(892)　高座郡　栗原村（くりはらむら）

年月日		旧　名　称	内容		新　名　称
江戸期又は江戸期以前				高座郡	栗原村

年月日		旧 名 称	内容		新 名 称
明治元年 9月21日			県設置		神奈川県
明治22年 3月31日	高座郡	栗原村	合併	高座郡	(890) 座間村（ざまむら）

(893) 高座郡 新田宿村（しんでんじゅくむら）

年月日		旧 名 称	内容		新 名 称
江戸期又は江戸期以前				高座郡	新田宿村
明治元年 9月21日			県設置		神奈川県
明治22年 3月31日	高座郡	新田宿村	合併	高座郡	(890) 座間村（ざまむら）

(894) 高座郡 四ツ谷村（よつやむら）

年月日		旧 名 称	内容		新 名 称
江戸期又は江戸期以前				高座郡	四ツ谷村
明治元年 9月21日			県設置		神奈川県
明治22年 3月31日	高座郡	四ツ谷村	合併	高座郡	(890) 座間村（ざまむら）

(895) 平塚市（ひらつかし）

年月日		旧 名 称	内容		新 名 称
江戸期又は江戸期以前				大住郡	平塚宿
明治元年 9月21日			県設置		神奈川県
明治 4年11月14日			県編入		足柄県
明治 9年 4月18日			県編入		神奈川県
明治16年頃	大住郡	平塚宿	改称	大住郡	平塚駅
明治22年 3月31日	大住郡	平塚駅	合併	大住郡	平塚町
		(896) 平塚新宿（ひらつかしんじゅく）			
		(935) 南原村飛地（みなみはらむら）			
		平塚駅飛地	合併	大住郡	(939) 大野村（おおのむら）
明治29年 3月26日	大住郡	平塚町	郡合併	中郡	平塚町
昭和 4年 4月 1日	中郡	平塚町	合併	中郡	平塚町
		(899) 須馬町（すままち）			
昭和 7年 4月 1日	中郡	平塚町	市制		平塚市
昭和29年 7月15日	中郡	(909) 旭村（あさひむら）	編入		平塚市
昭和31年 9月30日	中郡	(913) 神田村（かみたむら）	編入		平塚市
		(918) 城島村（きじまむら）	編入		平塚市
		(924) 金田村（かねだむら）	編入		平塚市
		(931) 土沢村（つちさわむら）	編入		平塚市

年月日		旧名称	内容		新名称
		(939) 大野町	編入		平塚市
		(1028) 岡崎村（おかざきむら）の一部	編入		平塚市
昭和32年10月 1日	中郡	(945) 金目村（かなめむら）	編入		平塚市

(896) 大住郡 平塚新宿（ひらつかしんじゅく）

年月日		旧名称	内容		新名称
江戸期又は江戸期以前				大住郡	八幡新宿（はちまんしんしゅく）
明暦元年	大住郡	八幡新宿	改称	大住郡	平塚新宿
明治元年 9月21日			県設置		神奈川県
明治 4年11月14日			県編入		足柄県
明治 9年 4月18日			県編入		神奈川県
明治22年 3月31日	大住郡	平塚新宿	合併	大住郡	(895) 平塚町（ひらつかまち）

(897) 大住郡 須賀村（すかむら）

年月日		旧名称	内容		新名称
江戸期又は江戸期以前				大住郡	須賀村
明治元年 9月21日			県設置		神奈川県
明治 4年11月14日			県編入		足柄県
明治 9年 4月18日			県編入		神奈川県
明治22年 3月31日	大住郡	須賀村	合併	大住郡	(899) 須馬村（すまむら）

(898) 大住郡 馬入村（ばにゅうむら）

年月日		旧名称	内容		新名称
江戸期又は江戸期以前				大住郡	馬入村
明治元年 9月21日			県設置		神奈川県
明治 4年11月14日			県編入		足柄県
明治 9年 4月18日			県編入		神奈川県
明治22年 3月31日	大住郡	馬入村	合併	大住郡	(899) 須馬村（すまむら）

(899) 中郡 須馬町（すままち）

年月日		旧名称	内容		新名称
明治22年 3月31日	大住郡	(897) 須賀村（すかむら）	合併	大住郡	須馬村
		(898) 馬入村（ばにゅうむら）			
明治29年 3月26日	大住郡	須馬村	郡合併	中郡	須馬村
昭和 2年 1月 1日	中郡	須馬村	町制	中郡	須馬町
昭和 4年 4月 1日	中郡	須馬町	合併	中郡	(895) 平塚町（ひらつかまち）

(900) 大住郡 河内村（こうちむら）

年月日	旧名称		内容	新名称		
江戸期又は江戸期以前				大住郡		河内村
明治元年 9月21日			県設置			神奈川県
明治 4年11月14日			県編入			足柄県
明治 9年 4月18日			県編入			神奈川県
明治22年 3月31日	大住郡	河内村	合併	大住郡	(908)	小中村（こなかむら）

(901) 大住郡 根坂間村（ねさかまむら）

年月日	旧名称		内容	新名称		
江戸期又は江戸期以前				大住郡		根坂間村
明治 4年 7月14日			廃藩置県			六浦県
明治 4年11月14日			県編入			足柄県
明治 9年 4月18日			県編入			神奈川県
明治22年 3月31日	大住郡	根坂間村	合併	大住郡	(908)	小中村（こなかむら）

(902) 大住郡 徳延村（とくのべむら）

年月日	旧名称		内容	新名称		
江戸期又は江戸期以前				大住郡		徳延村
明治元年 9月21日			県設置			神奈川県
明治 4年11月14日			県編入			足柄県
明治 9年 4月18日			県編入			神奈川県
明治22年 3月31日	大住郡	徳延村	合併	大住郡	(908)	小中村（こなかむら）

(903) 大住郡 公所村（ぐぞむら）

年月日	旧名称		内容	新名称		
江戸期又は江戸期以前				大住郡		公所村
明治元年 9月21日			県設置			神奈川県
明治 4年11月14日			県編入			足柄県
明治 9年 4月18日			県編入			神奈川県
明治22年 3月31日	大住郡	公所村	合併	大住郡	(908)	小中村（こなかむら）

(904) 大住郡 友牛村（ともうじむら）

年月日	旧名称		内容	新名称		
江戸期又は江戸期以前				大住郡		友牛村
明治元年 9月21日			県設置			神奈川県

年月日	旧　名　称		内容	新　名　称	
明治 4年11月14日			県編入		足柄県
明治 9年 4月18日			県編入		神奈川県
明治 9年	大住郡	友牛村	合併	大住郡	(907) 纏村（まといむら）

(905) 大住郡 久松村（ひさまつむら）

年月日	旧　名　称		内容	新　名　称	
江戸期又は江戸期以前				大住郡	久松村
明治元年 9月21日			県設置		神奈川県
明治 4年11月14日			県編入		足柄県
明治 9年 4月18日			県編入		神奈川県
明治 9年	大住郡	久松村	合併	大住郡	(907) 纏村（まといむら）

(906) 大住郡 松延村（まつのぶむら）

年月日	旧　名　称		内容	新　名　称	
江戸期又は江戸期以前				大住郡	松延村
明治元年 9月21日			県設置		神奈川県
明治 4年11月14日			県編入		足柄県
明治 9年 4月18日			県編入		神奈川県
明治 9年	大住郡	松延村	合併	大住郡	(907) 纏村（まといむら）

(907) 大住郡 纏村（まといむら）

年月日	旧　名　称		内容	新　名　称	
明治 9年	大住郡	(904) 友牛村（ともうじむら） (905) 久松村（ひさまつむら） (906) 松延村（まつのぶむら）	合併	大住郡	纏村
明治22年 3月31日	大住郡	纏村	合併	大住郡	(908) 小中村（こなかむら）

(908) 中郡 小中村（こなかむら）

年月日	旧　名　称		内容	新　名　称	
明治22年 3月31日	大住郡	(900) 河内村（こうちむら） (901) 根坂間村（ねさかまむら） (902) 徳延村（とくのべむら） (903) 公所村（ぐぞむら） (907) 纏村（まといむら） (935) 南原村飛地（みなみはらむら）	合併	大住郡	小中村
明治29年 3月26日	大住郡	小中村	郡合併	中郡	小中村
明治42年 4月 1日	中郡	小中村	合併	中郡	(909) 旭村（あさひむら）

年月日	旧名称	内容	新名称

(909) 中郡 旭村（あさひむら）

年月日	旧名称	内容	新名称
明治42年 4月 1日	中郡 (908) 小中村（こなかむら） (1047) 山背村（やませむら）	合併	中郡 旭村
昭和29年 7月15日	中郡 旭村	編入	(895) 平塚市（ひらつかし）

(910) 大住郡 田村（たむら）

年月日	旧名称	内容	新名称
江戸期又は江戸期以前			大住郡 田村
明治元年 9月21日		県設置	神奈川県
明治 4年11月14日		県編入	足柄県
明治 9年 4月18日		県編入	神奈川県
明治22年 3月31日	大住郡 田村	合併	大住郡 (913) 神田村（かみたむら）

(911) 大住郡 大神村（おおかみむら）

年月日	旧名称	内容	新名称
江戸期又は江戸期以前			大住郡 大神村
江戸初期	大住郡 大神村の一部	分立	大住郡 (912) 吉際村（よしぎわむら）
明治元年 9月21日	（旗本知行地）	県設置	神奈川県
明治 4年 7月14日	（小田原藩領）	廃藩置県	神奈川県
明治 4年11月14日		県編入	足柄県
明治 9年 4月18日		県編入	神奈川県
明治22年 3月31日	大住郡 大神村	合併	大住郡 (913) 神田村（かみたむら）

(912) 大住郡 吉際村（よしぎわむら）

年月日	旧名称	内容	新名称
江戸初期	大住郡 (911) 大神村（おおかみむら）の一部	分立	大住郡 吉際村
明治元年 9月21日		県設置	神奈川県
明治 4年11月14日		県編入	足柄県
明治 9年 4月18日		県編入	神奈川県
明治22年 3月31日	大住郡 吉際村	合併	大住郡 (913) 神田村（かみたむら）

(913) 中郡 神田村（かみたむら）

年月日	旧名称	内容	新名称
明治22年 3月31日	大住郡 (910) 田村（たむら） (911) 大神村（おおかみむら） (912) 吉際村（よしぎわむら）	合併	大住郡 神田村

年月日		旧名称	内容		新名称
		(1013) 小稲葉村(こいなばむら)飛地			
明治29年 3月26日	大住郡	神田村	郡合併	中郡	神田村
昭和31年 9月30日	中郡	神田村	編入		(895) 平塚市(ひらつかし)

(914) 大住郡 城所村(きどころむら)

年月日		旧名称	内容		新名称
江戸期又は江戸期以前				大住郡	城所村
明治元年 9月21日			県設置		神奈川県
明治 4年11月14日			県編入		足柄県
明治 9年 4月18日			県編入		神奈川県
明治22年 3月31日	大住郡	城所村	合併	大住郡	(918) 城島村(きじまむら)

(915) 大住郡 小鍋島村(こなべしまむら)

年月日		旧名称	内容		新名称
江戸期又は江戸期以前				大住郡	小鍋島村
明治元年 9月21日			県設置		神奈川県
明治 4年11月14日			県編入		足柄県
明治 9年 4月18日			県編入		神奈川県
明治22年 3月31日	大住郡	小鍋島村	合併	大住郡	(918) 城島村(きじまむら)

(916) 大住郡 大島村(おおしまむら)

年月日		旧名称	内容		新名称
江戸期又は江戸期以前				大住郡	大島村
明治元年 9月21日			県設置		神奈川県
明治 4年11月14日			県編入		足柄県
明治 9年 4月18日			県編入		神奈川県
明治22年 3月31日	大住郡	大島村	合併	大住郡	(918) 城島村(きじまむら)

(917) 大住郡 下島村(しもしまむら)

年月日		旧名称	内容		新名称
江戸期又は江戸期以前				大住郡	下島村
明治元年 9月21日			県設置		神奈川県
明治 4年11月14日			県編入		足柄県
明治 9年 4月18日			県編入		神奈川県
明治22年 3月31日	大住郡	下島村	合併	大住郡	(918) 城島村(きじまむら)

(918) 中郡 城島村（きじまむら）

年月日	旧名称	内容	新名称
明治22年 3月31日	大住郡 (914) 城所村（きどころむら） (915) 小鍋島村（こなべしまむら） (916) 大島村（おおしまむら） (917) 下島村（しもしまむら）	合併	大住郡 城島村
明治29年 3月26日	大住郡 城島村	郡合併	中郡 城島村
昭和31年 9月30日	中郡 城島村	編入	(895) 平塚市（ひらつかし）

(919) 大住郡 入部村（いりぶむら）

年月日	旧名称	内容	新名称
江戸期又は江戸期以前			大住郡 入部村
明治元年 9月21日	（旗本知行地）	県設置	神奈川県
明治 4年 7月14日	（小田原藩領）	廃藩置県	神奈川県
明治 4年11月14日		県編入	足柄県
明治 9年 4月18日		県編入	神奈川県
明治22年 3月31日	大住郡 入部村	合併	大住郡 (924) 金田村（かねだむら）

(920) 大住郡 長持村（ながもちむら）

年月日	旧名称	内容	新名称
江戸期又は江戸期以前			大住郡 長持村
明治 4年 7月14日		廃藩置県	六浦県
明治 4年11月14日		県編入	足柄県
明治 9年 4月18日		県編入	神奈川県
明治22年 3月31日	大住郡 長持村	合併	大住郡 (924) 金田村（かねだむら）

(921) 大住郡 寺田縄村（てらだなわむら）

年月日	旧名称	内容	新名称
江戸期又は江戸期以前			大住郡 寺田縄村
明治元年 9月21日		県設置	神奈川県
明治 4年11月14日		県編入	足柄県
明治 9年 4月18日		県編入	神奈川県
明治22年 3月31日	大住郡 寺田縄村	合併	大住郡 (924) 金田村（かねだむら）

(922) 大住郡 入野村（いりのむら）

年月日	旧名称	内容	新名称
江戸期又は江戸期以前			大住郡 入野村

年月日	旧	名称	内容	新	名称
明治元年 9月21日			県設置		神奈川県
明治 4年11月14日			県編入		足柄県
明治 9年 4月18日			県編入		神奈川県
明治22年 3月31日	大住郡	入野村	合併	大住郡	(924) 金田村（かねだむら）

(923) 大住郡 飯島村（いいじまむら）

年月日	旧	名称	内容	新	名称
江戸期又は江戸期以前				大住郡	飯島村
明治元年 9月21日			県設置		神奈川県
明治 4年11月14日			県編入		足柄県
明治 9年 4月18日			県編入		神奈川県
明治22年 3月31日	大住郡	飯島村	合併	大住郡	(924) 金田村（かねだむら）

(924) 中郡 金田村（かねだむら）

年月日	旧	名称	内容	新	名称
明治22年 3月31日	大住郡	(919) 入部村（いりぶむら） (920) 長持村（ながもちむら） (921) 寺田縄村（てらだなわむら） (922) 入野村（いりのむら） (923) 飯島村（いいじまむら）	合併	大住郡	金田村
明治29年 3月26日	大住郡	金田村	郡合併	中郡	金田村
昭和31年 9月30日	中郡	金田村	編入		(895) 平塚市（ひらつかし）

(925) 大住郡 土屋惣領分（つちやそうりょうぶん）

年月日	旧	名称	内容	新	名称
江戸期又は江戸期以前				大住郡	土屋惣領分
江戸中期	大住郡	土屋惣領分	合併	大住郡	(928) 土屋村（つちやむら）

(926) 大住郡 土屋庶子分（つちやしょしぶん）

年月日	旧	名称	内容	新	名称
江戸期又は江戸期以前				大住郡	土屋庶子分
江戸中期	大住郡	土屋庶子分	合併	大住郡	(928) 土屋村（つちやむら）

(927) 大住郡 土屋寺分（つちやてらぶん）

年月日	旧	名称	内容	新	名称
江戸期又は江戸期以前				大住郡	土屋寺分
江戸中期	大住郡	土屋寺分	合併	大住郡	(928) 土屋村（つちやむら）

(928) 大住郡 土屋村（つちやむら）

年月日	旧名称		内容	新名称	
江戸中期	大住郡	(925) 土屋惣領分（つちやそうりょうぶん） (926) 土屋庶子分（つちやしょしぶん） (927) 土屋寺分（つちやてらぶん）	合併	大住郡	土屋村
明治元年 9月21日			県設置		神奈川県
明治 4年11月14日			県編入		足柄県
明治 9年 4月18日			県編入		神奈川県
明治22年 3月31日	大住郡	土屋村	合併	大住郡	(931) 土沢村（つちさわむら）

(929) 大住郡 上吉沢村（かみきちさわむら）

年月日	旧名称		内容	新名称	
江戸期又は江戸期以前				大住郡	上吉沢村
明治元年 9月21日			県設置		神奈川県
明治 4年11月14日			県編入		足柄県
明治 9年 4月18日			県編入		神奈川県
明治22年 3月31日	大住郡	上吉沢村	合併	大住郡	(931) 土沢村（つちさわむら）

(930) 大住郡 下吉沢村（しもきちさわむら）

年月日	旧名称		内容	新名称	
江戸期又は江戸期以前				大住郡	下吉沢村
明治元年 9月21日			県設置		神奈川県
明治 4年11月14日			県編入		足柄県
明治 9年 4月18日			県編入		神奈川県
明治22年 3月31日	大住郡	下吉沢村	合併	大住郡	(931) 土沢村（つちさわむら）

(931) 中郡 土沢村（つちさわむら）

年月日	旧名称		内容	新名称	
明治22年 3月31日	大住郡	(928) 土屋村（つちやむら） (929) 上吉沢村（かみきちさわむら） (930) 下吉沢村（しもきちさわむら）	合併	大住郡	土沢村
	足柄上郡	(1168) 井ノ口村飛地（いのくちむら）			
明治29年 3月26日	大住郡	土沢村	郡合併	中郡	土沢村
昭和31年 9月30日	中郡	土沢村	編入		(895) 平塚市（ひらつかし）

(932) 大住郡 八幡村（やはたむら）

年月日	旧名称		内容	新名称		
江戸期又は江戸期以前				大住郡		八幡村
明治元年 9月21日		(旗本知行地)	県設置			神奈川県
明治 4年 7月14日		(小田原藩領)	廃藩置県			神奈川県
明治 4年11月14日			県編入			足柄県
明治 9年 4月18日			県編入			神奈川県
明治22年 3月31日	大住郡	八幡村	合併	大住郡	(939)	大野村（おおのむら）

(933) 大住郡 四ノ宮村（しのみやむら）

年月日	旧名称		内容	新名称		
江戸期又は江戸期以前				大住郡		四ノ宮村
明治元年 9月21日		(旗本知行地)	県設置			神奈川県
明治 4年 7月14日		(小田原藩領)	廃藩置県			神奈川県
明治 4年11月14日			県編入			足柄県
明治 9年 4月18日			県編入			神奈川県
明治22年 3月31日	大住郡	四ノ宮村	合併	大住郡	(939)	大野村（おおのむら）

(934) 大住郡 真土村（しんどむら）

年月日	旧名称		内容	新名称		
江戸期又は江戸期以前				大住郡		新土村（しんどむら）
明治元年 9月21日		(旗本知行地)	県設置			神奈川県
明治 3年	大住郡	新土村	改称	大住郡		真土村
明治 4年 7月14日		(佐倉藩領)	廃藩置県			佐倉県
明治 4年11月14日			県編入			足柄県
明治 9年 4月18日			県編入			神奈川県
明治22年 3月31日	大住郡	真土村	合併	大住郡	(939)	大野村（おおのむら）

(935) 大住郡 南原村（みなみはらむら）

年月日	旧名称		内容	新名称		
江戸期又は江戸期以前				大住郡		南原村
明治元年 9月21日			県設置			神奈川県
明治 4年11月14日			県編入			足柄県
明治 9年 4月18日			県編入			神奈川県
明治22年 3月31日	大住郡	南原村飛地	合併	大住郡	(895)	平塚町（ひらつかまち）

年月日		旧名称	内容		新名称
		南原村飛地	合併	大住郡	(908) 小中村(こなかむら)
		南原村	合併	大住郡	(939) 大野村(おおのむら)

(936) 大住郡 中原村(なかはらむら)

年月日		旧名称	内容		新名称
江戸期又は江戸期以前				大住郡	中原村
明暦 2年	大住郡	中原村の一部	分立	大住郡	(937) 中原下宿(なかはらしもじゅく)
		中原村の一部（中原村消滅）	分立	大住郡	(938) 中原上宿(なかはらかみじゅく)
元禄 8年	大住郡	(937) 中原下宿	合併	大住郡	中原村
		(938) 中原上宿			
宝暦 4年	大住郡	中原村の一部	分立	大住郡	(937) 中原下宿
		中原村の一部（中原村消滅）	分立	大住郡	(938) 中原上宿

(937) 大住郡 中原下宿(なかはらしもじゅく)

年月日		旧名称	内容		新名称
明暦 2年	大住郡	(936) 中原村(なかはらむら)の一部	分立	大住郡	中原下宿
元禄 8年	大住郡	中原下宿	合併	大住郡	(936) 中原村
宝暦 4年	大住郡	(936) 中原村の一部	分立	大住郡	中原下宿
明治元年 9月21日			県設置		神奈川県
明治 4年11月14日			県編入		足柄県
明治 9年 4月18日			県編入		神奈川県
明治22年 3月31日	大住郡	中原下宿	合併	大住郡	(939) 大野村(おおのむら)

(938) 大住郡 中原上宿(なかはらかみじゅく)

年月日		旧名称	内容		新名称
明暦 2年	大住郡	(936) 中原村(なかはらむら)の一部	分立	大住郡	中原上宿
元禄 8年	大住郡	中原上宿	合併	大住郡	(936) 中原村
宝暦 4年	大住郡	(936) 中原村の一部	分立	大住郡	中原上宿
明治元年 9月21日		（旗本知行地）	県設置		神奈川県
明治 4年 7月14日		（小田原藩領）	廃藩置県		神奈川県
明治 4年11月14日			県編入		足柄県
明治 9年 4月18日			県編入		神奈川県
明治22年 3月31日	大住郡	中原上宿	合併	大住郡	(939) 大野村(おおのむら)

年月日	旧名称		内容	新名称	

(939) 中郡 大野町（おおのまち）

年月日	旧名称		内容	新名称	
明治22年 3月31日	大住郡	(932) 八幡村（やはたむら） (933) 四ノ宮村（しのみやむら） (934) 真土村（しんどむら） (935) 南原村（みなみはらむら） (937) 中原下宿（なかはらしもじゅく） (938) 中原上宿（なかはらかみじゅく） (895) 平塚駅飛地（ひらつかえき）	合併	大住郡	大野村
明治29年 3月26日	大住郡	大野村	郡合併	中郡	大野村
昭和19年 2月11日	中郡	大野村	町制	中郡	大野町
昭和31年 4月 1日	中郡	(1034) 豊田村（とよだむら）	編入	中郡	大野町
昭和31年 9月30日	中郡	大野町	編入		(895) 平塚市

(940) 大住郡 千須谷村（せんずやむら）

年月日	旧名称		内容	新名称	
江戸期又は江戸期以前				大住郡	千須谷村
明治元年 9月21日			県設置		神奈川県
明治 4年11月14日			県編入		足柄県
明治 9年 4月18日			県編入		神奈川県
明治22年 3月31日	大住郡	千須谷村	合併	大住郡	(945) 金目村（かなめむら）

(941) 大住郡 片岡村（かたおかむら）

年月日	旧名称		内容	新名称	
江戸期又は江戸期以前				大住郡	片岡村
明治元年 9月21日			県設置		神奈川県
明治 4年11月14日			県編入		足柄県
明治 9年 4月18日			県編入		神奈川県
明治22年 3月31日	大住郡	片岡村	合併	大住郡	(945) 金目村（かなめむら）

(942) 大住郡 広川村（ひろかわむら）

年月日	旧名称		内容	新名称	
江戸期又は江戸期以前				大住郡	広川村
明治元年 9月21日			県設置		神奈川県
明治 4年11月14日			県編入		足柄県
明治 9年 4月18日			県編入		神奈川県

年月日		旧名称	内容		新名称
明治22年 3月31日	大住郡	広川村	合併	大住郡	(945) 金目村（かなめむら）

(943) 大住郡 南金目村（みなみかなめむら）

年月日		旧名称	内容		新名称
江戸期又は江戸期以前				大住郡	南金目村
明治元年 9月21日			県設置		神奈川県
明治 4年11月14日			県編入		足柄県
明治 9年 4月18日			県編入		神奈川県
明治22年 3月31日	大住郡	南金目村	合併	大住郡	(945) 金目村（かなめむら）

(944) 大住郡 北金目村（きたかなめむら）

年月日		旧名称	内容		新名称
江戸期又は江戸期以前				大住郡	北金目村
明治元年 9月21日			県設置		神奈川県
明治 4年11月14日			県編入		足柄県
明治 9年 4月18日			県編入		神奈川県
明治22年 3月31日	大住郡	北金目村	合併	大住郡	(945) 金目村（かなめむら）

(945) 中郡 金目村（かなめむら）

年月日		旧名称	内容		新名称
明治22年 3月31日	大住郡	(940) 千須谷村（せんずやむら） (941) 片岡村（かたおかむら） (942) 広川村（ひろかわむら） (943) 南金目村（みなみかなめむら） (944) 北金目村（きたかなめむら）	合併	大住郡	金目村
明治29年 3月26日	大住郡	金目村	郡合併	中郡	金目村
昭和30年 4月15日	中郡	(973) 大根村（おおねむら）の大字真田	編入	中郡	金目村
昭和32年10月 1日	中郡	金目村	編入		(895) 平塚市（ひらつかし）

(946) 大住郡 曽屋村（そやむら）

年月日		旧名称	内容		新名称
江戸期又は江戸期以前				大住郡	曽屋村
明治元年 9月21日		(旗本知行地)	県設置		神奈川県
明治 4年 7月14日		(小田原藩領)	廃藩置県		神奈川県
明治 4年11月14日			県編入		足柄県
明治 9年 4月18日			県編入		神奈川県

年月日		旧名称	内容		新名称
明治22年 3月31日	大住郡	曽屋村	合併	大住郡	(948) 秦野町（はだのまち）

(947) 大住郡 上大槻村（かみおおつきむら）

年月日		旧名称	内容		新名称
江戸期又は江戸期以前				大住郡	上大槻村
明治 4年 7月14日			廃藩置県		小田原県
明治 4年11月14日			県編入		足柄県
明治 9年 4月18日			県編入		神奈川県
明治22年 3月31日	大住郡	上大槻村	合併	大住郡	(948) 秦野町（はだのまち）

(948) 秦野市（はだのし）

年月日		旧名称	内容		新名称
明治22年 3月31日	大住郡	(946) 曽屋村（そやむら） (947) 上大槻村（かみおおつきむら） (966) 名古木村飛地（ながのきむら） (968) 下大槻村飛地（しもおおつきむら）	合併	大住郡	秦野町
明治29年 3月26日	大住郡	秦野町	郡合併	中郡	秦野町
昭和30年 1月 1日	中郡	秦野町 (953) 南秦野町（みなみはだのまち） (959) 北秦野村（きたはだのむら） (967) 東秦野村（ひがしはだのむら）	合併		秦野市
昭和30年 4月15日	中郡	(973) 大根村（おおねむら）の大字落幡、同北矢名、同南矢名、同下大槻	編入		秦野市
昭和38年 1月 1日	中郡	(981) 西秦野町（にしはだのまち）	編入		秦野市

(949) 大住郡 平沢村（ひらさわむら）

年月日		旧名称	内容		新名称
江戸期又は江戸期以前				大住郡	平沢村
明治元年 9月21日			県設置		神奈川県
明治 4年11月14日			県編入		足柄県
明治 9年 4月18日			県編入		神奈川県
明治22年 3月31日	大住郡	平沢村	合併	大住郡	(953) 南秦野村（みなみはだのむら）

(950) 大住郡 今泉村（いまいずみむら）

年月日		旧名称	内容		新名称
江戸期又は江戸期以前				大住郡	今泉村
明治 4年 7月14日			廃藩置県		小田原県

年月日	旧名称		内容	新名称	
明治 4年11月14日			県編入		足柄県
明治 9年 4月18日			県編入		神奈川県
明治22年 3月31日	大住郡	今泉村	合併	大住郡	(953) 南秦野村（みなみはだのむら）

(951) 大住郡　尾尻村（おじりむら）

年月日	旧名称		内容	新名称	
江戸期又は江戸期以前				大住郡	尾尻村
江戸初期	大住郡	尾尻村の一部	分立	大住郡	(952) 大竹村（おおだけむら）
明治 4年 7月14日		（生実藩領）	廃藩置県		生実県
		（旗本知行地）	廃藩置県		小田原県
明治 4年11月14日			県編入		神奈川県
明治22年 3月31日	大住郡	尾尻村	合併	大住郡	(953) 南秦野村（みなみはだのむら）

(952) 大住郡　西大竹村（にしおおだけむら）

年月日	旧名称		内容	新名称	
江戸初期	大住郡	(951) 尾尻村（おじりむら）の一部	分立	大住郡	大竹村（おおだけむら）
明治初期	大住郡	大竹村	改称	大住郡	西大竹村
明治元年 9月21日			県設置		神奈川県
明治 4年11月14日			県編入		足柄県
明治 9年 4月18日			県編入		神奈川県
明治22年 3月31日	大住郡	西大竹村	合併	大住郡	(953) 南秦野村（みなみはだのむら）

(953) 中郡　南秦野町（みなみはだのまち）

年月日	旧名称		内容	新名称	
明治22年 3月31日	大住郡	(949) 平沢村（ひらさわむら）	合併	大住郡	南秦野村
		(950) 今泉村（いまいずみむら）			
		(951) 尾尻村（おじりむら）			
		(952) 西大竹村（にしおおだけむら）			
	足柄上郡	(1120) 栃窪村（とちくぼむら）飛地			
明治29年 3月26日	大住郡	南秦野村	郡合併	中郡	南秦野村
昭和15年 6月 1日	中郡	南秦野村	町制	中郡	南秦野町
昭和30年 1月 1日	中郡	南秦野町	合併		(948) 秦野市（はだのし）

(954) 大住郡　菩提村（ぼだいむら）

年月日	旧名称		内容	新名称	
江戸期又は江戸期以前				大住郡	菩提村

年月日		旧　名　称	内容			新　名　称
明治 4年 7月14日			廃藩置県			六浦県
明治 4年11月14日			県編入			足柄県
明治 9年 4月18日			県編入			神奈川県
明治22年 3月31日	大住郡	菩提村	合併	大住郡	(959)	北秦野村（きたはだのむら）

(955) 大住郡 横野村（よこのむら）

年月日		旧　名　称	内容			新　名　称
江戸期又は江戸期以前				大住郡		横野村
明治 4年 7月14日			廃藩置県			小田原県
明治 4年11月14日			県編入			足柄県
明治 9年 4月18日			県編入			神奈川県
明治22年 3月31日	大住郡	横野村	合併	大住郡	(959)	北秦野村（きたはだのむら）

(956) 大住郡 戸川村（とがわむら）

年月日		旧　名　称	内容			新　名　称
江戸期又は江戸期以前				大住郡		戸川村
明治 4年 7月14日			廃藩置県			神奈川県
明治 4年11月14日			県編入			足柄県
明治 9年 4月18日			県編入			神奈川県
明治22年 3月31日	大住郡	戸川村	合併	大住郡	(959)	北秦野村（きたはだのむら）

(957) 大住郡 三屋村（さんやむら）

年月日		旧　名　称	内容			新　名　称
江戸期又は江戸期以前				大住郡		三屋村
明治 4年 7月14日			廃藩置県			神奈川県
明治 4年11月14日			県編入			足柄県
明治 9年 4月18日			県編入			神奈川県
明治22年 3月31日	大住郡	三屋村	合併	大住郡	(959)	北秦野村（きたはだのむら）

(958) 大住郡 羽根村（はねむら）

年月日		旧　名　称	内容			新　名　称
江戸期又は江戸期以前				大住郡		羽根村
明治 4年 7月14日			廃藩置県			六浦県
明治 4年11月14日			県編入			足柄県
明治 9年 4月18日			県編入			神奈川県
明治22年 3月31日	大住郡	羽根村	合併	大住郡	(959)	北秦野村（きたはだのむら）

年月日		旧名称	内容		新名称

(959) 中郡 北秦野村（きたはだのむら）

年月日		旧名称	内容		新名称
明治22年 3月31日	大住郡	(954) 菩提村（ぼだいむら） (955) 横野村（よこのむら） (956) 戸川村（とがわむら） (957) 三屋村（さんやむら） (958) 羽根村（はねむら）	合併	大住郡	北秦野村
明治29年 3月26日	大住郡	北秦野村	郡合併	中郡	北秦野村
昭和30年 1月 1日	中郡	北秦野村	合併		(948) 秦野市（はだのし）

(960) 大住郡 西田原村（にしたわらむら）

年月日		旧名称	内容		新名称
江戸期又は江戸期以前				大住郡	西田原村
明治元年 9月21日			県設置		神奈川県
明治 4年11月14日			県編入		足柄県
明治 9年 4月18日			県編入		神奈川県
明治22年 3月31日	大住郡	西田原村	合併	大住郡	(967) 東秦野村（ひがしはだのむら）

(961) 大住郡 東田原村（ひがしたわらむら）

年月日		旧名称	内容		新名称
江戸期又は江戸期以前				大住郡	東田原村
明治元年 9月21日			県設置		神奈川県
明治 4年11月14日			県編入		足柄県
明治 9年 4月18日			県編入		神奈川県
明治22年 3月31日	大住郡	東田原村	合併	大住郡	(967) 東秦野村（ひがしはだのむら）

(962) 大住郡 蓑毛村（みのげむら）

年月日		旧名称	内容		新名称
江戸期又は江戸期以前				大住郡	蓑毛村
明治元年 9月21日			県設置		神奈川県
明治 4年11月14日			県編入		足柄県
明治 9年 4月18日			県編入		神奈川県
明治22年 3月31日	大住郡	蓑毛村	合併	大住郡	(967) 東秦野村（ひがしはだのむら）

(963) 大住郡 小蓑毛村（こみのげむら）

年月日		旧名称	内容		新名称
江戸期又は江戸期以前				大住郡	小蓑毛村

年月日	旧名称	内容	新名称
明治元年 9月21日		県設置	神奈川県
明治 4年11月14日		県編入	足柄県
明治 9年 4月18日		県編入	神奈川県
明治22年 3月31日	大住郡 小蓑毛村	合併	大住郡 (967) 東秦野村（ひがしはだのむら）

(964) 大住郡 寺山村（てらやまむら）

年月日	旧名称	内容	新名称
江戸期又は江戸期以前			大住郡 寺山村
明治元年 9月21日	（旗本知行地）	県設置	神奈川県
明治 4年 7月14日	（金沢藩領）	廃藩置県	六浦県
明治 4年11月14日		県編入	足柄県
明治 9年 4月18日		県編入	神奈川県
明治22年 3月31日	大住郡 寺山村	合併	大住郡 (967) 東秦野村（ひがしはだのむら）

(965) 大住郡 落合村（おちあいむら）

年月日	旧名称	内容	新名称
江戸期又は江戸期以前			大住郡 落合村
明治 4年 7月14日		廃藩置県	生実県
明治 4年11月14日		県編入	足柄県
明治 9年 4月18日		県編入	神奈川県
明治22年 3月31日	大住郡 落合村	合併	大住郡 (967) 東秦野村（ひがしはだのむら）

(966) 大住郡 名古木村（ながのきむら）

年月日	旧名称	内容	新名称
江戸期又は江戸期以前			大住郡 名古木村
明治 4年 7月14日		廃藩置県	生実県
明治 4年11月14日		県編入	足柄県
明治 9年 4月18日		県編入	神奈川県
明治22年 3月31日	大住郡 名古木村飛地	合併	大住郡 (948) 秦野町（はだのまち）
	名古木村	合併	大住郡 (967) 東秦野村（ひがしはだのむら）

(967) 中郡 東秦野村（ひがしはだのむら）

年月日	旧名称	内容	新名称
明治22年 3月31日	大住郡 (960) 西田原村（にしたわらむら）	合併	大住郡 東秦野村
	(961) 東田原村（ひがしたわらむら）		
	(962) 蓑毛村（みのげむら）		

年月日		旧　名　称	内容		新　名　称
		(963) 小蓑毛村（こみのげむら）			
		(964) 寺山村（てらやまむら）			
		(965) 落合村（おちあいむら）			
		(966) 名古木村（ながのきむら）			
明治29年 3月26日	大住郡	東秦野村	郡合併	中郡	東秦野村
昭和30年 1月 1日	中郡	東秦野村	合併		(948) 秦野市（はだのし）

(968) 大住郡　下大槻村（しもおおつきむら）

年月日		旧　名　称	内容		新　名　称
江戸期又は江戸期以前				大住郡	下大槻村
明治 4年 7月14日			廃藩置県		小田原県
明治 4年11月14日			県編入		足柄県
明治 9年 4月18日			県編入		神奈川県
明治22年 3月31日	大住郡	下大槻村飛地	合併	大住郡	(948) 秦野町（はだのまち）
		下大槻村	合併	大住郡	(973) 大根村（おおねむら）

(969) 大住郡　真田村（さなだむら）

年月日		旧　名　称	内容		新　名　称
江戸期又は江戸期以前				大住郡	真田村
明治元年 9月21日		(旗本知行地)	県設置		神奈川県
明治 4年 7月14日		(小田原藩領)	廃藩置県		神奈川県
明治 4年11月14日			県編入		足柄県
明治 9年 4月18日			県編入		神奈川県
明治22年 3月31日	大住郡	真田村	合併	大住郡	(973) 大根村（おおねむら）

(970) 大住郡　南矢名村（みなみやなむら）

年月日		旧　名　称	内容		新　名　称
江戸期又は江戸期以前				大住郡	南矢名村
明治元年 9月21日			県設置		神奈川県
明治 4年11月14日			県編入		足柄県
明治 9年 4月18日			県編入		神奈川県
明治22年 3月31日	大住郡	南矢名村	合併	大住郡	(973) 大根村（おおねむら）

(971) 大住郡　北矢名村（きたやなむら）

年月日		旧　名　称	内容		新　名　称
江戸期又は江戸期以前				大住郡	北矢名村

年月日		旧名称	内容		新名称
明治元年 9月21日		（旗本知行地）	県設置		神奈川県
明治 4年 7月14日		（烏山藩領）	廃藩置県		烏山県
明治 4年11月14日			県編入		足柄県
明治 9年 4月18日			県編入		神奈川県
明治22年 3月31日	大住郡	北矢名村	合併	大住郡	(973) 大根村（おおねむら）

(972) 大住郡 落幡村（おちはたむら）

年月日		旧名称	内容		新名称
江戸期又は江戸期以前				大住郡	落幡村
明治元年 9月21日		（旗本知行地）	県設置		神奈川県
明治 4年 7月14日		（佐倉藩領）	廃藩置県		佐倉県
明治 4年11月14日			県編入		足柄県
明治 9年 4月18日			県編入		神奈川県
明治22年 3月31日	大住郡	落幡村	合併	大住郡	(973) 大根村（おおねむら）

(973) 中郡 大根村（おおねむら）

年月日		旧名称	内容		新名称
明治22年 3月31日	大住郡	(968) 下大槻村（しもおおつきむら） (969) 真田村（さなだむら） (970) 南矢名村（みなみやなむら） (971) 北矢名村（きたやなむら） (972) 落幡村（おちはたむら）	合併	大住郡	大根村
明治29年 3月26日	大住郡	大根村	郡合併	中郡	大根村
昭和30年 4月15日	中郡	大根村の大字真田	編入	中郡	(945) 金目村（かなめむら）
		大根村の大字落幡、同北矢名、同南矢名、同下大槻（大根村消滅）	編入		(948) 秦野市（はだのし）

(974) 大住郡 千村（ちむら）

年月日		旧名称	内容		新名称
江戸期又は江戸期以前				大住郡	千村
明治元年 9月21日			県設置		神奈川県
明治 4年11月14日			県編入		足柄県
明治 9年 4月18日			県編入		神奈川県
明治22年 3月31日	大住郡	千村	合併	大住郡	(981) 西秦野村（にしはだのむら）

(975) 大住郡 渋沢村（しぶさわむら）

年月日	郡	旧名称	内容	郡	番号	新名称
江戸期又は江戸期以前				大住郡		渋沢村
明治 4年 7月14日		(旗本知行地)	廃藩置県			小田原県
		(金沢藩領)	廃藩置県			六浦県
明治 4年11月14日			県編入			足柄県
明治 9年 4月18日			県編入			神奈川県
明治22年 3月31日	大住郡	渋沢村	合併	大住郡	(981)	西秦野村（にしはだのむら）
		渋沢村飛地	合併	足柄上郡	(1121)	上中村（かみなかむら）

(976) 大住郡 堀山下村（ほりやましたむら）

年月日	郡	旧名称	内容	郡	番号	新名称
江戸期又は江戸期以前				大住郡		堀山下村
明治 4年 7月14日			廃藩置県			六浦県
明治 4年11月14日			県編入			足柄県
明治 9年 4月18日			県編入			神奈川県
明治22年 3月31日	大住郡	堀山下村	合併	大住郡	(981)	西秦野村（にしはだのむら）

(977) 大住郡 堀川村（ほりかわむら）

年月日	郡	旧名称	内容	郡	番号	新名称
江戸期又は江戸期以前				大住郡		堀川村
明治元年 9月21日			県設置			神奈川県
明治 4年11月14日			県編入			足柄県
明治 9年 4月18日			県編入			神奈川県
明治22年 3月31日	大住郡	堀川村	合併	大住郡	(981)	西秦野村（にしはだのむら）

(978) 大住郡 堀斎藤村（ほりさいとうむら）

年月日	郡	旧名称	内容	郡	番号	新名称
江戸期又は江戸期以前				大住郡		堀斎藤村
寛文年間	大住郡	堀斎藤村の一部	分立	大住郡	(979)	堀沼城村（ほりぬまじょうむら）
明治元年 9月21日		(旗本知行地)	県設置			神奈川県
明治 4年 7月14日		(小田原藩領)	廃藩置県			神奈川県
明治 4年11月14日			県編入			足柄県
明治 9年 4月18日			県編入			神奈川県
明治20年 7月22日	大住郡	堀斎藤村	合併	大住郡	(980)	堀西村（ほりにしむら）

(979) 大住郡 堀沼城村（ほりぬまじょうむら）

年月日	旧名称		内容	新名称	
寛文年間	大住郡	(978) 堀斎藤村（ほりさいとうむら）の一部	分立	大住郡	堀沼城村
明治元年 9月21日		（旗本知行地）	県設置		神奈川県
明治 4年 7月14日		（小田原藩領）	廃藩置県		神奈川県
明治 4年11月14日			県編入		足柄県
明治 9年 4月18日			県編入		神奈川県
明治20年 7月22日	大住郡	堀沼城村	合併	大住郡	(980) 堀西村（ほりにしむら）

(980) 大住郡 堀西村（ほりにしむら）

年月日	旧名称		内容	新名称	
明治20年 7月22日	大住郡	(978) 堀斎藤村（ほりさいとうむら）	合併	大住郡	堀西村
		(979) 堀沼城村（ほりぬまじょうむら）			
明治22年 3月31日	大住郡	堀西村	合併	大住郡	(981) 西秦野村（にしはだのむら）

(981) 中郡 西秦野町（にしはだのまち）

年月日	旧名称		内容	新名称	
明治22年 3月31日	大住郡	(974) 千村（ちむら）	合併	大住郡	西秦野村
		(975) 渋沢村（しぶさわむら）			
		(976) 堀山下村（ほりやましたむら）			
		(977) 堀川村（ほりかわむら）			
		(980) 堀西村（ほりにしむら）			
	足柄上郡	(1120) 栃窪村（とちくぼむら）飛地			
明治29年 3月26日	大住郡	西秦野村	郡合併	中郡	西秦野村
昭和26年 6月20日	足柄上郡	(1122) 相和村（そうわむら）の大字栃窪	編入	中郡	西秦野村
昭和30年 7月28日	中郡	西秦野村	合併	中郡	西秦野町
	足柄上郡	(1101) 上秦野村（かみはたのむら）			
昭和38年 1月 1日	中郡	西秦野町	編入		(948) 秦野市（はだのし）

(982) 伊勢原市（いせはらし）

年月日	旧名称		内容	新名称	
江戸期又は江戸期以前				大住郡	伊勢原村
明治元年 9月21日			県設置		神奈川県
明治 4年11月14日			県編入		足柄県
明治 9年 4月18日			県編入		神奈川県
明治22年 3月31日	大住郡	伊勢原村	合併	大住郡	伊勢原町

年月日		旧名称	内容		新名称
		(983) 池端村（いけばたむら）			
		(984) 東大竹村（ひがしおおたけむら）			
		(985) 田中村（たなかむら）			
		(986) 板戸村（いたどむら）			
		(1016) 沼目村（ぬまめむら）飛地			
明治29年 3月26日	大住郡	伊勢原町	郡合併	中郡	伊勢原町
昭和29年12月 1日	中郡	伊勢原町	合併	中郡	伊勢原町
		(995) 比々多村（ひびたむら）			
		(996) 大山町（おおやままち）			
		(1001) 高部屋村（たかべやむら）			
		(1009) 成瀬村（なるせむら）			
		(1017) 大田村（おおたむら）			
昭和31年 9月30日	中郡	(1028) 岡崎村（おかざきむら）の一部	編入	中郡	伊勢原町
昭和46年 3月 1日	中郡	伊勢原町	市制		伊勢原市

(983) 大住郡 池端村（いけばたむら）

年月日		旧名称	内容		新名称
江戸期又は江戸期以前				大住郡	池端村
明治元年 9月21日			県設置		神奈川県
明治 4年11月14日			県編入		足柄県
明治 9年 4月18日			県編入		神奈川県
明治22年 3月31日	大住郡	池端村	合併	大住郡	(982) 伊勢原町（いせはらまち）
		池端村飛地	合併	大住郡	(1017) 大田村（おおたむら）

(984) 大住郡 東大竹村（ひがしおおたけむら）

年月日		旧名称	内容		新名称
江戸期又は江戸期以前				大住郡	大竹村（おおたけむら）
明治初期	大住郡	大竹村	改称	大住郡	東大竹村
明治元年 9月21日		（旗本知行地）	県設置		神奈川県
明治 4年 7月14日		（佐倉藩領）	廃藩置県		佐倉県
明治 4年11月14日			県編入		足柄県
明治 9年 4月18日			県編入		神奈川県
明治22年 3月31日	大住郡	東大竹村	合併	大住郡	(982) 伊勢原町（いせはらまち）

年月日		旧名称	内容			新名称

(985) 大住郡 田中村（たなかむら）

年月日		旧名称	内容			新名称
江戸期又は江戸期以前				大住郡		田中村
明治元年 9月21日			県設置			神奈川県
明治 4年11月14日			県編入			足柄県
明治 9年 4月18日			県編入			神奈川県
明治22年 3月31日	大住郡	田中村	合併	大住郡	(982)	伊勢原町（いせはらまち）

(986) 大住郡 板戸村（いたどむら）

年月日		旧名称	内容			新名称
江戸期又は江戸期以前				大住郡		板戸村
明治元年 9月21日			県設置			神奈川県
明治 4年11月14日			県編入			足柄県
明治 9年 4月18日			県編入			神奈川県
明治22年 3月31日	大住郡	板戸村	合併	大住郡	(982)	伊勢原町（いせはらまち）

(987) 大住郡 善波村（ぜんばむら）

年月日		旧名称	内容			新名称
江戸期又は江戸期以前				大住郡		善波村
明治元年 9月21日			県設置			神奈川県
明治 4年11月14日			県編入			足柄県
明治 9年 4月18日			県編入			神奈川県
明治22年 3月31日	大住郡	善波村	合併	大住郡	(995)	比々多村（ひびたむら）

(988) 大住郡 坪ノ内村（つぼのうちむら）

年月日		旧名称	内容			新名称
江戸期又は江戸期以前				大住郡		坪ノ内村
明治元年 9月21日			県設置			神奈川県
明治 4年11月14日			県編入			足柄県
明治 9年 4月18日			県編入			神奈川県
明治22年 3月31日	大住郡	坪ノ内村	合併	大住郡	(995)	比々多村（ひびたむら）

(989) 大住郡 三ノ宮村（さんのみやむら）

年月日		旧名称	内容			新名称
江戸期又は江戸期以前				大住郡		三ノ宮村
正保年間頃	大住郡	三ノ宮村の一部	分立	大住郡	(990)	栗原村（くりはらむら）

年月日	旧名称		内容	新名称	
明治初期	大住郡	(990) 栗原村	編入	大住郡	三ノ宮村
明治元年 9月21日			県設置		神奈川県
明治 4年11月14日			県編入		足柄県
明治 9年 4月18日			県編入		神奈川県
明治22年 3月31日	大住郡	三ノ宮村	合併	大住郡	(995) 比々多村（ひびたむら）

(990) 大住郡 栗原村（くりはらむら）

年月日	旧名称		内容	新名称	
正保年間頃	大住郡	(989) 三ノ宮村（さんのみやむら）の一部	分立	大住郡	栗原村
明治初期	大住郡	栗原村	編入	大住郡	(989) 三ノ宮村

(991) 大住郡 神戸村（ごうどむら）

年月日	旧名称		内容	新名称	
江戸期又は江戸期以前				大住郡	神戸村
明治元年 9月21日			県設置		神奈川県
明治 4年11月14日			県編入		足柄県
明治 9年 4月18日			県編入		神奈川県
明治22年 3月31日	大住郡	神戸村	合併	大住郡	(995) 比々多村（ひびたむら）

(992) 大住郡 串橋村（くしはしむら）

年月日	旧名称		内容	新名称	
江戸期又は江戸期以前				大住郡	串橋村
江戸初期	大住郡	串橋村の一部	分立	大住郡	(993) 笠窪村（かさくぼむら）
明治元年 9月21日			県設置		神奈川県
明治 4年11月14日			県編入		足柄県
明治 9年 4月18日			県編入		神奈川県
明治22年 3月31日	大住郡	串橋村	合併	大住郡	(995) 比々多村（ひびたむら）

(993) 大住郡 笠窪村（かさくぼむら）

年月日	旧名称		内容	新名称	
江戸初期	大住郡	(992) 串橋村（くしはしむら）の一部	分立	大住郡	笠窪村
明治元年 9月21日			県設置		神奈川県
明治 4年11月14日			県編入		足柄県
明治 9年 4月18日			県編入		神奈川県
明治22年 3月31日	大住郡	笠窪村	合併	大住郡	(995) 比々多村（ひびたむら）

(994) 大住郡 白根村（しらねむら）

年月日		旧名称	内容		新名称
江戸期又は江戸期以前				大住郡	白根村
明治元年 9月21日			県設置		神奈川県
明治 4年11月14日			県編入		足柄県
明治 9年 4月18日			県編入		神奈川県
明治22年 3月31日	大住郡	白根村	合併	大住郡	(995) 比々多村（ひびたむら）

(995) 中郡 比々多村（ひびたむら）

年月日		旧名称	内容		新名称
明治22年 3月31日	大住郡	(987) 善波村（ぜんばむら） (988) 坪ノ内村（つぼのうちむら） (989) 三ノ宮村（さんのみやむら） (991) 神戸村（ごうどむら） (992) 串橋村（くしはしむら） (993) 笠窪村（かさくぼむら） (994) 白根村（しらねむら）	合併	大住郡	比々多村
明治29年 3月26日	大住郡	比々多村	郡合併	中郡	比々多村
昭和29年12月 1日	中郡	比々多村	合併	中郡	(982) 伊勢原町（いせはらまち）

(996) 中郡 大山町（おおやままち）

年月日		旧名称	内容		新名称
江戸期又は江戸期以前				大住郡	坂本村（さかもとむら）
明治初期	大住郡	坂本村	改称	大住郡	大山町
明治元年 9月21日			県設置		神奈川県
明治 4年11月14日			県編入		足柄県
明治 9年 4月18日			県編入		神奈川県
明治22年 3月31日	大住郡	大山町 (997) 子易村（こやすむら）	合併	大住郡	大山町
明治29年 3月26日	大住郡	大山町	郡合併	中郡	大山町
昭和29年12月 1日	中郡	大山町	合併	中郡	(982) 伊勢原町（いせはらまち）

(997) 大住郡 子易村（こやすむら）

年月日		旧名称	内容		新名称
江戸期又は江戸期以前				大住郡	子易村
明治元年 9月21日			県設置		神奈川県

年月日		旧名称	内容		新名称
明治 4年11月14日			県編入		足柄県
明治 9年 4月18日			県編入		神奈川県
明治22年 3月31日	大住郡	子易村	合併	大住郡 (996)	大山町（おおやままち）

(998) 大住郡 西富岡村（にしとみおかむら）

年月日		旧名称	内容		新名称
江戸期又は江戸期以前				大住郡	西富岡村
明治元年 9月21日			県設置		神奈川県
明治 4年11月14日			県編入		足柄県
明治 9年 4月18日			県編入		神奈川県
明治22年 3月31日	大住郡	西富岡村	合併	大住郡 (1001)	高部屋村（たかべやむら）

(999) 大住郡 日向村（ひなたむら）

年月日		旧名称	内容		新名称
江戸期又は江戸期以前				大住郡	日向村
明治元年 9月21日			県設置		神奈川県
明治 4年11月14日			県編入		足柄県
明治 9年 4月18日			県編入		神奈川県
明治22年 3月31日	大住郡	日向村	合併	大住郡 (1001)	高部屋村（たかべやむら）

(1000) 大住郡 上粕屋村（かみかすやむら）

年月日		旧名称	内容		新名称
江戸期又は江戸期以前				大住郡	上粕屋村
明治元年 9月21日			県設置		神奈川県
明治 4年11月14日			県編入		足柄県
明治 9年 4月18日			県編入		神奈川県
明治22年 3月31日	大住郡	上粕屋村	合併	大住郡 (1001)	高部屋村（たかべやむら）

(1001) 中郡 高部屋村（たかべやむら）

年月日		旧名称	内容		新名称
明治22年 3月31日	大住郡	(998) 西富岡村（にしとみおかむら）	合併	大住郡	高部屋村
		(999) 日向村（ひなたむら）			
		(1000) 上粕屋村（かみかすやむら）			
		(1002) 下粕屋村飛地（しもかすやむら）			
	愛甲郡	(1354) 七沢村飛地（ななさわむら）			
明治29年 3月26日	大住郡	高部屋村	郡合併	中郡	高部屋村

年月日		旧名称	内容		新名称
昭和29年12月 1日	中郡	高部屋村	合併	中郡	(982) 伊勢原町（いせはらまち）

(1002) 大住郡 下粕屋村（しもかすやむら）

年月日		旧名称	内容		新名称
江戸期又は江戸期以前				大住郡	下粕屋村
明治元年 9月21日		(旗本知行地)	県設置		神奈川県
明治 4年 7月14日		(烏山藩領)	廃藩置県		烏山県
明治 4年11月14日			県編入		足柄県
明治 9年 4月18日			県編入		神奈川県
明治22年 3月31日	大住郡	下粕屋村飛地	合併	大住郡	(1001) 高部屋村（たかべやむら）
		下粕屋村	合併	大住郡	(1009) 成瀬村（なるせむら）

(1003) 大住郡 東富岡村（ひがしとみおかむら）

年月日		旧名称	内容		新名称
江戸期又は江戸期以前				大住郡	東富岡村
明治元年 9月21日			県設置		神奈川県
明治 4年11月14日			県編入		足柄県
明治 9年 4月18日			県編入		神奈川県
明治22年 3月31日	大住郡	東富岡村	合併	大住郡	(1009) 成瀬村（なるせむら）

(1004) 大住郡 粟窪村（あわくぼむら）

年月日		旧名称	内容		新名称
江戸期又は江戸期以前				大住郡	粟窪村
明治元年 9月21日			県設置		神奈川県
明治 4年11月14日			県編入		足柄県
明治 9年 4月18日			県編入		神奈川県
明治22年 3月31日	大住郡	粟窪村	合併	大住郡	(1009) 成瀬村（なるせむら）

(1005) 大住郡 高森村（たかもりむら）

年月日		旧名称	内容		新名称
江戸期又は江戸期以前				大住郡	高森村
明治元年 9月21日			県設置		神奈川県
明治 4年11月14日			県編入		足柄県
明治 9年 4月18日			県編入		神奈川県
明治22年 3月31日	大住郡	高森村	合併	大住郡	(1009) 成瀬村（なるせむら）

年月日		旧名称	内容		新名称

(1006) 大住郡 見附島村（みつけしまむら）

年月日		旧名称	内容		新名称
江戸期又は江戸期以前				大住郡	見附島村
明治元年 9月21日			県設置		神奈川県
明治 4年11月14日			県編入		足柄県
明治 9年 4月18日			県編入		神奈川県
明治22年 3月31日	大住郡	見附島村	合併	大住郡	(1009) 成瀬村（なるせむら）

(1007) 大住郡 石田村（いしだむら）

年月日		旧名称	内容		新名称
江戸期又は江戸期以前				大住郡	石田村
明治元年 9月21日			県設置		神奈川県
明治 4年11月14日			県編入		足柄県
明治 9年 4月18日			県編入		神奈川県
明治22年 3月31日	大住郡	石田村	合併	大住郡	(1009) 成瀬村（なるせむら）
		石田村飛地	合併	大住郡	(1041) 相川村（あいかわむら）

(1008) 大住郡 下落合村（しもおちあいむら）

年月日		旧名称	内容		新名称
江戸期又は江戸期以前				大住郡	下落合村
明治元年 9月21日			県設置		神奈川県
明治 4年11月14日			県編入		足柄県
明治 9年 4月18日			県編入		神奈川県
明治22年 3月31日	大住郡	下落合村	合併	大住郡	(1009) 成瀬村（なるせむら）

(1009) 中郡 成瀬村（なるせむら）

年月日		旧名称	内容		新名称
明治22年 3月31日	大住郡	(1002) 下粕屋村（しもかすやむら） (1003) 東富岡村（ひがしとみおかむら） (1004) 粟窪村（あわくぼむら） (1005) 高森村（たかもりむら） (1006) 見附島村（みつけしまむら） (1007) 石田村（いしだむら） (1008) 下落合村（しもおちあいむら）	合併	大住郡	成瀬村
明治29年 3月26日	大住郡	成瀬村	郡合併	中郡	成瀬村
昭和29年12月 1日	中郡	成瀬村	合併	中郡	(982) 伊勢原町（いせはらまち）

年月日	旧名称	内容	新名称

(1010) 大住郡 平間村（ひらまむら）

年月日	旧名称	内容	新名称
江戸期又は江戸期以前			大住郡 平間村
江戸初期	大住郡 平間村の一部	分立	大住郡 (1011) 下平間村（しもひらまむら）
	平間村の一部（平間村消滅）	分立	大住郡 (1012) 上平間村（かみひらまむら）

(1011) 大住郡 下平間村（しもひらまむら）

年月日	旧名称	内容	新名称
江戸初期	大住郡 (1010) 平間村（ひらまむら）の一部	分立	大住郡 下平間村
明治元年 9月21日		県設置	神奈川県
明治 4年11月14日		県編入	足柄県
明治 9年 4月18日		県編入	神奈川県
明治22年 3月31日	大住郡 下平間村	合併	大住郡 (1017) 大田村（おおたむら）

(1012) 大住郡 上平間村（かみひらまむら）

年月日	旧名称	内容	新名称
江戸初期	大住郡 (1010) 平間村（ひらまむら）の一部	分立	大住郡 上平間村
明治元年 9月21日		県設置	神奈川県
明治 4年11月14日		県編入	足柄県
明治 9年 4月18日		県編入	神奈川県
明治22年 3月31日	大住郡 上平間村	合併	大住郡 (1017) 大田村（おおたむら）

(1013) 大住郡 小稲葉村（こいなばむら）

年月日	旧名称	内容	新名称
江戸期又は江戸期以前			大住郡 小稲葉村
明治元年 9月21日		県設置	神奈川県
明治 4年11月14日		県編入	足柄県
明治 9年 4月18日		県編入	神奈川県
明治22年 3月31日	大住郡 小稲葉村飛地	合併	大住郡 (913) 神田村（かみたむら）
	小稲葉村	合併	大住郡 (1017) 大田村（おおたむら）

(1014) 大住郡 上谷村（かみやむら）

年月日	旧名称	内容	新名称
江戸期又は江戸期以前			大住郡 上谷村
明治元年 9月21日	(旗本知行地)	県設置	神奈川県
明治 4年 7月14日	(佐倉藩領)	廃藩置県	佐倉県

年月日	旧　名　称	内容	新　名　称
明治 4年11月14日		県編入	足柄県
明治 9年 4月18日		県編入	神奈川県
明治22年 3月31日	大住郡 上谷村	合併	大住郡 (1017) 大田村（おおたむら）

(1015) 大住郡 下谷村（しもやむら）

年月日	旧　名　称	内容	新　名　称
江戸期又は江戸期以前			大住郡 下谷村
明治元年 9月21日	（旗本知行地）	県設置	神奈川県
明治 4年 7月14日	（烏山藩領）	廃藩置県	烏山県
明治 4年11月14日		県編入	足柄県
明治 9年 4月18日		県編入	神奈川県
明治22年 3月31日	大住郡 下谷村	合併	大住郡 (1017) 大田村（おおたむら）

(1016) 大住郡 沼目村（ぬまめむら）

年月日	旧　名　称	内容	新　名　称
江戸期又は江戸期以前			大住郡 沼目村
明治元年 9月21日	（旗本知行地）	県設置	神奈川県
明治 4年 7月14日	（佐倉藩領）	廃藩置県	佐倉県
明治 4年11月14日		県編入	足柄県
明治 9年 4月18日		県編入	神奈川県
明治22年 3月31日	大住郡 沼目村飛地	合併	大住郡 (982) 伊勢原町（いせはらまち）
	沼目村	合併	大住郡 (1017) 大田村（おおたむら）

(1017) 中郡 大田村（おおたむら）

年月日	旧　名　称	内容	新　名　称
明治22年 3月31日	大住郡 (1011) 下平間村（しもひらまむら）	合併	大住郡 大田村
	(1012) 上平間村（かみひらまむら）		
	(1013) 小稲葉村（こいなばむら）		
	(1014) 上谷村（かみやむら）		
	(1015) 下谷村（しもやむら）		
	(1016) 沼目村（ぬまめむら）		
	(983) 池端村飛地（いけばたむら）		
明治29年 3月26日	大住郡 大田村	郡合併	中郡 大田村
昭和29年12月 1日	中郡 大田村	合併	中郡 (982) 伊勢原町（いせはらまち）

年月日	旧名称		内容	新名称		

(1018) 大住郡 矢崎村（やさきむら）

年月日	旧名称		内容	新名称		
江戸期又は江戸期以前				大住郡		矢崎村
明治元年 9月21日			県設置			神奈川県
明治 4年11月14日			県編入			足柄県
明治 9年 4月18日			県編入			神奈川県
明治22年 3月31日	大住郡	矢崎村	合併	大住郡	(1028)	岡崎村（おかざきむら）

(1019) 大住郡 北大縄村（きたおおなわむら）

年月日	旧名称		内容	新名称		
江戸期又は江戸期以前				大住郡		北大縄村
明治元年 9月21日			県設置			神奈川県
明治 4年11月14日			県編入			足柄県
明治 9年 4月18日			県編入			神奈川県
明治22年 3月31日	大住郡	北大縄村	合併	大住郡	(1028)	岡崎村（おかざきむら）

(1020) 大住郡 大畑村（おおばたけむら）

年月日	旧名称		内容	新名称		
江戸期又は江戸期以前				大住郡		大畑村
明治元年 9月21日			県設置			神奈川県
明治 4年11月14日			県編入			足柄県
明治 9年 4月18日			県編入			神奈川県
明治22年 3月31日	大住郡	大畑村	合併	大住郡	(1028)	岡崎村（おかざきむら）

(1021) 大住郡 丸島村（まるしまむら）

年月日	旧名称		内容	新名称		
江戸期又は江戸期以前				大住郡		丸島村
明治元年 9月21日			県設置			神奈川県
明治 4年11月14日			県編入			足柄県
明治 9年 4月18日			県編入			神奈川県
明治22年 3月31日	大住郡	丸島村	合併	大住郡	(1028)	岡崎村（おかざきむら）

(1022) 大住郡 入山瀬村（いりやませむら）

年月日	旧名称		内容	新名称		
江戸期又は江戸期以前				大住郡		入山瀬村
江戸初期	大住郡	入山瀬村の一部	分立	大住郡	(1023)	上入山瀬村（かみいりやませむら）
		入山瀬村の一部（入山	分立	大住郡	(1024)	下入山瀬村（しもいりやませむら）

年月日		旧名称	内容		新名称
		瀬村消滅)			
明治11年 8月30日	大住郡	(1023) 上入山瀬村	合併	大住郡	入山瀬村
		(1024) 下入山瀬村			
明治22年 3月31日	大住郡	入山瀬村	合併	大住郡 (1028)	岡崎村(おかざきむら)

(1023) 大住郡 上入山瀬村(かみいりやませむら)

年月日		旧名称	内容		新名称
江戸初期	大住郡	(1022) 入山瀬村(いりやませむら)の一部	分立	大住郡	上入山瀬村
明治 4年 7月14日			廃藩置県		荻野山中県
明治 4年11月14日			県編入		足柄県
明治 9年 4月18日			県編入		神奈川県
明治11年 8月30日	大住郡	上入山瀬村	合併	大住郡 (1022)	入山瀬村

(1024) 大住郡 下入山瀬村(しもいりやませむら)

年月日		旧名称	内容		新名称
江戸初期	大住郡	(1022) 入山瀬村(いりやませむら)の一部	分立	大住郡	下入山瀬村
明治元年 9月21日			県設置		神奈川県
明治 4年11月14日			県編入		足柄県
明治 9年 4月18日			県編入		神奈川県
明治11年 8月30日	大住郡	下入山瀬村	合併	大住郡 (1022)	入山瀬村

(1025) 大住郡 馬渡村(まわたりむら)

年月日		旧名称	内容		新名称
江戸期又は江戸期以前				大住郡	馬渡村
明治元年 9月21日			県設置		神奈川県
明治 4年11月14日			県編入		足柄県
明治 9年 4月18日			県編入		神奈川県
明治22年 3月31日	大住郡	馬渡村	合併	大住郡 (1028)	岡崎村(おかざきむら)

(1026) 大住郡 西海地村(さいかちむら)

年月日		旧名称	内容		新名称
江戸期又は江戸期以前				大住郡	西海地村
明治 4年 7月14日		(佐倉藩領)	廃藩置県		佐倉県
		(金沢藩領)	廃藩置県		六浦県
明治 4年11月14日			県編入		足柄県
明治 9年 4月18日			県編入		神奈川県

年月日		旧名称	内容		新名称
明治22年 3月31日	大住郡	西海地村	合併	大住郡	(1028) 岡崎村(おかざきむら)

(1027) 大住郡 大句村(おおくむら)

年月日		旧名称	内容		新名称
江戸期又は江戸期以前				大住郡	大句村
明治元年 9月21日			県設置		神奈川県
明治 4年11月14日			県編入		足柄県
明治 9年 4月18日			県編入		神奈川県
明治22年 3月31日	大住郡	大句村	合併	大住郡	(1028) 岡崎村(おかざきむら)

(1028) 中郡 岡崎村(おかざきむら)

年月日		旧名称	内容		新名称
明治22年 3月31日	大住郡	(1018) 矢崎村(やさきむら)	合併	大住郡	岡崎村
		(1019) 北大縄村(きたおおなわむら)			
		(1020) 大畑村(おおばたけむら)			
		(1021) 丸島村(まるしまむら)			
		(1022) 入山瀬村(いりやませむら)			
		(1025) 馬渡村(まわたりむら)			
		(1026) 西海地村(さいかちむら)			
		(1027) 大句村(おおくむら)			
明治29年 3月26日	大住郡	岡崎村	郡合併	中郡	岡崎村
昭和31年 9月30日	中郡	岡崎村の一部	編入		(895) 平塚市(ひらつかし)
		岡崎村の一部（岡崎村消滅）	編入	中郡	(982) 伊勢原町(いせはらまち)

(1029) 大住郡 豊田本郷村(とよだほんごうむら)

年月日		旧名称	内容		新名称
江戸期又は江戸期以前				大住郡	豊田本郷村
江戸初期	大住郡	豊田本郷村の一部	分立	大住郡	(1030) 小嶺村(こみねむら)
		豊田本郷村の一部	分立	大住郡	(1031) 宮下村(みやしたむら)
		豊田本郷村の一部	分立	大住郡	(1032) 平等寺村(びょうどうじむら)
明治元年 9月21日			県設置		神奈川県
明治 4年11月14日			県編入		足柄県
明治 9年 4月18日			県編入		神奈川県
明治22年 3月31日	大住郡	豊田本郷村	合併	大住郡	(1034) 豊田村(とよだむら)

年月日	旧名称		内容	新名称	
(1030) 大住郡	**小嶺村（こみねむら）**				
江戸初期	大住郡	(1029) 豊田本郷村（とよだほんごうむら）の一部	分立	大住郡	小嶺村
明治元年 9月21日			県設置		神奈川県
明治 4年11月14日			県編入		足柄県
明治 9年 4月18日			県編入		神奈川県
明治22年 3月31日	大住郡	小嶺村	合併	大住郡	(1034) 豊田村（とよだむら）
(1031) 大住郡	**宮下村（みやしたむら）**				
江戸初期	大住郡	(1029) 豊田本郷村（とよだほんごうむら）の一部	分立	大住郡	宮下村
明治 4年 7月14日			廃藩置県		佐倉県
明治 4年11月14日			県編入		足柄県
明治 9年 4月18日			県編入		神奈川県
明治22年 3月31日	大住郡	宮下村	合併	大住郡	(1034) 豊田村（とよだむら）
(1032) 大住郡	**平等寺村（びょうどうじむら）**				
江戸初期	大住郡	(1029) 豊田本郷村（とよだほんごうむら）の一部	分立	大住郡	平等寺村
明治 4年 7月14日			廃藩置県		佐倉県
明治 4年11月14日			県編入		足柄県
明治 9年 4月18日			県編入		神奈川県
明治22年 3月31日	大住郡	平等寺村	合併	大住郡	(1034) 豊田村（とよだむら）
(1033) 大住郡	**打間木村（うちまぎむら）**				
江戸期又は江戸期以前				大住郡	打間木村
明治 4年 7月14日			廃藩置県		佐倉県
明治 4年11月14日			県編入		足柄県
明治 9年 4月18日			県編入		神奈川県
明治22年 3月31日	大住郡	打間木村	合併	大住郡	(1034) 豊田村（とよだむら）
(1034) 中郡	**豊田村（とよだむら）**				
明治22年 3月31日	大住郡	(1029) 豊田本郷村（とよだほんごうむら）	合併	大住郡	豊田村
		(1030) 小嶺村（こみねむら）			
		(1031) 宮下村（みやしたむら）			

年月日	郡	旧名称	内容	郡	新名称
		(1032) 平等寺村（びょうどうじむら）			
		(1033) 打間木村（うちまぎむら）			
明治29年 3月26日	大住郡	豊田村	郡合併	中郡	豊田村
昭和31年 4月 1日	中郡	豊田村	編入	中郡	(939) 大野町（おおのまち）

(1035) 大住郡 長沼村（ながぬまむら）

年月日	郡	旧名称	内容	郡	新名称
江戸期又は江戸期以前				大住郡	長沼村
明治元年 9月21日		(旗本知行地)	県設置		神奈川県
明治 4年 7月14日		(小田原藩領)	廃藩置県		神奈川県
明治 4年11月14日			県編入		足柄県
明治 9年 4月18日			県編入		神奈川県
明治22年 3月31日	大住郡	長沼村	合併	大住郡	(1041) 相川村（あいかわむら）

(1036) 大住郡 上落合村（かみおちあいむら）

年月日	郡	旧名称	内容	郡	新名称
江戸期又は江戸期以前				大住郡	上落合村
明治元年 9月21日		(旗本知行地)	県設置		神奈川県
明治 4年 7月14日		(佐倉藩領)	廃藩置県		佐倉県
明治 4年11月14日			県編入		足柄県
明治 9年 4月18日			県編入		神奈川県
明治22年 3月31日	大住郡	上落合村	合併	大住郡	(1041) 相川村（あいかわむら）

(1037) 大住郡 下津古久村（しもつこくむら）

年月日	郡	旧名称	内容	郡	新名称
江戸期又は江戸期以前				大住郡	下津古久村
明治元年 9月21日		(旗本知行地)	県設置		神奈川県
明治 4年 7月14日		(金沢藩領)	廃藩置県		六浦県
		(小田原藩領)	廃藩置県		小田原県
明治 4年11月14日			県編入		足柄県
明治 9年 4月18日			県編入		神奈川県
明治22年 3月31日	大住郡	下津古久村	合併	大住郡	(1041) 相川村（あいかわむら）

(1038) 大住郡 戸田村（とだむら）

年月日	郡	旧名称	内容	郡	新名称
江戸期又は江戸期以前				大住郡	戸田村

年月日	旧　名　称	内容	新　名　称
明治元年 9月21日	(旗本知行地)	県設置	神奈川県
明治 4年 7月14日	(小田原藩領)	廃藩置県	小田原県
明治 4年11月14日		県編入	足柄県
明治 9年 4月18日		県編入	神奈川県
明治22年 3月31日	大住郡 戸田村	合併	大住郡 (1041) 相川村(あいかわむら)

(1039) 大住郡 酒井村(さかいむら)

年月日	旧　名　称	内容	新　名　称
江戸期又は江戸期以前			大住郡 酒井村
明治元年 9月21日		県設置	神奈川県
明治 4年11月14日		県編入	足柄県
明治 9年 4月18日		県編入	神奈川県
明治22年 3月31日	大住郡 酒井村	合併	大住郡 (1041) 相川村(あいかわむら)

(1040) 大住郡 岡田村(おかだむら)

年月日	旧　名　称	内容	新　名　称
江戸期又は江戸期以前			大住郡 岡田村
明治元年 9月21日	(旗本知行地)	県設置	神奈川県
明治 4年 7月14日	(烏山藩領)	廃藩置県	烏山県
明治 4年11月14日		県編入	足柄県
明治 9年 4月18日		県編入	神奈川県
明治22年 3月31日	大住郡 岡田村	合併	大住郡 (1041) 相川村(あいかわむら)

(1041) 中郡 相川村(あいかわむら)

年月日	旧　名　称	内容	新　名　称
明治22年 3月31日	大住郡 (1035) 長沼村(ながぬまむら)	合併	大住郡 相川村
	(1036) 上落合村(かみおちあいむら)		
	(1037) 下津古久村(しもつこくむら)		
	(1038) 戸田村(とだむら)		
	(1039) 酒井村(さかいむら)		
	(1040) 岡田村(おかだむら)		
	(1007) 石田村(いしだむら)飛地		
明治29年 3月26日	大住郡 相川村	郡合併	中郡 相川村
昭和30年 7月 8日	中郡 相川村	編入	(1332) 厚木市(あつぎし)

年月日	旧名称		内容	新名称	
(1042) 大住郡 五分一村（ごぶいちむら）					
江戸期又は江戸期以前				大住郡	五分一村
明治元年 9月21日			県設置		神奈川県
明治 4年11月14日			県編入		足柄県
明治 9年 4月18日			県編入		神奈川県
明治19年 2月 6日	大住郡	五分一村	編入	足柄上郡(1168)	井ノ口村（いのくちむら）
(1043) 淘綾郡 出縄村（いでなわむら）					
江戸期又は江戸期以前				淘綾郡	出縄村
明治元年 9月21日			県設置		神奈川県
明治 4年11月14日			県編入		足柄県
明治 9年 4月18日			県編入		神奈川県
明治22年 3月31日	淘綾郡	出縄村	合併	淘綾郡 (1047)	山背村（やませむら）
(1044) 淘綾郡 萬田村（まんだむら）					
江戸期又は江戸期以前				淘綾郡	萬田村
明治元年 9月21日			県設置		神奈川県
明治 4年11月14日			県編入		足柄県
明治 9年 4月18日			県編入		神奈川県
明治22年 3月31日	淘綾郡	萬田村	合併	淘綾郡 (1047)	山背村（やませむら）
(1045) 淘綾郡 山下村（やましたむら）					
江戸期又は江戸期以前				淘綾郡	山下村
明治元年 9月21日			県設置		神奈川県
明治 4年11月14日			県編入		足柄県
明治 9年 4月18日			県編入		神奈川県
明治22年 3月31日	淘綾郡	山下村	合併	淘綾郡 (1047)	山背村（やませむら）
(1046) 淘綾郡 高根村（たかねむら）					
江戸期又は江戸期以前				淘綾郡	高根村
明治元年 9月21日			県設置		神奈川県

年月日		旧名称	内容		新名称
明治 4年11月14日			県編入		足柄県
明治 9年 4月18日			県編入		神奈川県
明治22年 3月31日	淘綾郡	高根村	合併	淘綾郡	(1047) 山背村（やませむら）

(1047) 中郡 山背村（やませむら）

年月日		旧名称	内容		新名称
明治22年 3月31日	淘綾郡	(1043) 出縄村（いでなわむら）	合併	淘綾郡	山背村
		(1044) 萬田村（まんだむら）			
		(1045) 山下村（やましたむら）			
		(1046) 高根村（たかねむら）			
明治29年 3月26日	淘綾郡	山背村	郡合併	中郡	山背村
明治42年 4月 1日	中郡	山背村	合併	中郡	(909) 旭村（あさひむら）

(1048) 中郡 二宮町（にのみやまち）

年月日		旧名称	内容		新名称
江戸期又は江戸期以前				淘綾郡	二宮村
明治 4年 7月14日		(金沢藩領)	廃藩置県		六浦県
		(旗本知行地)	廃藩置県		小田原県
明治 4年11月14日			県編入		足柄県
明治 9年 4月18日			県編入		神奈川県
明治22年 3月31日	淘綾郡	二宮村	合併	淘綾郡	吾妻村（あづまむら）
		(1049) 山西村（やまにしむら）			
		(1050) 川匂村（かわわむら）			
		(1051) 中里村（なかざとむら）			
		(1052) 一色村（いっしきむら）			
	足柄下郡	(1301) 中村原（なかむらはら）飛地			
明治29年 3月26日	淘綾郡	吾妻村	郡合併	中郡	吾妻村
昭和10年11月 3日	中郡	吾妻村	町制	中郡	二宮町

(1049) 淘綾郡 山西村（やまにしむら）

年月日		旧名称	内容		新名称
江戸期又は江戸期以前				淘綾郡	山西村
寛永17年	淘綾郡	山西村の一部	分立	淘綾郡	(1050) 川匂村（かわわむら）
明治 4年 7月14日			廃藩置県		小田原県
明治 4年11月14日			県編入		足柄県

年月日	旧　名　称	内容	新　名　称
明治 9年 4月18日		県編入	神奈川県
明治22年 3月31日	淘綾郡 山西村	合併	淘綾郡 (1048) 吾妻村(あづまむら)
	山西村飛地	合併	足柄下郡 (1306) 下中村(しもなかむら)

(1050) 淘綾郡 川匂村(かわわむら)

年月日	旧　名　称	内容	新　名　称
寛永17年	淘綾郡 (1049) 山西村(やまにしむら)の一部	分立	淘綾郡 川匂村
明治 4年 7月14日		廃藩置県	小田原県
明治 4年11月14日		県編入	足柄県
明治 9年 4月18日		県編入	神奈川県
明治22年 3月31日	淘綾郡 川匂村	合併	淘綾郡 (1048) 吾妻村(あづまむら)
	川匂村飛地	合併	足柄下郡 (1300) 前羽村(まえばむら)

(1051) 淘綾郡 中里村(なかざとむら)

年月日	旧　名　称	内容	新　名　称
江戸期又は江戸期以前			淘綾郡 中里村
明治 4年 7月14日		廃藩置県	小田原県
明治 4年11月14日		県編入	足柄県
明治 9年 4月18日		県編入	神奈川県
明治22年 3月31日	淘綾郡 中里村	合併	淘綾郡 (1048) 吾妻村(あづまむら)

(1052) 淘綾郡 一色村(いっしきむら)

年月日	旧　名　称	内容	新　名　称
江戸期又は江戸期以前			淘綾郡 一色村
明治 4年 7月14日		廃藩置県	小田原県
明治 4年11月14日		県編入	足柄県
明治 9年 4月18日		県編入	神奈川県
明治22年 3月31日	淘綾郡 一色村	合併	淘綾郡 (1048) 吾妻村(あづまむら)

(1053) 中郡 大磯町(おおいそまち)

年月日	旧　名　称	内容	新　名　称
江戸期又は江戸期以前			淘綾郡 大磯宿
寛政年間	淘綾郡 大磯宿の一部	分立	淘綾郡 (1054) 高麗寺村(こうらいじむら)
明治 4年 7月14日		廃藩置県	小田原県
明治 4年11月14日		県編入	足柄県
明治 9年 4月18日		県編入	神奈川県

年月日			旧名称	内容			新名称
明治13年頃	淘綾郡		大磯宿	改称	淘綾郡		大磯駅
明治22年 3月31日	淘綾郡		大磯駅	合併	淘綾郡		大磯町
		(1054)	高麗村（こまむら）				
		(1056)	西小磯村（にしこいそむら）				
		(1057)	東小磯村（ひがしこいそむら）				
明治29年 3月26日	淘綾郡		大磯町	郡合併	中郡		大磯町
昭和29年12月 1日	中郡		大磯町	合併	中郡		大磯町
		(1065)	国府町（こくふまち）				
(1054) 淘綾郡 高麗村（こまむら）							
寛政年間	淘綾郡	(1053)	大磯宿（おおいそじゅく）の一部	分立	淘綾郡		高麗寺村（こうらいじむら）
明治初期	淘綾郡		高麗寺村	改称	淘綾郡		高麗村
明治 4年 7月14日				廃藩置県			小田原県
明治 4年11月14日				県編入			足柄県
明治 9年 4月18日				県編入			神奈川県
明治22年 3月31日	淘綾郡		高麗村	合併	淘綾郡	(1053)	大磯町
(1055) 淘綾郡 小磯村（こいそむら）							
江戸期又は江戸期以前					淘綾郡		小磯村
江戸初期	淘綾郡		小磯村の一部	分立	淘綾郡	(1056)	西小磯村（にしこいそむら）
			小磯村の一部（小磯村消滅）	分立	淘綾郡	(1057)	東小磯村（ひがしこいそむら）
(1056) 淘綾郡 西小磯村（にしこいそむら）							
江戸初期	淘綾郡	(1055)	小磯村（こいそむら）の一部	分立	淘綾郡		西小磯村
明治 4年 7月14日				廃藩置県			小田原県
明治 4年11月14日				県編入			足柄県
明治 9年 4月18日				県編入			神奈川県
明治22年 3月31日	淘綾郡		西小磯村	合併	淘綾郡	(1053)	大磯町（おおいそまち）
(1057) 淘綾郡 東小磯村（ひがしこいそむら）							
江戸初期	淘綾郡	(1055)	小磯村（こいそむら）の一部	分立	淘綾郡		東小磯村
明治 4年 7月14日				廃藩置県			小田原県

年月日		旧名称	内容		新名称
明治 4年11月14日			県編入		足柄県
明治 9年 4月18日			県編入		神奈川県
明治22年 3月31日	淘綾郡	東小磯村	合併	淘綾郡 (1053)	大磯町(おおいそまち)

(1058) 淘綾郡 西窪村(にしくぼむら)

年月日		旧名称	内容		新名称
江戸期又は江戸期以前				淘綾郡	西窪村
明治 4年 7月14日			廃藩置県		小田原県
明治 4年11月14日			県編入		足柄県
明治 9年 4月18日			県編入		神奈川県
明治22年 3月31日	淘綾郡	西窪村	合併	淘綾郡 (1065)	国府村(こくふむら)

(1059) 淘綾郡 黒岩村(くろいわむら)

年月日		旧名称	内容		新名称
江戸期又は江戸期以前				淘綾郡	黒岩村
明治 4年 7月14日			廃藩置県		小田原県
明治 4年11月14日			県編入		足柄県
明治 9年 4月18日			県編入		神奈川県
明治22年 3月31日	淘綾郡	黒岩村	合併	淘綾郡 (1065)	国府村(こくふむら)

(1060) 淘綾郡 虫窪村(むしくぼむら)

年月日		旧名称	内容		新名称
江戸期又は江戸期以前				淘綾郡	虫窪村
明治 4年 7月14日			廃藩置県		小田原県
明治 4年11月14日			県編入		足柄県
明治 9年 4月18日			県編入		神奈川県
明治22年 3月31日	淘綾郡	虫窪村	合併	淘綾郡 (1065)	国府村(こくふむら)

(1061) 淘綾郡 国府新宿村(こくふしんじゅくむら)

年月日		旧名称	内容		新名称
江戸期又は江戸期以前				淘綾郡	国府新宿村
明治 4年 7月14日			廃藩置県		小田原県
明治 4年11月14日			県編入		足柄県
明治 9年 4月18日			県編入		神奈川県
明治22年 3月31日	淘綾郡	国府新宿村	合併	淘綾郡 (1065)	国府村(こくふむら)

年月日	旧　名　称		内容	新　名　称	
(1062) 淘綾郡 国府本郷村（こくふほんごうむら）					
江戸期又は江戸期以前				淘綾郡	国府本郷村
明治 4年 7月14日			廃藩置県		小田原県
明治 4年11月14日			県編入		足柄県
明治 9年 4月18日			県編入		神奈川県
明治22年 3月31日	淘綾郡	国府本郷村	合併	淘綾郡	(1065) 国府村（こくふむら）
(1063) 淘綾郡 生沢村（いくさわむら）					
江戸期又は江戸期以前				淘綾郡	生沢村
明治 4年 7月14日			廃藩置県		小田原県
明治 4年11月14日			県編入		足柄県
明治 9年 4月18日			県編入		神奈川県
明治22年 3月31日	淘綾郡	生沢村	合併	淘綾郡	(1065) 国府村（こくふむら）
(1064) 淘綾郡 寺坂村（てらさかむら）					
江戸期又は江戸期以前				淘綾郡	寺坂村
明治 4年 7月14日			廃藩置県		小田原県
明治 4年11月14日			県編入		足柄県
明治 9年 4月18日			県編入		神奈川県
明治22年 3月31日	淘綾郡	寺坂村	合併	淘綾郡	(1065) 国府村（こくふむら）
(1065) 中郡 国府町（こくふまち）					
明治22年 3月31日	淘綾郡	(1058) 西窪村（にしくぼむら） (1059) 黒岩村（くろいわむら） (1060) 虫窪村（むしくぼむら） (1061) 国府新宿村（こくふしんじゅくむら） (1062) 国府本郷村（こくふほんごうむら） (1063) 生沢村（いくさわむら） (1064) 寺坂村（てらさかむら）	合併	淘綾郡	国府村
明治29年 3月26日	淘綾郡	国府村	郡合併	中郡	国府村
昭和27年 4月 1日	中郡	国府村	町制	中郡	国府町
昭和29年12月 1日	中郡	国府町	合併	中郡	(1053) 大磯町（おおいそまち）

年月日	旧名称	内容	新名称

(1066) 足柄上郡 中沼村（なかぬまむら）

年月日	旧名称	内容	新名称
江戸期又は江戸期以前			足柄上郡 中沼村
明治 4年 7月14日		廃藩置県	小田原県
明治 4年11月14日		県編入	足柄県
明治 9年 4月18日		県編入	神奈川県
明治22年 3月31日	足柄上郡 中沼村	合併	足柄上郡(1077) 南足柄村（みなみあしがらむら）
	中沼村飛地	合併	足柄上郡(1096) 岡本村（おかもとむら）

(1067) 足柄上郡 狩野村（かのむら）

年月日	旧名称	内容	新名称
江戸期又は江戸期以前			足柄上郡 狩野村
明治 4年 7月14日		廃藩置県	小田原県
明治 4年11月14日		県編入	足柄県
明治 9年 4月18日		県編入	神奈川県
明治22年 3月31日	足柄上郡 狩野村	合併	足柄上郡(1077) 南足柄村（みなみあしがらむら）

(1068) 足柄上郡 飯沢村（いいさわむら）

年月日	旧名称	内容	新名称
江戸期又は江戸期以前			足柄上郡 飯沢村
明治 4年 7月14日		廃藩置県	小田原県
明治 4年11月14日		県編入	足柄県
明治 9年 4月18日		県編入	神奈川県
明治22年 3月31日	足柄上郡 飯沢村	合併	足柄上郡(1077) 南足柄村（みなみあしがらむら）

(1069) 足柄上郡 猿山村（さるやまむら）

年月日	旧名称	内容	新名称
江戸期又は江戸期以前			足柄上郡 猿山村
明治 4年 7月14日		廃藩置県	小田原県
明治 4年11月14日		県編入	足柄県
明治 9年 4月18日		県編入	神奈川県
明治22年 3月31日	足柄上郡 猿山村	合併	足柄上郡(1077) 南足柄村（みなみあしがらむら）

(1070) 足柄上郡 関本村（せきもとむら）

年月日	旧名称	内容	新名称
江戸期又は江戸期以前			足柄上郡 関本村
明治 4年 7月14日		廃藩置県	小田原県

年月日		旧　名　称	内容		新　名　称
明治 4年11月14日			県編入		足柄県
明治 9年 4月18日			県編入		神奈川県
明治22年 3月31日	足柄上郡	関本村	合併	足柄上郡(1077)	南足柄村（みなみあしがらむら）

(1071) 足柄上郡 **雨坪村**（あまつぼむら）

年月日		旧　名　称	内容		新　名　称
江戸期又は江戸期以前				足柄上郡	雨坪村
明治 4年 7月14日			廃藩置県		小田原県
明治 4年11月14日			県編入		足柄県
明治 9年 4月18日			県編入		神奈川県
明治22年 3月31日	足柄上郡	雨坪村	合併	足柄上郡(1077)	南足柄村（みなみあしがらむら）

(1072) 足柄上郡 **福泉村**（ふくせんむら）

年月日		旧　名　称	内容		新　名　称
江戸期又は江戸期以前				足柄上郡	福泉村
明治 4年 7月14日			廃藩置県		小田原県
明治 4年11月14日			県編入		足柄県
明治 9年 4月18日			県編入		神奈川県
明治22年 3月31日	足柄上郡	福泉村	合併	足柄上郡(1077)	南足柄村（みなみあしがらむら）

(1073) 足柄上郡 **弘西寺村**（こうさいじむら）

年月日		旧　名　称	内容		新　名　称
江戸期又は江戸期以前				足柄上郡	弘西寺村
明治 4年 7月14日			廃藩置県		小田原県
明治 4年11月14日			県編入		足柄県
明治 9年 4月18日			県編入		神奈川県
明治22年 3月31日	足柄上郡	弘西寺村	合併	足柄上郡(1077)	南足柄村（みなみあしがらむら）

(1074) 足柄上郡 **苅野一色村**（かのいっしきむら）

年月日		旧　名　称	内容		新　名　称
江戸期又は江戸期以前				足柄上郡	苅野一色村
明治 4年 7月14日			廃藩置県		小田原県
明治 4年11月14日			県編入		足柄県
明治 8年	足柄上郡	苅野一色村	合併	足柄上郡(1076)	苅野村（かりのむら）

年月日	旧名称			内容	新名称		

(1075) 足柄上郡 苅野岩村（かのいわむら）

年月日	旧名称			内容	新名称		
江戸期又は江戸期以前					足柄上郡		苅野岩村
明治 4年 7月14日				廃藩置県			小田原県
明治 4年11月14日				県編入			足柄県
明治 8年	足柄上郡		苅野岩村	合併	足柄上郡	(1076)	苅野村（かりのむら）

(1076) 足柄上郡 苅野村（かりのむら）

年月日	旧名称			内容	新名称		
明治 8年	足柄上郡	(1074)	苅野一色村（かのいっしきむら）	合併	足柄上郡		苅野村
		(1075)	苅野岩村（かのいわむら）				
明治 9年 4月18日				県編入			神奈川県
明治22年 3月31日	足柄上郡		苅野村	合併	足柄上郡	(1077)	南足柄村（みなみあしがらむら）

(1077) 南足柄市（みなみあしがらし）

年月日	旧名称			内容	新名称		
明治22年 3月31日	足柄上郡	(1066)	中沼村（なかぬまむら）	合併	足柄上郡		南足柄村
		(1067)	狩野村（かのむら）				
		(1068)	飯沢村（いいさわむら）				
		(1069)	猿山村（さるやまむら）				
		(1070)	関本村（せきもとむら）				
		(1071)	雨坪村（あまつぼむら）				
		(1072)	福泉村（ふくせんむら）				
		(1073)	弘西寺村（こうさいじむら）				
		(1076)	苅野村（かりのむら）				
		(1094)	炭焼所村（すみやきじょむら）飛地				
昭和15年 4月 1日	足柄上郡		南足柄村	町制	足柄上郡		南足柄町
昭和30年 4月 1日	足柄上郡		南足柄町	合併	足柄上郡		南足柄町
		(1082)	北足柄村（きたあしがらむら）の大字内山、同矢倉沢				
		(1088)	福沢村（ふくざわむら）				
		(1096)	岡本村（おかもとむら）				
昭和47年 4月 1日	足柄上郡		南足柄町	市制			南足柄市

(1078) 足柄上郡 矢倉沢村（やぐらさわむら）

年月日	旧名称			内容	新名称		
江戸期又は江戸期以前					足柄上郡		矢倉沢村

年月日		旧名称	内容		新名称
明治 4年 7月14日			廃藩置県		小田原県
明治 4年11月14日			県編入		足柄県
明治 9年 4月18日			県編入		神奈川県
明治22年 3月31日	足柄上郡	矢倉沢村	合併	足柄上郡(1082)	北足柄村（きたあしがらむら）

(1079) 足柄上郡 内山村（うちやまむら）

年月日		旧名称	内容		新名称
江戸期又は江戸期以前				足柄上郡	内山村
江戸初期	足柄上郡	内山村の一部	分立	足柄上郡(1080)	小市村（こいちむら）
明治 4年 7月14日			廃藩置県		小田原県
明治 4年11月14日			県編入		足柄県
明治 9年 4月18日			県編入		神奈川県
明治22年 3月31日	足柄上郡	内山村	合併	足柄上郡(1082)	北足柄村（きたあしがらむら）

(1080) 足柄上郡 小市村（こいちむら）

年月日		旧名称	内容		新名称
江戸初期	足柄上郡(1079)	内山村（うちやまむら）の一部	分立	足柄上郡	小市村
明治 4年 7月14日			廃藩置県		小田原県
明治 4年11月14日			県編入		足柄県
明治 9年 4月18日			県編入		神奈川県
明治22年 3月31日	足柄上郡	小市村	合併	足柄上郡(1088)	福沢村（ふくざわむら）

(1081) 足柄上郡 平山村（ひらやまむら）

年月日		旧名称	内容		新名称
江戸期又は江戸期以前				足柄上郡	平山村
明治 4年 7月14日			廃藩置県		小田原県
明治 4年11月14日			県編入		足柄県
明治 9年 4月18日			県編入		神奈川県
明治22年 3月31日	足柄上郡	平山村	合併	足柄上郡(1082)	北足柄村（きたあしがらむら）

(1082) 足柄上郡 北足柄村（きたあしがらむら）

年月日		旧名称	内容		新名称
明治22年 3月31日	足柄上郡(1078)	矢倉沢村（やぐらさわむら）	合併	足柄上郡	北足柄村
	(1079)	内山村（うちやまむら）			
	(1081)	平山村（ひらやまむら）			
	(1085)	怒田村（ぬだむら）飛地			

年月日		旧　名　称	内容		新　名　称
昭和30年 4月 1日	足柄上郡	北足柄村の大字内山、同矢倉沢	合併	足柄上郡(1077)	南足柄町（みなみあしがらまち）
昭和30年 4月 1日	足柄上郡	北足柄村の大字平山（北足柄村消滅）	編入	足柄上郡(1139)	山北町（やまきたまち）

(1083) 足柄上郡 竹松村（たけまつむら）

年月日		旧　名　称	内容		新　名　称
江戸期又は江戸期以前				足柄上郡	竹松村
明治 4年 7月14日			廃藩置県		小田原県
明治 4年11月14日			県編入		足柄県
明治 9年 4月18日			県編入		神奈川県
明治22年 3月31日	足柄上郡	竹松村	合併	足柄上郡(1088)	福沢村（ふくざわむら）
		竹松村飛地	合併	足柄上郡(1172)	桜井村（さくらいむら）

(1084) 足柄上郡 壗下村（ましたむら）

年月日		旧　名　称	内容		新　名　称
江戸期又は江戸期以前				足柄上郡	壗下村
明治 4年 7月14日			廃藩置県		小田原県
明治 4年11月14日			県編入		足柄県
明治 9年 4月18日			県編入		神奈川県
明治22年 3月31日	足柄上郡	壗下村	合併	足柄上郡(1088)	福沢村（ふくざわむら）

(1085) 足柄上郡 怒田村（ぬだむら）

年月日		旧　名　称	内容		新　名　称
江戸期又は江戸期以前				足柄上郡	怒田村
明治 4年 7月14日			廃藩置県		小田原県
明治 4年11月14日			県編入		足柄県
明治 9年 4月18日			県編入		神奈川県
明治22年 3月31日	足柄上郡	怒田村飛地	合併	足柄上郡(1082)	北足柄村（きたあしがらむら）
		怒田村	合併	足柄上郡(1088)	福沢村（ふくざわむら）

(1086) 足柄上郡 千津島村（せんづしまむら）

年月日		旧　名　称	内容		新　名　称
江戸期又は江戸期以前				足柄上郡	千津島村
明治 4年 7月14日			廃藩置県		小田原県
明治 4年11月14日			県編入		足柄県
明治 9年 4月18日			県編入		神奈川県

年月日		旧名称	内容		新名称
明治22年 3月31日	足柄上郡	千津島村	合併	足柄上郡(1088)	福沢村（ふくざわむら）

(1087) 足柄上郡 斑目村（まだらめむら）

年月日		旧名称	内容		新名称
江戸期又は江戸期以前				足柄上郡	斑目村
明治 4年 7月14日			廃藩置県		小田原県
明治 4年11月14日			県編入		足柄県
明治 9年 4月18日			県編入		神奈川県
明治22年 3月31日	足柄上郡	斑目村	合併	足柄上郡(1088)	福沢村（ふくざわむら）

(1088) 足柄上郡 福沢村（ふくざわむら）

年月日		旧名称	内容		新名称
明治22年 3月31日	足柄上郡(1080)	小市村（こいちむら）	合併	足柄上郡	福沢村
	(1083)	竹松村（たけまつむら）			
	(1084)	墖下村（ましたむら）			
	(1085)	怒田村（ぬだむら）			
	(1086)	千津島村（せんづしまむら）			
	(1087)	斑目村（まだらめむら）			
	(1095)	和田河原村飛地（わだがはらむら）			
	(1109)	岡野村飛地（おかのむら）			
昭和30年 4月 1日	足柄上郡	福沢村	合併	足柄上郡(1077)	南足柄町（みなみあしがらまち）

(1089) 足柄上郡 沼田村（ぬまたむら）

年月日		旧名称	内容		新名称
江戸期又は江戸期以前				足柄上郡	沼田村
明治 4年 7月14日			廃藩置県		小田原県
明治 4年11月14日			県編入		足柄県
明治 9年 4月18日			県編入		神奈川県
明治22年 3月31日	足柄上郡	沼田村	合併	足柄上郡(1096)	岡本村（おかもとむら）

(1090) 足柄上郡 三竹山村（みたけやまむら）

年月日		旧名称	内容		新名称
江戸期又は江戸期以前				足柄上郡	三竹山村
明治 4年 7月14日			廃藩置県		小田原県
明治 4年11月14日			県編入		足柄県
明治 9年 4月18日			県編入		神奈川県
明治22年 3月31日	足柄上郡	三竹山村	合併	足柄上郡(1096)	岡本村（おかもとむら）

年月日		旧 名 称	内容		新 名 称

(1091) 足柄上郡 岩原村（いわはらむら）

年月日		旧名称	内容		新名称
江戸期又は江戸期以前				足柄上郡	岩原村
明治 4年 7月14日			廃藩置県		小田原県
明治 4年11月14日			県編入		足柄県
明治 9年 4月18日			県編入		神奈川県
明治22年 3月31日	足柄上郡	岩原村	合併	足柄上郡(1096)	岡本村（おかもとむら）
		岩原村飛地	合併	足柄下郡(1246)	富水村（とみずむら）

(1092) 足柄上郡 塚原村（つかはらむら）

年月日		旧名称	内容		新名称
江戸期又は江戸期以前				足柄上郡	塚原村
明治 4年 7月14日			廃藩置県		小田原県
明治 4年11月14日			県編入		足柄県
明治 9年 4月18日			県編入		神奈川県
明治22年 3月31日	足柄上郡	塚原村	合併	足柄上郡(1096)	岡本村（おかもとむら）

(1093) 足柄上郡 駒形新宿（こまがたしんじゅく）

年月日		旧名称	内容		新名称
江戸期又は江戸期以前				足柄上郡	駒形新宿
明治 4年 7月14日			廃藩置県		小田原県
明治 4年11月14日			県編入		足柄県
明治 9年 4月18日			県編入		神奈川県
明治22年 3月31日	足柄上郡	駒形新宿	合併	足柄上郡(1096)	岡本村（おかもとむら）

(1094) 足柄上郡 炭焼所村（すみやきじょむら）

年月日		旧名称	内容		新名称
江戸期又は江戸期以前				足柄上郡	炭焼所村
明治 4年 7月14日			廃藩置県		小田原県
明治 4年11月14日			県編入		足柄県
明治 9年 4月18日			県編入		神奈川県
明治22年 3月31日	足柄上郡	炭焼所村飛地	合併	足柄上郡(1077)	南足柄村（みなみあしがらむら）
		炭焼所村	合併	足柄上郡(1096)	岡本村（おかもとむら）

(1095) 足柄上郡 和田河原村（わだがはらむら）

年月日		旧名称	内容		新名称
江戸期又は江戸期以前				足柄上郡	和田河原村

年月日	旧　名　称	内容	新　名　称
明治 4年 7月14日		廃藩置県	小田原県
明治 4年11月14日		県編入	足柄県
明治 9年 4月18日		県編入	神奈川県
明治22年 3月31日	足柄上郡 和田河原村飛地	合併	足柄上郡(1088) 福沢村（ふくざわむら）
	和田河原村	合併	足柄上郡(1096) 岡本村（おかもとむら）

(1096) 足柄上郡 岡本村（おかもとむら）

年月日	旧　名　称	内容	新　名　称
明治22年 3月31日	足柄上郡(1089) 沼田村（ぬまたむら）	合併	足柄上郡 岡本村
	(1090) 三竹山村（みたけやまむら）		
	(1091) 岩原村（いわはらむら）		
	(1092) 塚原村（つかはらむら）		
	(1093) 駒形新宿（こまがたしんじゅく）		
	(1094) 炭焼所村（すみやきじょむら）		
	(1095) 和田河原村（わだがはらむら）		
	(1066) 中沼村飛地（なかぬまむら）		
	足柄下郡(1242) 北久保村飛地（きたのくぼむら）		
昭和30年 4月 1日	足柄上郡 岡本村	合併	足柄上郡(1077) 南足柄町（みなみあしがらまち）

(1097) 足柄上郡 八沢村（やさわむら）

年月日	旧　名　称	内容	新　名　称
江戸期又は江戸期以前			足柄上郡 八沢村
明治 4年 7月14日		廃藩置県	小田原県
明治 4年11月14日		県編入	足柄県
明治 9年 4月18日		県編入	神奈川県
明治22年 3月31日	足柄上郡 八沢村	合併	足柄上郡(1101) 上秦野村（かみはたのむら）

(1098) 足柄上郡 柳川村（やながわむら）

年月日	旧　名　称	内容	新　名　称
江戸期又は江戸期以前			足柄上郡 柳川村
明治 4年 7月14日		廃藩置県	小田原県
明治 4年11月14日		県編入	足柄県
明治 9年 4月18日		県編入	神奈川県
明治22年 3月31日	足柄上郡 柳川村	合併	足柄上郡(1101) 上秦野村（かみはたのむら）

年月日		旧名称	内容		新名称

(1099) 足柄上郡 菖蒲村（しょうぶむら）

年月日		旧名称	内容		新名称
江戸期又は江戸期以前				足柄上郡	菖蒲村
明治 4年 7月14日			廃藩置県		小田原県
明治 4年11月14日			県編入		足柄県
明治 9年 4月18日			県編入		神奈川県
明治22年 3月31日	足柄上郡	菖蒲村	合併	足柄上郡(1101)	上秦野村（かみはたのむら）

(1100) 足柄上郡 三廻部村（みくるべむら）

年月日		旧名称	内容		新名称
江戸期又は江戸期以前				足柄上郡	三廻部村
明治 4年 7月14日			廃藩置県		小田原県
明治 4年11月14日			県編入		足柄県
明治 9年 4月18日			県編入		神奈川県
明治22年 3月31日	足柄上郡	三廻部村	合併	足柄上郡(1101)	上秦野村（かみはたのむら）

(1101) 足柄上郡 上秦野村（かみはたのむら）

年月日		旧名称	内容		新名称
明治22年 3月31日	足柄上郡(1097)	八沢村（やさわむら）	合併	足柄上郡	上秦野村
	(1098)	柳川村（やながわむら）			
	(1099)	菖蒲村（しょうぶむら）			
	(1100)	三廻部村（みくるべむら）			
昭和30年 7月28日	足柄上郡	上秦野村	合併	中郡 (981)	西秦野町（にしはだのまち）

(1102) 足柄上郡 吉田島村（よしだじまむら）

年月日		旧名称	内容		新名称
江戸期又は江戸期以前				足柄上郡	吉田島村
明治 4年 7月14日			廃藩置県		小田原県
明治 4年11月14日			県編入		足柄県
明治 9年 4月18日			県編入		神奈川県
昭和30年 2月 1日	足柄上郡	吉田島村	合併	足柄上郡(1111)	開成町（かいせいまち）

(1103) 足柄上郡 牛島村（うしじまむら）

年月日		旧名称	内容		新名称
江戸期又は江戸期以前				足柄上郡	牛島村
江戸初期	足柄上郡	牛島村の一部	分立	足柄上郡(1104)	宮ノ台村（みやのだいむら）
明治 4年 7月14日			廃藩置県		小田原県

年月日	旧	名称	内容	新	名称
明治 4年11月14日			県編入		足柄県
明治 9年 4月18日			県編入		神奈川県
明治22年 3月31日	足柄上郡	牛島村	合併	足柄上郡(1110)	酒田村（さかたむら）

(1104) 足柄上郡 宮ノ台村（みやのだいむら）

年月日	旧	名称	内容	新	名称
江戸初期	足柄上郡(1103)	牛島村（うしじまむら）の一部	分立	足柄上郡	宮ノ台村
明治 4年 7月14日			廃藩置県		小田原県
明治 4年11月14日			県編入		足柄県
明治 9年 4月18日			県編入		神奈川県
明治22年 3月31日	足柄上郡	宮ノ台村	合併	足柄上郡(1110)	酒田村（さかたむら）

(1105) 足柄上郡 中ノ名村（なかのなむら）

年月日	旧	名称	内容	新	名称
江戸期又は江戸期以前				足柄上郡	中ノ名村
江戸初期	足柄上郡	中ノ名村の一部	分立	足柄上郡(1106)	円通寺村（えんつうじむら）
明治 4年 7月14日			廃藩置県		小田原県
明治 4年11月14日			県編入		足柄県
明治 9年 4月18日			県編入		神奈川県
明治22年 3月31日	足柄上郡	中ノ名村	合併	足柄上郡(1110)	酒田村（さかたむら）

(1106) 足柄上郡 円通寺村（えんつうじむら）

年月日	旧	名称	内容	新	名称
江戸初期	足柄上郡(1105)	中ノ名村（なかのなむら）の一部	分立	足柄上郡	円通寺村
明治 4年 7月14日			廃藩置県		小田原県
明治 4年11月14日			県編入		足柄県
明治 9年 4月18日			県編入		神奈川県
明治22年 3月31日	足柄上郡	円通寺村	合併	足柄上郡(1110)	酒田村（さかたむら）

(1107) 足柄上郡 延沢村（のぶさわむら）

年月日	旧	名称	内容	新	名称
江戸期又は江戸期以前				足柄上郡	延沢村
明治 4年 7月14日			廃藩置県		小田原県
明治 4年11月14日			県編入		足柄県
明治 9年 4月18日			県編入		神奈川県
明治22年 3月31日	足柄上郡	延沢村	合併	足柄上郡(1110)	酒田村（さかたむら）

年月日	旧名称		内容	新名称	

(1108) 足柄上郡 金井島村（かないしまむら）

年月日	旧名称		内容	新名称	
江戸期又は江戸期以前				足柄上郡	金井島村
明治 4年 7月14日			廃藩置県		小田原県
明治 4年11月14日			県編入		足柄県
明治 9年 4月18日			県編入		神奈川県
明治22年 3月31日	足柄上郡	金井島村	合併	足柄上郡(1110)	酒田村（さかたむら）

(1109) 足柄上郡 岡野村（おかのむら）

年月日	旧名称		内容	新名称	
江戸期又は江戸期以前				足柄上郡	岡野村
明治 4年 7月14日			廃藩置県		小田原県
明治 4年11月14日			県編入		足柄県
明治 9年 4月18日			県編入		神奈川県
明治22年 3月31日	足柄上郡	岡野村飛地	合併	足柄上郡(1088)	福沢村（ふくざわむら）
		岡野村	合併	足柄上郡(1110)	酒田村（さかたむら）

(1110) 足柄上郡 酒田村（さかたむら）

年月日	旧名称		内容	新名称	
明治22年 3月31日	足柄上郡(1103)	牛島村（うしじまむら）	合併	足柄上郡	酒田村
	(1104)	宮ノ台村（みやのだいむら）			
	(1105)	中ノ名村（なかのなむら）			
	(1106)	円通寺村（えんつうじむら）			
	(1107)	延沢村（のぶさわむら）			
	(1108)	金井島村（かないしまむら）			
	(1109)	岡野村（おかのむら）			
昭和30年 2月 1日	足柄上郡	酒田村	合併	足柄上郡(1111)	開成町（かいせいまち）

(1111) 足柄上郡 開成町（かいせいまち）

年月日	旧名称		内容	新名称	
昭和30年 2月 1日	足柄上郡(1102)	吉田島村（よしだじまむら）	合併	足柄上郡	開成町
	(1110)	酒田村（さかたむら）			

(1112) 足柄上郡 金子村（かねこむら）

年月日	旧名称		内容	新名称	
江戸期又は江戸期以前				足柄上郡	金子村
明治 4年 7月14日			廃藩置県		小田原県
明治 4年11月14日			県編入		足柄県

年月日	旧名称	内容	新名称
明治 9年 4月18日		県編入	神奈川県
明治22年 3月31日	足柄上郡 金子村	合併	足柄上郡(1114) 金田村(かねだむら)

(1113) 足柄上郡 金手村(かなでむら)

年月日	旧名称	内容	新名称
江戸期又は江戸期以前			足柄上郡 金手村
明治 4年 7月14日		廃藩置県	小田原県
明治 4年11月14日		県編入	足柄県
明治 9年 4月18日		県編入	神奈川県
明治22年 3月31日	足柄上郡 金手村	合併	足柄上郡(1114) 金田村(かねだむら)

(1114) 足柄上郡 金田村(かねだむら)

年月日	旧名称	内容	新名称
明治22年 3月31日	足柄上郡(1112) 金子村(かねこむら) (1113) 金手村(かなでむら)	合併	足柄上郡 金田村
昭和31年 4月 1日	足柄上郡 金田村	合併	足柄上郡(1123) 大井町(おおいまち)

(1115) 足柄上郡 山田村(やまだむら)

年月日	旧名称	内容	新名称
江戸期又は江戸期以前			足柄上郡 山田村
明治 4年 7月14日	(小田原藩領)	廃藩置県	小田原県
	(荻野山中藩領)	廃藩置県	荻野山中県
明治 4年11月14日		県編入	足柄県
明治 9年 4月18日		県編入	神奈川県
昭和21年11月 3日	足柄上郡 山田村	合併	足柄上郡(1122) 相和村(そうわむら)

(1116) 足柄上郡 篠窪村(しのくぼむら)

年月日	旧名称	内容	新名称
江戸期又は江戸期以前			足柄上郡 篠窪村
明治 4年 7月14日		廃藩置県	小田原県
明治 4年11月14日		県編入	足柄県
明治 9年 4月18日		県編入	神奈川県
明治22年 3月31日	足柄上郡 篠窪村	合併	足柄上郡(1121) 上中村(かみなかむら)

(1117) 足柄上郡 高尾村(たかおむら)

年月日	旧名称	内容	新名称
江戸期又は江戸期以前			足柄上郡 高尾村
明治 4年 7月14日		廃藩置県	小田原県

年月日	旧名称		内容	新名称	
明治 4年11月14日			県編入		足柄県
明治 9年 4月18日			県編入		神奈川県
明治22年 3月31日	足柄上郡	高尾村	合併	足柄上郡(1121)	上中村（かみなかむら）

(1118) 足柄上郡 柳村（やなぎむら）

年月日	旧名称		内容	新名称	
江戸期又は江戸期以前				足柄上郡	柳村
明治 4年 7月14日			廃藩置県		小田原県
明治 4年11月14日			県編入		足柄県
明治 9年 4月18日			県編入		神奈川県
明治22年 3月31日	足柄上郡	柳村	合併	足柄上郡(1121)	上中村（かみなかむら）

(1119) 足柄上郡 赤田村（あかだむら）

年月日	旧名称		内容	新名称	
江戸期又は江戸期以前				足柄上郡	赤田村
明治 4年 7月14日			廃藩置県		小田原県
明治 4年11月14日			県編入		足柄県
明治 9年 4月18日			県編入		神奈川県
明治22年 3月31日	足柄上郡	赤田村	合併	足柄上郡(1121)	上中村（かみなかむら）

(1120) 足柄上郡 栃窪村（とちくぼむら）

年月日	旧名称		内容	新名称	
江戸期又は江戸期以前				足柄上郡	栃窪村
明治 4年 7月14日			廃藩置県		神奈川県
明治 4年11月14日			県編入		足柄県
明治 9年 4月18日			県編入		神奈川県
明治22年 3月31日	足柄上郡	栃窪村飛地	合併	大住郡 (953)	南秦野村（みなみはだのむら）
		栃窪村飛地	合併	大住郡 (981)	西秦野村（にしはだのむら）
		栃窪村	合併	足柄上郡(1121)	上中村（かみなかむら）

(1121) 足柄上郡 上中村（かみなかむら）

年月日	旧名称		内容	新名称	
明治22年 3月31日	足柄上郡(1116)	篠窪村（しのくぼむら）	合併	足柄上郡	上中村
	(1117)	高尾村（たかおむら）			
	(1118)	柳村（やなぎむら）			
	(1119)	赤田村（あかだむら）			
	(1120)	栃窪村（とちくぼむら）			

年月日		旧名称	内容		新名称
	大住郡	(975) 渋沢村飛地			
昭和21年11月 3日	足柄上郡	上中村	合併	足柄上郡	(1122) 相和村

(1122) 足柄上郡 相和村

年月日		旧名称	内容		新名称
昭和21年11月 3日	足柄上郡	(1115) 山田村 (1121) 上中村	合併	足柄上郡	相和村
昭和26年 6月20日	足柄上郡	相和村の大字栃窪	編入	中郡	(981) 西秦野村
昭和31年 4月 1日	足柄上郡	相和村	合併	足柄上郡	(1123) 大井町

(1123) 足柄上郡 大井町

年月日		旧名称	内容		新名称
昭和31年 4月 1日	足柄上郡	(1114) 金田村 (1122) 相和村 (1180) 曽我村の大字上大井、同西大井	合併	足柄上郡	大井町

(1124) 足柄上郡 神山村

年月日		旧名称	内容		新名称
江戸期又は江戸期以前				足柄上郡	神山村
明治 4年 7月14日			廃藩置県		小田原県
明治 4年11月14日			県編入		足柄県
明治 9年 4月18日			県編入		神奈川県
明治22年 3月31日	足柄上郡	神山村	合併	足柄上郡	(1127) 松田村

(1125) 足柄上郡 松田惣領

年月日		旧名称	内容		新名称
江戸期又は江戸期以前				足柄上郡	松田惣領
明治 4年 7月14日			廃藩置県		小田原県
明治 4年11月14日			県編入		足柄県
明治 9年 4月18日			県編入		神奈川県
明治22年 3月31日	足柄上郡	松田惣領	合併	足柄上郡	(1127) 松田村

(1126) 足柄上郡 松田庶子

年月日		旧名称	内容		新名称
江戸期又は江戸期以前				足柄上郡	松田庶子
明治 4年 7月14日			廃藩置県		小田原県
明治 4年11月14日			県編入		足柄県

年月日	旧名称		内容	新名称	
明治 9年 4月18日			県編入		神奈川県
明治22年 3月31日	足柄上郡	松田庶子	合併	足柄上郡(1127)	松田村(まつだむら)

(1127) 足柄上郡 松田町(まつだまち)

年月日	旧名称		内容	新名称	
明治22年 3月31日	足柄上郡(1124)	神山村(こうやまむら)	合併	足柄上郡	松田村
	(1125)	松田惣領(まつだそうりょう)			
	(1126)	松田庶子(まつだしょし)			
明治42年 4月 1日	足柄上郡	松田村	町制	足柄上郡	松田町
昭和30年 4月 1日	足柄上郡	松田町	合併	足柄上郡	松田町
	(1135)	寄村(やどりきむら)			

(1128) 足柄上郡 宇津茂村(うづもむら)

年月日	旧名称		内容	新名称	
江戸期又は江戸期以前				足柄上郡	宇津茂村
明治 4年 7月14日			廃藩置県		小田原県
明治 4年11月14日			県編入		足柄県
明治 8年	足柄上郡	宇津茂村	合併	足柄上郡(1135)	寄村(やどりきむら)

(1129) 足柄上郡 大寺村(おおでらむら)

年月日	旧名称		内容	新名称	
江戸期又は江戸期以前				足柄上郡	大寺村
明治 4年 7月14日			廃藩置県		小田原県
明治 4年11月14日			県編入		足柄県
明治 8年	足柄上郡	大寺村	合併	足柄上郡(1135)	寄村(やどりきむら)

(1130) 足柄上郡 萱沼村(かやぬまむら)

年月日	旧名称		内容	新名称	
江戸期又は江戸期以前				足柄上郡	萱沼村
明治 4年 7月14日			廃藩置県		小田原県
明治 4年11月14日			県編入		足柄県
明治 8年	足柄上郡	萱沼村	合併	足柄上郡(1135)	寄村(やどりきむら)

(1131) 足柄上郡 土佐原村(とさはらむら)

年月日	旧名称		内容	新名称	
江戸期又は江戸期以前				足柄上郡	土佐原村
明治 4年 7月14日			廃藩置県		神奈川県
明治 4年11月14日			県編入		足柄県

年月日		旧名称	内容		新名称
明治 8年	足柄上郡	土佐原村	合併	足柄上郡(1135)	寄村(やどりきむら)

(1132) 足柄上郡 中山村(なかやまむら)

年月日		旧名称	内容		新名称
江戸期又は江戸期以前				足柄上郡	中山村
明治 4年 7月14日			廃藩置県		小田原県
明治 4年11月14日			県編入		足柄県
明治 8年	足柄上郡	中山村	合併	足柄上郡(1135)	寄村(やどりきむら)

(1133) 足柄上郡 弥勒寺村(みろくじむら)

年月日		旧名称	内容		新名称
江戸期又は江戸期以前				足柄上郡	弥勒寺村
明治 4年 7月14日			廃藩置県		小田原県
明治 4年11月14日			県編入		足柄県
明治 8年	足柄上郡	弥勒寺村	合併	足柄上郡(1135)	寄村(やどりきむら)

(1134) 足柄上郡 虫沢村(むしざわむら)

年月日		旧名称	内容		新名称
江戸期又は江戸期以前				足柄上郡	虫沢村
明治 4年 7月14日			廃藩置県		小田原県
明治 4年11月14日			県編入		足柄県
明治 8年	足柄上郡	虫沢村	合併	足柄上郡(1135)	寄村(やどりきむら)

(1135) 足柄上郡 寄村(やどりきむら)

年月日		旧名称	内容		新名称
明治 8年	足柄上郡(1128)	宇津茂村(うづもむら)	合併	足柄上郡	寄村
	(1129)	大寺村(おおでらむら)			
	(1130)	萱沼村(かやぬまむら)			
	(1131)	土佐原村(とさはらむら)			
	(1132)	中山村(なかやまむら)			
	(1133)	弥勒寺村(みろくじむら)			
	(1134)	虫沢村(むしざわむら)			
明治 9年 4月18日			県編入		神奈川県
昭和30年 4月 1日	足柄上郡	寄村	合併	足柄上郡(1127)	松田町(まつだまち)

(1136) 足柄上郡 川村向原(かわむらむこうはら)

年月日		旧名称	内容		新名称
江戸期又は江戸期以前				足柄上郡	川村向原

年月日	旧名称		内容	新名称	
明治 4年 7月14日			廃藩置県		小田原県
明治 4年11月14日			県編入		足柄県
明治 9年 4月18日			県編入		神奈川県
明治22年 3月31日	足柄上郡	川村向原	合併	足柄上郡(1139)	川村（かわむら）

(1137) 足柄上郡 川村岸（かわむらきし）

年月日	旧名称		内容	新名称	
江戸期又は江戸期以前				足柄上郡	川村岸
明治 4年 7月14日			廃藩置県		小田原県
明治 4年11月14日			県編入		足柄県
明治 9年 4月18日			県編入		神奈川県
明治22年 3月31日	足柄上郡	川村岸	合併	足柄上郡(1139)	川村（かわむら）

(1138) 足柄上郡 川村山北（かわむらやまきた）

年月日	旧名称		内容	新名称	
江戸期又は江戸期以前				足柄上郡	川村山北
明治 4年 7月14日			廃藩置県		小田原県
明治 4年11月14日			県編入		足柄県
明治 9年 4月18日			県編入		神奈川県
明治22年 3月31日	足柄上郡	川村山北	合併	足柄上郡(1139)	川村（かわむら）

(1139) 足柄上郡 山北町（やまきたまち）

年月日	旧名称		内容	新名称	
明治22年 3月31日	足柄上郡(1136)	川村向原（かわむらむこうはら）	合併	足柄上郡	川村（かわむら）
	(1137)	川村岸（かわむらきし）			
	(1138)	川村山北（かわむらやまきた）			
	(1145)	湯触村飛地（ゆぶれむら）			
昭和 8年 4月 1日	足柄上郡	川村	町制	足柄上郡	山北町
昭和30年 2月 1日	足柄上郡	山北町	合併	足柄上郡	山北町
	(1142)	共和村（きょうわむら）			
	(1147)	清水村（しみずむら）			
	(1151)	三保村（みほむら）			
昭和30年 4月 1日	足柄上郡(1082)	北足柄村（きたあしがらむら）の大字平山	編入	足柄上郡	山北町

(1140) 足柄上郡 皆瀬川村（みなせがわむら）

年月日	旧名称		内容	新名称	
江戸期又は江戸期以前				足柄上郡	皆瀬川村

年月日	旧名称		内容	新名称	
明治 4年 7月14日			廃藩置県		小田原県
明治 4年11月14日			県編入		足柄県
明治 9年 4月18日			県編入		神奈川県
明治22年 3月31日	足柄上郡	皆瀬川村	合併	足柄上郡(1142)	共和村（きょうわむら）

(1141) 足柄上郡 都夫良野村（つぶらのむら）

年月日	旧名称		内容	新名称	
江戸期又は江戸期以前				足柄上郡	都夫良野村
明治 4年 7月14日			廃藩置県		小田原県
明治 4年11月14日			県編入		足柄県
明治 9年 4月18日			県編入		神奈川県
明治22年 3月31日	足柄上郡	都夫良野村	合併	足柄上郡(1142)	共和村（きょうわむら）
		都夫良野村飛地	合併	足柄上郡(1144)	川西村（かわにしむら）

(1142) 足柄上郡 共和村（きょうわむら）

年月日	旧名称		内容	新名称	
明治22年 3月31日	足柄上郡(1140)	皆瀬川村（みなせがわむら）	合併	足柄上郡	共和村
	(1141)	都夫良野村（つぶらのむら）			
昭和30年 2月 1日	足柄上郡	共和村	合併	足柄上郡(1139)	山北町（やまきたまち）

(1143) 足柄上郡 谷ヶ村（やがむら）

年月日	旧名称		内容	新名称	
江戸期又は江戸期以前				足柄上郡	谷ヶ村
明治 4年 7月14日			廃藩置県		小田原県
明治 4年11月14日			県編入		足柄県
明治 9年 4月18日			県編入		神奈川県
大正12年 4月 1日	足柄上郡	谷ヶ村	合併	足柄上郡(1147)	清水村（しみずむら）

(1144) 足柄上郡 川西村（かわにしむら）

年月日	旧名称		内容	新名称	
江戸期又は江戸期以前				足柄上郡	川西村
明治 4年 7月14日			廃藩置県		小田原県
明治 4年11月14日			県編入		足柄県
明治 9年 4月18日			県編入		神奈川県
明治22年 3月31日	足柄上郡	川西村	合併	足柄上郡	川西村
	(1141)	都夫良野村飛地（つぶらのむら）			

年月日		旧名称	内容		新名称
明治44年 4月 1日	足柄上郡	川西村	合併	足柄上郡	川西村
	(1145)	湯触村(ゆぶれむら)			
大正12年 4月 1日	足柄上郡	川西村	合併	足柄上郡(1147)	清水村(しみずむら)

(1145) 足柄上郡 湯触村(ゆぶれむら)

年月日		旧名称	内容		新名称
江戸期又は江戸期以前				足柄上郡	湯触村
明治 4年 7月14日			廃藩置県		小田原県
明治 4年11月14日			県編入		足柄県
明治 9年 4月18日			県編入		神奈川県
明治22年 3月31日	足柄上郡	湯触村飛地	合併	足柄上郡(1139)	川村(かわむら)
明治44年 4月 1日	足柄上郡	湯触村	合併	足柄上郡(1144)	川西村(かわにしむら)

(1146) 足柄上郡 山市場村(やまいちばむら)

年月日		旧名称	内容		新名称
江戸期又は江戸期以前				足柄上郡	山市場村
明治 4年 7月14日			廃藩置県		小田原県
明治 4年11月14日			県編入		足柄県
明治 9年 4月18日			県編入		神奈川県
大正12年 4月 1日	足柄上郡	山市場村	合併	足柄上郡(1147)	清水村(しみずむら)

(1147) 足柄上郡 清水村(しみずむら)

年月日		旧名称	内容		新名称
大正12年 4月 1日	足柄上郡(1143)	谷ケ村(やがむら)	合併	足柄上郡	清水村
	(1144)	川西村(かわにしむら)			
	(1146)	山市場村(やまいちばむら)			
大正14年 2月 1日	足柄上郡(1152)	神縄村(かんなわむら)の一部	編入	足柄上郡	清水村
昭和30年 2月 1日	足柄上郡	清水村	合併	足柄上郡(1139)	山北町(やまきたまち)

(1148) 足柄上郡 世附村(よづくむら)

年月日		旧名称	内容		新名称
江戸期又は江戸期以前				足柄上郡	世附村
明治 4年 7月14日			廃藩置県		小田原県
明治 4年11月14日			県編入		足柄県
明治 9年 4月18日			県編入		神奈川県
明治42年 4月 1日	足柄上郡	世附村	合併	足柄上郡(1151)	三保村(みほむら)

年月日		旧名称	内容		新名称

(1149) 足柄上郡 中川村（なかがわむら）

年月日		旧名称	内容		新名称
江戸期又は江戸期以前				足柄上郡	中川村
明治 4年 7月14日			廃藩置県		小田原県
明治 4年11月14日			県編入		足柄県
明治 9年 4月18日			県編入		神奈川県
明治22年 3月31日	足柄上郡	中川村	合併	足柄上郡	中川村
	(1152)	神縄村（かんなわむら）飛地			
明治42年 4月 1日	足柄上郡	中川村	合併	足柄上郡(1151)	三保村（みほむら）

(1150) 足柄上郡 玄倉村（くろくらむら）

年月日		旧名称	内容		新名称
江戸期又は江戸期以前				足柄上郡	玄倉村
明治 4年 7月14日			廃藩置県		小田原県
明治 4年11月14日			県編入		足柄県
明治 9年 4月18日			県編入		神奈川県
明治42年 4月 1日	足柄上郡	玄倉村	合併	足柄上郡(1151)	三保村（みほむら）

(1151) 足柄上郡 三保村（みほむら）

年月日		旧名称	内容		新名称
明治42年 4月 1日	足柄上郡(1148)	世附村（よづくむら）	合併	足柄上郡	三保村
	(1149)	中川村（なかがわむら）			
	(1150)	玄倉村（くろくらむら）			
大正14年 2月 1日	足柄上郡(1152)	神縄村（かんなわむら）の一部	編入	足柄上郡	三保村
昭和30年 2月 1日	足柄上郡	三保村	合併	足柄上郡(1139)	山北町（やまきたまち）

(1152) 足柄上郡 神縄村（かんなわむら）

年月日		旧名称	内容		新名称
江戸期又は江戸期以前				足柄上郡	神縄村
明治 4年 7月14日			廃藩置県		小田原県
明治 4年11月14日			県編入		足柄県
明治 9年 4月18日			県編入		神奈川県
明治22年 3月31日	足柄上郡	神縄村飛地	合併	足柄上郡(1149)	中川村（なかがわむら）
大正14年 2月 1日	足柄上郡	神縄村の一部	編入	足柄上郡(1147)	清水村（しみずむら）
		神縄村の一部（神縄村消滅）	編入	足柄上郡(1151)	三保村（みほむら）

年月日		旧名称	内容		新名称

(1153) 足柄上郡 遠藤村（えんどうむら）

年月日		旧名称	内容		新名称
江戸期又は江戸期以前				足柄上郡	遠藤村
明治 4年 7月14日			廃藩置県		小田原県
明治 4年11月14日			県編入		足柄県
明治 9年 4月18日			県編入		神奈川県
明治22年 3月31日	足柄上郡	遠藤村	合併	足柄上郡(1167)	中村（なかむら）

(1154) 足柄上郡 北田村（きただむら）

年月日		旧名称	内容		新名称
江戸期又は江戸期以前				足柄上郡	北田村
明治 4年 7月14日			廃藩置県		小田原県
明治 4年11月14日			県編入		足柄県
明治 9年 4月18日			県編入		神奈川県
明治22年 3月31日	足柄上郡	北田村	合併	足柄上郡(1167)	中村（なかむら）

(1155) 足柄上郡 田中村（たなかむら）

年月日		旧名称	内容		新名称
江戸期又は江戸期以前				足柄上郡	田中村
明治 4年 7月14日			廃藩置県		小田原県
明治 4年11月14日			県編入		足柄県
明治 9年 4月18日			県編入		神奈川県
明治22年 3月31日	足柄上郡	田中村	合併	足柄上郡(1167)	中村（なかむら）

(1156) 足柄上郡 半分形村（はぶがたむら）

年月日		旧名称	内容		新名称
江戸期又は江戸期以前				足柄上郡	半分形村
明治 4年 7月14日			廃藩置県		小田原県
明治 4年11月14日			県編入		足柄県
明治 9年 4月18日			県編入		神奈川県
明治22年 3月31日	足柄上郡	半分形村	合併	足柄上郡(1167)	中村（なかむら）

(1157) 足柄上郡 久所村（ぐぞむら）

年月日		旧名称	内容		新名称
江戸期又は江戸期以前				足柄上郡	久所村
明治 4年 7月14日			廃藩置県		小田原県

年月日		旧名称	内容		新名称
明治 4年11月14日			県編入		足柄県
明治 9年 4月18日			県編入		神奈川県
明治22年 3月31日	足柄上郡	久所村	合併	足柄上郡(1167)	中村(なかむら)

(1158) 足柄上郡 古怒田村(こぬたむら)

年月日		旧名称	内容		新名称
元和 8年			成立	足柄上郡	古怒田村
明治 4年 7月14日			廃藩置県		小田原県
明治 4年11月14日			県編入		足柄県
明治 9年 4月18日			県編入		神奈川県
明治22年 3月31日	足柄上郡	古怒田村	合併	足柄上郡(1167)	中村(なかむら)

(1159) 足柄上郡 鴨沢村(かもざわむら)

年月日		旧名称	内容		新名称
江戸期又は江戸期以前				足柄上郡	鴨沢村
明治 4年 7月14日			廃藩置県		小田原県
明治 4年11月14日			県編入		足柄県
明治 9年 4月18日			県編入		神奈川県
明治22年 3月31日	足柄上郡	鴨沢村	合併	足柄上郡(1167)	中村(なかむら)

(1160) 足柄上郡 雑色村(ぞうしきむら)

年月日		旧名称	内容		新名称
江戸期又は江戸期以前				足柄上郡	雑色村
明治 4年 7月14日			廃藩置県		小田原県
明治 4年11月14日			県編入		足柄県
明治 9年 4月18日			県編入		神奈川県
明治22年 3月31日	足柄上郡	雑色村	合併	足柄上郡(1167)	中村(なかむら)

(1161) 足柄上郡 松本村(まつもとむら)

年月日		旧名称	内容		新名称
江戸期又は江戸期以前				足柄上郡	松本村
明治 4年 7月14日			廃藩置県		小田原県
明治 4年11月14日			県編入		足柄県
明治 9年 4月18日			県編入		神奈川県
明治22年 3月31日	足柄上郡	松本村	合併	足柄上郡(1167)	中村(なかむら)

年月日		旧名称	内容		新名称

(1162) 足柄上郡 比奈窪村（ひなくぼむら）

年月日		旧名称	内容		新名称
江戸期又は江戸期以前				足柄上郡	比奈窪村
明治 4年 7月14日			廃藩置県		小田原県
明治 4年11月14日			県編入		足柄県
明治 9年 4月18日			県編入		神奈川県
明治22年 3月31日	足柄上郡	比奈窪村	合併	足柄上郡(1167)	中村（なかむら）

(1163) 足柄上郡 藤沢村（ふじさわむら）

年月日		旧名称	内容		新名称
江戸期又は江戸期以前				足柄上郡	藤沢村
明治 4年 7月14日			廃藩置県		小田原県
明治 4年11月14日			県編入		足柄県
明治 9年 4月18日			県編入		神奈川県
明治22年 3月31日	足柄上郡	藤沢村	合併	足柄上郡(1167)	中村（なかむら）

(1164) 足柄上郡 岩倉村（いわくらむら）

年月日		旧名称	内容		新名称
江戸期又は江戸期以前				足柄上郡	岩倉村
明治 4年 7月14日			廃藩置県		小田原県
明治 4年11月14日			県編入		足柄県
明治 9年 4月18日			県編入		神奈川県
明治22年 3月31日	足柄上郡	岩倉村	合併	足柄上郡(1167)	中村（なかむら）

(1165) 足柄上郡 境別所村（さかいべっしょむら）

年月日		旧名称	内容		新名称
江戸期又は江戸期以前				足柄上郡	境別所村
明治 4年 7月14日			廃藩置県		小田原県
明治 4年11月14日			県編入		足柄県
明治 9年 4月18日			県編入		神奈川県
明治22年 3月31日	足柄上郡	境別所村	合併	足柄上郡(1167)	中村（なかむら）

(1166) 足柄上郡 境村（さかいむら）

年月日		旧名称	内容		新名称
江戸期又は江戸期以前				足柄上郡	境村
明治 4年 7月14日			廃藩置県		小田原県

年月日	旧名称	内容	新名称
明治 4年11月14日		県編入	足柄県
明治 9年 4月18日		県編入	神奈川県
明治22年 3月31日	足柄上郡 境村	合併	足柄上郡(1167) 中村(なかむら)

(1167) 足柄上郡 中村(なかむら)

年月日	旧名称	内容	新名称
明治22年 3月31日	足柄上郡(1153) 遠藤村(えんどうむら)	合併	足柄上郡 中村
	(1154) 北田村(きただむら)		
	(1155) 田中村(たなかむら)		
	(1156) 半分形村(はぶがたむら)		
	(1157) 久所村(ぐぞむら)		
	(1158) 古怒田村(こぬたむら)		
	(1159) 鴨沢村(かもざわむら)		
	(1160) 雑色村(ぞうしきむら)		
	(1161) 松本村(まつもとむら)		
	(1162) 比奈窪村(ひなくぼむら)		
	(1163) 藤沢村(ふじさわむら)		
	(1164) 岩倉村(いわくらむら)		
	(1165) 境別所村(さかいべっしょむら)		
	(1166) 境村(さかいむら)		
	足柄下郡(1304) 小竹村(おたけむら)飛地		
明治41年 4月 1日	足柄上郡 中村	合併	足柄上郡(1169) 中井村(なかいむら)

(1168) 足柄上郡 井ノ口村(いのくちむら)

年月日	旧名称	内容	新名称
江戸期又は江戸期以前			足柄上郡 井ノ口村
明治元年 9月21日	(旗本知行地)	県設置	神奈川県
明治 4年 7月14日	(小田原藩領)	廃藩置県	小田原県
明治 4年11月14日		県編入	足柄県
明治 9年 4月18日		県編入	神奈川県
明治19年 2月 6日	大住郡 (1042) 五分一村(ごぶいちむら)	編入	足柄上郡 井ノ口村
明治22年 3月31日	足柄上郡 井ノ口村飛地	合併	大住郡 (931) 土沢村(つちさわむら)
明治41年 4月 1日	足柄上郡 井ノ口村	合併	足柄上郡(1169) 中井村(なかいむら)

年月日		旧　名　称	内容		新　名　称

(1169) 足柄上郡 中井町（なかいまち）

年月日		旧名称	内容		新名称
明治41年 4月 1日	足柄上郡(1167)	中村（なかむら）	合併	足柄上郡	中井村
	(1168)	井ノ口村（いのくちむら）			
昭和33年12月 1日	足柄上郡	中井村	町制	足柄上郡	中井町

(1170) 足柄上郡 柏山村（かやまむら）

年月日		旧名称	内容		新名称
江戸期又は江戸期以前				足柄上郡	柏山村
明治 4年 7月14日			廃藩置県		小田原県
明治 4年11月14日			県編入		足柄県
明治 9年 4月18日			県編入		神奈川県
明治22年 3月31日	足柄上郡	柏山村	合併	足柄上郡(1172)	桜井村（さくらいむら）

(1171) 足柄上郡 曽比村（そびむら）

年月日		旧名称	内容		新名称
江戸期又は江戸期以前				足柄上郡	曽比村
明治 4年 7月14日			廃藩置県		小田原県
明治 4年11月14日			県編入		足柄県
明治 9年 4月18日			県編入		神奈川県
明治22年 3月31日	足柄上郡	曽比村	合併	足柄上郡(1172)	桜井村（さくらいむら）

(1172) 足柄上郡 桜井村（さくらいむら）

年月日		旧名称	内容		新名称
明治22年 3月31日	足柄上郡(1170)	柏山村（かやまむら）	合併	足柄上郡	桜井村
	(1171)	曽比村（そびむら）			
	(1083)	竹松村飛地（たけまつむら）			
昭和25年12月18日	足柄上郡	桜井村	編入	(1224)	小田原市（おだわらし）

(1173) 足柄上郡 鬼柳村（おにやなぎむら）

年月日		旧名称	内容		新名称
江戸期又は江戸期以前				足柄上郡	鬼柳村
明治 4年 7月14日			廃藩置県		小田原県
明治 4年11月14日			県編入		足柄県
明治 9年 4月18日			県編入		神奈川県
明治22年 3月31日	足柄上郡	鬼柳村	合併	足柄上郡(1180)	曽我村（そがむら）

年月日	旧名称		内容	新名称	

(1174) 足柄上郡 大井村（おおいむら）

年月日	旧郡	旧名称	内容	新郡	新名称
江戸期又は江戸期以前				足柄上郡	大井村
江戸初期	足柄上郡	大井村の一部	分立	足柄上郡(1175)	上大井村（かみおおいむら）
		大井村の一部	分立	足柄上郡(1176)	下大井村（しもおおいむら）
		大井村の一部（大井村消滅）	分立	足柄上郡(1177)	西大井村（にしおおいむら）

(1175) 足柄上郡 上大井村（かみおおいむら）

年月日	旧郡	旧名称	内容	新郡	新名称
江戸初期	足柄上郡(1174)	大井村（おおいむら）の一部	分立	足柄上郡	上大井村
明治 4年 7月14日			廃藩置県		小田原県
明治 4年11月14日			県編入		足柄県
明治 9年 4月18日			県編入		神奈川県
明治22年 3月31日	足柄上郡	上大井村	合併	足柄上郡(1180)	曽我村（そがむら）

(1176) 足柄上郡 下大井村（しもおおいむら）

年月日	旧郡	旧名称	内容	新郡	新名称
江戸初期	足柄上郡(1174)	大井村（おおいむら）の一部	分立	足柄上郡	下大井村
明治 4年 7月14日			廃藩置県		小田原県
明治 4年11月14日			県編入		足柄県
明治 9年 4月18日			県編入		神奈川県
明治22年 3月31日	足柄上郡	下大井村	合併	足柄上郡(1180)	曽我村（そがむら）

(1177) 足柄上郡 西大井村（にしおおいむら）

年月日	旧郡	旧名称	内容	新郡	新名称
江戸初期	足柄上郡(1174)	大井村（おおいむら）の一部	分立	足柄上郡	西大井村
明治 4年 7月14日			廃藩置県		小田原県
明治 4年11月14日			県編入		足柄県
明治 9年 4月18日			県編入		神奈川県
明治22年 3月31日	足柄上郡	西大井村	合併	足柄上郡(1180)	曽我村（そがむら）

(1178) 足柄上郡 上曽我村（かみそがむら）

年月日	旧郡	旧名称	内容	新郡	新名称
江戸期又は江戸期以前				足柄上郡	上曽我村
明治 4年 7月14日			廃藩置県		小田原県
明治 4年11月14日			県編入		足柄県

年月日		旧名称	内容		新名称
明治 9年 4月18日			県編入		神奈川県
明治22年 3月31日	足柄上郡	上曽我村	合併	足柄上郡(1180)	曽我村（そがむら）

(1179) 足柄上郡 曽我大沢村（そがおおさわむら）

年月日		旧名称	内容		新名称
江戸期又は江戸期以前				足柄上郡	曽我大沢村
明治 4年 7月14日			廃藩置県		小田原県
明治 4年11月14日			県編入		足柄県
明治 9年 4月18日			県編入		神奈川県
明治22年 3月31日	足柄上郡	曽我大沢村	合併	足柄上郡(1180)	曽我村（そがむら）

(1180) 足柄上郡 曽我村（そがむら）

年月日		旧名称	内容		新名称
明治22年 3月31日	足柄上郡(1173)	鬼柳村（おにやなぎむら）	合併	足柄上郡	曽我村
	(1175)	上大井村（かみおおいむら）			
	(1176)	下大井村（しもおおいむら）			
	(1177)	西大井村（にしおおいむら）			
	(1178)	上曽我村（かみそがむら）			
	(1179)	曽我大沢村（そがおおさわむら）			
昭和31年 4月 1日	足柄上郡	曽我村の大字上大井、同西大井	合併	足柄上郡(1123)	大井町（おおいまち）
昭和31年 4月 1日	足柄上郡	曽我村の大字上曽我、同下大井、同鬼柳、同曽我大沢（曽我村消滅）	編入	(1224)	小田原市（おだわらし）

(1181) 足柄下郡 小田原駅欄干橋町（おだわらえきらんかんばしちょう）

年月日		旧名称	内容		新名称
江戸期又は江戸期以前				足柄下郡	欄干橋町（らんかんばしちょう）
明治 4年	足柄下郡	欄干橋町	改称	足柄下郡	小田原駅欄干橋町
明治 4年 7月14日			廃藩置県		小田原県
明治 4年11月14日			県編入		足柄県
明治 8年 8月29日	足柄下郡	小田原駅欄干橋町	合併	足柄下郡(1190)	小田原駅十字町（おだわらえきじゅうじちょう）

(1182) 足柄下郡 小田原駅筋違橋町（おだわらえきすじかいばしちょう）

年月日		旧名称	内容		新名称
江戸期又は江戸期以前				足柄下郡	筋違橋町（すじかいばしちょう）
明治 4年	足柄下郡	筋違橋町	改称	足柄下郡	小田原駅筋違橋町
明治 4年 7月14日			廃藩置県		小田原県

年月日		旧名称	内容		新名称
明治 4年11月14日			県編入		足柄県
明治 8年 8月29日	足柄下郡	小田原駅筋違橋町	合併	足柄下郡(1190)	小田原駅十字町（おだわらえきじゅうじちょう）

(1183) 足柄下郡 小田原駅山角町（おだわらえきやまかくちょう）

年月日		旧名称	内容		新名称
江戸期又は江戸期以前				足柄下郡	山角町（やまかくちょう）
明治 4年	足柄下郡	山角町	改称	足柄下郡	小田原駅山角町
明治 4年 7月14日			廃藩置県		小田原県
明治 4年11月14日			県編入		足柄県
明治 8年 8月29日	足柄下郡	小田原駅山角町	合併	足柄下郡(1190)	小田原駅十字町（おだわらえきじゅうじちょう）

(1184) 足柄下郡 小田原駅安斎小路（おだわらえきあんさんこうじ）

年月日		旧名称	内容		新名称
江戸期又は江戸期以前				足柄下郡	安斎小路（あんさんこうじ）
明治 4年	足柄下郡	安斎小路	改称	足柄下郡	小田原駅安斎小路
明治 4年 7月14日			廃藩置県		小田原県
明治 4年11月14日			県編入		足柄県
明治 8年 8月29日	足柄下郡	小田原駅安斎小路	合併	足柄下郡(1190)	小田原駅十字町（おだわらえきじゅうじちょう）

(1185) 足柄下郡 小田原駅狩野殿小路（おだわらえきかのどのこうじ）

年月日		旧名称	内容		新名称
江戸期又は江戸期以前				足柄下郡	狩野殿小路（かのどのこうじ）
明治 4年	足柄下郡	狩野殿小路	改称	足柄下郡	小田原駅狩野殿小路
明治 4年 7月14日			廃藩置県		小田原県
明治 4年11月14日			県編入		足柄県
明治 8年 8月29日	足柄下郡	小田原駅狩野殿小路	合併	足柄下郡(1190)	小田原駅十字町（おだわらえきじゅうじちょう）

(1186) 足柄下郡 小田原駅西海子（おだわらえきさいかち）

年月日		旧名称	内容		新名称
江戸期又は江戸期以前				足柄下郡	西海子（さいかち）
明治 4年	足柄下郡	西海子	改称	足柄下郡	小田原駅西海子
明治 4年 7月14日			廃藩置県		小田原県
明治 4年11月14日			県編入		足柄県
明治 8年 8月29日	足柄下郡	小田原駅西海子	合併	足柄下郡(1190)	小田原駅十字町（おだわらえきじゅうじちょう）

年月日	旧名称		内容	新名称	

(1187) 足柄下郡 小田原駅御花畑（おだわらえきおはなばたけ）

年月日	旧名称		内容	新名称	
江戸期又は江戸期以前				足柄下郡	御花畑（おはなばたけ）
明治 4年	足柄下郡	御花畑	改称	足柄下郡	小田原駅御花畑
明治 4年 7月14日			廃藩置県		小田原県
明治 4年11月14日			県編入		足柄県
明治 8年 8月29日	足柄下郡	小田原駅御花畑	合併	足柄下郡(1190)	小田原駅十字町（おだわらえきじゅうじちょう）

(1188) 足柄下郡 小田原駅厩小路（おだわらえきうまやこうじ）

年月日	旧名称		内容	新名称	
江戸期又は江戸期以前				足柄下郡	厩小路（うまやこうじ）
明治 4年	足柄下郡	厩小路	改称	足柄下郡	小田原駅厩小路
明治 4年 7月14日			廃藩置県		小田原県
明治 4年11月14日			県編入		足柄県
明治 8年 8月29日	足柄下郡	小田原駅厩小路	合併	足柄下郡(1190)	小田原駅十字町（おだわらえきじゅうじちょう）

(1189) 足柄下郡 小田原駅大久寺小路（おだわらえきだいきゅうじこうじ）

年月日	旧名称		内容	新名称	
江戸期又は江戸期以前				足柄下郡	大久寺小路（だいきゅうじこうじ）
明治 4年	足柄下郡	大久寺小路	改称	足柄下郡	小田原駅大久寺小路
明治 4年 7月14日			廃藩置県		小田原県
明治 4年11月14日			県編入		足柄県
明治 8年 8月29日	足柄下郡	小田原駅大久寺小路	合併	足柄下郡(1190)	小田原駅十字町（おだわらえきじゅうじちょう）

(1190) 足柄下郡 小田原駅十字町（おだわらえきじゅうじちょう）

年月日	旧名称		内容	新名称	
明治 8年 8月29日	足柄下郡(1181)	小田原駅欄干橋町（おだわらえきらんかんばしちょう）	合併	足柄下郡	小田原駅十字町
	(1182)	小田原駅筋違橋町（おだわらえきすじかいばしちょう）			
	(1183)	小田原駅山角町（おだわらえきやまかくちょう）			
	(1184)	小田原駅安斎小路（おだわらえきあんさんこうじ）			
	(1185)	小田原駅狩野殿小路（おだわらえきかのどのこうじ）			
	(1186)	小田原駅西海子（おだわらえきさいかち）			
	(1187)	小田原駅御花畑（おだわらえきおはなばたけ）			
	(1188)	小田原駅厩小路（おだわらえきうまやこうじ）			
	(1189)	小田原駅大久寺小路（おだわらえきだいきゅうじこうじ）			
明治 9年 4月18日			県編入		神奈川県

年月日	旧名称		内容	新名称	
明治22年 3月31日	足柄下郡	小田原駅十字町	合併	足柄下郡(1224)	小田原町（おだわらまち）

(1191) 足柄下郡 小田原駅宮前町（おだわらえきみやまえちょう）

年月日	旧名称		内容	新名称	
江戸期又は江戸期以前				足柄下郡	宮前町（みやまえちょう）
明治 4年	足柄下郡	宮前町	改称	足柄下郡	小田原駅宮前町
明治 4年 7月14日			廃藩置県		小田原県
明治 4年11月14日			県編入		足柄県
明治 8年 8月29日	足柄下郡	小田原駅宮前町	合併	足柄下郡(1198)	小田原駅幸町（おだわらえきさいわいちょう）

(1192) 足柄下郡 小田原駅本町（おだわらえきほんちょう）

年月日	旧名称		内容	新名称	
江戸期又は江戸期以前				足柄下郡	通小路（とおりこうじ）
江戸初期	足柄下郡	通小路	改称	足柄下郡	本町（ほんちょう）
明治 4年	足柄下郡	本町	改称	足柄下郡	小田原駅本町
明治 4年 7月14日			廃藩置県		小田原県
明治 4年11月14日			県編入		足柄県
明治 8年 8月29日	足柄下郡	小田原駅本町	合併	足柄下郡(1198)	小田原駅幸町（おだわらえきさいわいちょう）

(1193) 足柄下郡 小田原駅中宿町（おだわらえきなかじゅくちょう）

年月日	旧名称		内容	新名称	
江戸期又は江戸期以前				足柄下郡	中宿町（なかじゅくちょう）
明治 4年	足柄下郡	中宿町	改称	足柄下郡	小田原駅中宿町
明治 4年 7月14日			廃藩置県		小田原県
明治 4年11月14日			県編入		足柄県
明治 8年 8月29日	足柄下郡	小田原駅中宿町	合併	足柄下郡(1198)	小田原駅幸町（おだわらえきさいわいちょう）

(1194) 足柄下郡 小田原駅茶畑町（おだわらえきちゃばたけちょう）

年月日	旧名称		内容	新名称	
江戸期又は江戸期以前				足柄下郡	茶畑町（ちゃばたけちょう）
明治 4年	足柄下郡	茶畑町	改称	足柄下郡	小田原駅茶畑町
明治 4年 7月14日			廃藩置県		小田原県
明治 4年11月14日			県編入		足柄県
明治 8年 8月29日	足柄下郡	小田原駅茶畑町	合併	足柄下郡(1198)	小田原駅幸町（おだわらえきさいわいちょう）

年月日	旧名称	内容	新名称

(1195) 足柄下郡 小田原駅代官町（おだわらえきだいかんちょう）

年月日	旧名称	内容	新名称
江戸期又は江戸期以前			足柄下郡 代官町（だいかんちょう）
明治 4年	足柄下郡 代官町	改称	足柄下郡 小田原駅代官町
明治 4年 7月14日		廃藩置県	小田原県
明治 4年11月14日		県編入	足柄県
明治 8年 8月29日	足柄下郡 小田原駅代官町	合併	足柄下郡(1198) 小田原駅幸町（おだわらえきさいわいちょう）

(1196) 足柄下郡 小田原駅千度小路（おだわらえきせんどこうじ）

年月日	旧名称	内容	新名称
江戸期又は江戸期以前			足柄下郡 千度小路（せんどこうじ）
明治 4年	足柄下郡 千度小路	改称	足柄下郡 小田原駅千度小路
明治 4年 7月14日		廃藩置県	小田原県
明治 4年11月14日		県編入	足柄県
明治 8年 8月29日	足柄下郡 小田原駅千度小路	合併	足柄下郡(1198) 小田原駅幸町（おだわらえきさいわいちょう）

(1197) 足柄下郡 小田原駅大手小路（おだわらえきおおてこうじ）

年月日	旧名称	内容	新名称
江戸期又は江戸期以前			足柄下郡 大手小路（おおてこうじ）
明治 4年	足柄下郡 大手小路	改称	足柄下郡 小田原駅大手小路
明治 4年 7月14日		廃藩置県	小田原県
明治 4年11月14日		県編入	足柄県
明治 8年 8月29日	足柄下郡 小田原駅大手小路	合併	足柄下郡(1198) 小田原駅幸町（おだわらえきさいわいちょう）

(1198) 足柄下郡 小田原駅幸町（おだわらえきさいわいちょう）

年月日	旧名称	内容	新名称
明治 8年 8月29日	足柄下郡(1191) 小田原駅宮前町（おだわらえきみやまえちょう） (1192) 小田原駅本町（おだわらえきほんちょう） (1193) 小田原駅中宿町（おだわらえきなかじゅくちょう） (1194) 小田原駅茶畑町（おだわらえきちゃばたけちょう） (1195) 小田原駅代官町（おだわらえきだいかんちょう） (1196) 小田原駅千度小路（おだわらえきせんどこうじ） (1197) 小田原駅大手小路（おだわらえきおおてこうじ）	合併	足柄下郡 小田原駅幸町
明治 9年 4月18日		県編入	神奈川県
明治22年 3月31日	足柄下郡 小田原駅幸町	合併	足柄下郡(1224) 小田原町（おだわらまち）

年月日		旧名称	内容		新名称

(1199) 足柄下郡 小田原駅萬町（おだわらえきよろずちょう）

年月日		旧名称	内容		新名称
江戸期又は江戸期以前				足柄下郡	萬町（よろずちょう）
明治 4年	足柄下郡	萬町	改称	足柄下郡	小田原駅萬町
明治 4年 7月14日			廃藩置県		小田原県
明治 4年11月14日			県編入		足柄県
明治 8年 8月29日	足柄下郡	小田原駅萬町	合併	足柄下郡(1206)	小田原駅萬年町（おだわらえきまんねんちょう）

(1200) 足柄下郡 小田原駅高梨町（おだわらえきたかなしちょう）

年月日		旧名称	内容		新名称
江戸期又は江戸期以前				足柄下郡	高梨町（たかなしちょう）
明治 4年	足柄下郡	高梨町	改称	足柄下郡	小田原駅高梨町
明治 4年 7月14日			廃藩置県		小田原県
明治 4年11月14日			県編入		足柄県
明治 8年 8月29日	足柄下郡	小田原駅高梨町	合併	足柄下郡(1206)	小田原駅萬年町（おだわらえきまんねんちょう）

(1201) 足柄下郡 小田原駅古新宿町（おだわらえきこしんしゅくちょう）

年月日		旧名称	内容		新名称
寛永年間	足柄下郡(1213)	新宿町（しんしゅくちょう）の一部	分立	足柄下郡	古新宿町（こしんしゅくちょう）
明治 4年	足柄下郡	古新宿町	改称	足柄下郡	小田原駅古新宿町
明治 4年 7月14日			廃藩置県		小田原県
明治 4年11月14日			県編入		足柄県
明治 8年 8月29日	足柄下郡	小田原駅古新宿町	合併	足柄下郡(1206)	小田原駅萬年町（おだわらえきまんねんちょう）

(1202) 足柄下郡 小田原駅青物町（おだわらえきあおものちょう）

年月日		旧名称	内容		新名称
江戸期又は江戸期以前				足柄下郡	青物町（あおものちょう）
明治 4年	足柄下郡	青物町	改称	足柄下郡	小田原駅青物町
明治 4年 7月14日			廃藩置県		小田原県
明治 4年11月14日			県編入		足柄県
明治 8年 8月29日	足柄下郡	小田原駅青物町	合併	足柄下郡(1206)	小田原駅萬年町（おだわらえきまんねんちょう）

(1203) 足柄下郡 小笠原小路（おがさわらこうじ）

年月日		旧名称	内容		新名称
江戸期又は江戸期以前				足柄下郡	小笠原小路
寛永年間	足柄下郡	小笠原小路の一部	分立	足柄下郡(1204)	一町田町（いっちょうだちょう）
		小笠原小路の一部（小	分立	足柄下郡(1205)	唐人町（とうじんちょう）

年月日	旧名称		内容		新名称
		笠原小路消滅)			

(1204) 足柄下郡 小田原駅一町田町（おだわらえきいっちょうだちょう）

年月日	旧名称		内容		新名称
寛永年間	足柄下郡(1203)	小笠原小路の一部（おがさわらこうじ）	分立	足柄下郡	一町田町（いっちょうだちょう）
明治 4年	足柄下郡	一町田町	改称	足柄下郡	小田原駅一町田町
明治 4年 7月14日			廃藩置県		小田原県
明治 4年11月14日			県編入		足柄県
明治 8年 8月29日	足柄下郡	小田原駅一町田町	合併	足柄下郡(1206)	小田原駅萬年町（おだわらえきまんねんちょう）

(1205) 足柄下郡 小田原駅唐人町（おだわらえきとうじんちょう）

年月日	旧名称		内容		新名称
寛永年間	足柄下郡(1203)	小笠原小路の一部（おがさわらこうじ）	分立	足柄下郡	唐人町（とうじんちょう）
明治 4年	足柄下郡	唐人町	改称	足柄下郡	小田原駅唐人町
明治 4年 7月14日			廃藩置県		小田原県
明治 4年11月14日			県編入		足柄県
明治 8年 8月29日	足柄下郡	小田原駅唐人町	合併	足柄下郡(1206)	小田原駅萬年町（おだわらえきまんねんちょう）

(1206) 足柄下郡 小田原駅萬年町（おだわらえきまんねんちょう）

年月日	旧名称		内容		新名称
明治 8年 8月29日	足柄下郡(1199)	小田原駅萬町（おだわらえきよろずちょう）	合併	足柄下郡	小田原駅萬年町
	(1200)	小田原駅高梨町（おだわらえきたかなしちょう）			
	(1201)	小田原駅古新宿町（おだわらえきこしんしゅくちょう）			
	(1202)	小田原駅青物町（おだわらえきあおものちょう）			
	(1204)	小田原駅一町田町（おだわらえきいっちょうだちょう）			
	(1205)	小田原駅唐人町（おだわらえきとうじんちょう）			
明治 9年 4月18日			県編入		神奈川県
明治22年 3月31日	足柄下郡	小田原駅萬年町	合併	足柄下郡(1224)	小田原町（おだわらまち）

(1207) 足柄下郡 小田原駅須藤町（おだわらえきすとうちょう）

年月日	旧名称		内容		新名称
江戸期又は江戸期以前				足柄下郡	須藤町（すとうちょう）
明治 4年	足柄下郡	須藤町	改称	足柄下郡	小田原駅須藤町
明治 4年 7月14日			廃藩置県		小田原県
明治 4年11月14日			県編入		足柄県
明治 8年 8月29日	足柄下郡	小田原駅須藤町	合併	足柄下郡(1212)	小田原駅緑町（おだわらえきみどりちょう）

年月日		旧名称	内容		新名称

(1208) 足柄下郡 小田原駅幸田（おだわらえきこうだ）

年月日		旧名称	内容		新名称
江戸期又は江戸期以前				足柄下郡	幸田（こうだ）
明治 4年	足柄下郡	幸田	改称	足柄下郡	小田原駅幸田
明治 4年 7月14日			廃藩置県		小田原県
明治 4年11月14日			県編入		足柄県
明治 8年 8月29日	足柄下郡	小田原駅幸田	合併	足柄下郡(1212)	小田原駅緑町（おだわらえきみどりちょう）

(1209) 足柄下郡 小田原駅揚土（おだわらえきあげつち）

年月日		旧名称	内容		新名称
江戸期又は江戸期以前				足柄下郡	揚土（あげつち）
明治 4年	足柄下郡	揚土	改称	足柄下郡	小田原駅揚土
明治 4年 7月14日			廃藩置県		小田原県
明治 4年11月14日			県編入		足柄県
明治 8年 8月29日	足柄下郡	小田原駅揚土	合併	足柄下郡(1212)	小田原駅緑町（おだわらえきみどりちょう）

(1210) 足柄下郡 小田原駅鍋弦小路（おだわらえきなべつるこうじ）

年月日		旧名称	内容		新名称
江戸期又は江戸期以前				足柄下郡	鍋弦小路（なべつるこうじ）
明治 4年	足柄下郡	鍋弦小路	改称	足柄下郡	小田原駅鍋弦小路
明治 4年 7月14日			廃藩置県		小田原県
明治 4年11月14日			県編入		足柄県
明治 8年 8月29日	足柄下郡	小田原駅鍋弦小路	合併	足柄下郡(1212)	小田原駅緑町（おだわらえきみどりちょう）

(1211) 足柄下郡 小田原駅金篦小路（おだわらえきかなべらこうじ）

年月日		旧名称	内容		新名称
江戸期又は江戸期以前				足柄下郡	金篦小路（かなべらこうじ）
明治 4年	足柄下郡	金篦小路	改称	足柄下郡	小田原駅金篦小路
明治 4年 7月14日			廃藩置県		小田原県
明治 4年11月14日			県編入		足柄県
明治 8年 8月29日	足柄下郡	小田原駅金篦小路	合併	足柄下郡(1212)	小田原駅緑町（おだわらえきみどりちょう）

(1212) 足柄下郡 小田原駅緑町（おだわらえきみどりちょう）

年月日		旧名称	内容		新名称
明治 8年 8月29日	足柄下郡(1207)	小田原駅須藤町（おだわらえきすとうちょう）	合併	足柄下郡	小田原駅緑町
	(1208)	小田原駅幸田（おだわらえきこうだ）			
	(1209)	小田原駅揚土（おだわらえきあげつち）			

年月日		旧名称	内容		新名称
		(1210) 小田原駅鍋弦小路（おだわらえきなべつるこうじ）			
		(1211) 小田原駅金篦小路（おだわらえきかなべらこうじ）			
明治 9年 4月18日			県編入		神奈川県
明治22年 3月31日	足柄下郡	小田原駅緑町	合併	足柄下郡 (1224)	小田原町（おだわらまち）

(1213) 足柄下郡 小田原駅新宿町（おだわらえきしんしゅくちょう）

年月日		旧名称	内容		新名称
江戸期又は江戸期以前				足柄下郡	新宿町（しんしゅくちょう）
寛永年間	足柄下郡	新宿町の一部	分立	足柄下郡 (1201)	古新宿町（こしんしゅくちょう）
明治 4年	足柄下郡	新宿町	改称	足柄下郡	小田原駅新宿町
明治 4年 7月14日			廃藩置県		小田原県
明治 4年11月14日			県編入		足柄県
明治 8年 8月29日	足柄下郡	小田原駅新宿町	合併	足柄下郡 (1223)	小田原駅新玉町（おだわらえきあらたまちょう）

(1214) 足柄下郡 小田原駅台宿町（おだわらえきだいじゅくちょう）

年月日		旧名称	内容		新名称
江戸期又は江戸期以前				足柄下郡	台宿町（だいじゅくちょう）
明治 4年	足柄下郡	台宿町	改称	足柄下郡	小田原駅台宿町
明治 4年 7月14日			廃藩置県		小田原県
明治 4年11月14日			県編入		足柄県
明治 8年 8月29日	足柄下郡	小田原駅台宿町	合併	足柄下郡 (1223)	小田原駅新玉町（おだわらえきあらたまちょう）

(1215) 足柄下郡 小田原駅大工町（おだわらえきだいくちょう）

年月日		旧名称	内容		新名称
江戸期又は江戸期以前				足柄下郡	大工町（だいくちょう）
明治 4年	足柄下郡	大工町	改称	足柄下郡	小田原駅大工町
明治 4年 7月14日			廃藩置県		小田原県
明治 4年11月14日			県編入		足柄県
明治 8年 8月29日	足柄下郡	小田原駅大工町	合併	足柄下郡 (1223)	小田原駅新玉町（おだわらえきあらたまちょう）

(1216) 足柄下郡 小田原駅竹花町（おだわらえきたけのはなちょう）

年月日		旧名称	内容		新名称
江戸期又は江戸期以前				足柄下郡	竹花町（たけのはなちょう）
明治 4年	足柄下郡	竹花町	改称	足柄下郡	小田原駅竹花町
明治 4年 7月14日			廃藩置県		小田原県
明治 4年11月14日			県編入		足柄県

年月日		旧名称	内容		新名称
明治 8年 8月29日	足柄下郡	小田原駅竹花町	合併	足柄下郡(1223)	小田原駅新玉町（おだわらえきあらたまちょう）

(1217) 足柄下郡 小田原駅手代町（おだわらえきてだいちょう）

年月日		旧名称	内容		新名称
江戸期又は江戸期以前				足柄下郡	手代町（てだいちょう）
明治 4年	足柄下郡	手代町	改称	足柄下郡	小田原駅手代町
明治 4年 7月14日			廃藩置県		小田原県
明治 4年11月14日			県編入		足柄県
明治 8年 8月29日	足柄下郡	小田原駅手代町	合併	足柄下郡(1223)	小田原駅新玉町（おだわらえきあらたまちょう）

(1218) 足柄下郡 小田原駅三軒屋（おだわらえきさんげんや）

年月日		旧名称	内容		新名称
江戸期又は江戸期以前				足柄下郡	三軒屋（さんげんや）
明治 4年	足柄下郡	三軒屋	改称	足柄下郡	小田原駅三軒屋
明治 4年 7月14日			廃藩置県		小田原県
明治 4年11月14日			県編入		足柄県
明治 8年 8月29日	足柄下郡	小田原駅三軒屋	合併	足柄下郡(1223)	小田原駅新玉町（おだわらえきあらたまちょう）

(1219) 足柄下郡 小田原駅八段畑（おだわらえきはったんばた）

年月日		旧名称	内容		新名称
江戸期又は江戸期以前				足柄下郡	八段畑（はったんばた）
明治 4年	足柄下郡	八段畑	改称	足柄下郡	小田原駅八段畑
明治 4年 7月14日			廃藩置県		小田原県
明治 4年11月14日			県編入		足柄県
明治 8年 8月29日	足柄下郡	小田原駅八段畑	合併	足柄下郡(1223)	小田原駅新玉町（おだわらえきあらたまちょう）

(1220) 足柄下郡 小田原駅花ノ木（おだわらえきはなのき）

年月日		旧名称	内容		新名称
江戸期又は江戸期以前				足柄下郡	花ノ木（はなのき）
明治 4年	足柄下郡	花ノ木	改称	足柄下郡	小田原駅花ノ木
明治 4年 7月14日			廃藩置県		小田原県
明治 4年11月14日			県編入		足柄県
明治 8年 8月29日	足柄下郡	小田原駅花ノ木	合併	足柄下郡(1223)	小田原駅新玉町（おだわらえきあらたまちょう）

(1221) 足柄下郡 小田原駅大新馬場（おだわらえきおおしんばば）

年月日		旧名称	内容		新名称
江戸期又は江戸期以前				足柄下郡	大新馬場（おおしんばば）

年月日		旧　名　称	内容		新　名　称
明治 4年	足柄下郡	大新馬場	改称	足柄下郡	小田原駅大新馬場
明治 4年 7月14日			廃藩置県		小田原県
明治 4年11月14日			県編入		足柄県
明治 8年 8月29日	足柄下郡	小田原駅大新馬場	合併	足柄下郡(1223)	小田原駅新玉町（おだわらえきあらたまちょう）

(1222) 足柄下郡 小田原駅中新馬場（おだわらえきなかしんばば）

年月日		旧　名　称	内容		新　名　称
江戸期又は江戸期以前				足柄下郡	中新馬場（なかしんばば）
明治 4年	足柄下郡	中新馬場	改称	足柄下郡	小田原駅中新馬場
明治 4年 7月14日			廃藩置県		小田原県
明治 4年11月14日			県編入		足柄県
明治 8年 8月29日	足柄下郡	小田原駅中新馬場	合併	足柄下郡(1223)	小田原駅新玉町（おだわらえきあらたまちょう）

(1223) 足柄下郡 小田原駅新玉町（おだわらえきあらたまちょう）

年月日		旧　名　称	内容		新　名　称
明治 8年 8月29日	足柄下郡(1213)	小田原駅新宿町（おだわらえきしんしゅくちょう）	合併	足柄下郡	小田原駅新玉町
	(1214)	小田原駅台宿町（おだわらえきだいじゅくちょう）			
	(1215)	小田原駅大工町（おだわらえきだいくちょう）			
	(1216)	小田原駅竹花町（おだわらえきたけのはなちょう）			
	(1217)	小田原駅手代町（おだわらえきてだいちょう）			
	(1218)	小田原駅三軒屋（おだわらえきさんげんや）			
	(1219)	小田原駅八段畑（おだわらえきはったんばた）			
	(1220)	小田原駅花ノ木（おだわらえきはなのき）			
	(1221)	小田原駅大新馬場（おだわらえきおおしんばば）			
	(1222)	小田原駅中新馬場（おだわらえきなかしんばば）			
明治 9年 4月18日			県編入		神奈川県
明治22年 3月31日	足柄下郡	小田原駅新玉町	合併	足柄下郡(1224)	小田原町（おだわらまち）

(1224) 小田原市（おだわらし）

年月日		旧　名　称	内容		新　名　称
明治22年 3月31日	足柄下郡(1190)	小田原駅十字町（おだわらえきじゅうじちょう）	合併	足柄下郡	小田原町
	(1198)	小田原駅幸町（おだわらえきさいわいちょう）			
	(1206)	小田原駅萬年町（おだわらえきまんねんちょう）			
	(1212)	小田原駅緑町（おだわらえきみどりちょう）			
	(1223)	小田原駅新玉町（おだわらえきあらたまちょう）			
昭和15年12月20日	足柄下郡	小田原町	合併		小田原市

年月日		旧名称	内容		新名称
	(1251)	足柄町(あしがらまち)			
	(1257)	大窪村(おおくぼむら)			
	(1258)	早川村(はやかわむら)			
	(1259)	酒匂村(さかわむら)の字山王原、同網一色			
昭和23年 4月 1日	足柄下郡(1285)	下府中村(しもふなかむら)	編入		小田原市
昭和25年12月18日	足柄上郡(1172)	桜井村(さくらいむら)	編入		小田原市
昭和29年 7月15日	足柄下郡(1268)	豊川村(とよかわむら)	編入		小田原市
昭和29年12月 1日	足柄下郡(1259)	酒匂町	編入		小田原市
	(1276)	上府中村(かみふなかむら)	編入		小田原市
	(1290)	下曽我村(しもそがむら)	編入		小田原市
	(1291)	国府津町(こうづまち)	編入		小田原市
	(1297)	片浦村(かたうらむら)	編入		小田原市
昭和31年 4月 1日	足柄上郡(1180)	曽我村(そがむら)の大字上曽我、同下大井、同鬼柳、同曽我大沢	編入		小田原市
昭和46年 4月 1日	足柄下郡(1307)	橘町(たちばなまち)	編入		小田原市

(1225) 足柄下郡 池上村(いけがみむら)

年月日		旧名称	内容		新名称
江戸期又は江戸期以前				足柄下郡	池上村
明治 4年 7月14日			廃藩置県		小田原県
明治 4年11月14日			県編入		足柄県
明治 9年 4月18日			県編入		神奈川県
明治22年 3月31日	足柄下郡	池上村	合併	足柄下郡(1232)	芦子村(あしこむら)

(1226) 足柄下郡 町田村(まちだむら)

年月日		旧名称	内容		新名称
江戸期又は江戸期以前				足柄下郡	町田村
明治 4年 7月14日			廃藩置県		小田原県
明治 4年11月14日			県編入		足柄県
明治 9年 4月18日			県編入		神奈川県
明治22年 3月31日	足柄下郡	町田村	合併	足柄下郡(1232)	芦子村(あしこむら)

(1227) 足柄下郡 中島村(なかじまむら)

年月日		旧名称	内容		新名称
江戸期又は江戸期以前				足柄下郡	中島村

年月日		旧名称	内容		新名称
明治 4年 7月14日			廃藩置県		小田原県
明治 4年11月14日			県編入		足柄県
明治 9年 4月18日			県編入		神奈川県
明治22年 3月31日	足柄下郡	中島村	合併	足柄下郡(1232)	芦子村(あしこむら)

(1228) 足柄下郡 荻窪村(おぎくぼむら)

年月日		旧名称	内容		新名称
江戸期又は江戸期以前				足柄下郡	荻窪村
明治 4年 7月14日			廃藩置県		小田原県
明治 4年11月14日			県編入		足柄県
明治 9年 4月18日			県編入		神奈川県
明治13年 1月20日	足柄下郡(1229)	池戸新田(いけどしんでん)	編入	足柄下郡	荻窪村
	(1230)	堤新田(つつみしんでん)	編入	足柄下郡	荻窪村
明治22年 3月31日	足柄下郡	荻窪村	合併	足柄下郡(1232)	芦子村(あしこむら)
		荻窪村飛地	合併	足柄下郡(1233)	久野村(くのむら)

(1229) 足柄下郡 池戸新田(いけどしんでん)

年月日		旧名称	内容		新名称
成立時期不明			成立	足柄下郡	池戸新田
明治 9年 4月18日			県編入		神奈川県
明治13年 1月20日	足柄下郡	池戸新田	編入	足柄下郡(1228)	荻窪村(おぎくぼむら)

(1230) 足柄下郡 堤新田(つつみしんでん)

年月日		旧名称	内容		新名称
成立時期不明			成立	足柄下郡	堤新田
明治 9年 4月18日			県編入		神奈川県
明治13年 1月20日	足柄下郡	堤新田	編入	足柄下郡(1228)	荻窪村(おぎくぼむら)

(1231) 足柄下郡 谷津村(やつむら)

年月日		旧名称	内容		新名称
江戸期又は江戸期以前				足柄下郡	谷津村
明治 4年 7月14日			廃藩置県		小田原県
明治 4年11月14日			県編入		足柄県
明治 9年 4月18日			県編入		神奈川県
明治22年 3月31日	足柄下郡	谷津村	合併	足柄下郡(1232)	芦子村(あしこむら)

年月日	旧名称	内容	新名称

(1232) 足柄下郡 芦子村（あしこむら）

年月日	旧名称	内容	新名称
明治22年 3月31日	足柄下郡(1225) 池上村（いけがみむら） (1226) 町田村（まちだむら） (1227) 中島村（なかじまむら） (1228) 荻窪村（おぎくぼむら） (1231) 谷津村（やつむら） (1233) 久野村飛地（くのむら）	合併	足柄下郡 芦子村
明治41年 4月 1日	足柄下郡 芦子村	合併	足柄下郡(1251) 足柄村（あしがらむら）

(1233) 足柄下郡 久野村（くのむら）

年月日	旧名称	内容	新名称
江戸期又は江戸期以前			足柄下郡 久野村
明治 4年 7月14日		廃藩置県	小田原県
明治 4年11月14日		県編入	足柄県
明治 9年 4月18日		県編入	神奈川県
明治22年 3月31日	足柄下郡 久野村飛地	合併	足柄下郡(1232) 芦子村（あしこむら）
	久野村 (1228) 荻窪村飛地（おぎくぼむら）	合併	足柄下郡 久野村
明治41年 4月 1日	足柄下郡 久野村	合併	足柄下郡(1251) 足柄村（あしがらむら）

(1234) 足柄下郡 蓮正寺村（れんしょうじむら）

年月日	旧名称	内容	新名称
江戸期又は江戸期以前			足柄下郡 蓮正寺村
明治 4年 7月14日		廃藩置県	小田原県
明治 4年11月14日		県編入	足柄県
明治 9年 4月18日		県編入	神奈川県
明治22年 3月31日	足柄下郡 蓮正寺村	合併	足柄下郡(1246) 富水村（とみずむら）

(1235) 足柄下郡 中曽根村（なかぞねむら）

年月日	旧名称	内容	新名称
江戸期又は江戸期以前			足柄下郡 中曽根村
明治 4年 7月14日		廃藩置県	小田原県
明治 4年11月14日		県編入	足柄県
明治 9年 4月18日		県編入	神奈川県
明治22年 3月31日	足柄下郡 中曽根村	合併	足柄下郡(1246) 富水村（とみずむら）

年月日	旧名称	内容	新名称
(1236) 足柄下郡 飯田岡村（いいだおかむら）			
江戸期又は江戸期以前			足柄下郡 飯田岡村
江戸初期	足柄下郡 飯田岡村の一部	分立	足柄下郡(1237) 新屋村（あらやむら）
明治 4年 7月14日		廃藩置県	小田原県
明治 4年11月14日		県編入	足柄県
明治 9年 4月18日		県編入	神奈川県
明治22年 3月31日	足柄下郡 飯田岡村	合併	足柄下郡(1246) 富水村（とみずむら）
(1237) 足柄下郡 新屋村（あらやむら）			
江戸初期	足柄下郡(1236) 飯田岡村（いいだおかむら）の一部	分立	足柄下郡 新屋村
明治 4年 7月14日		廃藩置県	小田原県
明治 4年11月14日		県編入	足柄県
明治 9年 4月18日		県編入	神奈川県
明治22年 3月31日	足柄下郡 新屋村	合併	足柄下郡(1246) 富水村（とみずむら）
(1238) 足柄下郡 堀ノ内村（ほりのうちむら）			
江戸期又は江戸期以前			足柄下郡 堀ノ内村
明治 4年 7月14日		廃藩置県	小田原県
明治 4年11月14日		県編入	足柄県
明治 9年 4月18日		県編入	神奈川県
明治22年 3月31日	足柄下郡 堀ノ内村	合併	足柄下郡(1246) 富水村（とみずむら）
(1239) 足柄下郡 柳新田村（やなぎしんでんむら）			
江戸期又は江戸期以前			足柄下郡 柳新田村
明治 4年 7月14日		廃藩置県	小田原県
明治 4年11月14日		県編入	足柄県
明治 9年 4月18日		県編入	神奈川県
明治22年 3月31日	足柄下郡 柳新田村	合併	足柄下郡(1246) 富水村（とみずむら）
(1240) 足柄下郡 小台村（こだいむら）			
江戸期又は江戸期以前			足柄下郡 小台村

年月日		旧名称	内容		新名称
明治 4年 7月14日			廃藩置県		小田原県
明治 4年11月14日			県編入		足柄県
明治 9年 4月18日			県編入		神奈川県
明治22年 3月31日	足柄下郡	小台村	合併	足柄下郡(1246)	富水村(とみずむら)

(1241) 足柄下郡 清水新田(しみずしんでん)

年月日		旧名称	内容		新名称
慶安 3年			成立	足柄下郡	清水新田
明治 4年 7月14日			廃藩置県		小田原県
明治 4年11月14日			県編入		足柄県
明治 9年 4月18日			県編入		神奈川県
明治22年 3月31日	足柄下郡	清水新田	合併	足柄下郡(1246)	富水村(とみずむら)

(1242) 足柄下郡 北久保村(きたのくぼむら)

年月日		旧名称	内容		新名称
江戸期又は江戸期以前				足柄下郡	北久保村
明治 4年 7月14日			廃藩置県		小田原県
明治 4年11月14日			県編入		足柄県
明治 9年 4月18日			県編入		神奈川県
明治22年 3月31日	足柄下郡	北久保村飛地	合併	足柄上郡(1096)	岡本村(おかもとむら)
		北久保村	合併	足柄下郡(1246)	富水村(とみずむら)

(1243) 足柄下郡 府川村(ふかわむら)

年月日		旧名称	内容		新名称
江戸期又は江戸期以前				足柄下郡	府川村
明治 4年 7月14日			廃藩置県		小田原県
明治 4年11月14日			県編入		足柄県
明治 9年 4月18日			県編入		神奈川県
明治22年 3月31日	足柄下郡	府川村	合併	足柄下郡(1246)	富水村(とみずむら)

(1244) 足柄下郡 穴部村(あなべむら)

年月日		旧名称	内容		新名称
江戸期又は江戸期以前				足柄下郡	穴部村
明治 4年 7月14日			廃藩置県		小田原県
明治 4年11月14日			県編入		足柄県
明治 9年 4月18日			県編入		神奈川県

年月日	旧名称	内容	新名称
明治22年 3月31日	足柄下郡 穴部村	合併	足柄下郡(1246) 富水村（とみずむら）

(1245) 足柄下郡 穴部新田（あなべしんでん）

年月日	旧名称	内容	新名称
宝暦 5年		成立	足柄下郡 穴部新田
明治 4年 7月14日		廃藩置県	小田原県
明治 4年11月14日		県編入	足柄県
明治 9年 4月18日		県編入	神奈川県
明治22年 3月31日	足柄下郡 穴部新田	合併	足柄下郡(1246) 富水村（とみずむら）

(1246) 足柄下郡 富水村（とみずむら）

年月日	旧名称	内容	新名称
明治22年 3月31日	足柄下郡(1234) 蓮正寺村（れんしょうじむら） (1235) 中曽根村（なかぞねむら） (1236) 飯田岡村（いいだおかむら） (1237) 新屋村（あらやむら） (1238) 堀ノ内村（ほりのうちむら） (1239) 柳新田村（やなぎしんでんむら） (1240) 小台村（こだいむら） (1241) 清水新田（しみずしんでん） (1242) 北久保村（きたのくぼむら） (1243) 府川村（ふかわむら） (1244) 穴部村（あなべむら） (1245) 穴部新田（あなべしんでん） 足柄上郡(1091) 岩原村飛地（いわはらむら） 足柄下郡(1248) 多古村飛地（たこむら）	合併	足柄下郡 富水村
明治41年 4月 1日	足柄下郡 富水村	合併	足柄下郡(1251) 足柄村（あしがらむら）

(1247) 足柄下郡 井細田村（いさいだむら）

年月日	旧名称	内容	新名称
江戸期又は江戸期以前			足柄下郡 井細田村
明治 4年 7月14日		廃藩置県	小田原県
明治 4年11月14日		県編入	足柄県
明治 9年 4月18日		県編入	神奈川県
明治22年 3月31日	足柄下郡 井細田村	合併	足柄下郡(1250) 二川村（ふたがわむら）

年月日		旧名称	内容		新名称

(1248) 足柄下郡 多古村（たこむら）

年月日		旧名称	内容		新名称
江戸期又は江戸期以前				足柄下郡	多古村
明治 4年 7月14日			廃藩置県		小田原県
明治 4年11月14日			県編入		足柄県
明治 9年 4月18日			県編入		神奈川県
明治22年 3月31日	足柄下郡	多古村飛地	合併	足柄下郡(1246)	富水村（とみずむら）
		多古村	合併	足柄下郡(1250)	二川村（ふたがわむら）

(1249) 足柄下郡 今井村（いまいむら）

年月日		旧名称	内容		新名称
江戸期又は江戸期以前				足柄下郡	今井村
明治 4年 7月14日			廃藩置県		小田原県
明治 4年11月14日			県編入		足柄県
明治 9年 4月18日			県編入		神奈川県
明治22年 3月31日	足柄下郡	今井村	合併	足柄下郡(1250)	二川村（ふたがわむら）
		今井村飛地	合併	足柄下郡(1285)	下府中村（しもふなかむら）

(1250) 足柄下郡 二川村（ふたがわむら）

年月日		旧名称	内容		新名称
明治22年 3月31日	足柄下郡(1247)	井細田村（いさいだむら）	合併	足柄下郡	二川村
	(1248)	多古村（たこむら）			
	(1249)	今井村（いまいむら）			
明治41年 4月 1日	足柄下郡	二川村	合併	足柄下郡(1251)	足柄村（あしがらむら）

(1251) 足柄下郡 足柄町（あしがらまち）

年月日		旧名称	内容		新名称
明治41年 4月 1日	足柄下郡(1232)	芦子村（あしこむら）	合併	足柄下郡	足柄村
	(1233)	久野村（くのむら）			
	(1246)	富水村（とみずむら）			
	(1250)	二川村（ふたがわむら）			
昭和15年 2月11日	足柄下郡	足柄村	町制	足柄下郡	足柄町
昭和15年12月20日	足柄下郡	足柄町	合併	(1224)	小田原市（おだわらし）

(1252) 足柄下郡 板橋村（いたばしむら）

年月日		旧名称	内容		新名称
江戸期又は江戸期以前				足柄下郡	板橋村
明治 4年 7月14日			廃藩置県		小田原県

年月日		旧名称	内容		新名称
明治 4年11月14日			県編入		足柄県
明治 9年 4月18日			県編入		神奈川県
明治22年 3月31日	足柄下郡	板橋村	合併	足柄下郡(1257)	大窪村(おおくぼむら)

(1253) 足柄下郡 風祭村(かざまつりむら)

年月日		旧名称	内容		新名称
江戸期又は江戸期以前				足柄下郡	風祭村
明治 4年 7月14日			廃藩置県		小田原県
明治 4年11月14日			県編入		足柄県
明治 9年 4月18日			県編入		神奈川県
明治22年 3月31日	足柄下郡	風祭村	合併	足柄下郡(1257)	大窪村(おおくぼむら)

(1254) 足柄下郡 水ノ尾村(みずのおむら)

年月日		旧名称	内容		新名称
江戸期又は江戸期以前				足柄下郡	水ノ尾村
明治 4年 7月14日			廃藩置県		小田原県
明治 4年11月14日			県編入		足柄県
明治 9年 4月18日			県編入		神奈川県
明治22年 3月31日	足柄下郡	水ノ尾村	合併	足柄下郡(1257)	大窪村(おおくぼむら)

(1255) 足柄下郡 入生田村(いりうだむら)

年月日		旧名称	内容		新名称
江戸期又は江戸期以前				足柄下郡	入生田村
寛文年間頃	足柄下郡	入生田村の一部	分立	足柄下郡(1256)	後河原村(うしろがわらむら)
明治 4年 7月14日			廃藩置県		小田原県
明治 4年11月14日			県編入		足柄県
明治 9年 4月18日			県編入		神奈川県
明治13年 1月20日	足柄下郡(1256)	後河原村	編入	足柄下郡	入生田村
明治22年 3月31日	足柄下郡	入生田村	合併	足柄下郡(1257)	大窪村(おおくぼむら)

(1256) 足柄下郡 後河原村(うしろがわらむら)

年月日		旧名称	内容		新名称
寛文年間頃	足柄下郡(1255)	入生田村(いりうだむら)の一部	分立	足柄下郡	後河原村
明治 4年 7月14日			廃藩置県		小田原県
明治 4年11月14日			県編入		足柄県
明治 9年 4月18日			県編入		神奈川県

年月日		旧名称	内容		新名称
明治13年 1月20日	足柄下郡	後河原村	編入	足柄下郡(1255)	入生田村

(1257) 足柄下郡 大窪村（おおくぼむら）

年月日		旧名称	内容		新名称
明治22年 3月31日	足柄下郡(1252)	板橋村（いたばしむら）	合併	足柄下郡	大窪村
	(1253)	風祭村（かざまつりむら）			
	(1254)	水ノ尾村（みずのおむら）			
	(1255)	入生田村（いりうだむら）			
昭和15年12月20日	足柄下郡	大窪村	合併	(1224)	小田原市（おだわらし）

(1258) 足柄下郡 早川村（はやかわむら）

年月日		旧名称	内容		新名称
江戸期又は江戸期以前				足柄下郡	早川村
明治 4年 7月14日			廃藩置県		小田原県
明治 4年11月14日			県編入		足柄県
明治 9年 4月18日			県編入		神奈川県
昭和15年12月20日	足柄下郡	早川村	合併	(1224)	小田原市（おだわらし）

(1259) 足柄下郡 酒匂町（さかわまち）

年月日		旧名称	内容		新名称
江戸期又は江戸期以前				足柄下郡	酒匂村
明治 4年 7月14日			廃藩置県		小田原県
明治 4年11月14日			県編入		足柄県
明治 7年	足柄下郡(1260)	酒匂鍛冶分（さかわかじぶん）	編入	足柄下郡	酒匂村
明治 9年 4月18日			県編入		神奈川県
明治22年 3月31日	足柄下郡	酒匂村	合併	足柄下郡	酒匂村
	(1261)	山王原村（さんのうはらむら）			
	(1262)	網一色村（あみいっしきむら）			
	(1263)	小八幡村（こやわたむら）			
	(1291)	国府津村飛地（こうづむら）			
	(1298)	前川村飛地（まえかわむら）			
		酒匂村飛地	合併	足柄下郡(1285)	下府中村（しもふなかむら）
		酒匂村飛地	合併	足柄下郡(1300)	前羽村（まえばむら）
昭和15年12月20日	足柄下郡	酒匂村の字山王原、同網一色	合併	(1224)	小田原市（おだわらし）
昭和17年 4月 1日	足柄下郡	酒匂村	町制	足柄下郡	酒匂町

年月日	旧　名　称		内容		新　名　称
昭和29年12月 1日	足柄下郡	酒匂町	編入	(1224)	小田原市

(1260) 足柄下郡 酒匂鍛冶分（さかわかじぶん）

年月日	旧　名　称		内容		新　名　称
江戸期又は江戸期以前				足柄下郡	酒匂鍛冶分
明治 4年 7月14日			廃藩置県		小田原県
明治 4年11月14日			県編入		足柄県
明治 7年	足柄下郡	酒匂鍛冶分	編入	足柄下郡(1259)	酒匂村（さかわむら）

(1261) 足柄下郡 山王原村（さんのうはらむら）

年月日	旧　名　称		内容		新　名　称
江戸期又は江戸期以前				足柄下郡	山王原村
明治 4年 7月14日			廃藩置県		小田原県
明治 4年11月14日			県編入		足柄県
明治 9年 4月18日			県編入		神奈川県
明治22年 3月31日	足柄下郡	山王原村	合併	足柄下郡(1259)	酒匂村（さかわむら）

(1262) 足柄下郡 網一色村（あみいっしきむら）

年月日	旧　名　称		内容		新　名　称
江戸期又は江戸期以前				足柄下郡	網一色村
明治 4年 7月14日			廃藩置県		小田原県
明治 4年11月14日			県編入		足柄県
明治 9年 4月18日			県編入		神奈川県
明治22年 3月31日	足柄下郡	網一色村	合併	足柄下郡(1259)	酒匂村（さかわむら）

(1263) 足柄下郡 小八幡村（こやわたむら）

年月日	旧　名　称		内容		新　名　称
江戸期又は江戸期以前				足柄下郡	小八幡村
明治 4年 7月14日			廃藩置県		小田原県
明治 4年11月14日			県編入		足柄県
明治 9年 4月18日			県編入		神奈川県
明治22年 3月31日	足柄下郡	小八幡村	合併	足柄下郡(1259)	酒匂村（さかわむら）

(1264) 足柄下郡 桑原村（くわはらむら）

年月日	旧　名　称		内容		新　名　称
江戸期又は江戸期以前				足柄下郡	桑原村
明治 4年 7月14日			廃藩置県		小田原県

年月日	旧名称	内容	新名称
明治 4年11月14日		県編入	足柄県
明治 9年 4月18日		県編入	神奈川県
明治22年 3月31日	足柄下郡 桑原村	合併	足柄下郡(1268) 豊川村（とよかわむら）

(1265) 足柄下郡 成田村（なるだむら）

年月日	旧名称	内容	新名称
江戸期又は江戸期以前			足柄下郡 成田村
明治 4年 7月14日		廃藩置県	小田原県
明治 4年11月14日		県編入	足柄県
明治 9年 4月18日		県編入	神奈川県
明治22年 3月31日	足柄下郡 成田村	合併	足柄下郡(1268) 豊川村（とよかわむら）

(1266) 足柄下郡 飯泉村（いいずみむら）

年月日	旧名称	内容	新名称
江戸期又は江戸期以前			足柄下郡 飯泉村
江戸末期	足柄下郡(1267) 飯泉新田（いいずみしんでん）	編入	足柄下郡 飯泉村
明治 4年 7月14日		廃藩置県	小田原県
明治 4年11月14日		県編入	足柄県
明治 9年 4月18日		県編入	神奈川県
明治22年 3月31日	足柄下郡 飯泉村	合併	足柄下郡(1268) 豊川村（とよかわむら）

(1267) 足柄下郡 飯泉新田（いいずみしんでん）

年月日	旧名称	内容	新名称
正保年間		成立	足柄下郡 飯泉新田
江戸末期	足柄下郡 飯泉新田	編入	足柄下郡(1266) 飯泉村（いいずみむら）

(1268) 足柄下郡 豊川村（とよかわむら）

年月日	旧名称	内容	新名称
明治22年 3月31日	足柄下郡(1264) 桑原村（くわはらむら） (1265) 成田村（なるだむら） (1266) 飯泉村（いいずみむら）	合併	足柄下郡 豊川村
昭和29年 7月15日	足柄下郡 豊川村	編入	(1224) 小田原市（おだわらし）

(1269) 足柄下郡 高田村（たかだむら）

年月日	旧名称	内容	新名称
江戸期又は江戸期以前			足柄下郡 高田村
明治 4年 7月14日		廃藩置県	小田原県
明治 4年11月14日		県編入	足柄県

年月日	旧名称		内容	新名称	
明治 9年 4月18日			県編入		神奈川県
明治22年 3月31日	足柄下郡	高田村	合併	足柄下郡(1276)	上府中村(かみふなかむら)

(1270) 足柄下郡 別堀村(べっぽりむら)

年月日	旧名称		内容	新名称	
江戸期又は江戸期以前				足柄下郡	別堀村
明治 4年 7月14日			廃藩置県		小田原県
明治 4年11月14日			県編入		足柄県
明治 9年 4月18日			県編入		神奈川県
明治22年 3月31日	足柄下郡	別堀村	合併	足柄下郡(1276)	上府中村(かみふなかむら)

(1271) 足柄下郡 千代村(ちよむら)

年月日	旧名称		内容	新名称	
江戸期又は江戸期以前				足柄下郡	千代村
明治 4年 7月14日			廃藩置県		小田原県
明治 4年11月14日			県編入		足柄県
明治 9年 4月18日			県編入		神奈川県
明治22年 3月31日	足柄下郡	千代村	合併	足柄下郡(1276)	上府中村(かみふなかむら)

(1272) 足柄下郡 延清村(のぶきよむら)

年月日	旧名称		内容	新名称	
江戸期又は江戸期以前				足柄下郡	延清村
明治 4年 7月14日			廃藩置県		小田原県
明治 4年11月14日			県編入		足柄県
明治 9年 4月18日			県編入		神奈川県
明治22年 3月31日	足柄下郡	延清村	合併	足柄下郡(1276)	上府中村(かみふなかむら)

(1273) 足柄下郡 永塚村(ながつかむら)

年月日	旧名称		内容	新名称	
江戸期又は江戸期以前				足柄下郡	永塚村
明治 4年 7月14日			廃藩置県		小田原県
明治 4年11月14日			県編入		足柄県
明治 9年 4月18日			県編入		神奈川県
明治22年 3月31日	足柄下郡	永塚村	合併	足柄下郡(1276)	上府中村(かみふなかむら)

(1274) 足柄下郡 東大友村（ひがしおおどもむら）

年月日	旧名称	内容	新名称
江戸期又は江戸期以前			足柄下郡 東大友村
明治 4年 7月14日		廃藩置県	小田原県
明治 4年11月14日		県編入	足柄県
明治 9年 4月18日		県編入	神奈川県
明治22年 3月31日	足柄下郡 東大友村	合併	足柄下郡 (1276) 上府中村（かみふなかむら）

(1275) 足柄下郡 西大友村（にしおおどもむら）

年月日	旧名称	内容	新名称
江戸期又は江戸期以前			足柄下郡 西大友村
明治 4年 7月14日		廃藩置県	小田原県
明治 4年11月14日		県編入	足柄県
明治 9年 4月18日		県編入	神奈川県
明治22年 3月31日	足柄下郡 西大友村	合併	足柄下郡 (1276) 上府中村（かみふなかむら）

(1276) 足柄下郡 上府中村（かみふなかむら）

年月日	旧名称	内容	新名称
明治22年 3月31日	足柄下郡 (1269) 高田村（たかだむら） (1270) 別堀村（べっぽりむら） (1271) 千代村（ちよむら） (1272) 延清村（のぶきよむら） (1273) 永塚村（ながつかむら） (1274) 東大友村（ひがしおおどもむら） (1275) 西大友村（にしおおどもむら）	合併	足柄下郡 上府中村
昭和29年12月 1日	足柄下郡 上府中村	編入	(1224) 小田原市（おだわらし）

(1277) 足柄下郡 下新田村（しもしんでんむら）

年月日	旧名称	内容	新名称
江戸初期		成立	足柄下郡 下新田村
明治 4年 7月14日		廃藩置県	小田原県
明治 4年11月14日		県編入	足柄県
明治 9年 4月18日		県編入	神奈川県
明治22年 3月31日	足柄下郡 下新田村	合併	足柄下郡 (1285) 下府中村（しもふなかむら）

年月日	旧　名　称	内容	新　名　称

(1278) 足柄下郡 中新田村（なかしんでんむら）

年月日	旧名称	内容	新名称
江戸初期		成立	足柄下郡 中新田村
明治 4年 7月14日		廃藩置県	小田原県
明治 4年11月14日		県編入	足柄県
明治 9年 4月18日		県編入	神奈川県
明治22年 3月31日	足柄下郡 中新田村	合併	足柄下郡(1285) 下府中村（しもふなかむら）

(1279) 足柄下郡 上新田村（かみしんでんむら）

年月日	旧名称	内容	新名称
江戸初期		成立	足柄下郡 上新田村
明治 4年 7月14日		廃藩置県	小田原県
明治 4年11月14日		県編入	足柄県
明治 9年 4月18日		県編入	神奈川県
明治22年 3月31日	足柄下郡 上新田村	合併	足柄下郡(1285) 下府中村（しもふなかむら）

(1280) 足柄下郡 鴨宮村（かものみやむら）

年月日	旧名称	内容	新名称
江戸期又は江戸期以前			足柄下郡 鴨宮村
明治 4年 7月14日		廃藩置県	小田原県
明治 4年11月14日		県編入	足柄県
明治 9年 4月18日		県編入	神奈川県
明治22年 3月31日	足柄下郡 鴨宮村	合併	足柄下郡(1285) 下府中村（しもふなかむら）

(1281) 足柄下郡 矢作村（やはぎむら）

年月日	旧名称	内容	新名称
江戸期又は江戸期以前			足柄下郡 矢作村
明治 4年 7月14日		廃藩置県	小田原県
明治 4年11月14日		県編入	足柄県
明治 9年 4月18日		県編入	神奈川県
明治22年 3月31日	足柄下郡 矢作村	合併	足柄下郡(1285) 下府中村（しもふなかむら）

(1282) 足柄下郡 新屋村（あらやむら）

年月日	旧名称	内容	新名称
江戸初期		成立	足柄下郡 新屋村
寛永18年	足柄下郡 新屋村の一部	分立	足柄下郡(1283) 中里村（なかざとむら）

年月日		旧名称	内容		新名称
慶安 2年	足柄下郡	新屋村	編入	足柄下郡(1283)	中里村

(1283) 足柄下郡 中里村（なかざとむら）

年月日		旧名称	内容		新名称
寛永18年	足柄下郡(1282)	新屋村（あらやむら）の一部	分立	足柄下郡	中里村
慶安 2年	足柄下郡(1282)	新屋村	編入	足柄下郡	中里村
明治 4年 7月14日			廃藩置県		小田原県
明治 4年11月14日			県編入		足柄県
明治 9年 4月18日			県編入		神奈川県
明治22年 3月31日	足柄下郡	中里村	合併	足柄下郡(1285)	下府中村（しもふなかむら）

(1284) 足柄下郡 下堀村（しもほりむら）

年月日		旧名称	内容		新名称
江戸期又は江戸期以前				足柄下郡	下堀村
明治 4年 7月14日			廃藩置県		小田原県
明治 4年11月14日			県編入		足柄県
明治 9年 4月18日			県編入		神奈川県
明治22年 3月31日	足柄下郡	下堀村	合併	足柄下郡(1285)	下府中村（しもふなかむら）

(1285) 足柄下郡 下府中村（しもふなかむら）

年月日		旧名称	内容		新名称
明治22年 3月31日	足柄下郡(1277)	下新田村（しもしんでんむら）	合併	足柄下郡	下府中村
	(1278)	中新田村（なかしんでんむら）			
	(1279)	上新田村（かみしんでんむら）			
	(1280)	鴨宮村（かものみやむら）			
	(1281)	矢作村（やはぎむら）			
	(1283)	中里村（なかざとむら）			
	(1284)	下堀村（しもほりむら）			
	(1249)	今井村（いまいむら）飛地			
	(1259)	酒匂村（さかわむら）飛地			
昭和23年 4月 1日	足柄下郡	下府中村	編入	(1224)	小田原市（おだわらし）

(1286) 足柄下郡 曽我別所村（そがべっしょむら）

年月日		旧名称	内容		新名称
江戸期又は江戸期以前				足柄下郡	曽我別所村
明治 4年 7月14日			廃藩置県		小田原県
明治 4年11月14日			県編入		足柄県

年月日		旧 名 称	内容		新 名 称
明治 9年 4月18日			県編入		神奈川県
明治22年 3月31日	足柄下郡	曽我別所村	合併	足柄下郡(1290)	下曽我村(しもそがむら)

(1287) 足柄下郡 曽我原村(そがはらむら)

年月日		旧 名 称	内容		新 名 称
江戸期又は江戸期以前				足柄下郡	曽我原村
明治 4年 7月14日			廃藩置県		小田原県
明治 4年11月14日			県編入		足柄県
明治 9年 4月18日			県編入		神奈川県
明治22年 3月31日	足柄下郡	曽我原村	合併	足柄下郡(1290)	下曽我村(しもそがむら)

(1288) 足柄下郡 曽我谷津村(そがやつむら)

年月日		旧 名 称	内容		新 名 称
江戸期又は江戸期以前				足柄下郡	曽我谷津村
明治 4年 7月14日			廃藩置県		小田原県
明治 4年11月14日			県編入		足柄県
明治 9年 4月18日			県編入		神奈川県
明治22年 3月31日	足柄下郡	曽我谷津村	合併	足柄下郡(1290)	下曽我村(しもそがむら)

(1289) 足柄下郡 曽我岸村(そがきしむら)

年月日		旧 名 称	内容		新 名 称
江戸期又は江戸期以前				足柄下郡	曽我岸村
明治 4年 7月14日			廃藩置県		小田原県
明治 4年11月14日			県編入		足柄県
明治 9年 4月18日			県編入		神奈川県
明治22年 3月31日	足柄下郡	曽我岸村	合併	足柄下郡(1290)	下曽我村(しもそがむら)

(1290) 足柄下郡 下曽我村(しもそがむら)

年月日		旧 名 称	内容		新 名 称
明治22年 3月31日	足柄下郡(1286)	曽我別所村(そがべっしょむら)	合併	足柄下郡	下曽我村
	(1287)	曽我原村(そがはらむら)			
	(1288)	曽我谷津村(そがやつむら)			
	(1289)	曽我岸村(そがきしむら)			
昭和29年12月 1日	足柄下郡	下曽我村	編入	(1224)	小田原市(おだわらし)

(1291) 足柄下郡 国府津町(こうづまち)

年月日		旧 名 称	内容		新 名 称
江戸期又は江戸期以前				足柄下郡	国府津村

年月日	旧名称	内容	新名称
明治 4年 7月14日		廃藩置県	小田原県
明治 4年11月14日		県編入	足柄県
明治 9年 4月18日		県編入	神奈川県
明治22年 3月31日	足柄下郡 国府津村飛地	合併	足柄下郡(1259) 酒匂村（さかわむら）
	国府津村	合併	足柄下郡 国府津村
	(1298) 前川村飛地（まえかわむら）		
	国府津村飛地	合併	足柄下郡(1292) 田島村（たじまむら）
	国府津村飛地	合併	足柄下郡(1300) 前羽村（まえばむら）
大正13年 4月 1日	足柄下郡 国府津村	町制	足柄下郡 国府津町
昭和23年 4月 1日	足柄下郡(1292) 田島村	編入	足柄下郡 国府津町
昭和29年12月 1日	足柄下郡 国府津町	編入	(1224) 小田原市（おだわらし）

(1292) 足柄下郡 田島村（たじまむら）

年月日	旧名称	内容	新名称
江戸期又は江戸期以前			足柄下郡 田島村
明治 4年 7月14日		廃藩置県	小田原県
明治 4年11月14日		県編入	足柄県
明治 9年 4月18日		県編入	神奈川県
明治22年 3月31日	足柄下郡 田島村	合併	足柄下郡 田島村
	(1291) 国府津村飛地（こうづむら）		
昭和23年 4月 1日	足柄下郡 田島村	編入	足柄下郡(1291) 国府津町

(1293) 足柄下郡 石橋村（いしばしむら）

年月日	旧名称	内容	新名称
江戸期又は江戸期以前			足柄下郡 石橋村
明治 4年 7月14日		廃藩置県	小田原県
明治 4年11月14日		県編入	足柄県
明治 9年 4月18日		県編入	神奈川県
大正 2年 4月 1日	足柄下郡 石橋村	合併	足柄下郡(1297) 片浦村（かたうらむら）

(1294) 足柄下郡 米神村（こめかみむら）

年月日	旧名称	内容	新名称
江戸期又は江戸期以前			足柄下郡 米神村
明治 4年 7月14日		廃藩置県	小田原県
明治 4年11月14日		県編入	足柄県

年月日		旧　名　称	内容		新　名　称
明治 9年 4月18日			県編入		神奈川県
大正 2年 4月 1日	足柄下郡	米神村	合併	足柄下郡(1297)	片浦村（かたうらむら）

(1295) 足柄下郡 根府川村（ねぶかわむら）

年月日		旧　名　称	内容		新　名　称
江戸期又は江戸期以前				足柄下郡	根府川村
明治 4年 7月14日			廃藩置県		小田原県
明治 4年11月14日			県編入		足柄県
明治 9年 4月18日			県編入		神奈川県
大正 2年 4月 1日	足柄下郡	根府川村	合併	足柄下郡(1297)	片浦村（かたうらむら）

(1296) 足柄下郡 江ノ浦村（えのうらむら）

年月日		旧　名　称	内容		新　名　称
江戸期又は江戸期以前				足柄下郡	江ノ浦村
明治 4年 7月14日			廃藩置県		小田原県
明治 4年11月14日			県編入		足柄県
明治 9年 4月18日			県編入		神奈川県
大正 2年 4月 1日	足柄下郡	江ノ浦村	合併	足柄下郡(1297)	片浦村（かたうらむら）

(1297) 足柄下郡 片浦村（かたうらむら）

年月日		旧　名　称	内容		新　名　称
大正 2年 4月 1日	足柄下郡(1293)	石橋村（いしばしむら）	合併	足柄下郡	片浦村
	(1294)	米神村（こめかみむら）			
	(1295)	根府川村（ねぶかわむら）			
	(1296)	江ノ浦村（えのうらむら）			
昭和29年12月 1日	足柄下郡	片浦村	編入	(1224)	小田原市（おだわらし）

(1298) 足柄下郡 前川村（まえかわむら）

年月日		旧　名　称	内容		新　名　称
江戸期又は江戸期以前				足柄下郡	前川村
明治 4年 7月14日			廃藩置県		小田原県
明治 4年11月14日			県編入		足柄県
明治 9年 4月18日			県編入		神奈川県
明治22年 3月31日	足柄下郡	前川村飛地	合併	足柄下郡(1259)	酒匂村（さかわむら）
		前川村飛地	合併	足柄下郡(1291)	国府津村（こうづむら）
		前川村	合併	足柄下郡(1300)	前羽村（まえばむら）

年月日	旧　名　称		内容	新　名　称	

(1299) 足柄下郡 羽根尾村（はねおむら）

年月日	旧　名　称		内容	新　名　称	
江戸期又は江戸期以前				足柄下郡	羽根尾村
明治 4年 7月14日			廃藩置県		小田原県
明治 4年11月14日			県編入		足柄県
明治 9年 4月18日			県編入		神奈川県
明治22年 3月31日	足柄下郡	羽根尾村	合併	足柄下郡(1300)	前羽村（まえばむら）
		羽根尾村飛地	合併	足柄下郡(1306)	下中村（しもなかむら）

(1300) 足柄下郡 前羽村（まえばむら）

年月日	旧　名　称		内容	新　名　称	
明治22年 3月31日	足柄下郡(1298)	前川村（まえかわむら）	合併	足柄下郡	前羽村
	(1299)	羽根尾村（はねおむら）			
	淘綾郡 (1050)	川匂村飛地（かわわむら）			
	足柄下郡(1259)	酒匂村飛地（さかわむら）			
	(1291)	国府津村飛地（こうづむら）			
	(1301)	中村原飛地（なかむらはら）			
昭和30年 4月 1日	足柄下郡	前羽村	合併	足柄下郡(1307)	橘町（たちばなまち）

(1301) 足柄下郡 中村原（なかむらはら）

年月日	旧　名　称		内容	新　名　称	
江戸期又は江戸期以前				足柄下郡	中村原
明治 4年 7月14日			廃藩置県		小田原県
明治 4年11月14日			県編入		足柄県
明治 9年 4月18日			県編入		神奈川県
明治22年 3月31日	足柄下郡	中村原飛地	合併	淘綾郡 (1048)	吾妻村（あづまむら）
		中村原飛地	合併	足柄下郡(1300)	前羽村（まえばむら）
		中村原	合併	足柄下郡(1306)	下中村（しもなかむら）

(1302) 足柄下郡 上町村（かのまちむら）

年月日	旧　名　称		内容	新　名　称	
江戸期又は江戸期以前				足柄下郡	上町村
明治 4年 7月14日			廃藩置県		小田原県
明治 4年11月14日			県編入		足柄県
明治 9年 4月18日			県編入		神奈川県
明治22年 3月31日	足柄下郡	上町村	合併	足柄下郡(1306)	下中村（しもなかむら）

年月日		旧名称	内容		新名称

(1303) 足柄下郡 小船村（おぶねむら）

年月日		旧名称	内容		新名称
江戸期又は江戸期以前				足柄下郡	小船村
明治 4年 7月14日			廃藩置県		小田原県
明治 4年11月14日			県編入		足柄県
明治 9年 4月18日			県編入		神奈川県
明治22年 3月31日	足柄下郡	小船村	合併	足柄下郡(1306)	下中村（しもなかむら）

(1304) 足柄下郡 小竹村（おたけむら）

年月日		旧名称	内容		新名称
江戸期又は江戸期以前				足柄下郡	小竹村
明治 4年 7月14日			廃藩置県		小田原県
明治 4年11月14日			県編入		足柄県
明治 9年 4月18日			県編入		神奈川県
明治22年 3月31日	足柄下郡	小竹村飛地	合併	足柄上郡(1167)	中村（なかむら）
		小竹村	合併	足柄下郡(1306)	下中村（しもなかむら）

(1305) 足柄下郡 沼代村（ぬましろむら）

年月日		旧名称	内容		新名称
江戸期又は江戸期以前				足柄下郡	沼代村
明治 4年 7月14日			廃藩置県		小田原県
明治 4年11月14日			県編入		足柄県
明治 9年 4月18日			県編入		神奈川県
明治22年 3月31日	足柄下郡	沼代村	合併	足柄下郡(1306)	下中村（しもなかむら）

(1306) 足柄下郡 下中村（しもなかむら）

年月日		旧名称	内容		新名称
明治22年 3月31日	足柄下郡(1301)	中村原（なかむらはら）	合併	足柄下郡	下中村
	(1302)	上町村（かのまちむら）			
	(1303)	小船村（おぶねむら）			
	(1304)	小竹村（おたけむら）			
	(1305)	沼代村（ぬましろむら）			
	淘綾郡 (1049)	山西村飛地（やまにしむら）			
	足柄下郡(1299)	羽根尾村飛地（はねおむら）			
昭和30年 4月 1日	足柄下郡	下中村	合併	足柄下郡(1307)	橘町（たちばなまち）

年月日	旧名称		内容	新名称	

(1307) 足柄下郡 橘町（たちばなまち）

年月日	旧名称		内容	新名称	
昭和30年 4月 1日	足柄下郡(1300)	前羽村（まえばむら）	合併	足柄下郡	橘町
	(1306)	下中村（しもなかむら）			
昭和46年 4月 1日	足柄下郡	橘町	編入	(1224)	小田原市（おだわらし）

(1308) 足柄下郡 箱根町（はこねまち）

年月日	旧名称		内容	新名称	
元和 4年			成立	足柄下郡	箱根宿
明治元年 9月21日		(幕府領)	県設置		神奈川県
明治 4年 7月14日		(小田原藩領)	廃藩置県		小田原県
明治 4年11月14日			県編入		足柄県
明治 9年 4月18日			県編入		神奈川県
明治16年頃	足柄下郡	箱根宿	改称	足柄下郡	箱根駅
明治25年10月31日	足柄下郡	箱根駅	改称	足柄下郡	箱根町
昭和29年 1月 1日	足柄下郡	箱根町	合併	足柄下郡	箱根町
	(1309)	元箱根村（もとはこねむら）			
	(1310)	芦ノ湯村（あしのゆむら）			
昭和31年 9月30日	足柄下郡	箱根町	合併	足柄下郡	箱根町
	(1311)	湯本町（ゆもとまち）			
	(1316)	宮城野村（みやぎのむら）			
	(1317)	仙石原村（せんごくはらむら）			
	(1320)	温泉村（おんせんむら）			

(1309) 足柄下郡 元箱根村（もとはこねむら）

年月日	旧名称		内容	新名称	
江戸期又は江戸期以前				足柄下郡	元箱根村
明治 4年 7月14日			廃藩置県		小田原県
明治 4年11月14日			県編入		足柄県
明治 9年 4月18日			県編入		神奈川県
昭和29年 1月 1日	足柄下郡	元箱根村	合併	足柄下郡(1308)	箱根町（はこねまち）

(1310) 足柄下郡 芦ノ湯村（あしのゆむら）

年月日	旧名称		内容	新名称	
江戸期又は江戸期以前				足柄下郡	芦ノ湯村
明治 4年 7月14日			廃藩置県		小田原県

年月日	旧名称		内容	新名称	
明治 4年11月14日			県編入		足柄県
明治 9年 4月18日			県編入		神奈川県
昭和29年 1月 1日	足柄下郡	芦ノ湯村	合併	足柄下郡(1308)	箱根町（はこねまち）

(1311) 足柄下郡 湯本町（ゆもとまち）

年月日	旧名称		内容	新名称	
江戸期又は江戸期以前				足柄下郡	湯本村
寛永10年	足柄下郡	湯本村の一部	分立	足柄下郡(1312)	湯本茶屋村（ゆもとちゃやむら）
寛永11年	足柄下郡	湯本村の一部	分立	足柄下郡(1313)	須雲川村（すくもがわむら）
元禄年間	足柄下郡	湯本村の一部	分立	足柄下郡(1314)	塔ノ沢村（とうのさわむら）
明治 4年 7月14日			廃藩置県		小田原県
明治 4年11月14日			県編入		足柄県
明治 9年 4月18日			県編入		神奈川県
明治22年 3月31日	足柄下郡	湯本村	合併	足柄下郡	湯本村
	(1312)	湯本茶屋村			
	(1313)	須雲川村			
	(1314)	塔ノ沢村			
	(1315)	畑宿（はたじゅく）			
昭和 2年10月 1日	足柄下郡	湯本村	町制	足柄下郡	湯本町
昭和31年 9月30日	足柄下郡	湯本町	合併	足柄下郡(1308)	箱根町（はこねまち）

(1312) 足柄下郡 湯本茶屋村（ゆもとちゃやむら）

年月日	旧名称		内容	新名称	
寛永10年	足柄下郡(1311)	湯本村（ゆもとむら）の一部	分立	足柄下郡	湯本茶屋村
明治 4年 7月14日			廃藩置県		小田原県
明治 4年11月14日			県編入		足柄県
明治 9年 4月18日			県編入		神奈川県
明治22年 3月31日	足柄下郡	湯本茶屋村	合併	足柄下郡(1311)	湯本村

(1313) 足柄下郡 須雲川村（すくもがわむら）

年月日	旧名称		内容	新名称	
寛永11年	足柄下郡(1311)	湯本村（ゆもとむら）の一部	分立	足柄下郡	須雲川村
明治 4年 7月14日			廃藩置県		小田原県
明治 4年11月14日			県編入		足柄県
明治 9年 4月18日			県編入		神奈川県

年月日		旧名称	内容		新名称
明治22年 3月31日	足柄下郡	須雲川村	合併	足柄下郡(1311)	湯本村

(1314) 足柄下郡 塔ノ沢村（とうのさわむら）

年月日		旧名称	内容		新名称
元禄年間	足柄下郡(1311)	湯本村（ゆもとむら）の一部	分立	足柄下郡	塔ノ沢村
明治 4年 7月14日			廃藩置県		小田原県
明治 4年11月14日			県編入		足柄県
明治 9年 4月18日			県編入		神奈川県
明治22年 3月31日	足柄下郡	塔ノ沢村	合併	足柄下郡(1311)	湯本村

(1315) 足柄下郡 畑宿（はたじゅく）

年月日		旧名称	内容		新名称
江戸期又は江戸期以前				足柄下郡	畑宿
明治 4年 7月14日			廃藩置県		小田原県
明治 4年11月14日			県編入		足柄県
明治 9年 4月18日			県編入		神奈川県
明治22年 3月31日	足柄下郡	畑宿	合併	足柄下郡(1311)	湯本村（ゆもとむら）

(1316) 足柄下郡 宮城野村（みやぎのむら）

年月日		旧名称	内容		新名称
江戸期又は江戸期以前				足柄上郡	宮城野村
明治 4年 7月14日			廃藩置県		小田原県
明治 4年11月14日			県編入		足柄県
明治 9年 4月18日			県編入		神奈川県
明治12年11月22日	足柄上郡	宮城野村	郡編入	足柄下郡	宮城野村
昭和31年 9月30日	足柄下郡	宮城野村	合併	足柄下郡(1308)	箱根町（はこねまち）

(1317) 足柄下郡 仙石原村（せんごくはらむら）

年月日		旧名称	内容		新名称
江戸期又は江戸期以前				足柄上郡	仙石原村
明治 4年 7月14日			廃藩置県		小田原県
明治 4年11月14日			県編入		足柄県
明治 9年 4月18日			県編入		神奈川県
明治12年11月22日	足柄上郡	仙石原村	郡編入	足柄下郡	仙石原村
昭和31年 9月30日	足柄下郡	仙石原村	合併	足柄下郡(1308)	箱根町（はこねまち）

(1318) 足柄下郡 底倉村（そこくらむら）

年月日	旧名称	内容	新名称
江戸期又は江戸期以前			足柄下郡 底倉村
明治 4年 7月14日		廃藩置県	小田原県
明治 4年11月14日		県編入	足柄県
明治 9年 4月18日		県編入	神奈川県
明治22年 3月31日	足柄下郡 底倉村	合併	足柄下郡 (1320) 温泉村（おんせんむら）

(1319) 足柄下郡 大平台村（おおひらだいむら）

年月日	旧名称	内容	新名称
江戸期又は江戸期以前			足柄下郡 大平台村
明治 4年 7月14日		廃藩置県	小田原県
明治 4年11月14日		県編入	足柄県
明治 9年 4月18日		県編入	神奈川県
明治22年 3月31日	足柄下郡 大平台村	合併	足柄下郡 (1320) 温泉村（おんせんむら）

(1320) 足柄下郡 温泉村（おんせんむら）

年月日	旧名称	内容	新名称
明治22年 3月31日	足柄下郡 (1318) 底倉村（そこくらむら）	合併	足柄下郡 温泉村
	(1319) 大平台村（おおひらだいむら）		
昭和31年 9月30日	足柄下郡 温泉村	合併	足柄下郡 (1308) 箱根町（はこねまち）

(1321) 足柄下郡 真鶴町（まなづるまち）

年月日	旧名称	内容	新名称
江戸期又は江戸期以前			足柄下郡 真鶴村
明治 4年 7月14日		廃藩置県	小田原県
明治 4年11月14日		県編入	足柄県
明治 9年 4月18日		県編入	神奈川県
明治22年 3月31日	足柄下郡 真鶴村	合併	足柄下郡 真鶴村
	(1322) 岩村飛地（いわむら）		
	真鶴村飛地	合併	足柄下郡 (1322) 岩村
昭和 2年10月 1日	足柄下郡 真鶴村	町制	足柄下郡 真鶴町
昭和31年 9月30日	足柄下郡 真鶴町	合併	足柄下郡 真鶴町
	(1322) 岩村		

年月日		旧名称	内容		新名称

(1322) 足柄下郡 岩村（いわむら）

年月日		旧名称	内容		新名称
江戸期又は江戸期以前				足柄下郡	岩村
明治 4年 7月14日			廃藩置県		小田原県
明治 4年11月14日			県編入		足柄県
明治 9年 4月18日			県編入		神奈川県
明治22年 3月31日	足柄下郡	岩村飛地	合併	足柄下郡(1321)	真鶴村（まなづるむら）
		岩村	合併	足柄下郡	岩村
	(1321)	真鶴村飛地			
		岩村飛地	合併	足柄下郡(1329)	福浦村（ふくうらむら）
昭和31年 9月30日	足柄下郡	岩村	合併	足柄下郡(1321)	真鶴町

(1323) 足柄下郡 土肥入谷村（どいいりやむら）

年月日		旧名称	内容		新名称
江戸期又は江戸期以前				足柄下郡	土肥入谷村
正保 3年	足柄下郡	土肥入谷村の一部	分立	足柄下郡(1324)	宮下村（みやしたむら）
		土肥入谷村の一部（土肥入谷村消滅）	分立	足柄下郡(1325)	宮上村（みやかみむら）

(1324) 足柄下郡 宮下村（みやしたむら）

年月日		旧名称	内容		新名称
正保 3年	足柄下郡(1323)	土肥入谷村（どいいりやむら）の一部	分立	足柄下郡	宮下村
明治 4年 7月14日			廃藩置県		小田原県
明治 4年11月14日			県編入		足柄県
明治 9年 4月18日			県編入		神奈川県
明治22年 3月31日	足柄下郡	宮下村	合併	足柄下郡(1328)	土肥村（どいむら）

(1325) 足柄下郡 宮上村（みやかみむら）

年月日		旧名称	内容		新名称
正保 3年	足柄下郡(1323)	土肥入谷村（どいいりやむら）の一部	分立	足柄下郡	宮上村
明治 4年 7月14日			廃藩置県		小田原県
明治 4年11月14日			県編入		足柄県
明治 9年 4月18日			県編入		神奈川県
明治22年 3月31日	足柄下郡	宮上村	合併	足柄下郡(1328)	土肥村（どいむら）

(1326) 足柄下郡 門川村（もんかわむら）

年月日		旧名称	内容		新名称
江戸期又は江戸期以前				足柄下郡	門川村

年月日		旧名称	内容		新名称
万治年間	足柄下郡	門川村の一部	分立	足柄下郡(1327)	土肥堀内村(どいほりのうちむら)
明治 4年 7月14日			廃藩置県		小田原県
明治 4年11月14日			県編入		足柄県
明治 9年 4月18日			県編入		神奈川県
明治22年 3月31日	足柄下郡	門川村	合併	足柄下郡(1328)	土肥村(どいむら)

(1327) 足柄下郡 城堀村(しろほりむら)

年月日		旧名称	内容		新名称
万治年間	足柄下郡(1326)	門川村(もんかわむら)の一部	分立	足柄下郡	土肥堀内村(どいほりのうちむら)
明治 4年 7月14日			廃藩置県		小田原県
明治 4年11月14日			県編入		足柄県
明治 6年	足柄下郡	土肥堀内村	改称	足柄下郡	城堀村
明治 9年 4月18日			県編入		神奈川県
明治22年 3月31日	足柄下郡	城堀村	合併	足柄下郡(1328)	土肥村(どいむら)

(1328) 足柄下郡 湯河原町(ゆがわらまち)

年月日		旧名称	内容		新名称
明治22年 3月31日	足柄下郡(1324)	宮下村(みやしたむら)	合併	足柄下郡	土肥村(どいむら)
	(1325)	宮上村(みやかみむら)			
	(1326)	門川村(もんかわむら)			
	(1327)	城堀村(しろほりむら)			
大正15年 7月 1日	足柄下郡	土肥村	町制	足柄下郡	湯河原町
昭和30年 4月 1日	足柄下郡	湯河原町	合併	足柄下郡	湯河原町
	(1329)	福浦村(ふくうらむら)			
	(1330)	吉浜町(よしはままち)			

(1329) 足柄下郡 福浦村(ふくうらむら)

年月日		旧名称	内容		新名称
江戸期又は江戸期以前				足柄下郡	荒井村(あらいむら)
貞享 3年	足柄下郡	荒井村	改称	足柄下郡	福浦村
明治 4年 7月14日			廃藩置県		小田原県
明治 4年11月14日			県編入		足柄県
明治 9年 4月18日			県編入		神奈川県
明治22年 3月31日	足柄下郡	福浦村	合併	足柄下郡	福浦村
	(1322)	岩村(いわむら)飛地			

年月日		旧　名　称	内容		新　名　称
昭和30年 4月 1日	足柄下郡	福浦村	合併	足柄下郡(1328)	湯河原町（ゆがわらまち）

(1330) 足柄下郡 吉浜町（よしはままち）

年月日		旧　名　称	内容		新　名　称
江戸期又は江戸期以前				足柄下郡	吉浜村
万治年間	足柄下郡	吉浜村の一部	分立	足柄下郡(1331)	鍛冶屋村（かじやむら）
明治 4年 7月14日			廃藩置県		小田原県
明治 4年11月14日			県編入		足柄県
明治 9年 4月18日			県編入		神奈川県
明治22年 3月31日	足柄下郡	吉浜村	合併	足柄下郡	吉浜村
	(1331)	鍛冶屋村			
昭和15年 4月 1日	足柄下郡	吉浜村	町制	足柄下郡	吉浜町
昭和30年 4月 1日	足柄下郡	吉浜町	合併	足柄下郡(1328)	湯河原町（ゆがわらまち）

(1331) 足柄下郡 鍛冶屋村（かじやむら）

年月日		旧　名　称	内容		新　名　称
万治年間	足柄下郡(1330)	吉浜村（よしはまむら）の一部	分立	足柄下郡	鍛冶屋村
明治 4年 7月14日			廃藩置県		小田原県
明治 4年11月14日			県編入		足柄県
明治 9年 4月18日			県編入		神奈川県
明治22年 3月31日	足柄下郡	鍛冶屋村	合併	足柄下郡(1330)	吉浜村

(1332) 厚木市（あつぎし）

年月日		旧　名　称	内容		新　名　称
江戸期又は江戸期以前				愛甲郡	厚木町
明治 4年 7月14日			廃藩置県		烏山県
明治 4年11月14日			県編入		足柄県
明治 9年 4月18日			県編入		神奈川県
昭和30年 2月 1日	愛甲郡	厚木町	合併		厚木市
	(1340)	南毛利村（みなみもりむら）			
	(1347)	睦合村（むつあいむら）			
	(1351)	小鮎村（こあゆむら）			
	(1355)	玉川村（たまがわむら）			
昭和30年 7月 8日	中郡 (1041)	相川村（あいかわむら）	編入		厚木市
	愛甲郡 (1363)	依知村（えちむら）	編入		厚木市

年月日		旧名称	内容		新名称
昭和31年 9月30日	愛甲郡 (1366)	荻野村（おぎのむら）	編入		厚木市

(1333) 愛甲郡 戸室村（とむろむら）

年月日		旧名称	内容		新名称
江戸期又は江戸期以前				愛甲郡	戸室村
明治 4年 7月14日			廃藩置県		荻野山中県
明治 4年11月14日			県編入		足柄県
明治 9年 4月18日			県編入		神奈川県
明治22年 3月31日	愛甲郡	戸室村	合併	愛甲郡 (1340)	南毛利村（みなみもりむら）

(1334) 愛甲郡 温水村（ぬるみずむら）

年月日		旧名称	内容		新名称
江戸期又は江戸期以前				愛甲郡	温水村
明治 4年 7月14日		(烏山藩領)	廃藩置県		烏山県
		(荻野山中藩領)	廃藩置県		荻野山中県
明治 4年11月14日			県編入		足柄県
明治 9年 4月18日			県編入		神奈川県
明治22年 3月31日	愛甲郡	温水村	合併	愛甲郡 (1340)	南毛利村（みなみもりむら）
		温水村飛地	合併	愛甲郡 (1351)	小鮎村（こあゆむら）

(1335) 愛甲郡 長谷村（はせむら）

年月日		旧名称	内容		新名称
江戸期又は江戸期以前				愛甲郡	長谷村
明治元年 9月21日			県設置		神奈川県
明治 4年11月14日			県編入		足柄県
明治 9年 4月18日			県編入		神奈川県
明治22年 3月31日	愛甲郡	長谷村	合併	愛甲郡 (1340)	南毛利村（みなみもりむら）

(1336) 愛甲郡 愛名村（あいなむら）

年月日		旧名称	内容		新名称
江戸期又は江戸期以前				愛甲郡	愛名村
明治 4年 7月14日			廃藩置県		荻野山中県
明治 4年11月14日			県編入		足柄県
明治 9年 4月18日			県編入		神奈川県
明治22年 3月31日	愛甲郡	愛名村	合併	愛甲郡 (1340)	南毛利村（みなみもりむら）

年月日	旧名称	内容	新名称

(1337) 愛甲郡 恩名村（おんなむら）

年月日	旧名称	内容	新名称
江戸期又は江戸期以前			愛甲郡 恩名村
明治 4年 7月14日		廃藩置県	荻野山中県
明治 4年11月14日		県編入	足柄県
明治 9年 4月18日		県編入	神奈川県
明治22年 3月31日	愛甲郡 恩名村	合併	愛甲郡 (1340) 南毛利村（みなみもりむら）

(1338) 愛甲郡 船子村（ふなこむら）

年月日	旧名称	内容	新名称
江戸期又は江戸期以前			愛甲郡 船子村
明治 4年 7月14日	(佐倉藩領)	廃藩置県	佐倉県
	(荻野山中藩領)	廃藩置県	荻野山中県
明治 4年11月14日		県編入	足柄県
明治 9年 4月18日		県編入	神奈川県
明治22年 3月31日	愛甲郡 船子村	合併	愛甲郡 (1340) 南毛利村（みなみもりむら）

(1339) 愛甲郡 愛甲村（あいこうむら）

年月日	旧名称	内容	新名称
江戸期又は江戸期以前			愛甲郡 愛甲村
明治 4年 7月14日		廃藩置県	荻野山中県
明治 4年11月14日		県編入	足柄県
明治 9年 4月18日		県編入	神奈川県
明治22年 3月31日	愛甲郡 愛甲村	合併	愛甲郡 (1340) 南毛利村（みなみもりむら）

(1340) 愛甲郡 南毛利村（みなみもりむら）

年月日	旧名称	内容	新名称
明治22年 3月31日	愛甲郡 (1333) 戸室村（とむろむら）	合併	愛甲郡 南毛利村
	(1334) 温水村（ぬるみずむら）		
	(1335) 長谷村（はせむら）		
	(1336) 愛名村（あいなむら）		
	(1337) 恩名村（おんなむら）		
	(1338) 船子村（ふなこむら）		
	(1339) 愛甲村（あいこうむら）		
	(1350) 飯山村（いいやまむら）飛地		
昭和30年 2月 1日	愛甲郡 南毛利村	合併	(1332) 厚木市（あつぎし）

年月日		旧名称	内容		新名称

(1341) 愛甲郡 林村（はやしむら）

年月日		旧名称	内容		新名称
江戸期又は江戸期以前				愛甲郡	林村
明治 4年 7月14日		(荻野山中藩領)	廃藩置県		荻野山中県
		(佐倉藩領)	廃藩置県		佐倉県
明治 4年11月14日			県編入		足柄県
明治 9年 4月18日			県編入		神奈川県
昭和21年 6月 1日	愛甲郡	林村	合併	愛甲郡 (1347)	睦合村（むつあいむら）

(1342) 愛甲郡 妻田村（つまだむら）

年月日		旧名称	内容		新名称
江戸期又は江戸期以前				愛甲郡	妻田村
明治 4年 7月14日			廃藩置県		荻野山中県
明治 4年11月14日			県編入		足柄県
明治 9年 4月18日			県編入		神奈川県
昭和21年 6月 1日	愛甲郡	妻田村	合併	愛甲郡 (1347)	睦合村（むつあいむら）

(1343) 愛甲郡 及川村（おいかわむら）

年月日		旧名称	内容		新名称
江戸期又は江戸期以前				愛甲郡	及川村
明治 4年 7月14日			廃藩置県		荻野山中県
明治 4年11月14日			県編入		足柄県
明治 9年 4月18日			県編入		神奈川県
昭和21年 6月 1日	愛甲郡	及川村	合併	愛甲郡 (1347)	睦合村（むつあいむら）

(1344) 愛甲郡 三田村（さんだむら）

年月日		旧名称	内容		新名称
江戸期又は江戸期以前				愛甲郡	三田村
明治 4年 7月14日			廃藩置県		荻野山中県
明治 4年11月14日			県編入		足柄県
明治 9年 4月18日			県編入		神奈川県
昭和21年 6月 1日	愛甲郡	三田村	合併	愛甲郡 (1347)	睦合村（むつあいむら）

(1345) 愛甲郡 棚沢村（たなさわむら）

年月日		旧名称	内容		新名称
江戸期又は江戸期以前				愛甲郡	棚沢村
明治 4年 7月14日			廃藩置県		荻野山中県

年月日	旧名称	内容	新名称
明治 4年11月14日		県編入	足柄県
明治 9年 4月18日		県編入	神奈川県
明治22年 3月31日	愛甲郡 棚沢村 (1381) 中津村(なかつむら)飛地	合併	愛甲郡 棚沢村
	棚沢村の字下平、飛地	合併	愛甲郡 (1381) 中津村
昭和21年 6月 1日	愛甲郡 棚沢村	合併	愛甲郡 (1347) 睦合村(むつあいむら)

(1346) 愛甲郡 下川入村(しもかわいりむら)

年月日	旧名称	内容	新名称
江戸期又は江戸期以前			愛甲郡 下川入村
明治 4年 7月14日	(荻野山中藩領)	廃藩置県	荻野山中県
	(佐倉藩領)	廃藩置県	佐倉県
明治 4年11月14日		県編入	足柄県
明治 9年 4月18日		県編入	神奈川県
明治22年 3月31日	愛甲郡 下川入村飛地	合併	愛甲郡 (1381) 中津村(なかつむら)
昭和21年 6月 1日	愛甲郡 下川入村	合併	愛甲郡 (1347) 睦合村(むつあいむら)

(1347) 愛甲郡 睦合村(むつあいむら)

年月日	旧名称	内容	新名称
昭和21年 6月 1日	愛甲郡 (1341) 林村(はやしむら) (1342) 妻田村(つまだむら) (1343) 及川村(おいかわむら) (1344) 三田村(さんだむら) (1345) 棚沢村(たなさわむら) (1346) 下川入村(しもかわいりむら)	合併	愛甲郡 睦合村
昭和30年 2月 1日	愛甲郡 睦合村	合併	(1332) 厚木市(あつぎし)

(1348) 愛甲郡 下古沢村(しもふるさわむら)

年月日	旧名称	内容	新名称
江戸期又は江戸期以前			愛甲郡 下古沢村
明治 4年 7月14日		廃藩置県	荻野山中県
明治 4年11月14日		県編入	足柄県
明治 9年 4月18日		県編入	神奈川県
明治22年 3月31日	愛甲郡 下古沢村	合併	愛甲郡 (1351) 小鮎村(こあゆむら)

年月日		旧名称	内容		新名称

(1349) 愛甲郡 上古沢村（かみふるさわむら）

年月日	郡	旧名称	内容	郡	新名称
江戸期又は江戸期以前				愛甲郡	上古沢村
明治 4年 7月14日			廃藩置県		荻野山中県
明治 4年11月14日			県編入		足柄県
明治 9年 4月18日			県編入		神奈川県
明治22年 3月31日	愛甲郡	上古沢村	合併	愛甲郡	(1351) 小鮎村（こあゆむら）

(1350) 愛甲郡 飯山村（いいやまむら）

年月日	郡	旧名称	内容	郡	新名称
江戸期又は江戸期以前				愛甲郡	飯山村
明治元年 9月21日		(旗本知行地)	県設置		神奈川県
明治 4年 7月14日		(烏山藩領)	廃藩置県		烏山県
明治 4年11月14日			県編入		足柄県
明治 9年 4月18日			県編入		神奈川県
明治22年 3月31日	愛甲郡	飯山村飛地	合併	愛甲郡	(1340) 南毛利村（みなみもりむら）
		飯山村	合併	愛甲郡	(1351) 小鮎村（こあゆむら）

(1351) 愛甲郡 小鮎村（こあゆむら）

年月日	郡	旧名称	内容	郡	新名称
明治22年 3月31日	愛甲郡	(1348) 下古沢村（しもふるさわむら）	合併	愛甲郡	小鮎村
		(1349) 上古沢村（かみふるさわむら）			
		(1350) 飯山村（いいやまむら）			
		(1334) 温水村飛地（ぬるみずむら）			
昭和30年 2月 1日	愛甲郡	小鮎村	合併		(1332) 厚木市（あつぎし）

(1352) 愛甲郡 岡津古久村（おかつこくむら）

年月日	郡	旧名称	内容	郡	新名称
江戸期又は江戸期以前				愛甲郡	岡津古久村
明治元年 9月21日			県設置		神奈川県
明治 4年11月14日			県編入		足柄県
明治 9年 4月18日			県編入		神奈川県
明治22年 3月31日	愛甲郡	岡津古久村	合併	愛甲郡	(1355) 玉川村（たまがわむら）

(1353) 愛甲郡 小野村（おのむら）

年月日	郡	旧名称	内容	郡	新名称
江戸期又は江戸期以前				愛甲郡	小野村

年月日	旧名称	内容	新名称
明治元年 9月21日	(旗本知行地)	県設置	神奈川県
明治 4年 7月14日	(小田原藩領)	廃藩置県	小田原県
明治 4年11月14日		県編入	足柄県
明治 9年 4月18日		県編入	神奈川県
明治22年 3月31日	愛甲郡 小野村	合併	愛甲郡 (1355) 玉川村(たまがわむら)

(1354) 愛甲郡 七沢村(ななさわむら)

年月日	旧名称	内容	新名称
江戸期又は江戸期以前			愛甲郡 七沢村
明治元年 9月21日		県設置	神奈川県
明治 4年11月14日		県編入	足柄県
明治 9年 4月18日		県編入	神奈川県
明治22年 3月31日	愛甲郡 七沢村飛地	合併	大住郡 (1001) 高部屋村(たかべやむら)
	七沢村	合併	愛甲郡 (1355) 玉川村(たまがわむら)

(1355) 愛甲郡 玉川村(たまがわむら)

年月日	旧名称	内容	新名称
明治22年 3月31日	愛甲郡 (1352) 岡津古久村(おかつこくむら) (1353) 小野村(おのむら) (1354) 七沢村(ななさわむら)	合併	愛甲郡 玉川村
昭和30年 2月 1日	愛甲郡 玉川村	合併	(1332) 厚木市(あつぎし)

(1356) 愛甲郡 金田村(かねだむら)

年月日	旧名称	内容	新名称
江戸期又は江戸期以前			愛甲郡 金田村
明治元年 9月21日		県設置	神奈川県
明治 4年11月14日		県編入	足柄県
明治 9年 4月18日		県編入	神奈川県
明治22年 3月31日	愛甲郡 金田村	合併	愛甲郡 (1363) 依知村(えちむら)

(1357) 愛甲郡 下依知村(しもえちむら)

年月日	旧名称	内容	新名称
江戸期又は江戸期以前			愛甲郡 下依知村
明治元年 9月21日		県設置	神奈川県
明治 4年11月14日		県編入	足柄県
明治 9年 4月18日		県編入	神奈川県

年月日	旧名称	内容	新名称
明治22年 3月31日	愛甲郡 下依知村	合併	愛甲郡 (1363) 依知村（えちむら）

(1358) 愛甲郡 中依知村（なかえちむら）

年月日	旧名称	内容	新名称
江戸期又は江戸期以前			愛甲郡 中依知村
明治元年 9月21日		県設置	神奈川県
明治 4年11月14日		県編入	足柄県
明治 9年 4月18日		県編入	神奈川県
明治22年 3月31日	愛甲郡 中依知村	合併	愛甲郡 (1363) 依知村（えちむら）

(1359) 愛甲郡 上依知村（かみえちむら）

年月日	旧名称	内容	新名称
江戸期又は江戸期以前			愛甲郡 上依知村
明治 4年 7月14日		廃藩置県	荻野山中県
明治 4年11月14日		県編入	足柄県
明治 9年 4月18日		県編入	神奈川県
明治22年 3月31日	愛甲郡 上依知村	合併	愛甲郡 (1363) 依知村（えちむら）

(1360) 愛甲郡 関口村（せきぐちむら）

年月日	旧名称	内容	新名称
江戸期又は江戸期以前			愛甲郡 関口村
明治 4年 7月14日		廃藩置県	荻野山中県
明治 4年11月14日		県編入	足柄県
明治 9年 4月18日		県編入	神奈川県
明治22年 3月31日	愛甲郡 関口村	合併	愛甲郡 (1363) 依知村（えちむら）

(1361) 愛甲郡 山際村（やまぎわむら）

年月日	旧名称	内容	新名称
江戸期又は江戸期以前			愛甲郡 山際村
明治 4年 7月14日		廃藩置県	荻野山中県
明治 4年11月14日		県編入	足柄県
明治 9年 4月18日		県編入	神奈川県
明治22年 3月31日	愛甲郡 山際村	合併	愛甲郡 (1363) 依知村（えちむら）

(1362) 愛甲郡 猿ヶ島村（さるがしまむら）

年月日	旧名称	内容	新名称
江戸期又は江戸期以前			愛甲郡 猿ヶ島村

年月日	旧名称	内容	新名称
明治 4年 7月14日		廃藩置県	荻野山中県
明治 4年11月14日		県編入	足柄県
明治 9年 4月18日		県編入	神奈川県
明治22年 3月31日	愛甲郡 猿ヶ島村	合併	愛甲郡 (1363) 依知村（えちむら）

(1363) 愛甲郡 依知村（えちむら）

年月日	旧名称	内容	新名称
明治22年 3月31日	愛甲郡 (1356) 金田村（かねだむら） (1357) 下依知村（しもえちむら） (1358) 中依知村（なかえちむら） (1359) 上依知村（かみえちむら） (1360) 関口村（せきぐちむら） (1361) 山際村（やまぎわむら） (1362) 猿ヶ島村（さるがしまむら）	合併	愛甲郡 依知村
昭和30年 7月 8日	愛甲郡 依知村	編入	(1332) 厚木市（あつぎし）

(1364) 愛甲郡 下荻野村（しもおぎのむら）

年月日	旧名称	内容	新名称
江戸期又は江戸期以前			愛甲郡 下荻野村
江戸初期	愛甲郡 下荻野村の一部	分立	愛甲郡 (1365) 中荻野村（なかおぎのむら）
明治 4年 7月14日		廃藩置県	荻野山中県
明治 4年11月14日		県編入	足柄県
明治初期	愛甲郡 下荻野村	合併	愛甲郡 (1366) 荻野村（おぎのむら）
明治15年 5月17日	愛甲郡 (1366) 荻野村の一部	分立	愛甲郡 下荻野村
明治22年 3月31日	愛甲郡 下荻野村	合併	愛甲郡 (1366) 荻野村

(1365) 愛甲郡 中荻野村（なかおぎのむら）

年月日	旧名称	内容	新名称
江戸初期	愛甲郡 (1364) 下荻野村（しもおぎのむら）の一部	分立	愛甲郡 中荻野村
明治 4年 7月14日		廃藩置県	荻野山中県
明治 4年11月14日		県編入	足柄県
明治初期	愛甲郡 中荻野村	合併	愛甲郡 (1366) 荻野村（おぎのむら）
明治15年 5月17日	愛甲郡 (1366) 荻野村の一部	分立	愛甲郡 中荻野村
明治22年 3月31日	愛甲郡 中荻野村	合併	愛甲郡 (1366) 荻野村

年月日	旧名称			内容	新名称		

(1366) 愛甲郡 荻野村（おぎのむら）

年月日	旧名称			内容	新名称		
明治初期	愛甲郡	(1364)	下荻野村（しもおぎのむら）	合併	愛甲郡		荻野村
		(1365)	中荻野村（なかおぎのむら）				
明治 9年 4月18日				県編入			神奈川県
明治15年 5月17日	愛甲郡		荻野村の一部	分立	愛甲郡	(1364)	下荻野村
			荻野村の一部（荻野村消滅）	分立	愛甲郡	(1365)	中荻野村
明治22年 3月31日	愛甲郡	(1364)	下荻野村	合併	愛甲郡		荻野村
		(1365)	中荻野村				
		(1367)	上荻野村（かみおぎのむら）				
昭和31年 9月30日	愛甲郡		荻野村	編入		(1332)	厚木市（あつぎし）

(1367) 愛甲郡 上荻野村（かみおぎのむら）

年月日	旧名称			内容	新名称		
江戸期又は江戸期以前					愛甲郡		上荻野村
明治 4年 7月14日				廃藩置県			烏山県
明治 4年11月14日				県編入			足柄県
明治 9年 4月18日				県編入			神奈川県
明治22年 3月31日	愛甲郡		上荻野村	合併	愛甲郡	(1366)	荻野村（おぎのむら）

(1368) 愛甲郡 煤ヶ谷村（すすがやむら）

年月日	旧名称			内容	新名称		
江戸期又は江戸期以前					愛甲郡		煤ヶ谷村
明治元年 9月21日				県設置			神奈川県
明治 4年11月14日				県編入			足柄県
明治 9年 4月18日				県編入			神奈川県
昭和31年 9月30日	愛甲郡		煤ヶ谷村	合併	愛甲郡	(1370)	清川村（きよかわむら）

(1369) 愛甲郡 宮ヶ瀬村（みやがせむら）

年月日	旧名称			内容	新名称		
江戸期又は江戸期以前					愛甲郡		宮ヶ瀬村
明治 4年 7月14日				廃藩置県			小田原県
明治 4年11月14日				県編入			足柄県
明治 9年 4月18日				県編入			神奈川県
昭和31年 9月30日	愛甲郡		宮ヶ瀬村	合併	愛甲郡	(1370)	清川村（きよかわむら）

年月日	旧　名　称	内容	新　名　称

(1370) 愛甲郡 清川村（きよかわむら）

年月日	旧名称	内容	新名称
昭和31年 9月30日	愛甲郡 (1368) 煤ヶ谷村（すすがやむら） (1369) 宮ヶ瀬村（みやがせむら）	合併	愛甲郡 清川村

(1371) 愛甲郡 上川入村（かみかわいりむら）

年月日	旧名称	内容	新名称
江戸期又は江戸期以前			愛甲郡 上川入村
延宝 2年	愛甲郡 上川入村の一部	分立	愛甲郡 (1372) 田代村（たしろむら）
	上川入村の一部（上川入村消滅）	分立	愛甲郡 (1375) 角田村（すみだむら）

(1372) 愛甲郡 田代村（たしろむら）

年月日	旧名称	内容	新名称
延宝 2年	愛甲郡 (1371) 上川入村（かみかわいりむら）の一部	分立	愛甲郡 田代村
明治元年 9月21日		県設置	神奈川県
明治 4年11月14日		県編入	足柄県
明治 9年 4月18日		県編入	神奈川県
明治22年 3月31日	愛甲郡 田代村	合併	愛甲郡 (1374) 愛川村（あいかわむら）

(1373) 愛甲郡 半原村（はんばらむら）

年月日	旧名称	内容	新名称
江戸期又は江戸期以前			愛甲郡 半原村
明治 4年 7月14日		廃藩置県	烏山県
明治 4年11月14日		県編入	足柄県
明治 9年 4月18日		県編入	神奈川県
明治22年 3月31日	愛甲郡 半原村	合併	愛甲郡 (1374) 愛川村（あいかわむら）

(1374) 愛甲郡 愛川町（あいかわまち）

年月日	旧名称	内容	新名称
明治22年 3月31日	愛甲郡 (1372) 田代村（たしろむら） (1373) 半原村（はんばらむら）	合併	愛甲郡 愛川村
昭和15年 4月 1日	愛甲郡 愛川村	町制	愛甲郡 愛川町
昭和30年 1月15日	愛甲郡 愛川町 (1377) 高峰村（たかねむら）	合併	愛甲郡 愛川町
昭和31年 9月30日	愛甲郡 (1381) 中津村（なかつむら）	編入	愛甲郡 愛川町

年月日	旧名称	内容	新名称

(1375) 愛甲郡 角田村（すみだむら）

年月日	旧名称	内容	新名称
延宝 2年	愛甲郡 (1371) 上川入村（かみかわいりむら）の一部	分立	愛甲郡 角田村
明治 4年 7月14日	（烏山藩領）	廃藩置県	烏山県
	（荻野山中藩領）	廃藩置県	荻野山中県
明治 4年11月14日		県編入	足柄県
明治 9年 4月18日		県編入	神奈川県
明治22年 3月31日	愛甲郡 角田村	合併	愛甲郡 (1377) 高峰村（たかねむら）

(1376) 愛甲郡 三増村（みませむら）

年月日	旧名称	内容	新名称
江戸期又は江戸期以前			愛甲郡 三増村
明治 4年 7月14日		廃藩置県	烏山県
明治 4年11月14日		県編入	足柄県
明治 9年 4月18日		県編入	神奈川県
明治22年 3月31日	愛甲郡 三増村	合併	愛甲郡 (1377) 高峰村（たかねむら）

(1377) 愛甲郡 高峰村（たかねむら）

年月日	旧名称	内容	新名称
明治22年 3月31日	愛甲郡 (1375) 角田村（すみだむら）	合併	愛甲郡 高峰村
	(1376) 三増村（みませむら）		
昭和30年 1月15日	愛甲郡 高峰村	合併	愛甲郡 (1374) 愛川町（あいかわまち）

(1378) 愛甲郡 熊坂村（くまさかむら）

年月日	旧名称	内容	新名称
江戸期又は江戸期以前			愛甲郡 熊坂村
延宝元年	愛甲郡 熊坂村の一部	分立	愛甲郡 (1379) 八菅村（はすげむら）
元禄13年	愛甲郡 熊坂村の一部	分立	愛甲郡 (1380) 半縄村（はんなわむら）
明治元年 9月21日		県設置	神奈川県
明治 4年11月14日		県編入	足柄県
明治 8年	愛甲郡 熊坂村	合併	愛甲郡 (1381) 中津村（なかつむら）

(1379) 愛甲郡 八菅村（はすげむら）

年月日	旧名称	内容	新名称
延宝元年	愛甲郡 (1378) 熊坂村（くまさかむら）の一部	分立	愛甲郡 八菅村
明治 4年 7月14日		廃藩置県	荻野山中県
明治 4年11月14日		県編入	足柄県

年月日		旧名称	内容		新名称
明治 8年	愛甲郡	八菅村	合併	愛甲郡	(1381) 中津村（なかつむら）

(1380) 愛甲郡 半縄村（はんなわむら）

年月日		旧名称	内容		新名称
元禄13年	愛甲郡	(1378) 熊坂村（くまさかむら）の一部	分立	愛甲郡	半縄村
明治 4年 7月14日		（烏山藩領）	廃藩置県		烏山県
		（荻野山中藩領）	廃藩置県		荻野山中県
明治 4年11月14日			県編入		足柄県
明治 8年	愛甲郡	半縄村	合併	愛甲郡	(1381) 中津村（なかつむら）

(1381) 愛甲郡 中津村（なかつむら）

年月日		旧名称	内容		新名称
明治 8年	愛甲郡	(1378) 熊坂村（くまさかむら）	合併	愛甲郡	中津村
		(1379) 八菅村（はすげむら）			
		(1380) 半縄村（はんなわむら）			
明治 9年 4月18日			県編入		神奈川県
明治22年 3月31日	愛甲郡	中津村飛地	合併	愛甲郡	(1345) 棚沢村（たなさわむら）
		(1345) 棚沢村の字下平、飛地	合併	愛甲郡	中津村
		中津村			
		(1382) 八菅山村（はすげさんむら）			
		(1346) 下川入村（しもかわいりむら）飛地			
昭和31年 9月30日	愛甲郡	中津村	編入	愛甲郡	(1374) 愛川町（あいかわまち）

(1382) 愛甲郡 八菅山村（はすげさんむら）

年月日		旧名称	内容		新名称
江戸期又は江戸期以前				愛甲郡	八菅山新田（はすげさんしんでん）
明治 4年 7月14日			廃藩置県		荻野山中県
明治 4年11月14日			県編入		足柄県
明治 8年	愛甲郡	八菅山新田	改称	愛甲郡	八菅山村
明治 9年 4月18日			県編入		神奈川県
明治22年 3月31日	愛甲郡	八菅山村	合併	愛甲郡	(1381) 中津村（なかつむら）

(1383) 津久井郡 小倉村（おぐらむら）

年月日		旧名称	内容		新名称
江戸期又は江戸期以前				津久井県	小倉村
明治元年 9月21日			県設置		神奈川県
明治 3年 2月27日	津久井県	小倉村	郡改称	津久井郡	小倉村

年月日		旧名称	内容		新名称
明治 4年11月14日			県編入		足柄県
明治 9年 4月18日			県編入		神奈川県
明治22年 3月31日	津久井郡	小倉村	合併	津久井郡(1385)	湘南村(しょうなんむら)

(1384) 津久井郡 葉山島村(はやまじまむら)

年月日		旧名称	内容		新名称
江戸期又は江戸期以前				津久井県	葉山島村
明治元年 9月21日			県設置		神奈川県
明治 3年 2月27日	津久井県	葉山島村	郡改称	津久井郡	葉山島村
明治 4年11月14日			県編入		足柄県
明治 9年 4月18日			県編入		神奈川県
明治22年 3月31日	津久井郡	葉山島村	合併	津久井郡(1385)	湘南村(しょうなんむら)

(1385) 津久井郡 湘南村(しょうなんむら)

年月日		旧名称	内容		新名称
明治22年 3月31日	津久井郡(1383)	小倉村(おぐらむら)	合併	津久井郡	湘南村
	(1384)	葉山島村(はやまじまむら)			
昭和30年 4月 1日	津久井郡	湘南村	合併	津久井郡(1389)	城山町(しろやままち)

(1386) 津久井郡 川尻村(かわしりむら)

年月日		旧名称	内容		新名称
江戸期又は江戸期以前				津久井県	川尻村
寛永 7年	津久井県	川尻村の一部	分立	津久井県(1387)	上川尻村(かみかわしりむら)
		川尻村の一部（川尻村消滅）	分立	津久井県(1388)	下川尻村(しもかわしりむら)
明治 8年	津久井郡(1387)	上川尻村	合併	津久井郡	川尻村
	(1388)	下川尻村			
明治 9年 4月18日			県編入		神奈川県
明治22年 3月31日	津久井郡	川尻村	合併	津久井郡	川尻村
	(1390)	中沢村(なかざわむら)飛地			
昭和30年 4月 1日	津久井郡	川尻村	合併	津久井郡(1389)	城山町(しろやままち)

(1387) 津久井郡 上川尻村(かみかわしりむら)

年月日		旧名称	内容		新名称
寛永 7年	津久井県(1386)	川尻村(かわしりむら)の一部	分立	津久井県	上川尻村
明治元年 9月21日			県設置		神奈川県
明治 3年 2月27日	津久井県	上川尻村	郡改称	津久井郡	上川尻村

年月日	旧名称	内容	新名称
明治 4年11月14日		県編入	足柄県
明治 8年	津久井郡 上川尻村	合併	津久井郡(1386) 川尻村

(1388) 津久井郡 下川尻村（しもかわしりむら）

年月日	旧名称	内容	新名称
寛永 7年	津久井県(1386) 川尻村（かわしりむら）の一部	分立	津久井県 下川尻村
明治元年 9月21日	（旗本知行地）	県設置	神奈川県
明治 3年 2月27日	津久井県 下川尻村	郡改称	津久井郡 下川尻村
明治 4年 7月14日	（小田原藩領）	廃藩置県	神奈川県
明治 4年11月14日		県編入	足柄県
明治 8年	津久井郡 下川尻村	合併	津久井郡(1386) 川尻村

(1389) 津久井郡 城山町（しろやままち）

年月日	旧名称	内容	新名称
昭和30年 4月 1日	津久井郡(1385) 湘南村（しょうなんむら） (1386) 川尻村（かわしりむら） (1392) 三沢村（みさわむら）の字中沢	合併	津久井郡 城山町
平成19年 3月11日	津久井郡 城山町	編入	(886) 相模原市（さがみはらし）

(1390) 津久井郡 中沢村（なかざわむら）

年月日	旧名称	内容	新名称
江戸期又は江戸期以前			津久井県 中沢村
明治 3年 2月27日	津久井県 中沢村	郡改称	津久井郡 中沢村
明治 4年 7月14日		廃藩置県	神奈川県
明治 4年11月14日		県編入	足柄県
明治 9年 4月18日		県編入	神奈川県
明治22年 3月31日	津久井郡 中沢村飛地	合併	津久井郡(1386) 川尻村（かわしりむら）
	中沢村	合併	津久井郡(1392) 三沢村（みさわむら）

(1391) 津久井郡 三井村（みいむら）

年月日	旧名称	内容	新名称
江戸期又は江戸期以前			津久井県 三井村
明治元年 9月21日		県設置	神奈川県
明治 3年 2月27日	津久井県 三井村	郡改称	津久井郡 三井村
明治 4年11月14日		県編入	足柄県
明治 9年 4月18日		県編入	神奈川県

年月日	旧名称		内容	新名称	
明治22年 3月31日	津久井郡	三井村	合併	津久井郡(1392)	三沢村（みさわむら）

(1392) 津久井郡 三沢村（みさわむら）

年月日	旧名称		内容	新名称	
明治22年 3月31日	津久井郡(1390)	中沢村（なかざわむら）	合併	津久井郡	三沢村
	(1391)	三井村（みいむら）			
昭和30年 4月 1日	津久井郡	三沢村の字中沢	合併	津久井郡(1389)	城山町（しろやままち）
		三沢村の字三井（三沢村消滅）	合併	津久井郡(1406)	津久井町（つくいまち）

(1393) 津久井郡 中野町（なかのまち）

年月日	旧名称		内容	新名称	
江戸期又は江戸期以前				津久井県	中野村
元和 2年	津久井県	中野村の一部	分立	津久井県(1394)	又野村（またのむら）
明治元年 9月21日			県設置		神奈川県
明治 3年 2月27日	津久井県	中野村	郡改称	津久井郡	中野村
明治 4年11月14日			県編入		足柄県
明治 9年 4月18日			県編入		神奈川県
大正14年 1月 1日	津久井郡	中野村	町制	津久井郡	中野町
大正14年 7月 1日	津久井郡	中野町	合併	津久井郡	中野町
	(1394)	又野村			
	(1395)	太井村（おおいむら）			
	(1396)	三ヶ木村（みかげむら）			
昭和30年 4月 1日	津久井郡	中野町	合併	津久井郡(1406)	津久井町（つくいまち）

(1394) 津久井郡 又野村（またのむら）

年月日	旧名称		内容	新名称	
元和 2年	津久井県(1393)	中野村（なかのむら）の一部	分立	津久井県	又野村
明治 3年 2月27日	津久井県	又野村	郡改称	津久井郡	又野村
明治 4年 7月14日			廃藩置県		神奈川県
明治 4年11月14日			県編入		足柄県
明治 9年 4月18日			県編入		神奈川県
大正14年 7月 1日	津久井郡	又野村	合併	津久井郡(1393)	中野町

(1395) 津久井郡 太井村（おおいむら）

年月日	旧名称		内容	新名称	
江戸期又は江戸期以前				津久井県	太井村

年月日		旧名称	内容		新名称
明治元年 9月21日		（幕府領）	県設置		神奈川県
明治 3年 2月27日	津久井県	太井村	郡改称	津久井郡	太井村
明治 4年 7月14日		（小田原藩領）	廃藩置県		神奈川県
明治 4年11月14日			県編入		足柄県
明治 9年 4月18日			県編入		神奈川県
大正14年 7月 1日	津久井郡	太井村	合併	津久井郡(1393)	中野町（なかのまち）

(1396) 津久井郡 三ヶ木村（みかげむら）

年月日		旧名称	内容		新名称
江戸期又は江戸期以前				津久井県	三ヶ木村
明治元年 9月21日			県設置		神奈川県
明治 3年 2月27日	津久井県	三ヶ木村	郡改称	津久井郡	三ヶ木村
明治 4年11月14日			県編入		足柄県
明治 9年 4月18日			県編入		神奈川県
大正14年 7月 1日	津久井郡	三ヶ木村	合併	津久井郡(1393)	中野町（なかのまち）

(1397) 津久井郡 長竹村（ながたけむら）

年月日		旧名称	内容		新名称
江戸期又は江戸期以前				津久井県	長竹村
元和 2年	津久井県	長竹村の一部	分立	津久井県(1400)	根小屋村（ねごやむら）
寛文 4年	津久井県	長竹村の一部	分立	津久井県(1398)	下長竹村（しもながたけむら）
		長竹村の一部（長竹村消滅）	分立	津久井県(1399)	上長竹村（かみながたけむら）
明治 9年	津久井郡(1398)	下長竹村	合併	津久井郡	長竹村
	(1399)	上長竹村			
明治 9年 4月18日			県編入		神奈川県
明治42年 5月 1日	津久井郡	長竹村	合併	津久井郡(1402)	串川村（くしかわむら）

(1398) 津久井郡 下長竹村（しもながたけむら）

年月日		旧名称	内容		新名称
寛文 4年	津久井県(1397)	長竹村（ながたけむら）の一部	分立	津久井県	下長竹村
明治 3年 2月27日	津久井県	下長竹村	郡改称	津久井郡	下長竹村
明治 4年 7月14日			廃藩置県		神奈川県
明治 4年11月14日			県編入		足柄県
明治 9年	津久井郡	下長竹村	合併	津久井郡(1397)	長竹村

年月日		旧　名　称	内容		新　名　称

(1399) 津久井郡 上長竹村（かみながたけむら）

年月日		旧名称	内容		新名称
寛文 4年	津久井県(1397)	長竹村（ながたけむら）の一部	分立	津久井県	上長竹村
明治 3年 2月27日	津久井県	上長竹村	郡改称	津久井郡	上長竹村
明治 4年 7月14日			廃藩置県		神奈川県
明治 4年11月14日			県編入		足柄県
明治 9年	津久井郡	上長竹村	合併	津久井郡(1397)	長竹村

(1400) 津久井郡 根小屋村（ねごやむら）

年月日		旧名称	内容		新名称
元和 2年	津久井県(1397)	長竹村（ながたけむら）の一部	分立	津久井県	根小屋村
明治 3年 2月27日	津久井県	根小屋村	郡改称	津久井郡	根小屋村
明治 4年 7月14日			廃藩置県		神奈川県
明治 4年11月14日			県編入		足柄県
明治 9年 4月18日			県編入		神奈川県
明治42年 5月 1日	津久井郡	根小屋村	合併	津久井郡(1402)	串川村（くしかわむら）

(1401) 津久井郡 青山村（あおやまむら）

年月日		旧名称	内容		新名称
江戸期又は江戸期以前				津久井県	青山村
明治 3年 2月27日	津久井県	青山村	郡改称	津久井郡	青山村
明治 4年 7月14日			廃藩置県		神奈川県
明治 4年11月14日			県編入		足柄県
明治 9年 4月18日			県編入		神奈川県
明治42年 5月 1日	津久井郡	青山村	合併	津久井郡(1402)	串川村（くしかわむら）

(1402) 津久井郡 串川村（くしかわむら）

年月日		旧名称	内容		新名称
明治42年 5月 1日	津久井郡(1397)	長竹村（ながたけむら）	合併	津久井郡	串川村
	(1400)	根小屋村（ねごやむら）			
	(1401)	青山村（あおやまむら）			
昭和30年 4月 1日	津久井郡	串川村	合併	津久井郡(1406)	津久井町（つくいまち）

(1403) 津久井郡 鳥屋村（とやむら）

年月日		旧名称	内容		新名称
江戸期又は江戸期以前				津久井県	鳥屋村
明治 3年 2月27日	津久井県	鳥屋村	郡改称	津久井郡	鳥屋村

年月日		旧名称	内容		新名称
明治 4年 7月14日			廃藩置県		神奈川県
明治 4年11月14日			県編入		足柄県
明治 9年 4月18日			県編入		神奈川県
昭和30年 4月 1日	津久井郡	鳥屋村	合併	津久井郡(1406)	津久井町（つくいまち）

(1404) 津久井郡 青野原村（あおのはらむら）

年月日		旧名称	内容		新名称
江戸期又は江戸期以前				津久井県	青野原村
明治元年 9月21日		(幕府領)	県設置		神奈川県
明治 3年 2月27日	津久井県	青野原村	郡改称	津久井郡	青野原村
明治 4年 7月14日		(小田原藩領)	廃藩置県		神奈川県
明治 4年11月14日			県編入		足柄県
明治 9年 4月18日			県編入		神奈川県
昭和30年 4月 1日	津久井郡	青野原村	合併	津久井郡(1406)	津久井町（つくいまち）

(1405) 津久井郡 青根村（あおねむら）

年月日		旧名称	内容		新名称
元和 2年	津久井県(1407)	牧野村（まぎのむら）の一部	分立	津久井県	青根村
明治 3年 2月27日	津久井県	青根村	郡改称	津久井郡	青根村
明治 4年 7月14日			廃藩置県		神奈川県
明治 4年11月14日			県編入		足柄県
明治 9年 4月18日			県編入		神奈川県
昭和30年 4月 1日	津久井郡	青根村	合併	津久井郡(1406)	津久井町（つくいまち）

(1406) 津久井郡 津久井町（つくいまち）

年月日		旧名称	内容		新名称
昭和30年 4月 1日	津久井郡(1392)	三沢村（みさわむら）の字三井	合併	津久井郡	津久井町
	(1393)	中野町（なかのまち）			
	(1402)	串川村（くしかわむら）			
	(1403)	鳥屋村（とやむら）			
	(1404)	青野原村（あおのはらむら）			
	(1405)	青根村（あおねむら）			
平成18年 3月20日	津久井郡	津久井町	編入	(886)	相模原市（さがみはらし）

年月日		旧名称	内容		新名称

(1407) 津久井郡 牧野村（まぎのむら）

年月日		旧名称	内容		新名称
江戸期又は江戸期以前				津久井県	牧野村
元和 2年	津久井県	牧野村の一部	分立	津久井県(1405)	青根村（あおねむら）
明治元年 9月21日			県設置		神奈川県
明治 3年 2月27日	津久井県	牧野村	郡改称	津久井郡	牧野村
明治 4年11月14日			県編入		足柄県
明治 9年 4月18日			県編入		神奈川県
昭和30年 7月20日	津久井郡	牧野村	合併	津久井郡(1414)	藤野町（ふじのまち）

(1408) 津久井郡 吉野町（よしのまち）

年月日		旧名称	内容		新名称
江戸期又は江戸期以前				津久井県	吉野村
明治元年 9月21日			県設置		神奈川県
明治 3年 2月27日	津久井県	吉野村	郡改称	津久井郡	吉野村
明治 4年11月14日			県編入		足柄県
明治初期	津久井郡	吉野村	改称	津久井郡	吉野駅
明治 9年 4月18日			県編入		神奈川県
明治22年 3月31日	津久井郡	吉野駅	合併	津久井郡	吉野駅
	(1409)	小淵村（おぶちむら）飛地			
	(1410)	沢井村（さわいむら）飛地			
	(1420)	与瀬駅（よせえき）飛地			
		吉野駅飛地	合併	津久井郡(1409)	小淵村
		吉野駅飛地	合併	津久井郡(1419)	小原町（おはらまち）
		吉野駅飛地	合併	津久井郡(1420)	与瀬駅
大正 2年 4月 1日	津久井郡	吉野駅	改称	津久井郡	吉野町
昭和29年 7月15日	津久井郡	吉野町	合併	津久井郡	吉野町
	(1409)	小淵村			
	(1410)	沢井村			
昭和30年 7月20日	津久井郡	吉野町	合併	津久井郡(1414)	藤野町（ふじのまち）

(1409) 津久井郡 小淵村（おぶちむら）

年月日		旧名称	内容		新名称
江戸期又は江戸期以前				津久井県	小淵村

年月日		旧名称	内容		新名称
明治元年 9月21日			県設置		神奈川県
明治 3年 2月27日	津久井県	小淵村	郡改称	津久井郡	小淵村
明治 4年11月14日			県編入		足柄県
明治 9年 4月18日			県編入		神奈川県
明治22年 3月31日	津久井郡	小淵村飛地	合併	津久井郡(1408)	吉野駅(よしのえき)
		小淵村	合併	津久井郡	小淵村
	(1408)	吉野駅飛地			
	(1420)	与瀬駅(よせえき)飛地			
昭和29年 7月15日	津久井郡	小淵村	合併	津久井郡(1408)	吉野町

(1410) 津久井郡 沢井村(さわいむら)

年月日		旧名称	内容		新名称
江戸期又は江戸期以前				津久井県	沢井村
明治元年 9月21日			県設置		神奈川県
明治 3年 2月27日	津久井県	沢井村	郡改称	津久井郡	沢井村
明治 4年11月14日			県編入		足柄県
明治 9年 4月18日			県編入		神奈川県
明治22年 3月31日	津久井郡	沢井村飛地	合併	津久井郡(1408)	吉野駅(よしのえき)
昭和29年 7月15日	津久井郡	沢井村	合併	津久井郡(1408)	吉野町

(1411) 津久井郡 佐野川村(さのがわむら)

年月日		旧名称	内容		新名称
江戸期又は江戸期以前				津久井県	佐野川村
明治元年 9月21日			県設置		神奈川県
明治 3年 2月27日	津久井県	佐野川村	郡改称	津久井郡	佐野川村
明治 4年11月14日			県編入		足柄県
明治 9年 4月18日			県編入		神奈川県
昭和30年 7月20日	津久井郡	佐野川村	合併	津久井郡(1414)	藤野町(ふじのまち)

(1412) 津久井郡 名倉村(なぐらむら)

年月日		旧名称	内容		新名称
江戸期又は江戸期以前				津久井県	名倉村
明治元年 9月21日			県設置		神奈川県
明治 3年 2月27日	津久井県	名倉村	郡改称	津久井郡	名倉村
明治 4年11月14日			県編入		足柄県

年月日	旧名称	内容	新名称
明治 9年 4月18日		県編入	神奈川県
昭和30年 7月20日	津久井郡 名倉村	合併	津久井郡 (1414) 藤野町(ふじのまち)

(1413) 津久井郡 日連村(ひづれむら)

年月日	旧名称	内容	新名称
江戸期又は江戸期以前			津久井県 日連村
明治元年 9月21日	(幕府領)	県設置	神奈川県
明治 3年 2月27日	津久井県 日連村	郡改称	津久井郡 日連村
明治 4年 7月14日	(小田原藩領)	廃藩置県	神奈川県
明治 4年11月14日		県編入	足柄県
明治 9年 4月18日		県編入	神奈川県
明治22年 3月31日	津久井郡 日連村 (1415) 若柳村(わかやなぎむら)飛地 (1416) 寸沢嵐村(すあらしむら)飛地	合併	津久井郡 日連村
昭和30年 7月20日	津久井郡 日連村	合併	津久井郡 (1414) 藤野町(ふじのまち)

(1414) 津久井郡 藤野町(ふじのまち)

年月日	旧名称	内容	新名称
昭和30年 7月20日	津久井郡 (1407) 牧野村(まぎのむら) (1408) 吉野町(よしのまち) (1411) 佐野川村(さのがわむら) (1412) 名倉村(なぐらむら) (1413) 日連村(ひづれむら)	合併	津久井郡 藤野町
平成19年 3月11日	津久井郡 藤野町	編入	(886) 相模原市(さがみはらし)

(1415) 津久井郡 若柳村(わかやなぎむら)

年月日	旧名称	内容	新名称
江戸期又は江戸期以前			津久井県 若柳村
元和 5年	津久井県 若柳村の一部	分立	津久井県 (1416) 寸沢嵐村(すあらしむら)
明治 3年 2月27日	津久井県 若柳村	郡改称	津久井郡 若柳村
明治 4年 7月14日		廃藩置県	神奈川県
明治 4年11月14日		県編入	足柄県
明治 9年 4月18日		県編入	神奈川県
明治22年 3月31日	津久井郡 若柳村飛地	合併	津久井郡 (1413) 日連村(ひづれむら)
	若柳村	合併	津久井郡 (1417) 内郷村(うちごうむら)

年月日	旧名称		内容	新名称	

(1416) 津久井郡 寸沢嵐村（すあらしむら）

年月日	旧名称		内容	新名称	
元和 5年	津久井県(1415)	若柳村（わかやなぎむら）の一部	分立	津久井県	寸沢嵐村
明治元年 9月21日			県設置		神奈川県
明治 3年 2月27日	津久井県	寸沢嵐村	郡改称	津久井郡	寸沢嵐村
明治 4年11月14日			県編入		足柄県
明治 9年 4月18日			県編入		神奈川県
明治22年 3月31日	津久井郡	寸沢嵐村飛地	合併	津久井郡(1413)	日連村（ひづれむら）
		寸沢嵐村	合併	津久井郡(1417)	内郷村（うちごうむら）

(1417) 津久井郡 内郷村（うちごうむら）

年月日	旧名称		内容	新名称	
明治22年 3月31日	津久井郡(1415)	若柳村（わかやなぎむら）	合併	津久井郡	内郷村
	(1416)	寸沢嵐村（すあらしむら）			
昭和30年 1月 1日	津久井郡	内郷村	合併	津久井郡(1421)	相模湖町（さがみこまち）

(1418) 津久井郡 千木良村（ちぎらむら）

年月日	旧名称		内容	新名称	
江戸期又は江戸期以前				津久井県	千木良村
明治元年 9月21日			県設置		神奈川県
明治 3年 2月27日	津久井県	千木良村	郡改称	津久井郡	千木良村
明治 4年11月14日			県編入		足柄県
明治 9年 4月18日			県編入		神奈川県
昭和30年 1月 1日	津久井郡	千木良村	合併	津久井郡(1421)	相模湖町（さがみこまち）

(1419) 津久井郡 小原町（おはらまち）

年月日	旧名称		内容	新名称	
明治13年頃	津久井郡(1420)	与瀬小原駅（よせこばらえき）の一部	分立	津久井郡	小原町
明治22年 3月31日	津久井郡	小原町	合併	津久井郡	小原町
	(1408)	吉野駅（よしのえき）飛地			
昭和30年 1月 1日	津久井郡	小原町	合併	津久井郡(1421)	相模湖町（さがみこまち）

(1420) 津久井郡 与瀬町（よせまち）

年月日	旧名称		内容	新名称	
江戸期又は江戸期以前				津久井県	与瀬村
明治元年 9月21日			県設置		神奈川県
明治 3年 2月27日	津久井県	与瀬村	郡改称	津久井郡	与瀬村

年月日		旧名称	内容		新名称
明治 4年11月14日			県編入		足柄県
明治初期	津久井郡	与瀬村	改称	津久井郡	与瀬小原駅（よせこばらえき）
明治 9年 4月18日			県編入		神奈川県
明治13年頃	津久井郡	与瀬小原駅の一部	分立	津久井郡(1419)	小原町（おはらまち）
明治13年頃	津久井郡	与瀬小原駅	改称	津久井郡	与瀬駅
明治22年 3月31日	津久井郡	与瀬駅飛地	合併	津久井郡(1408)	吉野駅（よしのえき）
		与瀬駅飛地	合併	津久井郡(1409)	小淵村（おぶちむら）
		与瀬駅	合併	津久井郡	与瀬駅
	(1408)	吉野駅飛地			
大正 2年 4月 1日	津久井郡	与瀬駅	改称	津久井郡	与瀬町
昭和30年 1月 1日	津久井郡	与瀬町	合併	津久井郡(1421)	相模湖町（さがみこまち）

(1421) 津久井郡 相模湖町（さがみこまち）

年月日		旧名称	内容		新名称
昭和30年 1月 1日	津久井郡(1417)	内郷村（うちごうむら）	合併	津久井郡	相模湖町
	(1418)	千木良村（ちぎらむら）			
	(1419)	小原町（おはらまち）			
	(1420)	与瀬町（よせまち）			
平成18年 3月20日	津久井郡	相模湖町	編入	(886)	相模原市（さがみはらし）

年月日	旧名称	内容	新名称

江戸期又は江戸期以前

年月日	旧名称	内容	新名称
江戸期又は江戸期以前			久良岐郡 (1) 石川村（いしかわむら）
			(183) 戸部村（とべむら）
			(187) 太田村（おおたむら）
			(193) 根岸村（ねぎしむら）
			(194) 本牧本郷村（ほんもくほんごうむら）
			(195) 北方村（きたかたむら）
			(197) 永田村（ながたむら）
			(198) 引越村（ひっこしむら）
			(199) 弘明寺村（ぐみょうじむら）
			(200) 中里村（なかざとむら）
			(201) 最戸村（さいどむら）
			(202) 久保村（くぼむら）
			(203) 別所村（べっしょむら）
			(204) 蒔田村（まいたむら）
			(206) 井土ヶ谷村（いどがやむら）
			(207) 大岡村（おおおかむら）
			(211) 磯子村（いそごむら）
			(212) 滝頭村（たきがしらむら）
			(213) 岡村（おかむら）
			(214) 森村（もりむら）
			(218) 杉田村（すぎたむら）
			(220) 下郷村（しもごうむら）
			(225) 金井村（かないむら）
			(227) 宮ヶ谷村（みやがやむら）
			(230) 上郷村（かみごうむら）
			(235) 中里村（なかざとむら）
			(236) 氷取沢村（ひとりざわむら）
			(238) 町屋村（まちやむら）
			(239) 洲崎村（すさきむら）
			(241) 寺前村（てらまえむら）
			(242) 谷津村（やつむら）
			(243) 富岡村（とみおかむら）
			(244) 柴村（しばむら）
			(245) 金沢入江新田（かなざわいりえしんでん）
			(248) 社家分村（しゃけぶんむら）
			(249) 寺分村（てらぶんむら）
			(250) 平分村（ひらぶんむら）

年月日	旧名称	内容	新名称
			(252) 釜利谷村(かまりやむら)
			橘樹郡 (257) 保土ヶ谷町(ほどがやまち)
			(258) 岡野新田(おかのしんでん)
			(261) 神戸町(ごうどまち)
			(262) 帷子町(かたびらまち)
			久良岐郡 (263) 岩間町(いわままち)
			橘樹郡 (264) 下星川村(しもほしかわむら)
			(265) 和田村(わだむら)
			(267) 仏向村(ぶっこうむら)
			(268) 坂本村(さかもとむら)
			(270) 神奈川町(かながわまち)
			(272) 青木町(あおきまち)
			(273) 芝生村(しぼうむら)
			(274) 小机村(こづくえむら)
			(275) 下菅田村(しもすがたむら)
			(276) 羽沢村(はざわむら)
			(277) 三枚橋村(さんまいばしむら)
			(278) 片倉村(かたくらむら)
			(279) 岸根村(きしのねむら)
			(280) 鳥山村(とりやまむら)
			(281) 六角橋村(ろっかくばしむら)
			(282) 神大寺村(かんだいじむら)
			(283) 子安村(こやすむら)
			(287) 白幡村(しらはたむら)
			(288) 鶴見村(つるみむら)
			(289) 生麦村(なまむぎむら)
			(290) 潮田村(うしおだむら)
			(292) 市場村(いちばむら)
			(293) 菅沢村(すがさわむら)
			(294) 矢向村(やこうむら)
			(295) 江ヶ崎村(えがさきむら)
			(296) 寺尾村(てらおむら)
			(301) 獅子ヶ谷村(ししがやむら)
			(302) 師岡村(もろおかむら)
			(303) 駒岡村(こまおかむら)
			(304) 末吉村(すえよしむら)
			(308) 大豆戸村(おおまめどむら)
			(309) 篠原村(しのはらむら)

年月日	旧名称	内容	新名称
			(310) 菊名村（きくなむら）
			(311) 樽村（たるむら）
			(312) 大曽根村（おおそねむら）
			(313) 太尾村（ふとおむら）
			(314) 綱島村（つなしまむら）
			(318) 新宿町（しんじゅくまち）
			(319) 砂子町（いさごまち）
			(320) 小土呂町（ことろまち）
			(321) 久根崎町（くねざきまち）
			(322) 堀ノ内村（ほりのうちむら）
			(331) 大師河原村（だいしがわらむら）
			(332) 川中島村（かわなかじまむら）
			(334) 池上義田村（いけがみぎたむら）
			(336) 南河原村（みなみかわらむら）
			(337) 塚越村（つかごしむら）
			(338) 古川村（ふるかわむら）
			(339) 戸手村（とてむら）
			(340) 小向村（こむかいむら）
			(341) 下平間村（しもひらまむら）
			(342) 上平間村（かみひらまむら）
			(343) 中丸子村（なかまるこむら）
			(345) 渡田村（わたりだむら）
			(346) 大島村（おおしまむら）
			(347) 中島村（なかじまむら）
			(348) 小田村（おだむら）
			(349) 下新田村（しもしんでんむら）
			(350) 田辺新田（たなべしんでん）
			(352) 小杉村（こすぎむら）
			(353) 上丸子村（かみまるこむら）
			(354) 宮内村（みやうちむら）
			(355) 上小田中村（かみこだなかむら）
			(356) 下小田中村（しもこだなかむら）
			(357) 新城村（しんじょうむら）
			(359) 苅宿村（かりやどむら）
			(360) 今井村（いまいむら）
			(361) 市ノ坪村（いちのつぼむら）
			(362) 木月村（きづきむら）
			(363) 井田村（いだむら）

年月日	旧名称	内容	新名称
			(364) 北加瀬村（きたかせむら）
			(366) 溝口村（みぞのくちむら）
			(367) 下作延村（しもさくのべむら）
			(368) 久本村（ひさもとむら）
			(369) 二子村（ふたごむら）
			(370) 久地村（くじむら）
			(371) 北見方村（きたみがたむら）
			(372) 諏訪河原村（すわかわらむら）
			(373) 坂戸村（さかどむら）
			(375) 明津村（あくつむら）
			(376) 蟹ヶ谷村（かにがやむら）
			(377) 岩川村（いわかわむら）
			(378) 清沢村（きよさわむら）
			(380) 新作村（しんさくむら）
			(381) 子母口村（しぼくちむら）
			(382) 末長村（すえながむら）
			(383) 久末村（ひさすえむら）
			(385) 梶ヶ谷村（かじがやむら）
			(386) 下野川村（しものがわむら）
			(387) 上野川村（かみのがわむら）
			(389) 馬絹村（まぎぬむら）
			(390) 有馬村（ありまむら）
			(391) 土橋村（つちはしむら）
			(393) 平村（たいらむら）
			(394) 下菅生村（しもすがおむら）
			(397) 長尾村（ながおむら）
			(398) 上作延村（かみさくのべむら）
			(400) 上菅生村（かみすがおむら）
			(403) 高石村（たかいしむら）
			(404) 細山村（ほそやまむら）
			(405) 金程村（かなほどむら）
			(406) 登戸村（のぼりとむら）
			(407) 宿河原村（しゅくがわらむら）
			(408) 堰村（せきむら）
			(409) 菅村（すげむら）
			(412) 箕輪村（みのわむら）
			(413) 小倉村（おぐらむら）
			(414) 鹿島田村（かしまだむら）

年月日	旧名称	内容	新名称
			(415) 矢上村（やがみむら）
			(416) 南加瀬村（みなみかせむら）
			(417) 駒林村（こまばやしむら）
			(418) 駒ヶ橋村（こまがはしむら）
		都筑郡	(420) 上星川村（かみほしかわむら）
			(421) 川島村（かわしまむら）
			(423) 下麻生村（しもあさおむら）
			(424) 王禅寺村（おうぜんじむら）
			(425) 早野村（はやのむら）
			(426) 上麻生村（かみあさおむら）
			(427) 五力田村（ごりきだむら）
			(428) 古沢村（ふるさわむら）
			(429) 萬福寺村（まんぷくじむら）
			(430) 片平村（かたひらむら）
			(431) 栗木村（くりぎむら）
			(432) 黒川村（くろかわむら）
			(434) 岡上村（おかのぼりむら）
			(435) 新羽村（にっぱむら）
			(436) 吉田村（よしだむら）
			(437) 高田村（たかだむら）
			(439) 山田村（やまだむら）
			(440) 勝田村（かちだむら）
			(441) 大棚村（おおだなむら）
			(443) 茅ヶ崎村（ちがさきむら）
			(445) 川和村（かわわむら）
			(446) 大熊村（おおくまむら）
			(447) 東方村（ひがしがたむら）
			(448) 川向村（かわむこうむら）
			(449) 折本村（おりもとむら）
			(450) 池辺村（いけのべむら）
			(451) 佐江戸村（さえどむら）
			(452) 荏田村（えだむら）
			(453) 石川村（いしかわむら）
			(455) 二俣川村（ふたまたがわむら）
			(459) 三反田村（さんたんだむら）
			(461) 市野沢村（いちのさわむら）
			(462) 今井村（いまいむら）
			(463) 今宿村（いまじゅくむら）

年月日	旧名称	内容	新名称
			(465) 川井村(かわいむら)
			(468) 白根村(しらねむら)
			(471) 坂倉新田(さかくらしんでん)
			(473) 鴨居村(かもいむら)
			(474) 本郷村(ほんごうむら)
			(475) 上菅田村(かみすげだむら)
			(477) 中山村(なかやまむら)
			(478) 榎下村(えのしたむら)
			(479) 久保村(くぼむら)
			(480) 寺山村(てらやまむら)
			(481) 台村(だいむら)
			(482) 猿山村(さるやまむら)
			(485) 十日市場村(とおかいちばむら)
			(487) 小山村(こやまむら)
			(488) 青砥村(あおとむら)
			(489) 北八朔村(きたはっさくむら)
			(490) 西八朔村(にしはっさくむら)
			(491) 下谷本村(しもやもとむら)
			(492) 上谷本村(かみやもとむら)
			(493) 成合村(なりあいむら)
			(494) 鉄村(くろがねむら)
			(498) 黒須田村(くろすだむら)
			(499) 大場村(おおばむら)
			(500) 市ヶ尾村(いちがおむら)
			(501) 寺家村(じけむら)
			(502) 鴨志田村(かもしだむら)
			(504) 長津田村(ながつだむら)
			(505) 恩田村(おんだむら)
			(506) 奈良村(ならむら)
			三浦郡 (508) 菊名村(きくなむら)
			(509) 上宮田村(かみみやたむら)
			(510) 金田村(かねだむら)
			(511) 松輪村(まつわむら)
			(512) 毘沙門村(びしゃもんむら)
			(514) 三崎町(みさきまち)
			(532) 諸磯村(もろいそむら)
			(533) 小網代村(こあじろむら)
			(534) 下宮田村(しもみやたむら)

年月日	旧名称	内容	新名称
			(535) 三戸村（みとむら）
			(536) 高円坊村（こうえんぼうむら）
			(537) 和田村（わだむら）
			(544) 横須賀村（よこすかむら）
			(561) 逸見村（へみむら）
			(562) 公郷村（くごうむら）
			(567) 不入斗村（いりやまずむら）
			(569) 衣笠村（きぬかさむら）
			(570) 小矢部村（こやべむら）
			(571) 大矢部村（おおやべむら）
			(572) 森崎村（もりさきむら）
			(573) 平作村（ひらさくむら）
			(576) 池上村（いけがみむら）
			(577) 浦郷村（うらのごうむら）
			(579) 田浦村（たうらむら）
			(580) 長浦村（ながうらむら）
			(581) 佐原村（さはらむら）
			(583) 八幡久里浜村（やはたくりはまむら）
			(585) 岩戸村（いわとむら）
			(587) 長沢村（ながさわむら）
			(588) 野比村（のびむら）
			(589) 津久井村（つくいむら）
			(591) 武村（たけむら）
			(592) 須軽谷村（すがりやむら）
			(593) 林村（はやしむら）
			(594) 大田和村（おおたわむら）
			(596) 長井村（ながいむら）
			(597) 芦名村（あしなむら）
			(598) 長坂村（ながさかむら）
			(600) 佐島村（さじまむら）
			(601) 秋谷村（あきやむら）
			(603) 浦賀村（うらがむら）
			(624) 大津村（おおつむら）
			(625) 走水村（はしりみずむら）
			(626) 鴨居村（かもいむら）
			(627) 逗子村（ずしむら）
			(628) 沼間村（ぬまむら）
			(629) 桜山村（さくらやまむら）

年月日	旧名称	内容	新名称
			(630) 池子村（いけごむら）
			(631) 山野根村（やまのねむら）
			(632) 柏原村（かしわばらむら）
			(633) 久野谷村（くのやむら）
			(635) 小坪村（こつぼむら）
			(636) 一色村（いっしきむら）
			(637) 木古庭村（きこばむら）
			(638) 上山口村（かみやまぐちむら）
			(639) 下山口村（しもやまぐちむら）
			(640) 堀内村（ほりうちむら）
			(641) 長柄村（ながえむら）
			鎌倉郡 (643) 大鋸町（だいぎりまち）
			(644) 西村（にしむら）
			(646) 川名村（かわなむら）
			(647) 柄沢村（からさわむら）
			(648) 渡内村（わたうちむら）
			(649) 弥勒寺村（みろくじむら）
			(650) 小塚村（こつかむら）
			(651) 宮前村（みやのまえむら）
			(652) 高谷村（たかやむら）
			(654) 片瀬村（かたせむら）
			(655) 江ノ島（えのしま）
			(656) 東俣野村（ひがしまたのむら）
			(660) 金井村（かないむら）
			(661) 田谷村（たやむら）
			(664) 小雀村（こすずめむら）
			(665) 長尾台村（ながおだいむら）
			(667) 原宿村（はらじゅくむら）
			(668) 深谷村（ふかやむら）
			(669) 汲沢村（ぐみざわむら）
			(672) 長谷村（はせむら）
			(673) 坂ノ下村（さかのしたむら）
			(674) 極楽寺村（ごくらくじむら）
			(675) 乱橋材木座村（みだればしざいもくざむら）
			(677) 大町村（おおまちむら）
			(678) 小町村（こまちむら）
			(679) 雪ノ下村（ゆきのしたむら）
			(680) 西御門村（にしみかどむら）

年月日	旧名称	内容	新名称
			(681) 峠村
			(682) 浄明寺村
			(683) 二階堂村
			(684) 十二所村
			(685) 扇ヶ谷村
			(688) 腰越村
			(689) 津村
			(690) 山崎村
			(691) 梶原村
			(692) 笛田村
			(693) 寺分村
			(694) 上町谷村
			(695) 常盤村
			(696) 手広村
			(698) 大船村
			(699) 山ノ内村
			(700) 小袋谷村
			(701) 台村
			(702) 岩瀬村
			(703) 今泉村
			(704) 岡本村
			(705) 城廻村
			(706) 植木村
			(707) 関谷村
			(709) 小菅ヶ谷村
			(710) 笠間村
			(711) 公田村
			(712) 桂村
			(713) 鍛冶ヶ谷村
			(714) 中野村
			(715) 上野村
			(717) 飯島村
			(718) 長沼村
			(719) 下倉田村
			(720) 上倉田村
			(722) 野庭村
			(725) 永谷村
			(729) 柏尾村

年月日	旧名称	内容	新名称
			(732) 舞岡村（まいおかむら）
			(733) 前山田村（まえやまだむら）
			(734) 後山田村（うしろやまだむら）
			(735) 品濃村（しなのむら）
			(736) 平戸村（ひらどむら）
			(738) 戸塚宿（とつかじゅく）
			(741) 瀬谷村（せやむら）
			(743) 宮沢村（みやざわむら）
			(744) 和泉村（いずみむら）
			(745) 中田村（なかたむら）
			(746) 上飯田村（かみいいだむら）
			(747) 下飯田村（しもいいだむら）
			(749) 上矢部村（かみやべむら）
			(750) 秋葉村（あきばむら）
			(751) 名瀬村（なせむら）
			(752) 阿久和村（あくわむら）
			(753) 岡津村（おかつむら）
			高座郡 (755) 大久保町（おおくぼまち）
			(756) 坂戸町（さかどまち）
			(758) 鵠沼村（くげぬまむら）
			(759) 羽鳥村（はとりむら）
			(760) 大庭村（おおばむら）
			(761) 稲荷村（いなりむら）
			(762) 辻堂村（つじどうむら）
			(765) 亀井野村（かめいのむら）
			(766) 西俣野村（にしまたのむら）
			(767) 石川村（いしかわむら）
			(768) 円行村（えんぎょうむら）
			(769) 今田村（いまだむら）
			(770) 下土棚村（しもつちだなむら）
			(772) 用田村（ようだむら）
			(773) 葛原村（くずはらむら）
			(774) 菖蒲沢村（しょうぶざわむら）
			(775) 獺郷村（おそごうむら）
			(776) 打戻村（うちもどりむら）
			(777) 宮原村（みやばらむら）
			(779) 長後村（ちょうごむら）
			(780) 千東村（せんぞくむら）

年月日	旧名称	内容	新名称
			(781) 七ツ木村（ななつぎむら）
			(783) 下和田村（しもわだむら）
			(784) 福田村（ふくだむら）
			(785) 上和田村（かみわだむら）
			(787) 茅ヶ崎村（ちがさきむら）
			(788) 室田村（むろだむら）
			(789) 小和田村（こわだむら）
			(790) 菱沼村（ひしぬまむら）
			(791) 高田村（たかだむら）
			(792) 赤羽根村（あかばねむら）
			(793) 甘沼村（あまぬまむら）
			(794) 香川村（かがわむら）
			(796) 矢畑村（やばたむら）
			(797) 円蔵村（えんぞうむら）
			(798) 西久保村（にしくぼむら）
			(799) 今宿村（いまじゅくむら）
			(800) 浜ノ郷村（はまのごうむら）
			(801) 平太夫新田（へいだゆうしんでん）
			(802) 松尾村（まつおむら）
			(803) 柳島村（やなぎしまむら）
			(804) 中島村（なかじまむら）
			(805) 萩園村（はぎぞのむら）
			(806) 下町屋村（しもまちやむら）
			(808) 堤村（つつみむら）
			(809) 行谷村（なめがやむら）
			(810) 下寺尾村（しもてらおむら）
			(811) 芹沢村（せりさわむら）
			(812) 遠藤村（えんどうむら）
			(814) 一ノ宮村（いちのみやむら）
			(815) 中瀬村（なかせむら）
			(816) 田端村（たばたむら）
			(817) 宮山村（みややまむら）
			(818) 倉見村（くらみむら）
			(819) 下大曲村（しもおおまがりむら）
			(820) 大曲村（おおまがりむら）
			(821) 岡田村（おかだむら）
			(824) 小動村（こゆるぎむら）
			(826) 深谷村（ふかやむら）

年月日	旧名称	内容	新名称
			(827) 蓼川村（たてかわむら）
			(829) 吉岡村（よしおかむら）
			(830) 上士棚村（かみつちだなむら）
			(831) 寺尾村（てらおむら）
			(832) 小園村（こぞのむら）
			(833) 早川村（はやかわむら）
			(835) 国分村（こくぶむら）
			(836) 望地村（もうちむら）
			(837) 大谷村（おおやむら）
			(840) 中新田村（なかしんでんむら）
			(841) 河原口村（かわらぐちむら）
			(842) 上郷村（かみごうむら）
			(843) 今泉村（いまいずみむら）
			(847) 柏ヶ谷村（かしわがやむら）
			(849) 杉窪村（すぎくぼむら）
			(850) 本郷村（ほんごうむら）
			(851) 中野村（なかのむら）
			(852) 門沢橋村（かどさわばしむら）
			(853) 社家村（しゃけむら）
			(854) 河内村（かわちむら）
			(857) 今里村（いまざとむら）
			(859) 深見村（ふかみむら）
			(862) 下鶴間村（しもつるまむら）
			(864) 上鶴間村（かみつるまむら）
			(865) 鵜ノ森村（うのもりむら）
			(866) 淵野辺村（ふちのべむら）
			(868) 上矢部村（かみやべむら）
			(870) 相原村（あいはらむら）
			(874) 大島村（おおしまむら）
			(876) 下九沢村（しもくざわむら）
			(878) 田名村（たなむら）
			(879) 上溝村（かみみぞむら）
			(880) 当麻村（たいまむら）
			(881) 下溝村（しもみぞむら）
			(883) 磯部村（いそべむら）
			(884) 新戸村（しんどむら）
			(890) 座間村（ざまむら）
			(892) 栗原村（くりはらむら）

年月日	旧名称	内容	新名称
			(893) 新田宿村（しんでんじゅくむら）
			(894) 四ツ谷村（よつやむら）
			大住郡 (895) 平塚宿（ひらつかじゅく）
			(896) 八幡新宿（はちまんしんしゅく）
			(897) 須賀村（すかむら）
			(898) 馬入村（ばにゅうむら）
			(900) 河内村（こうちむら）
			(901) 根坂間村（ねさかまむら）
			(902) 徳延村（とくのべむら）
			(903) 公所村（ぐぞむら）
			(904) 友牛村（ともうじむら）
			(905) 久松村（ひさまつむら）
			(906) 松延村（まつのぶむら）
			(910) 田村（たむら）
			(911) 大神村（おおかみむら）
			(914) 城所村（きどころむら）
			(915) 小鍋島村（こなべしまむら）
			(916) 大島村（おおしまむら）
			(917) 下島村（しもしまむら）
			(919) 入部村（いりぶむら）
			(920) 長持村（ながもちむら）
			(921) 寺田縄村（てらだなわむら）
			(922) 入野村（いりのむら）
			(923) 飯島村（いいじまむら）
			(925) 土屋惣領分（つちやそうりょうぶん）
			(926) 土屋庶子分（つちやしょしぶん）
			(927) 土屋寺分（つちやてらぶん）
			(929) 上吉沢村（かみきちさわむら）
			(930) 下吉沢村（しもきちさわむら）
			(932) 八幡村（やはたむら）
			(933) 四ノ宮村（しのみやむら）
			(934) 新土村（しんどむら）
			(935) 南原村（みなみはらむら）
			(936) 中原村（なかはらむら）
			(940) 千須谷村（せんずやむら）
			(941) 片岡村（かたおかむら）
			(942) 広川村（ひろかわむら）
			(943) 南金目村（みなみかなめむら）

年月日	旧名称	内容	新名称
			(944) 北金目村（きたかなめむら）
			(946) 曽屋村（そやむら）
			(947) 上大槻村（かみおおつきむら）
			(949) 平沢村（ひらさわむら）
			(950) 今泉村（いまいずみむら）
			(951) 尾尻村（おじりむら）
			(954) 菩提村（ぼだいむら）
			(955) 横野村（よこのむら）
			(956) 戸川村（とがわむら）
			(957) 三屋村（さんやむら）
			(958) 羽根村（はねむら）
			(960) 西田原村（にしたわらむら）
			(961) 東田原村（ひがしたわらむら）
			(962) 蓑毛村（みのげむら）
			(963) 小蓑毛村（こみのげむら）
			(964) 寺山村（てらやまむら）
			(965) 落合村（おちあいむら）
			(966) 名古木村（ながのきむら）
			(968) 下大槻村（しもおおつきむら）
			(969) 真田村（さなだむら）
			(970) 南矢名村（みなみやなむら）
			(971) 北矢名村（きたやなむら）
			(972) 落幡村（おちはたむら）
			(974) 千村（ちむら）
			(975) 渋沢村（しぶさわむら）
			(976) 堀山下村（ほりやましたむら）
			(977) 堀川村（ほりかわむら）
			(978) 堀斎藤村（ほりさいとうむら）
			(982) 伊勢原村（いせはらむら）
			(983) 池端村（いけばたむら）
			(984) 大竹村（おおたけむら）
			(985) 田中村（たなかむら）
			(986) 板戸村（いたどむら）
			(987) 善波村（ぜんばむら）
			(988) 坪ノ内村（つぼのうちむら）
			(989) 三ノ宮村（さんのみやむら）
			(991) 神戸村（ごうどむら）
			(992) 串橋村（くしはしむら）

年月日	旧名称	内容	新名称
			(994) 白根村（しらねむら）
			(996) 坂本村（さかもとむら）
			(997) 子易村（こやすむら）
			(998) 西富岡村（にしとみおかむら）
			(999) 日向村（ひなたむら）
			(1000) 上粕屋村（かみかすやむら）
			(1002) 下粕屋村（しもかすやむら）
			(1003) 東富岡村（ひがしとみおかむら）
			(1004) 粟窪村（あわくぼむら）
			(1005) 高森村（たかもりむら）
			(1006) 見附島村（みつけしまむら）
			(1007) 石田村（いしだむら）
			(1008) 下落合村（しもおちあいむら）
			(1010) 平間村（ひらまむら）
			(1013) 小稲葉村（こいなばむら）
			(1014) 上谷村（かみやむら）
			(1015) 下谷村（しもやむら）
			(1016) 沼目村（ぬまめむら）
			(1018) 矢崎村（やさきむら）
			(1019) 北大縄村（きたおおなわむら）
			(1020) 大畑村（おおばたけむら）
			(1021) 丸島村（まるしまむら）
			(1022) 入山瀬村（いりやませむら）
			(1025) 馬渡村（まわたりむら）
			(1026) 西海地村（さいかちむら）
			(1027) 大句村（おおくむら）
			(1029) 豊田本郷村（とよだほんごうむら）
			(1033) 打間木村（うちまぎむら）
			(1035) 長沼村（ながぬまむら）
			(1036) 上落合村（かみおちあいむら）
			(1037) 下津古久村（しもつこくむら）
			(1038) 戸田村（とだむら）
			(1039) 酒井村（さかいむら）
			(1040) 岡田村（おかだむら）
			(1042) 五分一村（ごぶいちむら）
			淘綾郡 (1043) 出縄村（いでなわむら）
			(1044) 萬田村（まんだむら）
			(1045) 山下村（やましたむら）

年月日	旧名称	内容	新名称
			(1046) 高根村（たかねむら）
			(1048) 二宮村（にのみやむら）
			(1049) 山西村（やまにしむら）
			(1051) 中里村（なかざとむら）
			(1052) 一色村（いっしきむら）
			(1053) 大磯宿（おおいそじゅく）
			(1055) 小磯村（こいそむら）
			(1058) 西窪村（にしくぼむら）
			(1059) 黒岩村（くろいわむら）
			(1060) 虫窪村（むしくぼむら）
			(1061) 国府新宿村（こくふしんじゅくむら）
			(1062) 国府本郷村（こくふほんごうむら）
			(1063) 生沢村（いくさわむら）
			(1064) 寺坂村（てらさかむら）
			足柄上郡 (1066) 中沼村（なかぬまむら）
			(1067) 狩野村（かのむら）
			(1068) 飯沢村（いいさわむら）
			(1069) 猿山村（さるやまむら）
			(1070) 関本村（せきもとむら）
			(1071) 雨坪村（あまつぼむら）
			(1072) 福泉村（ふくせんむら）
			(1073) 弘西寺村（こうさいじむら）
			(1074) 苅野一色村（かのいっしきむら）
			(1075) 苅野岩村（かのいわむら）
			(1078) 矢倉沢村（やぐらさわむら）
			(1079) 内山村（うちやまむら）
			(1081) 平山村（ひらやまむら）
			(1083) 竹松村（たけまつむら）
			(1084) 壗下村（まましたむら）
			(1085) 怒田村（ぬだむら）
			(1086) 千津島村（せんづしまむら）
			(1087) 斑目村（まだらめむら）
			(1089) 沼田村（ぬまたむら）
			(1090) 三竹山村（みたけやまむら）
			(1091) 岩原村（いわはらむら）
			(1092) 塚原村（つかはらむら）
			(1093) 駒形新宿（こまがたしんじゅく）
			(1094) 炭焼所村（すみやきじょむら）

年月日	旧名称	内容	新名称
			(1095)和田河原村（わだがはらむら）
			(1097)八沢村（やさわむら）
			(1098)柳川村（やながわむら）
			(1099)菖蒲村（しょうぶむら）
			(1100)三廻部村（みくるべむら）
			(1102)吉田島村（よしだじまむら）
			(1103)牛島村（うしじまむら）
			(1105)中ノ名村（なかのなむら）
			(1107)延沢村（のぶさわむら）
			(1108)金井島村（かないしまむら）
			(1109)岡野村（おかのむら）
			(1112)金子村（かねこむら）
			(1113)金手村（かなでむら）
			(1115)山田村（やまだむら）
			(1116)篠窪村（しのくぼむら）
			(1117)高尾村（たかおむら）
			(1118)柳村（やなぎむら）
			(1119)赤田村（あかだむら）
			(1120)栃窪村（とちくぼむら）
			(1124)神山村（こうやまむら）
			(1125)松田惣領（まつだそうりょう）
			(1126)松田庶子（まつだしょし）
			(1128)宇津茂村（うづもむら）
			(1129)大寺村（おおでらむら）
			(1130)萱沼村（かやぬまむら）
			(1131)土佐原村（とさはらむら）
			(1132)中山村（なかやまむら）
			(1133)弥勒寺村（みろくじむら）
			(1134)虫沢村（むしざわむら）
			(1136)川村向原（かわむらむこうはら）
			(1137)川村岸（かわむらきし）
			(1138)川村山北（かわむらやまきた）
			(1140)皆瀬川村（みなせがわむら）
			(1141)都夫良野村（つぶらのむら）
			(1143)谷ヶ村（やがむら）
			(1144)川西村（かわにしむら）
			(1145)湯触村（ゆぶれむら）
			(1146)山市場村（やまいちばむら）

年月日	旧名称	内容	新名称
			(1148) 世附村（よづくむら）
			(1149) 中川村（なかがわむら）
			(1150) 玄倉村（くろくらむら）
			(1152) 神縄村（かんなわむら）
			(1153) 遠藤村（えんどうむら）
			(1154) 北田村（きただむら）
			(1155) 田中村（たなかむら）
			(1156) 半分形村（はぶがたむら）
			(1157) 久所村（ぐぞむら）
			(1159) 鴨沢村（かもざわむら）
			(1160) 雑色村（ぞうしきむら）
			(1161) 松本村（まつもとむら）
			(1162) 比奈窪村（ひなくぼむら）
			(1163) 藤沢村（ふじさわむら）
			(1164) 岩倉村（いわくらむら）
			(1165) 境別所村（さかいべっしょむら）
			(1166) 境村（さかいむら）
			(1168) 井ノ口村（いのくちむら）
			(1170) 柏山村（かやまむら）
			(1171) 曽比村（そびむら）
			(1173) 鬼柳村（おにやなぎむら）
			(1174) 大井村（おおいむら）
			(1178) 上曽我村（かみそがむら）
			(1179) 曽我大沢村（そがおおさわむら）
			足柄下郡 (1181) 欄干橋町（らんかんばしちょう）
			(1182) 筋違橋町（すじかいばしちょう）
			(1183) 山角町（やまかくちょう）
			(1184) 安斎小路（あんさいこうじ）
			(1185) 狩野殿小路（かのどのこうじ）
			(1186) 西海子（さいかち）
			(1187) 御花畑（おはなばたけ）
			(1188) 厩小路（うまやこうじ）
			(1189) 大久寺小路（だいきゅうじこうじ）
			(1191) 宮前町（みやまえちょう）
			(1192) 通小路（とおりこうじ）
			(1193) 中宿町（なかじゅくちょう）
			(1194) 茶畑町（ちゃばたけちょう）
			(1195) 代官町（だいかんちょう）

年月日	旧名称	内容	新名称
			(1196) 千度小路（せんどこうじ）
			(1197) 大手小路（おおてこうじ）
			(1199) 萬町（よろずちょう）
			(1200) 高梨町（たかなしちょう）
			(1202) 青物町（あおものちょう）
			(1203) 小笠原小路（おがさわらこうじ）
			(1207) 須藤町（すとうちょう）
			(1208) 幸田（こうだ）
			(1209) 揚土（あげつち）
			(1210) 鍋弦小路（なべつるこうじ）
			(1211) 金箆小路（かなべらこうじ）
			(1213) 新宿町（しんしゅくちょう）
			(1214) 台宿町（だいじゅくちょう）
			(1215) 大工町（だいくちょう）
			(1216) 竹花町（たけのはなちょう）
			(1217) 手代町（てだいちょう）
			(1218) 三軒屋（さんげんや）
			(1219) 八段畑（はったんばた）
			(1220) 花ノ木（はなのき）
			(1221) 大新馬場（おおしんばば）
			(1222) 中新馬場（なかしんばば）
			(1225) 池上村（いけがみむら）
			(1226) 町田村（まちだむら）
			(1227) 中島村（なかじまむら）
			(1228) 荻窪村（おぎくぼむら）
			(1231) 谷津村（やつむら）
			(1233) 久野村（くのむら）
			(1234) 蓮正寺村（れんしょうじむら）
			(1235) 中曽根村（なかぞねむら）
			(1236) 飯田岡村（いいだおかむら）
			(1238) 堀ノ内村（ほりのうちむら）
			(1239) 柳新田村（やなぎしんでんむら）
			(1240) 小台村（こだいむら）
			(1242) 北久保村（きたのくぼむら）
			(1243) 府川村（ふかわむら）
			(1244) 穴部村（あなべむら）
			(1247) 井細田村（いさいだむら）
			(1248) 多古村（たこむら）

年月日	旧名称	内容	新名称
			(1249) 今井村（いまいむら）
			(1252) 板橋村（いたばしむら）
			(1253) 風祭村（かざまつりむら）
			(1254) 水ノ尾村（みずのおむら）
			(1255) 入生田村（いりうだむら）
			(1258) 早川村（はやかわむら）
			(1259) 酒匂村（さかわむら）
			(1260) 酒匂鍛冶分（さかわかじぶん）
			(1261) 山王原村（さんのうはらむら）
			(1262) 網一色村（あみいっしきむら）
			(1263) 小八幡村（こやわたむら）
			(1264) 桑原村（くわはらむら）
			(1265) 成田村（なるだむら）
			(1266) 飯泉村（いいずみむら）
			(1269) 高田村（たかだむら）
			(1270) 別堀村（べっぽりむら）
			(1271) 千代村（ちよむら）
			(1272) 延清村（のぶきよむら）
			(1273) 永塚村（ながつかむら）
			(1274) 東大友村（ひがしおおどもむら）
			(1275) 西大友村（にしおおどもむら）
			(1280) 鴨宮村（かものみやむら）
			(1281) 矢作村（やはぎむら）
			(1284) 下堀村（しもほりむら）
			(1286) 曽我別所村（そがべっしょむら）
			(1287) 曽我原村（そがはらむら）
			(1288) 曽我谷津村（そがやつむら）
			(1289) 曽我岸村（そがきしむら）
			(1291) 国府津村（こうづむら）
			(1292) 田島村（たじまむら）
			(1293) 石橋村（いしばしむら）
			(1294) 米神村（こめかみむら）
			(1295) 根府川村（ねぶかわむら）
			(1296) 江ノ浦村（えのうらむら）
			(1298) 前川村（まえかわむら）
			(1299) 羽根尾村（はねおむら）
			(1301) 中村原（なかむらはら）
			(1302) 上町村（かのまちむら）

年月日	旧名称	内容	新名称
			(1303)小船村（おぶねむら）
			(1304)小竹村（おたけむら）
			(1305)沼代村（ぬましろむら）
			(1309)元箱根村（もとはこねむら）
			(1310)芦ノ湯村（あしのゆむら）
			(1311)湯本村（ゆもとむら）
			(1315)畑宿（はたじゅく）
			足柄上郡(1316)宮城野村（みやぎのむら）
			(1317)仙石原村（せんごくはらむら）
			足柄下郡(1318)底倉村（そこくらむら）
			(1319)大平台村（おおひらだいむら）
			(1321)真鶴村（まなづるむら）
			(1322)岩村（いわむら）
			(1323)土肥入谷村（どいいりやむら）
			(1326)門川村（もんかわむら）
			(1329)荒井村（あらいむら）
			(1330)吉浜村（よしはまむら）
			愛甲郡(1332)厚木町（あつぎまち）
			(1333)戸室村（とむろむら）
			(1334)温水村（ぬるみずむら）
			(1335)長谷村（はせむら）
			(1336)愛名村（あいなむら）
			(1337)恩名村（おんなむら）
			(1338)船子村（ふなこむら）
			(1339)愛甲村（あいこうむら）
			(1341)林村（はやしむら）
			(1342)妻田村（つまだむら）
			(1343)及川村（おいかわむら）
			(1344)三田村（さんだむら）
			(1345)棚沢村（たなさわむら）
			(1346)下川入村（しもかわいりむら）
			(1348)下古沢村（しもふるさわむら）
			(1349)上古沢村（かみふるさわむら）
			(1350)飯山村（いいやまむら）
			(1352)岡津古久村（おかつこくむら）
			(1353)小野村（おのむら）
			(1354)七沢村（ななさわむら）
			(1356)金田村（かねだむら）

年月日	旧名称	内容	新名称
			(1357) 下依知村（しもえちむら）
			(1358) 中依知村（なかえちむら）
			(1359) 上依知村（かみえちむら）
			(1360) 関口村（せきぐちむら）
			(1361) 山際村（やまぎわむら）
			(1362) 猿ヶ島村（さるがしまむら）
			(1364) 下荻野村（しもおぎのむら）
			(1367) 上荻野村（かみおぎのむら）
			(1368) 煤ヶ谷村（すすがやむら）
			(1369) 宮ヶ瀬村（みやがせむら）
			(1371) 上川入村（かみかわいりむら）
			(1373) 半原村（はんばらむら）
			(1376) 三増村（みませむら）
			(1378) 熊坂村（くまさかむら）
			(1382) 八菅山新田（はすげさんしんでん）
			津久井県 (1383) 小倉村（おぐらむら）
			(1384) 葉山島村（はやまじまむら）
			(1386) 川尻村（かわしりむら）
			(1390) 中沢村（なかざわむら）
			(1391) 三井村（みいむら）
			(1393) 中野村（なかのむら）
			(1395) 太井村（おおいむら）
			(1396) 三ヶ木村（みかげむら）
			(1397) 長竹村（ながたけむら）
			(1401) 青山村（あおやまむら）
			(1403) 鳥屋村（とやむら）
			(1404) 青野原村（あおのはらむら）
			(1407) 牧野村（まぎのむら）
			(1408) 吉野村（よしのむら）
			(1409) 小淵村（おぶちむら）
			(1410) 沢井村（さわいむら）
			(1411) 佐野川村（さのがわむら）
			(1412) 名倉村（なぐらむら）
			(1413) 日連村（ひづれむら）
			(1415) 若柳村（わかやなぎむら）
			(1418) 千木良村（ちぎらむら）
			(1420) 与瀬村（よせむら）

年月日	旧名称	内容	新名称

江戸期以降

年月日	旧名称	内容	新名称
江戸初期	久良岐郡 (220) 下郷村の一部	分立	久良岐郡 (221) 松本村（まつもとむら）
	下郷村の一部	分立	久良岐郡 (222) 関村（せきむら）
	下郷村の一部（下郷村消滅）	分立	久良岐郡 (223) 雑色村（ぞうしきむら）
江戸初期	久良岐郡 (230) 上郷村の一部	分立	久良岐郡 (231) 矢部野村（やべのむら）
	上郷村の一部	分立	久良岐郡 (232) 田中村（たなかむら）
	上郷村の一部	分立	久良岐郡 (233) 栗木村（くりきむら）
	上郷村の一部（上郷村消滅）	分立	久良岐郡 (234) 峰村（みねむら）
江戸初期	久良岐郡 (252) 釜利谷村の一部	分立	久良岐郡 (253) 赤井村（あかいむら）
	釜利谷村の一部	分立	久良岐郡 (254) 宿村（しゅくむら）
	釜利谷村の一部（釜利谷村消滅）	分立	久良岐郡 (255) 坂本村（さかもとむら）
江戸初期	橘樹郡 (296) 寺尾村の一部	分立	橘樹郡 (297) 馬場村（ばばむら）
	寺尾村の一部	分立	橘樹郡 (298) 北寺尾村（きたてらおむら）
	寺尾村の一部	分立	橘樹郡 (299) 西寺尾村（にしてらおむら）
	寺尾村の一部（寺尾村消滅）	分立	橘樹郡 (300) 東寺尾村（ひがしてらおむら）
江戸初期	橘樹郡 (304) 末吉村の一部	分立	橘樹郡 (305) 上末吉村（かみすえよしむら）
	末吉村の一部（末吉村消滅）	分立	橘樹郡 (306) 下末吉村（しもすえよしむら）
江戸初期	都筑郡 (468) 白根村の一部	分立	都筑郡 (469) 上白根村（かみしらねむら）
	白根村の一部（白根村消滅）	分立	都筑郡 (470) 下白根村（しもしらねむら）
江戸初期	都筑郡 (494) 鉄村の一部	分立	都筑郡 (495) 上鉄村（かみくろがねむら）
	鉄村の一部	分立	都筑郡 (496) 中鉄村（なかくろがねむら）
	鉄村の一部（鉄村消滅）	分立	都筑郡 (497) 下鉄村（しもくろがねむら）
江戸初期	三浦郡 (562) 公郷村の一部	分立	三浦郡 (563) 深田村（ふかだむら）
	公郷村の一部	分立	三浦郡 (564) 中里村（なかざとむら）
	公郷村の一部	分立	三浦郡 (565) 佐野村（さのむら）
	公郷村の一部	分立	三浦郡 (566) 金谷村（かなやむら）
江戸初期		成立	鎌倉郡 (658) 山谷新田（さんやしんでん）
江戸初期	鎌倉郡 (722) 野庭村の一部	分立	鎌倉郡 (723) 上野庭村（かみのばむら）
	野庭村の一部（野庭村消滅）	分立	鎌倉郡 (724) 下野庭村（しものばむら）

年月日			旧名称	内容			新名称
江戸初期	鎌倉郡	(725)	永谷村の一部	分立	鎌倉郡	(726)	永谷上村（ながやかみむら）
			永谷村の一部（永谷村消滅）	分立	鎌倉郡	(727)	永谷中村（ながやなかむら）
江戸初期	高座郡	(821)	岡田村の一部	分立	高座郡	(822)	大蔵村（おおぞうむら）
江戸初期	高座郡	(827)	蓼川村	改称	高座郡	(827)	本蓼川村（ほんたてかわむら）
江戸初期	高座郡	(859)	深見村の一部	分立	高座郡	(860)	上草柳村（かみそうやぎむら）
			深見村の一部	分立	高座郡	(861)	下草柳村（しもそうやぎむら）
江戸初期	高座郡	(843)	今泉村の一部	分立	高座郡	(844)	上今泉村（かみいまいずみむら）
			今泉村の一部（今泉村消滅）	分立	高座郡	(846)	下今泉村（しもいまいずみむら）
江戸初期	高座郡	(844)	上今泉村の一部	分立	高座郡	(845)	中今泉村（なかいまいずみむら）
江戸初期	足柄下郡	(1192)	通小路	改称	足柄下郡	(1192)	本町（ほんちょう）
江戸初期	足柄下郡	(1236)	飯田岡村の一部	分立	足柄下郡	(1237)	新屋村（あらやむら）
江戸初期				成立	足柄下郡	(1277)	下新田村（しもしんでんむら）
江戸初期				成立	足柄下郡	(1278)	中新田村（なかしんでんむら）
江戸初期				成立	足柄下郡	(1279)	上新田村（かみしんでんむら）
江戸初期				成立	足柄下郡	(1282)	新屋村（あらやむら）
江戸初期	足柄上郡	(1103)	牛島村の一部	分立	足柄上郡	(1104)	宮ノ台村（みやのだいむら）
江戸初期	足柄上郡	(1105)	中ノ名村の一部	分立	足柄上郡	(1106)	円通寺村（えんつうじむら）
江戸初期	足柄上郡	(1079)	内山村の一部	分立	足柄上郡	(1080)	小市村（こいちむら）
江戸初期	足柄上郡	(1174)	大井村の一部	分立	足柄上郡	(1175)	上大井村（かみおおいむら）
			大井村の一部	分立	足柄上郡	(1176)	下大井村（しもおおいむら）
			大井村の一部（大井村消滅）	分立	足柄上郡	(1177)	西大井村（にしおおいむら）
江戸初期	淘綾郡	(1055)	小磯村の一部	分立	淘綾郡	(1056)	西小磯村（にしこいそむら）
			小磯村の一部（小磯村消滅）	分立	淘綾郡	(1057)	東小磯村（ひがしこいそむら）
江戸初期	大住郡	(951)	尾尻村の一部	分立	大住郡	(952)	大竹村（おおだけむら）
江戸初期	大住郡	(992)	串橋村の一部	分立	大住郡	(993)	笠窪村（かさくぼむら）
江戸初期	大住郡	(1010)	平間村の一部	分立	大住郡	(1011)	下平間村（しもひらまむら）
			平間村の一部（平間村消滅）	分立	大住郡	(1012)	上平間村（かみひらまむら）
江戸初期	大住郡	(1029)	豊田本郷村の一部	分立	大住郡	(1030)	小嶺村（こみねむら）
			豊田本郷村の一部	分立	大住郡	(1031)	宮下村（みやしたむら）

年月日	旧名称	内容	新名称
	豊田本郷村の一部	分立	大住郡 (1032) 平等寺村（びょうどうじむら）
江戸初期	大住郡 (1022) 入山瀬村の一部	分立	大住郡 (1023) 上入山瀬村（かみいりやませむら）
	入山瀬村の一部（入山瀬村消滅）	分立	大住郡 (1024) 下入山瀬村（しもいりやませむら）
江戸初期	大住郡 (911) 大神村の一部	分立	大住郡 (912) 吉際村（よしぎわむら）
江戸初期	愛甲郡 (1364) 下荻野村の一部	分立	愛甲郡 (1365) 中荻野村（なかおぎのむら）
文禄 3年	都筑郡 (441) 大棚村の一部	分立	都筑郡 (442) 牛久保村（うしくぼむら）
文禄 4年	久良岐郡 (1) 石川村の一部	分立	久良岐郡 (2) 横浜村（よこはまむら）
	石川村の一部	分立	久良岐郡 (192) 中村（なかむら）
	石川村の一部（石川村消滅）	分立	久良岐郡 (205) 堀内村（ほりのうちむら）
慶長元年	高座郡 (874) 大島村の一部	分立	高座郡 (875) 上九沢村（かみくざわむら）
元和 2年	津久井県 (1397) 長竹村の一部	分立	津久井県 (1400) 根小屋村（ねごやむら）
元和 2年	津久井県 (1393) 中野村の一部	分立	津久井県 (1394) 又野村（またのむら）
元和 2年	津久井県 (1407) 牧野村の一部	分立	津久井県 (1405) 青根村（あおねむら）
元和 4年		成立	足柄下郡 (1308) 箱根宿（はこねじゅく）
元和 5年	津久井県 (1415) 若柳村の一部	分立	津久井県 (1416) 寸沢嵐村（すあらしむら）
元和 8年		成立	足柄上郡 (1158) 古怒田村（こぬたむら）
江戸中期	橘樹郡 (314) 綱島村の一部	分立	橘樹郡 (315) 南綱島村（みなみつなしまむら）
	綱島村の一部（綱島村消滅）	分立	橘樹郡 (316) 北綱島村（きたつなしまむら）
江戸中期	大住郡 (925) 土屋惣領分	合併	大住郡 (928) 土屋村（つちやむら）
	(926) 土屋庶子分		
	(927) 土屋寺分		
寛永年間		成立	橘樹郡 (333) 稲荷新田（いなりしんでん）
寛永年間	都筑郡 (465) 川井村の一部	分立	都筑郡 (466) 下川井村（しもかわいむら）
	川井村の一部	分立	都筑郡 (467) 上川井村（かみかわいむら）
寛永年間	鎌倉郡 (656) 東俣野村の一部	分立	鎌倉郡 (657) 上俣野村（かみまたのむら）
寛永年間		成立	鎌倉郡 (739) 矢部町（やべまち）
寛永年間		成立	鎌倉郡 (740) 吉田町（よしだまち）
寛永年間	足柄下郡 (1213) 新宿町の一部	分立	足柄下郡 (1201) 古新宿町（こしんしゅくちょう）
寛永年間	足柄下郡 (1203) 小笠原小路の一部	分立	足柄下郡 (1204) 一町田町（いっちょうだちょう）
	小笠原小路の一部（小笠	分立	足柄下郡 (1205) 唐人町（とうじんちょう）

年月日	旧名称	内容	新名称
	原小路消滅）		
寛永 7年	津久井県（1386）川尻村の一部	分立	津久井県（1387）上川尻村（かみかわしりむら）
	川尻村の一部（川尻村消滅）	分立	津久井県（1388）下川尻村（しもかわしりむら）
寛永 9年	高座郡（854）河内村の一部	分立	高座郡（855）上河内村（かみがわちむら）
	河内村の一部	分立	高座郡（856）中河内村（なかがわちむら）
寛永 9年	高座郡（854）河内村の一部（河内村消滅）	編入	高座郡（850）本郷村
寛永10年	足柄下郡（1311）湯本村の一部	分立	足柄下郡（1312）湯本茶屋村（ゆもとちゃやむら）
寛永11年	足柄下郡（1311）湯本村の一部	分立	足柄下郡（1313）須雲川村（すくもがわむら）
寛永17年	淘綾郡（1049）山西村の一部	分立	淘綾郡（1050）川匂村（かわわむら）
寛永18年	足柄下郡（1282）新屋村の一部	分立	足柄下郡（1283）中里村（なかざとむら）
正保年間頃	久良岐郡（225）金井村の一部	分立	久良岐郡（226）吉原村（よしはらむら）
正保年間頃	久良岐郡（227）宮ヶ谷村の一部	分立	久良岐郡（228）宮下村（みやしたむら）
正保年間頃	大住郡（989）三ノ宮村の一部	分立	大住郡（990）栗原村（くりはらむら）
正保年間		成立	足柄下郡（1267）飯泉新田（いいずみしんでん）
正保 3年	高座郡（870）相原村の一部	分立	高座郡（871）橋本村（はしもとむら）
	相原村の一部	分立	高座郡（872）小山村（おやまむら）
正保 3年	足柄下郡（1323）土肥入谷村の一部	分立	足柄下郡（1324）宮下村（みやしたむら）
	土肥入谷村の一部（土肥入谷村消滅）	分立	足柄下郡（1325）宮上村（みやかみむら）
慶安年間	三浦郡（537）和田村の一部	分立	三浦郡（538）赤羽根村（あかばねむら）
	和田村の一部	分立	三浦郡（539）竹ノ下村（たけのしたむら）
	和田村の一部（和田村消滅）	分立	三浦郡（540）本和田村（もとわだむら）
慶安 2年	足柄下郡（1282）新屋村	編入	足柄下郡（1283）中里村
慶安 3年		成立	足柄下郡（1241）清水新田（しみずしんでん）
明暦元年	大住郡（896）八幡新宿	改称	大住郡（896）平塚新宿（ひらつかしんじゅく）
明暦 2年	大住郡（936）中原村の一部	分立	大住郡（937）中原下宿（なかはらしもじゅく）
	中原村の一部（中原村消滅）	分立	大住郡（938）中原上宿（なかはらかみじゅく）
万治年間	足柄下郡（1326）門川村の一部	分立	足柄下郡（1327）土肥堀内村（どいほりのうちむら）
万治年間	足柄下郡（1330）吉浜村の一部	分立	足柄下郡（1331）鍛冶屋村（かじやむら）
寛文年間頃	足柄下郡（1255）入生田村の一部	分立	足柄下郡（1256）後河原村（うしろがわらむら）

年月日	旧名称	内容	新名称
寛文年間		成立	三浦郡 (582) 内川砂村新田（うちかわすなむらしんでん）
寛文年間	三浦郡 (598) 長坂村の一部	分立	三浦郡 (599) 荻野村（おぎのむら）
寛文年間	高座郡 (890) 座間村の一部	分立	高座郡 (891) 座間入谷村（ざまいりやむら）
寛文年間	大住郡 (978) 堀斎藤村の一部	分立	大住郡 (979) 堀沼城村（ほりぬまじょうむら）
寛文 4年	久良岐郡 (214) 森村の一部	分立	久良岐郡 (215) 森公田村（もりくでんむら）
	森村の一部	分立	久良岐郡 (216) 森雑色村（もりぞうしきむら）
	森村の一部（森村消滅）	分立	久良岐郡 (217) 森中原村（もりなかはらむら）
寛文 4年	津久井県 (1397) 長竹村の一部	分立	津久井県 (1398) 下長竹村（しもながたけむら）
	長竹村の一部（長竹村消滅）	分立	津久井県 (1399) 上長竹村（かみながたけむら）
寛文 8年		成立	久良岐郡 (246) 泥亀新田（でいきしんでん）
寛文 9年 4月		成立	久良岐郡 (188) 吉田新田（よしだしんでん）
延宝年間	三浦郡 (573) 平作村の一部	分立	三浦郡 (574) 上平作村（かみひらさくむら）
	平作村の一部（平作村消滅）	分立	三浦郡 (575) 下平作村（しもひらさくむら）
延宝年間	三浦郡 (582) 内川砂村新田	改称	三浦郡 (582) 内川新田（うちかわしんでん）
延宝年間		成立	高座郡 (867) 矢部新田村（やべしんでんむら）
延宝元年		成立	高座郡 (828) 新田村（しんでんむら）
延宝元年	愛甲郡 (1378) 熊坂村の一部	分立	愛甲郡 (1379) 八菅村（はすげむら）
江戸中期	高座郡 (828) 新田村	改称	高座郡 (828) 蓼川村（たてかわむら）
延宝 2年	愛甲郡 (1371) 上川入村の一部	分立	愛甲郡 (1372) 田代村（たしろむら）
	上川入村の一部（上川入村消滅）	分立	愛甲郡 (1375) 角田村（すみだむら）
延宝 4年	三浦郡 (514) 三崎町の一部	分立	三浦郡 (523) 三崎城村（みさきじょうむら）
	三崎町の一部	分立	三浦郡 (524) 城ヶ島村（じょうがしまむら）
	三崎町の一部	分立	三浦郡 (525) 仲町岡村（なかのちょうおかむら）
	三崎町の一部	分立	三浦郡 (526) 東岡村（ひがしおかむら）
	三崎町の一部	分立	三浦郡 (527) 向ヶ崎村（むこうがさきむら）
	三崎町の一部	分立	三浦郡 (528) 宮川村（みやがわむら）
	三崎町の一部	分立	三浦郡 (529) 二町谷村（ふたまちやむら）
	三崎町の一部	分立	三浦郡 (530) 原村（はらむら）
貞享 3年	足柄下郡 (1329) 荒井村	改称	足柄下郡 (1329) 福浦村（ふくうらむら）
貞享 4年		成立	都筑郡 (460) 小高新田（おたかしんでん）

年月日	旧名称			内容	新名称		
貞享 4年				成立	都筑郡	(464)	鶴ヶ峰新田（つるがみねしんでん）
元禄年間	久良岐郡	(207)	大岡村の一部	分立	久良岐郡	(208)	下大岡村（しもおおおかむら）
			大岡村の一部（大岡村消滅）	分立	久良岐郡	(209)	上大岡村（かみおおおかむら）
元禄年間	橘樹郡	(283)	子安村の一部	分立	橘樹郡	(284)	西子安村（にしこやすむら）
			子安村の一部	分立	橘樹郡	(285)	東子安村（ひがしこやすむら）
			子安村の一部（子安村消滅）	分立	橘樹郡	(286)	新宿村（しんしゅくむら）
元禄年間				成立	都筑郡	(458)	密経新田（みっきょうしんでん）
元禄年間	三浦郡	(583)	八幡久里浜村の一部	分立	三浦郡	(584)	久村（くむら）
元禄年間	鎌倉郡	(729)	柏尾村の一部	分立	鎌倉郡	(730)	上柏尾村（かみかしおむら）
			柏尾村の一部（柏尾村消滅）	分立	鎌倉郡	(731)	下柏尾村（しもかしおむら）
元禄年間	高座郡	(821)	岡田村の一部	分立	高座郡	(823)	小谷村（こやとむら）
元禄年間	足柄下郡	(1311)	湯本村の一部	分立	足柄下郡	(1314)	塔ノ沢村（とうのさわむら）
元禄 3年	橘樹郡	(400)	上菅生村の一部	分立	橘樹郡	(401)	五反田村（ごたんだむら）
元禄 5年	三浦郡	(603)	浦賀村の一部	分立	三浦郡	(604)	東浦賀村（ひがしうらがむら）
			浦賀村の一部（浦賀村消滅）	分立	三浦郡	(605)	西浦賀村（にしうらがむら）
元禄 8年				成立	都筑郡	(457)	本宿新田（ほんじゅくしんでん）
元禄 8年	大住郡	(937)	中原下宿	合併	大住郡	(936)	中原村（なかはらむら）
		(938)	中原上宿				
元禄13年	愛甲郡	(1378)	熊坂村の一部	分立	愛甲郡	(1380)	半縄村（はんなわむら）
元禄14年	久良岐郡	(263)	岩間町	郡編入	橘樹郡	(263)	岩間町（いわままち）
宝永年間				成立	三浦郡	(578)	船越新田（ふなこししんでん）
宝永 7年	高座郡	(837)	大谷村の一部	分立	高座郡	(838)	上大谷村（かみおおやむら）
			大谷村の一部（大谷村消滅）	分立	高座郡	(839)	下大谷村（しもおおやむら）
享保10年				成立	鎌倉郡	(742)	瀬谷野新田（せやのしんでん）
享保13年	鎌倉郡	(661)	田谷村の一部	分立	鎌倉郡	(662)	大田谷村（おおたやむら）
			田谷村の一部（田谷村消滅）	分立	鎌倉郡	(663)	小田谷村（こたやむら）
享保16年				成立	橘樹郡	(395)	天真寺新田（てんしんじしんでん）
元文 3年				成立	三浦郡	(541)	入江新田（いりえしんでん）

年月日	旧名称	内容	新名称
江戸末期		成立	久良岐郡 (185) 平沼新田（ひらぬましんでん）
江戸末期	久良岐郡 (239) 洲崎村の一部	分立	久良岐郡 (240) 野島浦（のじまうら）
江戸末期	足柄下郡 (1267) 飯泉新田	編入	足柄下郡 (1266) 飯泉村
宝暦年間		成立	久良岐郡 (186) 尾張屋新田（おわりやしんでん）
宝暦年間		成立	都筑郡 (476) 新井新田（あらいしんでん）
宝暦 4年	大住郡 (936) 中原村の一部	分立	大住郡 (937) 中原下宿（なかはらしもじゅく）
	中原村の一部（中原村消滅）	分立	大住郡 (938) 中原上宿（なかはらかみじゅく）
宝暦 5年		成立	足柄下郡 (1245) 穴部新田（あなべしんでん）
宝暦12年		成立	橘樹郡 (335) 池上新田（いけがみしんでん）
寛政年間		成立	橘樹郡 (259) 藤江新田（ふじえしんでん）
寛政年間	淘綾郡 (1053) 大磯宿の一部	分立	淘綾郡 (1054) 高麗寺村（こうらいじむら）
天保年間	橘樹郡 (290) 潮田村の一部	分立	橘樹郡 (291) 小野新田（おのしんでん）
天保年間	高座郡 (845) 中今泉村	編入	高座郡 (844) 上今泉村
天保10年		成立	都筑郡 (456) 岡津新田（おかつしんでん）
安政 3年		成立	久良岐郡 (182) 太田屋新田（おおたやしんでん）
安政 3年		成立	高座郡 (873) 清兵衛新田（せいべえしんでん）
安政 6年	久良岐郡 (2) 横浜村の一部 (183) 戸部村の一部 (187) 太田村の一部 (192) 中村の一部	合併	久良岐郡 (3) 横浜町（よこはままち）
安政 6年		起立 起立 起立 起立 起立 起立	横浜町 (22) 駒形町（こまがたちょう） (23) 本町（ほんちょう） (25) 北仲通（きたなかどおり） (27) 海辺通（うみべどおり） (29) 南仲通（みなみなかどおり） (30) 弁天通（べんてんどおり）
安政 6年	久良岐郡 (182) 太田屋新田の一部	編入起立	横浜町 (34) 太田町（おおたまち）
万延元年	久良岐郡 (2) 横浜村	改称	久良岐郡 (2) 元町（もとまち）
万延元年		起立	横浜町 (31) 港崎町（みよざきちょう）
万延元年	横浜町 (23) 本町の一部	分立	横浜町 (24) 洲干町（すかんちょう）
万延元年	久良岐郡 (183) 戸部村の一部	分立	久良岐郡 (184) 野毛町（のげまち）
万延元年	久良岐郡 (183) 戸部村	改称	久良岐郡 (183) 戸部町（とべまち）

年月日	旧名称	内容	新名称
文久元年	久良岐郡 (182)太田屋新田の一部	編入起立	横浜町 (119)坂下町（さかしたちょう）
元治元年	久良岐郡 (188)吉田新田の一部	分立	久良岐郡 (190)吉田町（よしだまち）
慶応元年		起立	横浜町 (32)弁財天町（べんざいてんちょう）
慶応 2年	久良岐郡 (182)太田屋新田の一部	編入起立	横浜町 (36)末広町（すえひろちょう）
慶応 2年		起立	横浜町 (59)浪花町（なにわちょう）
慶応 2年	横浜町 (31)港崎町	廃止	
慶応 3年	久良岐郡 (182)太田屋新田の一部	編入起立	横浜町 (40)新浜町（しんはまちょう）
	太田屋新田の一部	編入起立	横浜町 (46)真砂町（まさごちょう）
	太田屋新田の一部	編入起立	横浜町 (47)緑町（みどりちょう）
慶応 3年		起立	横浜町 (48)若松町（わかまつちょう）
慶応 3年	久良岐郡 (188)吉田新田の一部	編入起立	横浜町 (57)姿見町（すがたみちょう）
	吉田新田の一部	編入起立	横浜町 (61)吉原町（よしはらちょう）
明治初期	都筑郡 (482)猿山村の一部	分立	都筑郡 (483)上猿山村（かみさるやまむら）
	猿山村の一部（猿山村消滅）	分立	都筑郡 (484)下猿山村（しもさるやまむら）
明治初期	都筑郡 (495)上鉄村	合併	都筑郡 (494)鉄村（くろがねむら）
	(496)中鉄村		
	(497)下鉄村		
明治初期	鎌倉郡 (726)永谷上村	合併	鎌倉郡 (725)永谷村（ながやむら）
	(727)永谷中村		
明治初期	大住郡 (952)大竹村	改称	大住郡 (952)西大竹村（にしおおだけむら）
明治初期	大住郡 (984)大竹村	改称	大住郡 (984)東大竹村（ひがしおおたけむら）
明治初期	大住郡 (990)栗原村	編入	大住郡 (989)三ノ宮村
明治初期	大住郡 (996)坂本村	改称	大住郡 (996)大山町（おおやままち）
明治元年		起立	横浜町 (33)境町（さかいちょう）
明治元年 6月17日		設置	神奈川府
明治元年 9月21日	神奈川府	改称	神奈川県
明治 2年	横浜町 (34)太田町の一部	分立	横浜町 (35)黄金町（こがねちょう）
明治 2年	久良岐郡 (182)太田屋新田の一部	編入起立	横浜町 (41)入船町（いりふねちょう）
明治 2年 8月	久良岐郡 (188)吉田新田の一部	分立	久良岐郡 (191)羽衣町（はごろもちょう）
明治初期	都筑郡 (456)岡津新田	編入	都筑郡 (455)二俣川村
明治初期	淘綾郡 (1054)高麗寺村	改称	淘綾郡 (1054)高麗村（こまむら）

年月日	旧名称	内容	新名称
明治 3年	横浜町 (25)北仲通の一部	分立	横浜町 (26)小宝町（こだからまち）
明治 3年	三浦郡 (604)東浦賀村	合併	三浦郡 (603)浦賀村（うらがむら）
	(605)西浦賀村		
明治 3年	大住郡 (934)新土村	改称	大住郡 (934)真土村（しんどむら）
明治 3年 2月27日	相模国 津久井県	改称	相模国 津久井郡（つくいぐん）
明治 3年 6月	久良岐郡 (188)吉田新田の一部	編入起立	横浜町 (53)福富町（ふくとみちょう）
	吉田新田の一部	編入起立	横浜町 (54)長者町（ちょうじゃまち）
明治 3年 9月	久良岐郡 (183)戸部町の一部	編入起立	横浜町 (101)宮崎町（みやざきちょう）
明治 4年	横浜町 (41)入船町	改称	横浜町 (41)入船町通（いりふねちょうどおり）
明治 4年	足柄下郡 (1181)欄干橋町	改称	足柄下郡 (1181)小田原駅欄干橋町（おだわらえきらんかんばしちょう）
	(1182)筋違橋町	改称	(1182)小田原駅筋違橋町（おだわらえきすじかいばしちょう）
	(1183)山角町	改称	(1183)小田原駅山角町（おだわらえきやまかくちょう）
	(1184)安斎小路	改称	(1184)小田原駅安斎小路（おだわらえきあんさいこうじ）
	(1185)狩野殿小路	改称	(1185)小田原駅狩野殿小路（おだわらえきかのどのこうじ）
	(1186)西海子	改称	(1186)小田原駅西海子（おだわらえきさいかち）
	(1187)御花畑	改称	(1187)小田原駅御花畑（おだわらえきおはなばたけ）
	(1188)厩小路	改称	(1188)小田原駅厩小路（おだわらえきうまやこうじ）
	(1189)大久寺小路	改称	(1189)小田原駅大久寺小路（おだわらえきだいきゅうじこうじ）
	(1191)宮前町	改称	(1191)小田原駅宮前町（おだわらえきみやまえちょう）
	(1192)本町	改称	(1192)小田原駅本町（おだわらえきほんちょう）
	(1193)中宿町	改称	(1193)小田原駅中宿町（おだわらえきなかじゅくちょう）
	(1194)茶畑町	改称	(1194)小田原駅茶畑町（おだわらえきちゃばたけちょう）
	(1195)代官町	改称	(1195)小田原駅代官町（おだわらえきだいかんちょう）
	(1196)千度小路	改称	(1196)小田原駅千度小路（おだわらえきせんどこうじ）
	(1197)大手小路	改称	(1197)小田原駅大手小路（おだわらえきおおてこうじ）
	(1199)萬町	改称	(1199)小田原駅萬町（おだわらえきよろずちょう）
	(1200)高梨町	改称	(1200)小田原駅高梨町（おだわらえきたかなしちょう）
	(1201)古新宿町	改称	(1201)小田原駅古新宿町（おだわらえきこしんしゅくちょう）
	(1202)青物町	改称	(1202)小田原駅青物町（おだわらえきあおものちょう）
	(1204)一町田町	改称	(1204)小田原駅一町田町（おだわらえきいっちょうだちょう）
	(1205)唐人町	改称	(1205)小田原駅唐人町（おだわらえきとうじんちょう）
	(1207)須藤町	改称	(1207)小田原駅須藤町（おだわらえきすとうちょう）
	(1208)幸田	改称	(1208)小田原駅幸田（おだわらえきこうだ）

年月日	旧名称	内容	新名称
	(1209)揚土	改称	(1209)小田原駅揚土（おだわらえきあげつち）
	(1210)鍋弦小路	改称	(1210)小田原駅鍋弦小路（おだわらえきなべつるこうじ）
	(1211)金篦小路	改称	(1211)小田原駅金篦小路（おだわらえきかなべらこうじ）
	(1213)新宿町	改称	(1213)小田原駅新宿町（おだわらえきしんしゅくちょう）
	(1214)台宿町	改称	(1214)小田原駅台宿町（おだわらえきだいじゅくちょう）
	(1215)大工町	改称	(1215)小田原駅大工町（おだわらえきだいくちょう）
	(1216)竹花町	改称	(1216)小田原駅竹花町（おだわらえきたけのはなちょう）
	(1217)手代町	改称	(1217)小田原駅手代町（おだわらえきてだいちょう）
	(1218)三軒屋	改称	(1218)小田原駅三軒屋（おだわらえきさんげんや）
	(1219)八段畑	改称	(1219)小田原駅八段畑（おだわらえきはったんばた）
	(1220)花ノ木	改称	(1220)小田原駅花ノ木（おだわらえきはなのき）
	(1221)大新馬場	改称	(1221)小田原駅大新馬場（おだわらえきおおしんばば）
	(1222)中新馬場	改称	(1222)小田原駅中新馬場（おだわらえきなかしんばば）
明治 4年 4月	横浜町 (24)洲干町	改称	横浜町 (24)洲干町通（すかんちょうどおり）
明治 4年 4月	横浜町 (27)海辺通	改称	横浜町 (27)元浜町（もとはまちょう）
明治 4年 4月		起立	横浜町 (28)海岸通（かいがんどおり）
明治 4年 7月	久良岐郡 (182)太田屋新田の一部	編入起立	横浜町 (37)高砂町（たかさごちょう）
	太田屋新田の一部	編入起立	横浜町 (38)小松町（こまつちょう）
	太田屋新田の一部	編入起立	横浜町 (39)小船町（こぶねちょう）
	太田屋新田の一部	編入起立	横浜町 (42)相生町（あいおいちょう）
	太田屋新田の一部	編入起立	横浜町 (43)住吉町（すみよしちょう）
	太田屋新田の一部	編入起立	横浜町 (44)常盤町（ときわちょう）
	太田屋新田の一部	編入起立	横浜町 (45)尾上町（おのえちょう）
	太田屋新田の一部	編入起立	横浜町 (50)港町（みなとちょう）
明治 4年 9月	久良岐郡 (187)太田村の一部	編入起立	横浜町 (99)日出町（ひのでちょう）
	太田村の一部	編入起立	横浜町 (107)三春町（みはるちょう）
	太田村の一部	編入起立	横浜町 (108)初音町（はつねちょう）
	太田村の一部	編入起立	横浜町 (109)英町（はなぶさちょう）
	太田村の一部	編入起立	横浜町 (110)霞町（かすみちょう）
	太田村の一部	編入起立	横浜町 (111)清水町（しみずちょう）
	太田村の一部	編入起立	横浜町 (121)児玉町（こだまちょう）
明治 4年12月	横浜町 (41)入船町通の一部	編入	横浜町 (42)相生町
	入船町通の一部	編入	(43)住吉町
	入船町通の一部	編入	(44)常盤町

年月日	旧名称	内容	新名称
	入船町通の一部（入船町通消滅）	編入	(45) 尾上町
明治初期		成立	橘樹郡 (260) 藤江町（ふじえちょう）
明治初期	津久井郡 (1408) 吉野村	改称	津久井郡 (1408) 吉野駅（よしのえき）
明治初期	津久井郡 (1420) 与瀬村	改称	津久井郡 (1420) 与瀬小原駅（よせこばらえき）
明治 5年頃	横浜町 (24) 洲干町通の一部	編入	横浜町 (23) 本町
	(32) 弁財天町の一部	編入	(29) 南仲通
	(24) 洲干町通の一部	編入	(30) 弁天通
	洲干町通の一部（洲干町通消滅）	編入	(34) 太田町
	(32) 弁財天町の一部（弁財天町消滅）	編入	太田町
明治 5年頃	久良岐郡 (248) 社家分村	合併	久良岐郡 (251) 三分村（さんぶむら）
	(249) 寺分村		
	(250) 平分村		
明治 5年頃	橘樹郡 (270) 神奈川町の一部	分立	橘樹郡 (271) 新漁師町（しんりょうしまち）
明治 5年	鎌倉郡 (662) 大田谷村	合併	鎌倉郡 (661) 田谷村（たやむら）
	(663) 小田谷村		
明治 5年	鎌倉郡 (742) 瀬谷野新田	改称	鎌倉郡 (742) 二ツ橋村（ふたつばしむら）
明治 5年		起立	横浜町 (52) 柳町（やなぎちょう）
明治 5年 4月		起立	横浜町 (92) 高島町（たかしまちょう）
明治 5年 5月		起立	横浜町 (87) 桜木町（さくらぎちょう）
明治 5年 5月		起立	横浜町 (100) 福島町（ふくしまちょう）
明治 5年 5月	久良岐郡 (183) 戸部町の一部	編入起立	横浜町 (102) 伊勢町（いせちょう）
明治 5年 9月		起立	横浜町 (88) 内田町（うちだちょう）
明治 5年11月		起立	横浜町 (94) 花咲町（はなさきちょう）
明治 5年11月		起立	横浜町 (98) 宮川町（みやがわちょう）
明治 6年頃	横浜町 (36) 末広町	編入	横浜町 (34) 太田町
明治 6年頃	久良岐郡 (188) 吉田新田の一部	編入起立	横浜町 (82) 山田町（やまだちょう）
	吉田新田の一部	編入起立	横浜町 (83) 富士見町（ふじみちょう）
	吉田新田の一部	編入起立	横浜町 (84) 山吹町（やまぶきちょう）
明治 6年	久良岐郡 (190) 吉田町	編入起立	横浜町 (51) 吉田町（よしだまち）
明治 6年	久良岐郡 (191) 羽衣町	編入起立	横浜町 (58) 羽衣町（はごろもちょう）
明治 6年	久良岐郡 (184) 野毛町	編入起立	横浜町 (95) 野毛町（のげちょう）

年月日	旧名称	内容	新名称
明治 6年	久良岐郡 (183) 戸部町の一部	編入起立	横浜町 (103) 戸部町（とべちょう）
明治 6年	久良岐郡 (2) 元町	編入起立	横浜町 (112) 元町（もとまち）
明治 6年	足柄下郡 (1327) 土肥堀内村	改称	足柄下郡 (1327) 城堀村（しろほりむら）
明治 6年 1月	久良岐郡 (185) 平沼新田の一部	編入起立	横浜町 (104) 平沼町（ひらぬままち）
明治 6年 1月	久良岐郡 (195) 北方村の一部	編入起立	横浜町 (113) 諏訪町（すわちょう）
	北方村の一部	編入起立	横浜町 (114) 上野町（うえのまち）
	北方村の一部	編入起立	横浜町 (115) 千代崎町（ちよざきちょう）
明治 6年 1月	久良岐郡 (193) 根岸村の一部	編入起立	横浜町 (116) 山元町（やまもとちょう）
明治 6年 1月	久良岐郡 (192) 中村の一部	編入起立	横浜町 (118) 石川町（いしかわまち）
明治 6年 1月	橘樹郡 (258) 岡野新田の一部	編入起立	横浜町 (123) 岡野町（おかのちょう）
	岡野新田の一部	編入起立	横浜町 (124) 千歳町（ちとせちょう）
	岡野新田の一部	編入起立	横浜町 (125) 新玉町（あらたまちょう）
明治 6年 2月	横浜町 (61) 吉原町の一部	分立	横浜町 (62) 若竹町（わかたけちょう）
	吉原町の一部	分立	横浜町 (63) 松ヶ枝町（まつがえちょう）
	吉原町の一部（吉原町消滅）	分立	横浜町 (64) 梅ヶ枝町（うめがえちょう）
明治 6年 3月	久良岐郡 (188) 吉田新田の一部	編入起立	横浜町 (60) 蓬莱町（ほうらいちょう）
明治 6年 4月	久良岐郡 (188) 吉田新田の一部	編入起立	横浜町 (73) 萬代町（よろずよちょう）
	吉田新田の一部	編入起立	横浜町 (74) 不老町（ふろうちょう）
	吉田新田の一部	編入起立	横浜町 (75) 翁町（おきなちょう）
	吉田新田の一部	編入起立	横浜町 (76) 扇町（おうぎちょう）
	吉田新田の一部	編入起立	横浜町 (77) 寿町（ことぶきちょう）
	吉田新田の一部	編入起立	横浜町 (78) 松影町（まつかげちょう）
明治 6年 5月	横浜町 (47) 緑町	編入	横浜町 (46) 真砂町
	(48) 若松町	編入	真砂町
明治 6年 5月	横浜町 (22) 駒形町の一部	編入	横浜町 (42) 相生町
	(37) 高砂町の一部	編入	相生町
	(38) 小松町の一部	編入	相生町
	(39) 小船町の一部	編入	相生町
	(22) 駒形町の一部（駒形町消滅）	編入	(43) 住吉町
	(37) 高砂町の一部（高砂町消滅）	編入	住吉町
	(38) 小松町の一部	編入	住吉町

年月日	旧名称	内容	新名称
	(39)小船町の一部	編入	住吉町
	(38)小松町の一部	編入	(45)尾上町
	(39)小船町の一部（小船町消滅）	編入	尾上町
	(40)新浜町	編入	尾上町
	(38)小松町の一部（小松町消滅）	編入	(50)港町
明治 6年11月	久良岐郡 (188)吉田新田の一部	編入起立	横浜町 (55)末吉町（すえよしちょう）
	吉田新田の一部	編入起立	横浜町 (65)若葉町（わかばちょう）
	吉田新田の一部	編入起立	横浜町 (66)賑町（にぎわいまち）
	吉田新田の一部	編入起立	横浜町 (67)久方町（ひさかたちょう）
	吉田新田の一部	編入起立	横浜町 (68)足曳町（あしびきちょう）
	吉田新田の一部	編入起立	横浜町 (69)雲井町（くもいちょう）
	吉田新田の一部	編入起立	横浜町 (70)長島町（ながしまちょう）
	吉田新田の一部	編入起立	横浜町 (71)吉岡町（よしおかちょう）
	吉田新田の一部	編入起立	横浜町 (72)駿河町（するがちょう）
明治 6年12月	久良岐郡 (188)吉田新田の一部	編入起立	横浜町 (122)和泉町（いずみちょう）
明治 7年	足柄下郡 (1260)酒匂鍛冶分	編入	足柄下郡 (1259)酒匂村
明治 7年 5月20日		起立	横浜町 (56)伊勢佐木町（いせざきちょう）
明治 7年 6月 9日	久良岐郡 (188)吉田新田の一部	編入起立	横浜町 (80)三吉町（みよしちょう）
明治 7年 6月17日		起立	横浜町 (89)福長町（ふくながちょう）
		起立	(90)長住町（ながすみちょう）
明治 7年 7月 3日	久良岐郡 (188)吉田新田の一部	編入起立	横浜町 (81)千歳町（ちとせちょう）
明治 7年 7月 3日	久良岐郡 (192)中村の一部	編入起立	横浜町 (117)石川仲町（いしかわなかまち）
明治 7年 7月 7日		起立	横浜町 (49)緑町（みどりちょう）
		起立	(91)橘町（たちばなちょう）
明治初期	横浜町 (124)千歳町	廃止	
明治初期	横浜町 (123)岡野町	廃止	
明治初期	横浜町 (125)新玉町	廃止	
明治 8年	久良岐郡 (182)太田屋新田（横浜外国人居留地）（太田屋新田消滅）	編入	久良岐郡 (3)横浜町
明治 8年	足柄上郡 (1074)苅野一色村	合併	足柄上郡 (1076)苅野村（かりのむら）
	(1075)苅野岩村		
明治 8年	足柄上郡 (1128)宇津茂村	合併	足柄上郡 (1135)寄村（やどりきむら）

年月日		旧名称	内容		新名称
		(1129)大寺村			
		(1130)萱沼村			
		(1131)土佐原村			
		(1132)中山村			
		(1133)弥勒寺村			
		(1134)虫沢村			
明治 8年	愛甲郡	(1378)熊坂村	合併	愛甲郡	(1381)中津村（なかつむら）
		(1379)八菅村			
		(1380)半縄村			
明治 8年	愛甲郡	(1382)八菅山新田	改称	愛甲郡	(1382)八菅山村（はすげさんむら）
明治 8年	津久井郡	(1387)上川尻村	合併	津久井郡	(1386)川尻村（かわしりむら）
		(1388)下川尻村			
明治 8年 1月15日	久良岐郡	(215)森公田村	合併	久良岐郡	(214)森村（もりむら）
		(216)森雑色村			
明治 8年 1月15日	橘樹郡	(284)西子安村	合併	橘樹郡	(283)子安村（こやすむら）
		(285)東子安村			
		(286)新宿村			
明治 8年 1月15日	三浦郡	(523)三崎城村	編入	三浦郡	(514)三崎町
明治 8年 1月15日	三浦郡	(525)仲町岡村	合併	三浦郡	(531)六合村（むつあいむら）
		(526)東岡村			
		(527)向ヶ崎村			
		(528)宮川村			
		(529)二町谷村			
		(530)原村			
明治 8年 1月15日	三浦郡	(632)柏原村	合併	三浦郡	(634)久木村（ひさきむら）
		(633)久野谷村			
明治 8年 1月15日	鎌倉郡	(644)西村	改称	鎌倉郡	(644)西富町（にしとみまち）
明治 8年 1月15日	高座郡	(838)上大谷村	合併	高座郡	(837)大谷村（おおやむら）
		(839)下大谷村			
明治 8年 3月23日			起立	横浜町	(93)裏高島町（うらたかしまちょう）
明治 8年 8月29日	足柄下郡	(1181)小田原駅欄干橋町	合併	足柄下郡	(1190)小田原駅十字町（おだわらえきじゅうじちょう）
		(1182)小田原駅筋違橋町			
		(1183)小田原駅山角町			
		(1184)小田原駅安斎小路			

年月日	旧名称	内容	新名称
	(1185)小田原駅狩野殿小路		
	(1186)小田原駅西海子		
	(1187)小田原駅御花畑		
	(1188)小田原駅厩小路		
	(1189)小田原駅大久寺小路		
明治 8年 8月29日	足柄下郡 (1191)小田原駅宮前町	合併	足柄下郡 (1198)小田原駅幸町（おだわらえきさいわいちょう）
	(1192)小田原駅本町		
	(1193)小田原駅中宿町		
	(1194)小田原駅茶畑町		
	(1195)小田原駅代官町		
	(1196)小田原駅千度小路		
	(1197)小田原駅大手小路		
明治 8年 8月29日	足柄下郡 (1199)小田原駅萬町	合併	足柄下郡 (1206)小田原駅萬年町（おだわらえきまんねんちょう）
	(1200)小田原駅高梨町		
	(1201)小田原駅古新宿町		
	(1202)小田原駅青物町		
	(1204)小田原駅一町田町		
	(1205)小田原駅唐人町		
明治 8年 8月29日	足柄下郡 (1207)小田原駅須藤町	合併	足柄下郡 (1212)小田原駅緑町（おだわらえきみどりちょう）
	(1208)小田原駅幸田		
	(1209)小田原駅揚土		
	(1210)小田原駅鍋弦小路		
	(1211)小田原駅金箆小路		
明治 8年 8月29日	足柄下郡 (1213)小田原駅新宿町	合併	足柄下郡 (1223)小田原駅新玉町（おだわらえきあらたまちょう）
	(1214)小田原駅台宿町		
	(1215)小田原駅大工町		
	(1216)小田原駅竹花町		
	(1217)小田原駅手代町		
	(1218)小田原駅三軒屋		
	(1219)小田原駅八段畑		
	(1220)小田原駅花ノ木		
	(1221)小田原駅大新馬場		
	(1222)小田原駅中新馬場		
明治 8年11月 9日	久良岐郡 (221)松本村	合併	久良岐郡 (224)笹下村（ささげむら）

年月日	旧名称	内容	新名称
	(222)関村		
	(223)雑色村		
明治 8年11月 9日	久良岐郡 (225)金井村	合併	久良岐郡 (229)日野村（ひのむら）
	(226)吉原村		
	(227)宮ヶ谷村		
	(228)宮下村		
明治 8年11月 9日	久良岐郡 (245)金沢入江新田	編入	久良岐郡 (246)泥亀新田
明治 8年11月 9日	久良岐郡 (253)赤井村	合併	久良岐郡 (252)釜利谷村（かまりやむら）
	(254)宿村		
	(255)坂本村		
明治 8年11月 9日	橘樹郡 (259)藤江新田	編入	橘樹郡 (258)岡野新田
明治 8年11月 9日	橘樹郡 (271)新漁師町	編入	橘樹郡 (270)神奈川町
明治 8年11月 9日	橘樹郡 (332)川中島村	編入	橘樹郡 (331)大師河原村
	(333)稲荷新田	編入	大師河原村
明治 8年11月 9日	橘樹郡 (377)岩川村	合併	橘樹郡 (379)千年村（ちとせむら）
	(378)清沢村		
明治 8年11月 9日	橘樹郡 (386)下野川村	合併	橘樹郡 (388)野川村（のがわむら）
	(387)上野川村		
明治 8年11月 9日	橘樹郡 (394)下菅生村	合併	橘樹郡 (396)菅生村（すがおむら）
	(395)天真寺新田		
明治 8年11月 9日	橘樹郡 (400)上菅生村	合併	橘樹郡 (402)生田村（いくたむら）
	(401)五反田村		
明治 8年11月 9日	多摩郡 中野島村	郡編入	橘樹郡 (410)中野島村（なかのしまむら）
明治 8年11月 9日	都筑郡 (465)川井村の一部	編入	都筑郡 (467)上川井村
	(471)坂倉新田	編入	上川井村
明治 8年11月 9日	三浦郡 (538)赤羽根村	合併	三浦郡 (537)和田村（わだむら）
	(539)竹ノ下村		
	(540)本和田村		
明治 8年11月 9日	三浦郡 (574)上平作村	合併	三浦郡 (573)平作村（ひらさくむら）
	(575)下平作村		
	(576)池上村		
明治 8年11月 9日	高座郡 (780)千束村	合併	高座郡 (782)高倉村（たかくらむら）
	(781)七ツ木村		
明治 8年11月 9日	久良岐郡 (185)平沼新田の一部	編入起立	横浜町 (105)仲町（なかちょう）

年月日	旧名称			内容	新名称		
			平沼新田の一部	編入起立	横浜町	(106)	材木町（ざいもくちょう）
明治 8年11月 9日	久良岐郡	(188)	吉田新田の一部	編入起立	横浜町	(79)	吉浜町（よしはまちょう）
明治初期	橘樹郡	(260)	藤江町	廃止			
明治初期	愛甲郡	(1364)	下荻野村	合併	愛甲郡	(1366)	荻野村（おぎのむら）
		(1365)	中荻野村				
成立時期不明				成立	足柄下郡	(1229)	池戸新田（いけどしんでん）
成立時期不明				成立	足柄下郡	(1230)	堤新田（つつみしんでん）
明治 9年	津久井郡	(1398)	下長竹村	合併	津久井郡	(1397)	長竹村（ながたけむら）
		(1399)	上長竹村				
明治 9年 2月29日	久良岐郡	(183)	戸部町の一部	編入起立	横浜町	(96)	月岡町（つきおかちょう）
		(187)	太田村の一部				
		(183)	戸部町の一部	編入起立	横浜町	(97)	老松町（おいまつちょう）
		(187)	太田村の一部	編入起立	横浜町	(120)	久保町（くぼちょう）
明治 9年	横浜町	(35)	黄金町の一部	編入	久良岐郡	(187)	太田村
		(107)	三春町の一部	編入			太田村
		(108)	初音町の一部	編入			太田村
		(111)	清水町の一部	編入			太田村
		(120)	久保町	編入			太田村
		(121)	児玉町	編入			太田村
明治 9年	大住郡	(904)	友牛村	合併	大住郡	(907)	纏村（まといむら）
		(905)	久松村				
		(906)	松延村				
明治 9年 5月 1日	三浦郡	(544)	横須賀村の一部	分立	三浦郡	(545)	横須賀元町（よこすかもとまち）
			横須賀村の一部	分立	三浦郡	(546)	横須賀汐留町（よこすかしおどめちょう）
			横須賀村の一部	分立	三浦郡	(547)	横須賀汐留新道（よこすかしおどめしんみち）
			横須賀村の一部	分立	三浦郡	(548)	横須賀汐入町（よこすかしおいりちょう）
			横須賀村の一部	分立	三浦郡	(549)	横須賀湊町（よこすかみなとちょう）
			横須賀村の一部	分立	三浦郡	(550)	横須賀旭町（よこすかあさひまち）
			横須賀村の一部	分立	三浦郡	(551)	横須賀諏訪町（よこすかすわちょう）
			横須賀村の一部	分立	三浦郡	(552)	横須賀三王町（よこすかさんのうちょう）
			横須賀村の一部	分立	三浦郡	(553)	横須賀大滝町（よこすかおおたきちょう）
			横須賀村の一部	分立	三浦郡	(554)	横須賀若松町（よこすかわかまつちょう）
			横須賀村の一部	分立	三浦郡	(555)	横須賀稲岡町（よこすかいなおかちょう）

年月日	旧名称	内容	新名称
	横須賀村の一部	分立	三浦郡 (556) 横須賀楠ヶ浦町（よこすかくすがうらちょう）
	横須賀村の一部	分立	三浦郡 (557) 横須賀泊り町（よこすかとまりちょう）
	横須賀村の一部	分立	三浦郡 (558) 横須賀坂本町（よこすかさかもとちょう）
	横須賀村の一部（横須賀村消滅）	分立	三浦郡 (559) 横須賀谷町（よこすかたにまち）
明治 9年 5月 1日	三浦郡 (603) 浦賀村の一部	分立	三浦郡 (606) 浦賀新井町（うらがあらいちょう）
	浦賀村の一部	分立	三浦郡 (607) 浦賀洲崎町（うらがすざきちょう）
	浦賀村の一部	分立	三浦郡 (608) 浦賀新町（うらがしんちょう）
	浦賀村の一部	分立	三浦郡 (609) 浦賀大ヶ谷町（うらがおおがやちょう）
	浦賀村の一部	分立	三浦郡 (610) 浦賀築地新町（うらがつきじしんまち）
	浦賀村の一部	分立	三浦郡 (611) 浦賀築地古町（うらがつきじふるまち）
	浦賀村の一部	分立	三浦郡 (612) 浦賀谷戸町（うらがやとちょう）
	浦賀村の一部	分立	三浦郡 (613) 浦賀宮下町（うらがみやしたちょう）
	浦賀村の一部	分立	三浦郡 (614) 浦賀田中町（うらがたなかちょう）
	浦賀村の一部	分立	三浦郡 (615) 浦賀紺屋町（うらがこんやちょう）
	浦賀村の一部	分立	三浦郡 (616) 浦賀蛇畠町（うらがじゃばたけちょう）
	浦賀村の一部	分立	三浦郡 (617) 浦賀浜町（うらがはまちょう）
	浦賀村の一部	分立	三浦郡 (618) 浦賀芝生町（うらがしぼうちょう）
	浦賀村の一部	分立	三浦郡 (619) 浦賀荒巻町（うらがあらまきちょう）
	浦賀村の一部	分立	三浦郡 (620) 浦賀高坂町（うらがこうさかちょう）
	浦賀村の一部	分立	三浦郡 (621) 浦賀川間町（うらがかわまちょう）
	浦賀村の一部	分立	三浦郡 (622) 浦賀久比里町（うらがくびりちょう）
	浦賀村の一部（浦賀村消滅）	分立	三浦郡 (623) 浦賀吉井町（うらがよしいちょう）
明治10年頃	横浜町 (119) 坂下町	廃止	
明治10年頃	横浜町 (122) 和泉町	廃止	
明治10年頃	橘樹郡 (334) 池上義田村	廃止	
明治10年頃	都筑郡 (457) 本宿新田	編入	都筑郡 (455) 二俣川村
	(458) 密経新田	編入	二俣川村
明治10年頃	都筑郡 (464) 鶴ヶ峰新田	編入	都筑郡 (463) 今宿村
明治11年	横浜町 (26) 小宝町	編入	横浜町 (25) 北仲通
明治11年	鎌倉郡 (738) 戸塚宿	改称	鎌倉郡 (738) 戸塚駅（とつかえき）
明治11年 8月30日	大住郡 (1023) 上入山瀬村	合併	大住郡 (1022) 入山瀬村（いりやませむら）
	(1024) 下入山瀬村		

年月日		旧　名　称	内容		新　名　称

郡区町村編制法施行以降

年月日		旧　名　称	内容		新　名　称
明治11年11月18日	久良岐郡	⑶横浜町８１ヶ町	区設置		⑶横浜区
	横浜町	⒇本町		横浜区	⒇本町
		㉕北仲通			㉕北仲通
		㉗元浜町			㉗元浜町
		㉘海岸通			㉘海岸通
		㉙南仲通			㉙南仲通
		㉚弁天通			㉚弁天通
		㉝境町			㉝境町
		㉞太田町			㉞太田町
		㉟黄金町			㉟黄金町
		㊷相生町			㊷相生町
		㊸住吉町			㊸住吉町
		㊹常盤町			㊹常盤町
		㊺尾上町			㊺尾上町
		㊻真砂町			㊻真砂町
		㊾緑町			㊾緑町
		(50)港町			(50)港町
		(51)吉田町			(51)吉田町
		(52)柳町			(52)柳町
		(53)福富町			(53)福富町
		(54)長者町			(54)長者町
		(55)末吉町			(55)末吉町
		(56)伊勢佐木町			(56)伊勢佐木町
		(57)姿見町			(57)姿見町
		(58)羽衣町			(58)羽衣町
		(59)浪花町			(59)浪花町
		(60)蓬莱町			(60)蓬莱町
		(62)若竹町			(62)若竹町
		(63)松ヶ枝町			(63)松ヶ枝町
		(64)梅ヶ枝町			(64)梅ヶ枝町
		(65)若葉町			(65)若葉町
		(66)賑町			(66)賑町
		(67)久方町			(67)久方町

年月日	旧　名　称	内容	新　名　称
	⑹足曳町		足曳町
	⑹雲井町		⑹雲井町
	⑽長島町		⑽長島町
	⑾吉岡町		⑾吉岡町
	⑿駿河町		⑿駿河町
	⒀萬代町		⒀萬代町
	⒁不老町		⒁不老町
	⒂翁町		⒂翁町
	⒃扇町		⒃扇町
	⒄寿町		⒄寿町
	⒅松影町		⒅松影町
	⒆吉浜町		⒆吉浜町
	⒇三吉町		⒇三吉町
	(81)千歳町		(81)千歳町
	(82)山田町		(82)山田町
	(83)富士見町		(83)富士見町
	(84)山吹町		(84)山吹町
	(87)桜木町		(87)桜木町
	(88)内田町		(88)内田町
	(89)福長町		(89)福長町
	(90)長住町		(90)長住町
	(91)橘町		(91)橘町
	(92)高島町		(92)高島町
	(93)裏高島町		(93)裏高島町
	(94)花咲町		(94)花咲町
	(95)野毛町		(95)野毛町
	(96)月岡町		(96)月岡町
	(97)老松町		(97)老松町
	(98)宮川町		(98)宮川町
	(99)日出町		(99)日出町
	(100)福島町		(100)福島町
	(101)宮崎町		(101)宮崎町
	(102)伊勢町		(102)伊勢町
	(103)戸部町		(103)戸部町
	(104)平沼町		(104)平沼町

年月日	旧名称	内容		新名称
	(105)仲町			(105)仲町
	(106)材木町			(106)材木町
	(107)三春町			(107)三春町
	(108)初音町			(108)初音町
	(109)英町			(109)英町
	(110)霞町			(110)霞町
	(111)清水町			(111)清水町
	(112)元町			(112)元町
	(113)諏訪町			(113)諏訪町
	(114)上野町			(114)上野町
	(115)千代崎町			(115)千代崎町
	(116)山元町			(116)山元町
	(117)石川仲町			(117)石川仲町
	(118)石川町			(118)石川町
明治12年 1月11日	(横浜外国人居留地)	起立	横浜区	(126)日本大通(にほんおおどおり)
	(横浜外国人居留地)	起立		(127)富士山町(ふじやまちょう)
	(横浜外国人居留地)	起立		(128)神戸町(こうべちょう)
	(横浜外国人居留地)	起立		(129)花園町(はなぞのちょう)
	(横浜外国人居留地)	起立		(130)加賀町(かがちょう)
	(横浜外国人居留地)	起立		(131)阿波町(あわちょう)
	(横浜外国人居留地)	起立		(132)薩摩町(さつまちょう)
	(横浜外国人居留地)	起立		(133)本村通(ほんむらどおり)
	(横浜外国人居留地)	起立		(134)京町(きょうちょう)
	(横浜外国人居留地)	起立		(135)越後町(えちごちょう)
	(横浜外国人居留地)	起立		(136)大坂町(おおさかちょう)
	(横浜外国人居留地)	起立		(137)琵琶町(びわちょう)
	(横浜外国人居留地)	起立		(138)前橋町(まえばしちょう)
	(横浜外国人居留地)	起立		(139)蝦夷町(えぞちょう)
	(横浜外国人居留地)	起立		(140)駿河町(するがちょう)
	(横浜外国人居留地)	起立		(141)小田原町(おだわらちょう)
	(横浜外国人居留地)	起立		(142)尾張町(おわりちょう)
	(横浜外国人居留地)	起立		(143)武蔵横町(むさしよこちょう)
	(横浜外国人居留地)	起立		(144)豊後町(ぶんごちょう)
	(横浜外国人居留地)	起立		(145)函館町(はこだてちょう)

年月日	旧名称	内容	新名称
	（横浜外国人居留地）	起立	(146) 角町（つのちょう）
	（横浜外国人居留地）	起立	(147) 堀川町（ほりかわちょう）
	（横浜外国人居留地）	起立	(148) 武蔵町（むさしちょう）
	（横浜外国人居留地）	起立	(149) 二子町（ふたごちょう）
	（横浜外国人居留地）	起立	(150) 上田町（うえだちょう）
	（横浜外国人居留地）	起立	(151) 本町通（ほんちょうどおり）
	（横浜外国人居留地）	起立	(152) 水町通（みずまちどおり）
	（横浜外国人居留地）	起立	(153) 九州町（きゅうしゅうちょう）
	（横浜外国人居留地）	起立	(154) 長崎町（ながさきちょう）
	（横浜外国人居留地）	起立	(155) 海岸通（かいがんどおり）
明治12年11月22日	足柄上郡 (1316) 宮城野村	郡編入	足柄下郡 (1316) 宮城野村（みやぎのむら）
	(1317) 仙石原村	郡編入	(1317) 仙石原村（せんごくはらむら）
明治12年11月28日	三浦郡 (514) 三崎町の一部	分立	三浦郡 (515) 三崎花暮町（みさきはなくれちょう）
	三崎町の一部	分立	三浦郡 (516) 三崎日ノ出町（みさきひのでちょう）
	三崎町の一部	分立	三浦郡 (517) 三崎入船町（みさきいりふねちょう）
	三崎町の一部	分立	三浦郡 (518) 三崎仲崎町（みさきなかざきちょう）
	三崎町の一部	分立	三浦郡 (519) 三崎海南町（みさきかいなんちょう）
	三崎町の一部	分立	三浦郡 (520) 三崎西野町（みさきにしのちょう）
	三崎町の一部	分立	三浦郡 (521) 三崎宮城町（みさきみやぎちょう）
	三崎町の一部（三崎町消滅）	分立	三浦郡 (522) 三崎西浜町（みさきにしはまちょう）
明治13年頃	淘綾郡 (1053) 大磯宿	改称	淘綾郡 (1053) 大磯駅（おおいそえき）
明治13年頃	津久井郡 (1420) 与瀬小原駅の一部	分立	津久井郡 (1419) 小原町（おはらまち）
明治13年頃	津久井郡 (1420) 与瀬小原駅	改称	津久井郡 (1420) 与瀬駅（よせえき）
明治13年 1月20日	足柄下郡 (1229) 池戸新田	編入	足柄下郡 (1228) 荻窪村
	(1230) 堤新田	編入	荻窪村
明治13年 1月20日	足柄下郡 (1256) 後河原村	編入	足柄下郡 (1255) 入生田村
明治13年10月22日	鎌倉郡 (643) 大鋸町	改称	鎌倉郡 (643) 藤沢駅大鋸町（ふじさわえきだいぎりまち）
明治13年10月22日	鎌倉郡 (644) 西富町	改称	鎌倉郡 (644) 藤沢駅西富町（ふじさわえきにしとみまち）
明治13年10月22日	高座郡 (755) 大久保町	改称	高座郡 (755) 藤沢駅大久保町（ふじさわえきおおくぼまち）
明治13年10月22日	高座郡 (756) 坂戸町	改称	高座郡 (756) 藤沢駅坂戸町（ふじさわえきさかどまち）
明治14年 3月 9日	久良岐郡 (235) 中里村	改称	久良岐郡 (235) 上中里村（かみなかざとむら）
明治15年 1月18日	横浜区 (81) 千歳町の一部	分立	横浜区 (85) 永楽町（えいらくちょう）

年月日	旧名称	内容	新名称
	(82)山田町の一部		
	(83)富士見町の一部		
	(84)山吹町の一部		
明治15年 1月18日	横浜区 (82)山田町の一部	分立	横浜区 (86)真金町（まがねちょう）
	(83)富士見町の一部		
明治15年 5月 1日		成立	三浦郡 (560)横須賀小川町（よこすかおがわちょう）
明治15年 5月17日	愛甲郡 (1366)荻野村の一部	分立	愛甲郡 (1364)下荻野村（しもおぎのむら）
	荻野村の一部（荻野村消滅）	分立	愛甲郡 (1365)中荻野村（なかおぎのむら）
明治16年頃	大住郡 (895)平塚宿	改称	大住郡 (895)平塚駅（ひらつかえき）
明治16年頃	足柄下郡 (1308)箱根宿	改称	足柄下郡 (1308)箱根駅（はこねえき）
明治17年 7月10日	（山手外国人居留地）	起立	横浜区 (156)谷戸坂通（やとざかどおり）
	（山手外国人居留地）	起立	(157)山手本町通（やまてほんちょうどおり）
	（山手外国人居留地）	起立	(158)富士見町（ふじみちょう）
	（山手外国人居留地）	起立	(159)内台坂（うちだいざか）
	（山手外国人居留地）	起立	(160)西坂町（にしざかまち）
	（山手外国人居留地）	起立	(161)地蔵坂（じぞうざか）
	（山手外国人居留地）	起立	(162)小坂町（こさかちょう）
	（山手外国人居留地）	起立	(163)大丸坂（おおまるざか）
	（山手外国人居留地）	起立	(164)橦木町（しゅもくちょう）
	（山手外国人居留地）	起立	(165)環町（たまきちょう）
	（山手外国人居留地）	起立	(166)公園坂（こうえんざか）
	（山手外国人居留地）	起立	(167)西野坂（にしのさか）
	（山手外国人居留地）	起立	(168)汐汲坂（しおくみざか）
	（山手外国人居留地）	起立	(169)高田坂（たかだざか）
	（山手外国人居留地）	起立	(170)三ノ輪坂（みのわざか）
	（山手外国人居留地）	起立	(171)稲荷町（いなりちょう）
	（山手外国人居留地）	起立	(172)南坂（みなみざか）
	（山手外国人居留地）	起立	(173)貝殻坂（かいがらざか）
	（山手外国人居留地）	起立	(174)宮脇坂（みやわきざか）
	（山手外国人居留地）	起立	(175)陣屋町（じんやまち）
	（山手外国人居留地）	起立	(176)諏訪町通（すわちょうどおり）
	（山手外国人居留地）	起立	(177)弓町（ゆみちょう）
	（山手外国人居留地）	起立	(178)畑町（はたちょう）

年月日		旧名称	内容		新名称
		(山手外国人居留地)	起立		(179)矢ノ根町（やのねちょう）
		(山手外国人居留地)	起立		(180)泉町（いずみちょう）
		(山手外国人居留地)	起立		(181)林町（はやしちょう）
明治19年 2月 6日	大住郡	(1042)五分一村	編入	足柄上郡	(1168)井ノ口村
明治20年 7月18日	横浜区	(88)内田町の一部	編入	横浜区	(90)長住町
		(89)福長町	編入		長住町
明治20年 7月22日	大住郡	(978)堀斎藤村	合併	大住郡	(980)堀西村（ほりにしむら）
		(979)堀沼城村			
明治21年 1月23日	高座郡	(755)藤沢駅大久保町	合併	高座郡	(757)藤沢駅大坂町（ふじさわえきおおさかまち）
		(756)藤沢駅坂戸町			

市制町村制施行前

年月日	旧名称		内容	新名称	
明治22年 3月31日	久良岐郡	(183)戸部町	合併	久良岐郡	(189)戸太村（とだむら）
		(185)平沼新田			
		(186)尾張屋新田			
		(187)太田村			
		(188)吉田新田			
明治22年 3月31日	久良岐郡	(194)本牧本郷村	合併	久良岐郡	(196)本牧村（ほんもくむら）
		(195)北方村			
明治22年 3月31日	橘樹郡	(257)保土ヶ谷町	合併	橘樹郡	(257)保土ヶ谷町（ほどがやまち）
		(258)岡野新田			
		(261)神戸町			
		(262)帷子町			
		(263)岩間町			
明治22年 3月31日	橘樹郡	(264)下星川村	合併	橘樹郡	(266)宮川村（みやがわむら）
		(265)和田村			
明治22年 3月31日	橘樹郡	(267)仏向村	合併	橘樹郡	(269)矢崎村（やざきむら）
		(268)坂本村			
明治22年 3月31日	久良岐郡	(197)永田村	合併	久良岐郡	(210)大岡川村（おおおかがわむら）
		(198)引越村			
		(199)弘明寺村			
		(200)中里村			
		(201)最戸村			
		(202)久保村			
		(203)別所村			
		(204)蒔田村			
		(205)堀内村			
		(206)井土ヶ谷村			
		(208)下大岡村			
		(209)上大岡村			
明治22年 3月31日	久良岐郡	(211)磯子村	合併	久良岐郡	(219)屏風浦村（びょうぶがうらむら）
		(212)滝頭村			
		(213)岡村			
		(214)森村			
		(217)森中原村			

年月日	旧名称	内容	新名称
	(218)杉田村		
明治22年 3月31日 久良岐郡	(224)笹下村	合併	久良岐郡 (237)日下村（ひのしたむら）
	(229)日野村		
	(231)矢部野村		
	(232)田中村		
	(233)栗木村		
	(234)峰村		
	(235)上中里村		
	(236)氷取沢村		
明治22年 3月31日 久良岐郡	(238)町屋村	合併	久良岐郡 (247)金沢村（かなざわむら）
	(239)洲崎村		
	(240)野島浦		
	(241)寺前村		
	(242)谷津村		
	(243)富岡村		
	(244)柴村		
	(246)泥亀新田		
明治22年 3月31日 久良岐郡	(251)三分村	合併	久良岐郡 (256)六浦荘村（むつらのしょうむら）
	(252)釜利谷村		
	(246)泥亀新田飛地		
明治22年 3月31日 橘樹郡	(270)神奈川町	合併	橘樹郡 (270)神奈川町（かながわまち）
	(272)青木町		
	(273)芝生村		
明治22年 3月31日 橘樹郡	(274)小机村	合併	橘樹郡 (274)小机村（こづくえむら）
	(275)下菅田村		
	(276)羽沢村		
	(277)三枚橋村		
	(278)片倉村		
	(279)岸根村		
	(280)鳥山村		
	(281)六角橋村		
	(282)神大寺村		
明治22年 3月31日 橘樹郡	(283)子安村	合併	橘樹郡 (283)子安村（こやすむら）
	(287)白幡村		

年月日	旧名称	内容	新名称
	(299)西寺尾村		
明治22年 3月31日	橘樹郡 (288)鶴見村	合併	橘樹郡 (288)生見尾村（うみおむら）
	(289)生麦村		
	(300)東寺尾村		
	(297)馬場村飛地		
明治22年 3月31日	橘樹郡 (297)馬場村	合併	橘樹郡 (307)旭村（あさひむら）
	(298)北寺尾村		
	(301)獅子ヶ谷村		
	(302)師岡村		
	(303)駒岡村		
	(305)上末吉村		
	(306)下末吉村		
	(299)西寺尾村飛地		
	(300)東寺尾村飛地		
明治22年 3月31日	橘樹郡 (308)大豆戸村	合併	橘樹郡 (317)大綱村（おおづなむら）
	(309)篠原村		
	(310)菊名村		
	(311)樽村		
	(312)大曽根村		
	(313)太尾村		
	(315)南綱島村		
	(316)北綱島村		
明治22年 3月31日	橘樹郡 (318)新宿町	合併	橘樹郡 (323)川崎町（かわさきまち）
	(319)砂子町		
	(320)小土呂町		
	(321)久根崎町		
	(322)堀ノ内村		
	(331)大師河原村飛地		
	(336)南河原村飛地		
	(346)大島村飛地		
	(347)中島村飛地		
明治22年 3月31日	橘樹郡 (331)大師河原村	合併	橘樹郡 (331)大師河原村（だいしがわらむら）
	(335)池上新田		
	(318)新宿町飛地		

年月日	旧名称		内容	新名称	
		(319)砂子町飛地			
		(347)中島村飛地			
明治22年 3月31日	橘樹郡	(345)渡田村	合併	橘樹郡	(351)田島村（たしまむら）
		(346)大島村			
		(347)中島村			
		(348)小田村			
		(349)下新田村			
		(350)田辺新田			
		(293)菅沢村飛地			
		(318)新宿町飛地			
		(322)堀ノ内村飛地			
		(331)大師河原村飛地			
明治22年 3月31日	橘樹郡	(290)潮田村	合併	橘樹郡	(290)町田村（まちだむら）
		(291)小野新田			
		(292)市場村			
		(293)菅沢村			
		(294)矢向村			
		(295)江ヶ崎村			
		(348)小田村飛地			
明治22年 3月31日	橘樹郡	(336)南河原村	合併	橘樹郡	(344)御幸村（みゆきむら）
		(337)塚越村			
		(338)古川村			
		(339)戸手村			
		(340)小向村			
		(341)下平間村			
		(342)上平間村			
		(343)中丸子村			
		(294)矢向村飛地			
		(318)新宿町飛地			
		(319)砂子町飛地			
		(322)堀ノ内村飛地			
		(352)小杉村飛地			
明治22年 3月31日	橘樹郡	(359)苅宿村	合併	橘樹郡	(365)住吉村（すみよしむら）
		(360)今井村			

年月日		旧名称	内容		新名称
		(361)市ノ坪村			
		(362)木月村			
		(363)井田村			
		(364)北加瀬村			
明治22年 3月31日	橘樹郡	(412)箕輪村	合併	橘樹郡	(419)日吉村（ひよしむら）
		(413)小倉村			
		(414)鹿島田村			
		(415)矢上村			
		(416)南加瀬村			
		(417)駒林村			
		(418)駒ヶ橋村			
明治22年 3月31日	橘樹郡	(366)溝口村	合併	橘樹郡	(374)高津村（たかつむら）
		(367)下作延村			
		(368)久本村			
		(369)二子村			
		(370)久地村			
		(371)北見方村			
		(372)諏訪河原村			
		(373)坂戸村			
明治22年 3月31日	橘樹郡	(352)小杉村	合併	橘樹郡	(358)中原村（なかはらむら）
		(353)上丸子村			
		(354)宮内村			
		(355)上小田中村			
		(356)下小田中村			
		(357)新城村			
		(343)中丸子村飛地			
明治22年 3月31日	橘樹郡	(375)明津村	合併	橘樹郡	(384)橘村（たちばなむら）
		(376)蟹ヶ谷村			
		(379)千年村			
		(380)新作村			
		(381)子母口村			
		(382)末長村			
		(383)久末村			
明治22年 3月31日	橘樹郡	(385)梶ヶ谷村	合併	橘樹郡	(392)宮前村（みやさきむら）

年月日	旧名称	内容	新名称
	(388)野川村		
	(389)馬絹村		
	(390)有馬村		
	(391)土橋村		
	(366)溝口村飛地		
明治22年 3月31日	橘樹郡 (393)平村	合併	橘樹郡 (399)向丘村（むかいおかむら）
	(396)菅生村		
	(397)長尾村		
	(398)上作延村		
	(367)下作延村飛地		
明治22年 3月31日	橘樹郡 (402)生田村	合併	橘樹郡 (402)生田村（いくたむら）
	(403)高石村		
	(404)細山村		
	(405)金程村		
明治22年 3月31日	橘樹郡 (406)登戸村	合併	橘樹郡 (411)稲田村（いなだむら）
	(407)宿河原村		
	(408)堰村		
	(409)菅村		
	(410)中野島村		
明治22年 3月31日	都筑郡 (435)新羽村	合併	都筑郡 (438)新田村（にったむら）
	(436)吉田村		
	(437)高田村		
明治22年 3月31日	都筑郡 (439)山田村	合併	都筑郡 (444)中川村（なかがわむら）
	(440)勝田村		
	(441)大棚村		
	(442)牛久保村		
	(443)茅ヶ崎村		
明治22年 3月31日	都筑郡 (445)川和村	合併	都筑郡 (445)都田村（つだむら）
	(446)大熊村		
	(447)東方村		
	(448)川向村		
	(449)折本村		
	(450)池辺村		
	(451)佐江戸村		

年月日		旧名称	内容		新名称
		(474)本郷村飛地			
明治22年 3月31日	都筑郡	(452)荏田村	合併	都筑郡	(454)山内村(やまうちむら)
		(453)石川村			
		(498)黒須田村飛地			
明治22年 3月31日	都筑郡	(423)下麻生村	合併	都筑郡	(433)柿生村(かきおむら)
		(424)王禅寺村			
		(425)早野村			
		(426)上麻生村			
		(427)五力田村			
		(428)古沢村			
		(429)萬福寺村			
		(430)片平村			
		(431)栗木村			
		(432)黒川村			
明治22年 3月31日	都筑郡	(473)鴨居村	合併	都筑郡	(486)新治村(にいはるむら)
		(474)本郷村			
		(475)上菅田村			
		(476)新井新田			
		(477)中山村			
		(478)榎下村			
		(479)久保村			
		(480)寺山村			
		(481)台村			
		(483)上猿山村			
		(484)下猿山村			
		(485)十日市場村			
明治22年 3月31日	都筑郡	(420)上星川村	合併	都筑郡	(422)西谷村(にしやむら)
		(421)川島村			
明治22年 3月31日	都筑郡	(455)二俣川村	合併	都筑郡	(455)二俣川村(ふたまたがわむら)
		(459)三反田村			
		(460)小高新田			
		(461)市野沢村			
		(462)今井村			
明治22年 3月31日	都筑郡	(463)今宿村	合併	都筑郡	(472)都岡村(つおかむら)

年月日	旧名称	内容	新名称
	(465)川井村		
	(466)下川井村		
	(467)上川井村		
	(469)上白根村		
	(470)下白根村		
明治22年 3月31日	都筑郡 (487)小山村	合併	都筑郡 (503)中里村（なかざとむら）
	(488)青砥村		
	(489)北八朔村		
	(490)西八朔村		
	(491)下谷本村		
	(492)上谷本村		
	(493)成合村		
	(494)鉄村		
	(498)黒須田村		
	(499)大場村		
	(500)市ヶ尾村		
	(501)寺家村		
	(502)鴨志田村		
	(423)下麻生村飛地		
明治22年 3月31日	都筑郡 (504)長津田村	合併	都筑郡 (507)田奈村（たなむら）
	(505)恩田村		
	(506)奈良村		
明治22年 3月31日	三浦郡 (587)長沢村	合併	三浦郡 (590)北下浦村（きたしたうらむら）
	(588)野比村		
	(589)津久井村		
明治22年 3月31日	三浦郡 (508)菊名村	合併	三浦郡 (513)南下浦村（みなみしたうらむら）
	(509)上宮田村		
	(510)金田村		
	(511)松輪村		
	(512)毘沙門村		
明治22年 3月31日	三浦郡 (515)三崎花暮町	合併	三浦郡 (514)三崎町（みさきまち）
	(516)三崎日ノ出町		
	(517)三崎入船町		
	(518)三崎仲崎町		

年月日	旧名称	内容	新名称
	(519)三崎海南町		
	(520)三崎西野町		
	(521)三崎宮城町		
	(522)三崎西浜町		
	(524)城ヶ島村		
	(531)六合村		
	(532)諸磯村		
	(533)小網代村		
明治22年 3月31日	三浦郡 (534)下宮田村	合併	三浦郡 (542)初声村
	(535)三戸村		
	(536)高円坊村		
	(537)和田村		
	(541)入江新田		
明治22年 3月31日	三浦郡 (591)武村	合併	三浦郡 (595)武山村
	(592)須軽谷村		
	(593)林村		
	(594)大田和村		
	(596)長井村飛地		
明治22年 3月31日	三浦郡 (597)芦名村	合併	三浦郡 (602)中西浦村
	(598)長坂村		
	(599)荻野村		
	(600)佐島村		
	(601)秋谷村		
明治22年 3月31日	三浦郡 (577)浦郷村	合併	三浦郡 (577)浦郷村
	(578)船越新田		
	(579)田浦村		
	(580)長浦村		
明治22年 3月31日	三浦郡 (562)公郷村	合併	三浦郡 (568)豊島村
	(563)深田村		
	(564)中里村		
	(565)佐野村		
	(567)不入斗村		
明治22年 3月31日	三浦郡 (545)横須賀元町	合併	三浦郡 (544)横須賀町
	(546)横須賀汐留町		

年月日	旧名称	内容	新名称
	(547)横須賀汐留新道		
	(548)横須賀汐入町		
	(549)横須賀湊町		
	(550)横須賀旭町		
	(551)横須賀諏訪町		
	(552)横須賀三王町		
	(553)横須賀大滝町		
	(554)横須賀若松町		
	(555)横須賀稲岡町		
	(556)横須賀楠ヶ浦町		
	(557)横須賀泊り町		
	(558)横須賀坂本町		
	(559)横須賀谷町		
	(560)横須賀小川町		
	(561)逸見村		
明治22年 3月31日	三浦郡 (606)浦賀新井町	合併	三浦郡 (603)浦賀町(うらがまち)
	(607)浦賀洲崎町		
	(608)浦賀新町		
	(609)浦賀大ヶ谷町		
	(610)浦賀築地新町		
	(611)浦賀築地古町		
	(612)浦賀谷戸町		
	(613)浦賀宮下町		
	(614)浦賀田中町		
	(615)浦賀紺屋町		
	(616)浦賀蛇畠町		
	(617)浦賀浜町		
	(618)浦賀芝生町		
	(619)浦賀荒巻町		
	(620)浦賀高坂町		
	(621)浦賀川間町		
	(622)浦賀久比里町		
	(623)浦賀吉井町		
	(624)大津村		
	(625)走水村		

年月日		旧　名　称	内容		新　名　称
		(626)鴨居村			
		(562)公郷村飛地			
		(582)内川新田飛地			
明治22年 3月31日	三浦郡	(581)佐原村	合併	三浦郡	(586)久里浜村（くりはまむら）
		(582)内川新田			
		(583)八幡久里浜村			
		(584)久村			
		(585)岩戸村			
明治22年 3月31日	三浦郡	(566)金谷村	合併	三浦郡	(569)衣笠村（きぬかさむら）
		(569)衣笠村			
		(570)小矢部村			
		(571)大矢部村			
		(572)森崎村			
		(573)平作村			
		(565)佐野村飛地			
		(567)不入斗村飛地			
明治22年 3月31日	三浦郡	(636)一色村	合併	三浦郡	(642)葉山村（はやまむら）
		(637)木古庭村			
		(638)上山口村			
		(639)下山口村			
		(640)堀内村			
		(641)長柄村			
明治22年 3月31日	三浦郡	(627)逗子村	合併	三浦郡	(627)田越村（たごえむら）
		(628)沼間村			
		(629)桜山村			
		(630)池子村			
		(631)山野根村			
		(634)久木村			
		(635)小坪村			
明治22年 3月31日	鎌倉郡	(643)藤沢駅大鋸町	合併	鎌倉郡	(645)藤沢大富町（ふじさわおおとみまち）
		(644)藤沢駅西富町			
明治22年 3月31日	鎌倉郡	(656)東俣野村	合併	鎌倉郡	(659)俣野村（またのむら）
		(657)上俣野村			
		(658)山谷新田			

年月日	旧名称	内容	新名称
	(705)城廻村飛地		
明治22年 3月31日	鎌倉郡 (704)岡本村	合併	鎌倉郡 (708)玉縄村（たまなわむら）
	(705)城廻村		
	(706)植木村		
	(707)関谷村		
	(658)山谷新田飛地		
明治22年 3月31日	鎌倉郡 (646)川名村	合併	鎌倉郡 (653)村岡村（むらおかむら）
	(647)柄沢村		
	(648)渡内村		
	(649)弥勒寺村		
	(650)小塚村		
	(651)宮前村		
	(652)高谷村		
明治22年 3月31日	鎌倉郡 (690)山崎村	合併	鎌倉郡 (697)深沢村（ふかざわむら）
	(691)梶原村		
	(692)笛田村		
	(693)寺分村		
	(694)上町谷村		
	(695)常盤村		
	(696)手広村		
明治22年 3月31日	鎌倉郡 (688)腰越村	合併	鎌倉郡 (688)腰越津村（こしごえつむら）
	(689)津村		
明治22年 3月31日	鎌倉郡 (654)片瀬村	合併	鎌倉郡 (654)川口村（かわぐちむら）
	(655)江ノ島		
明治22年 3月31日	鎌倉郡 (672)長谷村	合併	鎌倉郡 (676)西鎌倉村（にしかまくらむら）
	(673)坂ノ下村		
	(674)極楽寺村		
	(675)乱橋材木座村		
	(677)大町村飛地		
明治22年 3月31日	鎌倉郡 (677)大町村	合併	鎌倉郡 (686)東鎌倉村（ひがしかまくらむら）
	(678)小町村		
	(679)雪ノ下村		
	(680)西御門村		
	(681)峠村		

年月日		旧名称	内容		新名称
		(682)浄明寺村			
		(683)二階堂村			
		(684)十二所村			
		(685)扇ヶ谷村			
		(674)極楽寺村飛地			
		(675)乱橋材木座村飛地			
明治22年 3月31日	鎌倉郡	(698)大船村	合併	鎌倉郡	(698)小坂村（こさかむら）
		(699)山ノ内村			
		(700)小袋谷村			
		(701)台村			
		(702)岩瀬村			
		(703)今泉村			
明治22年 3月31日	鎌倉郡	(709)小菅ヶ谷村	合併	鎌倉郡	(716)本郷村（ほんごうむら）
		(710)笠間村			
		(711)公田村			
		(712)桂村			
		(713)鍛冶ヶ谷村			
		(714)中野村			
		(715)上野村			
明治22年 3月31日	鎌倉郡	(717)飯島村	合併	鎌倉郡	(721)豊田村（とよだむら）
		(718)長沼村			
		(719)下倉田村			
		(720)上倉田村			
明治22年 3月31日	鎌倉郡	(660)金井村	合併	鎌倉郡	(666)長尾村（ながおむら）
		(661)田谷村			
		(664)小雀村			
		(665)長尾台村			
明治22年 3月31日	鎌倉郡	(723)上野庭村	合併	鎌倉郡	(728)永野村（ながのむら）
		(724)下野庭村			
		(725)永谷村			
		(736)平戸村飛地			
明治22年 3月31日	鎌倉郡	(730)上柏尾村	合併	鎌倉郡	(737)川上村（かわかみむら）
		(731)下柏尾村			
		(732)舞岡村			

年月日		旧名称	内容		新名称
		(733)前山田村			
		(734)後山田村			
		(735)品濃村			
		(736)平戸村			
		(725)永谷村飛地			
明治22年 3月31日	鎌倉郡	(749)上矢部村	合併	鎌倉郡	(754)中川村（なかがわむら）
		(750)秋葉村			
		(751)名瀬村			
		(752)阿久和村			
		(753)岡津村			
明治22年 3月31日	鎌倉郡	(738)戸塚駅	合併	鎌倉郡	(738)戸塚町（とつかまち）
		(739)矢部町			
		(740)吉田町			
明治22年 3月31日	鎌倉郡	(741)瀬谷村	合併	鎌倉郡	(741)瀬谷村（せやむら）
		(742)二ツ橋村			
		(743)宮沢村			
明治22年 3月31日	鎌倉郡	(744)和泉村	合併	鎌倉郡	(748)中和田村（なかわだむら）
		(745)中田村			
		(746)上飯田村			
		(747)下飯田村			
	高座郡	(769)今田村飛地			
		(785)上和田村飛地			
明治22年 3月31日	鎌倉郡	(667)原宿村	合併	鎌倉郡	(670)富士見村（ふじみむら）
		(668)深谷村			
		(669)汲沢村			
明治22年 3月31日	高座郡	(757)藤沢駅大坂町	改称	高座郡	(757)藤沢大坂町（ふじさわおおさかまち）
明治22年 3月31日	高座郡	(759)羽鳥村	合併	高座郡	(763)明治村（めいじむら）
		(760)大庭村			
		(761)稲荷村			
		(762)辻堂村			
明治22年 3月31日	高座郡	(788)室田村	合併	高座郡	(795)松林村（まつばやしむら）
		(789)小和田村			
		(790)菱沼村			
		(791)高田村			

年月日	旧名称	内容	新名称
	(792)赤羽根村		
	(793)甘沼村		
	(794)香川村		
明治22年 3月31日	高座郡 (796)矢畑村	合併	高座郡 (807)鶴嶺村（つるがみねむら）
	(797)円蔵村		
	(798)西久保村		
	(799)今宿村		
	(800)浜ノ郷村		
	(801)平太夫新田		
	(802)松尾村		
	(803)柳島村		
	(804)中島村		
	(805)萩園村		
	(806)下町屋村		
明治22年 3月31日	高座郡 (814)一ノ宮村	合併	高座郡 (825)寒川村（さむかわむら）
	(815)中瀬村		
	(816)田端村		
	(817)宮山村		
	(818)倉見村		
	(819)下大曲村		
	(820)大曲村		
	(821)岡田村		
	(822)大蔵村		
	(823)小谷村		
	(824)小動村		
明治22年 3月31日	高座郡 (808)堤村	合併	高座郡 (813)小出村（こいでむら）
	(809)行谷村		
	(810)下寺尾村		
	(811)芹沢村		
	(812)遠藤村		
	(776)打戻村飛地		
明治22年 3月31日	高座郡 (765)亀井野村	合併	高座郡 (771)六会村（むつあいむら）
	(766)西俣野村		
	(767)石川村		

年月日	旧名称	内容	新名称
	(768)円行村		
	(769)今田村		
	(770)下土棚村		
明治22年 3月31日	高座郡 (779)長後村	合併	高座郡 (786)渋谷村（しぶやむら）
	(782)高倉村		
	(783)下和田村		
	(784)福田村		
	(785)上和田村		
	(827)本蓼川村飛地		
明治22年 3月31日	高座郡 (826)深谷村	合併	高座郡 (834)綾瀬村（あやせむら）
	(827)本蓼川村		
	(828)蓼川村		
	(829)吉岡村		
	(830)上土棚村		
	(831)寺尾村		
	(832)小園村		
	(833)早川村		
明治22年 3月31日	高座郡 (859)深見村	合併	高座郡 (863)鶴見村（つるみむら）
	(860)上草柳村		
	(861)下草柳村		
	(862)下鶴間村		
	(785)上和田村飛地		
明治22年 3月31日	高座郡 (772)用田村	合併	高座郡 (778)御所見村（ごしょみむら）
	(773)葛原村		
	(774)菖蒲沢村		
	(775)獺郷村		
	(776)打戻村		
	(777)宮原村		
明治22年 3月31日	高座郡 (849)杉窪村	合併	高座郡 (858)有馬村（ありまむら）
	(850)本郷村		
	(851)中野村		
	(852)門沢橋村		
	(853)社家村		
	(855)上河内村		

年月日		旧名称	内容		新名称
		(856)中河内村			
		(857)今里村			
明治22年 3月31日	高座郡	(835)国分村	合併	高座郡	(848)海老名村（えびなむら）
		(836)望地村			
		(837)大谷村			
		(840)中新田村			
		(841)河原口村			
		(842)上郷村			
		(844)上今泉村			
		(846)下今泉村			
		(847)柏ヶ谷村			
明治22年 3月31日	高座郡	(864)上鶴間村	合併	高座郡	(869)大野村（おおのむら）
		(865)鵜ノ森村			
		(866)淵野辺村			
		(867)矢部新田村			
		(868)上矢部村			
明治22年 3月31日	高座郡	(870)相原村	合併	高座郡	(870)相原村（あいはらむら）
		(871)橋本村			
		(872)小山村			
		(873)清兵衛新田			
		(876)下九沢村飛地			
明治22年 3月31日	高座郡	(874)大島村	合併	高座郡	(877)大沢村（おおさわむら）
		(875)上九沢村			
		(876)下九沢村			
明治22年 3月31日	高座郡	(880)当麻村	合併	高座郡	(882)麻溝村（あさみぞむら）
		(881)下溝村			
明治22年 3月31日	高座郡	(879)上溝村	合併	高座郡	(879)溝村（みぞむら）
		(878)田名村飛地			
明治22年 3月31日	高座郡	(883)磯部村	合併	高座郡	(885)新磯村（あらいそむら）
		(884)新戸村			
		(890)座間村飛地			
明治22年 3月31日	高座郡	(890)座間村	合併	高座郡	(890)座間村（ざまむら）
		(891)座間入谷村			
		(892)栗原村			

年月日	旧名称	内容	新名称
	(893)新田宿村		
	(894)四ツ谷村		
	(884)新戸村飛地		
明治22年 3月31日	足柄下郡 (1190)小田原駅十字町	合併	足柄下郡 (1224) 小田原町（おだわらまち）
	(1198)小田原駅幸町		
	(1206)小田原駅萬年町		
	(1212)小田原駅緑町		
	(1223)小田原駅新玉町		
明治22年 3月31日	足柄下郡 (1225)池上村	合併	足柄下郡 (1232) 芦子村（あしこむら）
	(1226)町田村		
	(1227)中島村		
	(1228)荻窪村		
	(1231)谷津村		
	(1233)久野村飛地		
明治22年 3月31日	足柄下郡 (1233)久野村	合併	足柄下郡 (1233) 久野村（くのむら）
	(1228)荻窪村飛地		
明治22年 3月31日	足柄下郡 (1234)蓮正寺村	合併	足柄下郡 (1246) 富水村（とみずむら）
	(1235)中曽根村		
	(1236)飯田岡村		
	(1237)新屋村		
	(1238)堀ノ内村		
	(1239)柳新田村		
	(1240)小台村		
	(1241)清水新田		
	(1242)北久保村		
	(1243)府川村		
	(1244)穴部村		
	(1245)穴部新田		
	足柄上郡 (1091)岩原村飛地		
	足柄下郡 (1248)多古村飛地		
明治22年 3月31日	足柄下郡 (1247)井細田村	合併	足柄下郡 (1250) 二川村（ふたがわむら）
	(1248)多古村		
	(1249)今井村		
明治22年 3月31日	足柄下郡 (1277)下新田村	合併	足柄下郡 (1285) 下府中村（しもふなかむら）

年月日	旧名称	内容	新名称
	(1278)中新田村		
	(1279)上新田村		
	(1280)鴨宮村		
	(1281)矢作村		
	(1283)中里村		
	(1284)下堀村		
	(1249)今井村飛地		
	(1259)酒匂村飛地		
明治22年 3月31日	足柄下郡 (1269)高田村	合併	足柄下郡 (1276)上府中村（かみふなかむら）
	(1270)別堀村		
	(1271)千代村		
	(1272)延清村		
	(1273)永塚村		
	(1274)東大友村		
	(1275)西大友村		
明治22年 3月31日	足柄下郡 (1264)桑原村	合併	足柄下郡 (1268)豊川村（とよかわむら）
	(1265)成田村		
	(1266)飯泉村		
明治22年 3月31日	足柄下郡 (1292)田島村	合併	足柄下郡 (1292)田島村（たじまむら）
	(1291)国府津村飛地		
明治22年 3月31日	足柄下郡 (1286)曽我別所村	合併	足柄下郡 (1290)下曽我村（しもそがむら）
	(1287)曽我原村		
	(1288)曽我谷津村		
	(1289)曽我岸村		
明治22年 3月31日	足柄下郡 (1259)酒匂村	合併	足柄下郡 (1259)酒匂村（さかわむら）
	(1261)山王原村		
	(1262)網一色村		
	(1263)小八幡村		
	(1291)国府津村飛地		
	(1298)前川村飛地		
明治22年 3月31日	足柄下郡 (1291)国府津村	合併	足柄下郡 (1291)国府津村（こうづむら）
	(1298)前川村飛地		
明治22年 3月31日	足柄下郡 (1298)前川村	合併	足柄下郡 (1300)前羽村（まえばむら）
	(1299)羽根尾村		

年月日	旧名称	内容	新名称
	淘綾郡 (1050)川匂村飛地		
	足柄下郡 (1259)酒匂村飛地		
	(1291)国府津村飛地		
	(1301)中村原飛地		
明治22年 3月31日	足柄下郡 (1301)中村原	合併	足柄下郡 (1306) 下中村（しもなかむら）
	(1302)上町村		
	(1303)小船村		
	(1304)小竹村		
	(1305)沼代村		
	淘綾郡 (1049)山西村飛地		
	足柄下郡 (1299)羽根尾村飛地		
明治22年 3月31日	足柄下郡 (1252)板橋村	合併	足柄下郡 (1257) 大窪村（おおくぼむら）
	(1253)風祭村		
	(1254)水ノ尾村		
	(1255)入生田村		
明治22年 3月31日	足柄下郡 (1311)湯本村	合併	足柄下郡 (1311) 湯本村（ゆもとむら）
	(1312)湯本茶屋村		
	(1313)須雲川村		
	(1314)塔ノ沢村		
	(1315)畑宿		
明治22年 3月31日	足柄下郡 (1318)底倉村	合併	足柄下郡 (1320) 温泉村（おんせんむら）
	(1319)大平台村		
明治22年 3月31日	足柄下郡 (1322)岩村	合併	足柄下郡 (1322) 岩村（いわむら）
	(1321)真鶴村飛地		
明治22年 3月31日	足柄下郡 (1321)真鶴村	合併	足柄下郡 (1321) 真鶴村（まなづるむら）
	(1322)岩村飛地		
明治22年 3月31日	足柄下郡 (1329)福浦村	合併	足柄下郡 (1329) 福浦村（ふくうらむら）
	(1322)岩村飛地		
明治22年 3月31日	足柄下郡 (1330)吉浜村	合併	足柄下郡 (1330) 吉浜村（よしはまむら）
	(1331)鍛冶屋村		
明治22年 3月31日	足柄下郡 (1324)宮下村	合併	足柄下郡 (1328) 土肥村（どいむら）
	(1325)宮上村		
	(1326)門川村		
	(1327)城堀村		

年月日	旧名称	内容	新名称
明治22年 3月31日	足柄上郡 (1089)沼田村	合併	足柄上郡(1096)岡本村(おかもとむら)
	(1090)三竹山村		
	(1091)岩原村		
	(1092)塚原村		
	(1093)駒形新宿		
	(1094)炭焼所村		
	(1095)和田河原村		
	(1066)中沼村飛地		
	足柄下郡 (1242)北久保村飛地		
明治22年 3月31日	足柄上郡 (1170)柏山村	合併	足柄上郡(1172)桜井村(さくらいむら)
	(1171)曽比村		
	(1083)竹松村飛地		
明治22年 3月31日	足柄上郡 (1080)小市村	合併	足柄上郡(1088)福沢村(ふくざわむら)
	(1083)竹松村		
	(1084)壗下村		
	(1085)怒田村		
	(1086)千津島村		
	(1087)斑目村		
	(1095)和田河原村飛地		
	(1109)岡野村飛地		
明治22年 3月31日	足柄上郡 (1066)中沼村	合併	足柄上郡(1077)南足柄村(みなみあしがらむら)
	(1067)狩野村		
	(1068)飯沢村		
	(1069)猿山村		
	(1070)関本村		
	(1071)雨坪村		
	(1072)福泉村		
	(1073)弘西寺村		
	(1076)苅野村		
	(1094)炭焼所村飛地		
明治22年 3月31日	足柄上郡 (1078)矢倉沢村	合併	足柄上郡(1082)北足柄村(きたあしがらむら)
	(1079)内山村		
	(1081)平山村		
	(1085)怒田村飛地		

年月日	旧名称		内容	新名称
明治22年 3月31日	足柄上郡	(1103)牛島村	合併	足柄上郡(1110)酒田村（さかたむら）
		(1104)宮ノ台村		
		(1105)中ノ名村		
		(1106)円通寺村		
		(1107)延沢村		
		(1108)金井島村		
		(1109)岡野村		
明治22年 3月31日	足柄上郡	(1112)金子村	合併	足柄上郡(1114)金田村（かねだむら）
		(1113)金手村		
明治22年 3月31日	足柄上郡	(1173)鬼柳村	合併	足柄上郡(1180)曽我村（そがむら）
		(1175)上大井村		
		(1176)下大井村		
		(1177)西大井村		
		(1178)上曽我村		
		(1179)曽我大沢村		
明治22年 3月31日	足柄上郡	(1116)篠窪村	合併	足柄上郡(1121)上中村（かみなかむら）
		(1117)高尾村		
		(1118)柳村		
		(1119)赤田村		
		(1120)栃窪村		
	大住郡	(975)渋沢村飛地		
明治22年 3月31日	足柄上郡	(1097)八沢村	合併	足柄上郡(1101)上秦野村（かみはたのむら）
		(1098)柳川村		
		(1099)菖蒲村		
		(1100)三廻部村		
明治22年 3月31日	足柄上郡	(1124)神山村	合併	足柄上郡(1127)松田村（まつだむら）
		(1125)松田惣領		
		(1126)松田庶子		
明治22年 3月31日	足柄上郡	(1136)川村向原	合併	足柄上郡(1139)川村（かわむら）
		(1137)川村岸		
		(1138)川村山北		
		(1145)湯触村飛地		
明治22年 3月31日	足柄上郡	(1140)皆瀬川村	合併	足柄上郡(1142)共和村（きょうわむら）
		(1141)都夫良野村		

年月日	旧名称	内容	新名称
明治22年 3月31日	足柄上郡 (1144)川西村	合併	足柄上郡(1144)川西村(かわにしむら)
	(1141)都夫良野村飛地		
明治22年 3月31日	足柄上郡 (1149)中川村	合併	足柄上郡(1149)中川村(なかがわむら)
	(1152)神縄村飛地		
明治22年 3月31日	足柄上郡 (1153)遠藤村	合併	足柄上郡(1167)中村(なかむら)
	(1154)北田村		
	(1155)田中村		
	(1156)半分形村		
	(1157)久所村		
	(1158)古怒田村		
	(1159)鴨沢村		
	(1160)雑色村		
	(1161)松本村		
	(1162)比奈窪村		
	(1163)藤沢村		
	(1164)岩倉村		
	(1165)境別所村		
	(1166)境村		
	足柄下郡 (1304)小竹村飛地		
明治22年 3月31日	淘綾郡 (1048)二宮村	合併	淘綾郡 (1048)吾妻村(あづまむら)
	(1049)山西村		
	(1050)川匂村		
	(1051)中里村		
	(1052)一色村		
	足柄下郡 (1301)中村原飛地		
明治22年 3月31日	淘綾郡 (1058)西窪村	合併	淘綾郡 (1065)国府村(こくふむら)
	(1059)黒岩村		
	(1060)虫窪村		
	(1061)国府新宿村		
	(1062)国府本郷村		
	(1063)生沢村		
	(1064)寺坂村		
明治22年 3月31日	淘綾郡 (1043)出縄村	合併	淘綾郡 (1047)山背村(やませむら)
	(1044)萬田村		

年月日	旧名称	内容	新名称
	(1045)山下村		
	(1046)高根村		
明治22年 3月31日	淘綾郡 (1053)大磯駅	合併	淘綾郡 (1053)大磯町（おおいそまち）
	(1054)高麗村		
	(1056)西小磯村		
	(1057)東小磯村		
明治22年 3月31日	大住郡 (974)千村	合併	大住郡 (981)西秦野村（にしはだのむら）
	(975)渋沢村		
	(976)堀山下村		
	(977)堀川村		
	(980)堀西村		
	足柄上郡 (1120)栃窪村飛地		
明治22年 3月31日	大住郡 (949)平沢村	合併	大住郡 (953)南秦野村（みなみはだのむら）
	(950)今泉村		
	(951)尾尻村		
	(952)西大竹村		
	足柄上郡 (1120)栃窪村飛地		
明治22年 3月31日	大住郡 (954)菩提村	合併	大住郡 (959)北秦野村（きたはだのむら）
	(955)横野村		
	(956)戸川村		
	(957)三屋村		
	(958)羽根村		
明治22年 3月31日	大住郡 (960)西田原村	合併	大住郡 (967)東秦野村（ひがしはだのむら）
	(961)東田原村		
	(962)蓑毛村		
	(963)小蓑毛村		
	(964)寺山村		
	(965)落合村		
	(966)名古木村		
明治22年 3月31日	大住郡 (946)曽屋村	合併	大住郡 (948)秦野町（はだのまち）
	(947)上大槻村		
	(966)名古木村飛地		
	(968)下大槻村飛地		
明治22年 3月31日	大住郡 (928)土屋村	合併	大住郡 (931)土沢村（つちさわむら）

年月日	旧名称	内容	新名称
	(929)上吉沢村		
	(930)下吉沢村		
	足柄上郡 (1168)井ノ口村飛地		
明治22年 3月31日	大住郡 (940)千須谷村	合併	大住郡 (945)金目村
	(941)片岡村		
	(942)広川村		
	(943)南金目村		
	(944)北金目村		
明治22年 3月31日	大住郡 (900)河内村	合併	大住郡 (908)小中村
	(901)根坂間村		
	(902)徳延村		
	(903)公所村		
	(907)纏村		
	(935)南原村飛地		
明治22年 3月31日	大住郡 (968)下大槻村	合併	大住郡 (973)大根村
	(969)真田村		
	(970)南矢名村		
	(971)北矢名村		
	(972)落幡村		
明治22年 3月31日	大住郡 (987)善波村	合併	大住郡 (995)比々多村
	(988)坪ノ内村		
	(989)三ノ宮村		
	(991)神戸村		
	(992)串橋村		
	(993)笠窪村		
	(994)白根村		
明治22年 3月31日	大住郡 (919)入部村	合併	大住郡 (924)金田村
	(920)長持村		
	(921)寺田縄村		
	(922)入野村		
	(923)飯島村		
明治22年 3月31日	大住郡 (998)西富岡村	合併	大住郡 (1001)高部屋村
	(999)日向村		
	(1000)上粕屋村		

年月日		旧　名　称	内容		新　名　称
		(1002)下粕屋村飛地			
	愛甲郡	(1354)七沢村飛地			
明治22年 3月31日	大住郡	(982)伊勢原村	合併	大住郡	(982)伊勢原町（いせはらまち）
		(983)池端村			
		(984)東大竹村			
		(985)田中村			
		(986)板戸村			
		(1016)沼目村飛地			
明治22年 3月31日	大住郡	(996)大山町	合併	大住郡	(996)大山町（おおやままち）
		(997)子易村			
明治22年 3月31日	大住郡	(1018)矢崎村	合併	大住郡	(1028)岡崎村（おかざきむら）
		(1019)北大縄村			
		(1020)大畑村			
		(1021)丸島村			
		(1022)入山瀬村			
		(1025)馬渡村			
		(1026)西海地村			
		(1027)大句村			
明治22年 3月31日	大住郡	(914)城所村	合併	大住郡	(918)城島村（きじまむら）
		(915)小鍋島村			
		(916)大島村			
		(917)下島村			
明治22年 3月31日	大住郡	(1029)豊田本郷村	合併	大住郡	(1034)豊田村（とよだむら）
		(1030)小嶺村			
		(1031)宮下村			
		(1032)平等寺村			
		(1033)打間木村			
明治22年 3月31日	大住郡	(1002)下粕屋村	合併	大住郡	(1009)成瀬村（なるせむら）
		(1003)東富岡村			
		(1004)粟窪村			
		(1005)高森村			
		(1006)見附島村			
		(1007)石田村			
		(1008)下落合村			

年月日	旧名称	内容	新名称
明治22年 3月31日	大住郡 (1011)下平間村	合併	大住郡 (1017)大田村（おおたむら）
	(1012)上平間村		
	(1013)小稲葉村		
	(1014)上谷村		
	(1015)下谷村		
	(1016)沼目村		
	(983)池端村飛地		
明治22年 3月31日	大住郡 (895)平塚駅	合併	大住郡 (895)平塚町（ひらつかまち）
	(896)平塚新宿		
	(935)南原村飛地		
明治22年 3月31日	大住郡 (897)須賀村	合併	大住郡 (899)須馬村（すまむら）
	(898)馬入村		
明治22年 3月31日	大住郡 (932)八幡村	合併	大住郡 (939)大野村（おおのむら）
	(933)四ノ宮村		
	(934)真土村		
	(935)南原村		
	(937)中原下宿		
	(938)中原上宿		
	(895)平塚駅飛地		
明治22年 3月31日	大住郡 (910)田村	合併	大住郡 (913)神田村（かみたむら）
	(911)大神村		
	(912)吉際村		
	(1013)小稲葉村飛地		
明治22年 3月31日	大住郡 (1035)長沼村	合併	大住郡 (1041)相川村（あいかわむら）
	(1036)上落合村		
	(1037)下津古久村		
	(1038)戸田村		
	(1039)酒井村		
	(1040)岡田村		
	(1007)石田村飛地		
明治22年 3月31日	愛甲郡 (1333)戸室村	合併	愛甲郡 (1340)南毛利村（みなみもりむら）
	(1334)温水村		
	(1335)長谷村		
	(1336)愛名村		

年月日	旧名称	内容	新名称
	(1337)恩名村		
	(1338)船子村		
	(1339)愛甲村		
	(1350)飯山村飛地		
明治22年 3月31日	愛甲郡 (1352)岡津古久村	合併	愛甲郡 (1355)玉川村（たまがわむら）
	(1353)小野村		
	(1354)七沢村		
明治22年 3月31日	愛甲郡 (1348)下古沢村	合併	愛甲郡 (1351)小鮎村（こあゆむら）
	(1349)上古沢村		
	(1350)飯山村		
	(1334)温水村飛地		
明治22年 3月31日	愛甲郡 (1356)金田村	合併	愛甲郡 (1363)依知村（えちむら）
	(1357)下依知村		
	(1358)中依知村		
	(1359)上依知村		
	(1360)関口村		
	(1361)山際村		
	(1362)猿ヶ島村		
明治22年 3月31日	愛甲郡 (1364)下荻野村	合併	愛甲郡 (1366)荻野村（おぎのむら）
	(1365)中荻野村		
	(1367)上荻野村		
明治22年 3月31日	愛甲郡 (1345)棚沢村	合併	愛甲郡 (1345)棚沢村（たなさわむら）
	(1381)中津村飛地		
明治22年 3月31日	愛甲郡 (1345)棚沢村の字下平、飛地	合併	愛甲郡 (1381)中津村（なかつむら）
	(1381)中津村		
	(1382)八菅山村		
	(1346)下川入村飛地		
明治22年 3月31日	愛甲郡 (1375)角田村	合併	愛甲郡 (1377)高峰村（たかねむら）
	(1376)三増村		
明治22年 3月31日	愛甲郡 (1372)田代村	合併	愛甲郡 (1374)愛川村（あいかわむら）
	(1373)半原村		
明治22年 3月31日	津久井郡 (1383)小倉村	合併	津久井郡 (1385)湘南村（しょうなんむら）
	(1384)葉山島村		
明治22年 3月31日	津久井郡 (1386)川尻村	合併	津久井郡 (1386)川尻村（かわしりむら）

年月日	旧名称	内容	新名称
	(1390)中沢村飛地		
明治22年 3月31日	津久井郡(1390)中沢村	合併	津久井郡(1392)三沢村(みさわむら)
	(1391)三井村		
明治22年 3月31日	津久井郡(1415)若柳村	合併	津久井郡(1417)内郷村(うちごうむら)
	(1416)寸沢嵐村		
明治22年 3月31日	津久井郡(1419)小原町	合併	津久井郡(1419)小原町(おはらまち)
	(1408)吉野駅飛地		
明治22年 3月31日	津久井郡(1420)与瀬駅	合併	津久井郡(1420)与瀬駅(よせえき)
	(1408)吉野駅飛地		
明治22年 3月31日	津久井郡(1408)吉野駅	合併	津久井郡(1408)吉野駅(よしのえき)
	(1409)小淵村飛地		
	(1410)沢井村飛地		
	(1420)与瀬駅飛地		
明治22年 3月31日	津久井郡(1409)小淵村	合併	津久井郡(1409)小淵村(おぶちむら)
	(1408)吉野駅飛地		
	(1420)与瀬駅飛地		
明治22年 3月31日	津久井郡(1413)日連村	合併	津久井郡(1413)日連村(ひづれむら)
	(1415)若柳村飛地		
	(1416)寸沢嵐村飛地		

年月日		旧名称	内容	新名称

市制町村制施行以降

年月日		旧名称	内容	新名称
明治22年 4月 1日		(3)横浜区１３８ヶ町	市制	(3)横浜市
	横浜区	(23)本町		
		(25)北仲通		
		(27)元浜町		
		(28)海岸通		
		(29)南仲通		
		(30)弁天通		
		(33)境町		
		(34)太田町		
		(35)黄金町		
		(42)相生町		
		(43)住吉町		
		(44)常盤町		
		(45)尾上町		
		(46)真砂町		
		(49)緑町		
		(50)港町		
		(51)吉田町		
		(52)柳町		
		(53)福富町		
		(54)長者町		
		(55)末吉町		
		(56)伊勢佐木町		
		(57)姿見町		
		(58)羽衣町		
		(59)浪花町		
		(60)蓬莱町		
		(62)若竹町		
		(63)松ヶ枝町		
		(64)梅ヶ枝町		
		(65)若葉町		
		(66)賑町		
		(67)久方町		

年月日	旧名称	内容	新名称
	(68)足曳町		
	(69)雲井町		
	(70)長島町		
	(71)吉岡町		
	(72)駿河町		
	(73)萬代町		
	(74)不老町		
	(75)翁町		
	(76)扇町		
	(77)寿町		
	(78)松影町		
	(79)吉浜町		
	(80)三吉町		
	(81)千歳町		
	(82)山田町		
	(83)富士見町		
	(84)山吹町		
	(85)永楽町		
	(86)真金町		
	(87)桜木町		
	(88)内田町		
	(90)長住町		
	(91)橘町		
	(92)高島町		
	(93)裏高島町		
	(94)花咲町		
	(95)野毛町		
	(96)月岡町		
	(97)老松町		
	(98)宮川町		
	(99)日出町		
	(100)福島町		
	(101)宮崎町		
	(102)伊勢町		
	(103)戸部町		

年月日	旧　名　称	内容	新　名　称
	(104)平沼町		
	(105)仲町		
	(106)材木町		
	(107)三春町		
	(108)初音町		
	(109)英町		
	(110)霞町		
	(111)清水町		
	(112)元町		
	(113)諏訪町		
	(114)上野町		
	(115)千代崎町		
	(116)山元町		
	(117)石川仲町		
	(118)石川町		
	(126)日本大通		
	(127)富士山町		
	(128)神戸町		
	(129)花園町		
	(130)加賀町		
	(131)阿波町		
	(132)薩摩町		
	(133)本村通		
	(134)京町		
	(135)越後町		
	(136)大坂町		
	(137)琵琶町		
	(138)前橋町		
	(139)蝦夷町		
	(140)駿河町		
	(141)小田原町		
	(142)尾張町		
	(143)武蔵横町		
	(144)豊後町		

年月日	旧　名　称	内容	新　名　称
	(145)函館町		
	(146)角町		
	(147)堀川町		
	(148)武蔵町		
	(149)二子町		
	(150)上田町		
	(151)本町通		
	(152)水町通		
	(153)九州町		
	(154)長崎町		
	(155)海岸通		
	(156)谷戸坂通		
	(157)山手本町通		
	(158)富士見町		
	(159)内台坂		
	(160)西坂町		
	(161)地蔵坂		
	(162)小坂町		
	(163)大丸坂		
	(164)橦木町		
	(165)環町		
	(166)公園坂		
	(167)西野坂		
	(168)汐汲坂		
	(169)高田坂		
	(170)三ノ輪坂		
	(171)稲荷町		
	(172)南坂		
	(173)貝殻坂		
	(174)宮脇坂		
	(175)陣屋町		
	(176)諏訪町通		
	(177)弓町		
	(178)畑町		
	(179)矢ノ根町		

年月日	旧名称		内容	新名称	
		(180)泉町			
		(181)林町			
明治24年 9月25日	高座郡	(863)鶴見村	改称	高座郡	(863)大和村（やまとむら）
明治25年 2月 5日	橘樹郡	(274)小机村	改称	橘樹郡	(274)城郷村（しろさとむら）
明治25年10月31日	足柄下郡	(1308)箱根駅	改称	足柄下郡	(1308)箱根町（はこねまち）
明治27年 7月 7日	鎌倉郡	(676)西鎌倉村	合併	鎌倉郡	(687)鎌倉町（かまくらまち）
		(686)東鎌倉村			
明治28年10月 1日	久良岐郡	(189)戸太村	町制	久良岐郡	(189)戸太町
明治29年 3月26日	相模国	淘綾郡	合併	相模国	中郡（なかぐん）
		大住郡			
明治30年 5月11日	鎌倉郡	(687)鎌倉町の大字峠	編入	久良岐郡	(256)六浦荘村
明治34年 4月 1日	久良岐郡	(189)戸太町	編入		(3)横浜市
		(192)中村	編入		横浜市
		(193)根岸村	編入		横浜市
		(196)本牧村	編入		横浜市
	橘樹郡	(266)宮川村	編入		横浜市
		(270)神奈川町	編入		横浜市
明治36年10月 1日	三浦郡	(568)豊島村	町制	三浦郡	(568)豊島町
明治39年12月15日	三浦郡	(544)横須賀町	合併	三浦郡	(544)横須賀町（よこすかまち）
		(568)豊島町			
明治40年 2月15日	三浦郡	(544)横須賀町	市制		(544)横須賀市
明治40年10月 1日	鎌倉郡	(645)藤沢大富町	合併	高座郡	(757)藤沢大坂町（ふじさわおおさかまち）
	高座郡	(757)藤沢大坂町			
明治41年 4月 1日	足柄下郡	(1232)芦子村	合併	足柄下郡	(1251)足柄村（あしがらむら）
		(1233)久野村			
		(1246)富水村			
		(1250)二川村			
明治41年 4月 1日	足柄上郡	(1167)中村	合併	足柄上郡	(1169)中井村（なかいむら）
		(1168)井ノ口村			
明治41年 4月 1日	高座郡	(757)藤沢大坂町	合併	高座郡	(764)藤沢町（ふじさわまち）
		(758)鵠沼村			
		(763)明治村			

年月日	旧名称	内容	新名称
明治41年 7月 1日	高座郡 (787)茅ヶ崎村	合併	高座郡 (787)茅ヶ崎町（ちがさきまち）
	(795)松林村		
	(807)鶴嶺村		
明治42年 4月 1日	足柄上郡 (1148)世附村	合併	足柄上郡 (1151)三保村（みほむら）
	(1149)中川村		
	(1150)玄倉村		
明治42年 4月 1日	足柄上郡 (1127)松田村	町制	足柄上郡 (1127)松田町
明治42年 4月 1日	中郡 (908)小中村	合併	中郡 (909)旭村（あさひむら）
	(1047)山背村		
明治42年 4月 1日	橘樹郡 (257)保土ヶ谷町	合併	橘樹郡 (257)保土ヶ谷町（ほどがやまち）
	(269)矢崎村		
明治42年 5月 1日	津久井郡 (1397)長竹村	合併	津久井郡 (1402)串川村（くしかわむら）
	(1400)根小屋村		
	(1401)青山村		
明治44年 4月 1日	足柄上郡 (1144)川西村	合併	足柄上郡 (1144)川西村（かわにしむら）
	(1145)湯触村		
明治44年 4月 1日	久良岐郡 (210)大岡川村の大字堀内、同蒔田、同井戸ヶ谷の全部、大字下大岡、同弘明寺、同中里、同上大岡の一部	編入	(3)横浜市
	(219)屏風浦村の大字滝頭、同磯子、同岡	編入	横浜市
	橘樹郡 (283)子安村の大字子安	編入	横浜市
	子安村の大字西寺尾	編入	橘樹郡 (307)旭村
	子安村の大字白幡（子安村消滅）	編入	(317)大綱村
明治44年 7月 1日	三浦郡 (602)中西浦村	改称	三浦郡 (602)西浦村（にしうらむら）
大正 2年 4月 1日	津久井郡 (1408)吉野駅	改称	津久井郡 (1408)吉野町（よしのまち）
大正 2年 4月 1日	津久井郡 (1420)与瀬駅	改称	津久井郡 (1420)与瀬町（よせまち）
大正 2年 4月 1日	足柄下郡 (1293)石橋村	合併	足柄下郡 (1297)片浦村（かたうらむら）
	(1294)米神村		
	(1295)根府川村		
	(1296)江ノ浦村		
大正 2年 4月 1日	三浦郡 (627)田越村	町制	三浦郡 (627)逗子町
大正 3年 6月 1日	三浦郡 (577)浦郷村	町制	三浦郡 (577)田浦町

年月日	旧名称	内容	新名称
大正 4年 8月15日	鎌倉郡 (659)保野村	合併	鎌倉郡 (671)大正村（たいしょうむら）
	(666)長尾村の一部		
	(670)富士見村		
	(666)長尾村の一部（長尾村消滅）	編入	鎌倉郡 (721)豊田村
大正10年 4月 1日	橘樹郡 (288)生見尾村	町制	橘樹郡 (288)鶴見町
大正12年 1月 1日	橘樹郡 (331)大師河原村	町制	橘樹郡 (331)大師町
大正12年 4月 1日	足柄上郡 (1143)谷ヶ村	合併	足柄上郡 (1147)清水村（しみずむら）
	(1144)川西村		
	(1146)山市場村		
大正12年 4月 1日	橘樹郡 (290)町田村	町制	橘樹郡 (290)潮田町
大正12年 6月 1日	橘樹郡 (351)田島村	町制	橘樹郡 (351)田島町
大正13年 4月 1日	足柄下郡 (1291)国府津村	町制	足柄下郡 (1291)国府津町
大正13年 7月 1日	橘樹郡 (323)川崎町	合併	(323)川崎市（かわさきし）
	(331)大師町		
	(344)御幸村		
大正14年 1月 1日	津久井郡 (1393)中野村	町制	津久井郡 (1393)中野町
大正14年 1月 1日	三浦郡 (642)葉山村	町制	三浦郡 (642)葉山町
大正14年 2月 1日	足柄上郡 (1152)神縄村の一部	編入	足柄上郡 (1147)清水村
	神縄村の一部（神縄村消滅）	編入	(1151)三保村
大正14年 4月 1日	橘樹郡 (288)鶴見町	合併	橘樹郡 (288)鶴見町（つるみまち）
	(290)潮田町		
大正14年 5月10日	橘樹郡 (358)中原村	合併	橘樹郡 (358)中原町（なかはらまち）
	(365)住吉村		
大正14年 7月 1日	津久井郡 (1393)中野町	合併	津久井郡 (1393)中野町（なかのまち）
	(1394)又野村		
	(1395)太井村		
	(1396)三ヶ木村		
大正15年 1月 1日	久良岐郡 (247)金沢村	町制	久良岐郡 (247)金沢町
大正15年 1月 1日	高座郡 (879)溝村	町制	高座郡 (879)上溝町
大正15年 2月 1日	三浦郡 (596)長井村	町制	三浦郡 (596)長井町
大正15年 7月 1日	足柄下郡 (1328)土肥村	町制	足柄下郡 (1328)湯河原町

年月日	旧名称	内容	新名称
昭和 2年 1月 1日	中郡 (899)須馬村	町制	中郡 (899)須馬町
昭和 2年 4月 1日	橘樹郡 (351)田島町	編入	(323)川崎市
昭和 2年 4月 1日	久良岐郡 (210)大岡川村	編入	(3)横浜市
	(219)屏風浦村	編入	横浜市
	(237)日下村	編入	横浜市
	橘樹郡 (257)保土ヶ谷町	編入	横浜市
	(274)城郷村	編入	横浜市
	(288)鶴見町	編入	横浜市
	(307)旭村	編入	横浜市
	(317)大綱村	編入	横浜市
	都筑郡 (422)西谷村	編入	横浜市
昭和 2年10月 1日	(3)横浜市	区制	横浜市 (4)鶴見区（つるみく）
			(5)神奈川区（かながわく）
			(6)中区（なかく）
			(10)保土ヶ谷区（ほどがやく）
			(12)磯子区（いそごく）
昭和 2年10月 1日	足柄下郡 (1321)真鶴村	町制	足柄下郡 (1321)真鶴町
昭和 2年10月 1日	足柄下郡 (1311)湯本村	町制	足柄下郡 (1311)湯本町
昭和 3年 4月17日	橘樹郡 (374)高津村	町制	橘樹郡 (374)高津町
昭和 4年 4月 1日	中郡 (895)平塚町	合併	中郡 (895)平塚町（ひらつかまち）
	(899)須馬町		
昭和 6年 1月 1日	鎌倉郡 (688)腰越津村	町制	鎌倉郡 (688)腰越町
昭和 7年 4月 1日	中郡 (895)平塚町	市制	(895)平塚市
昭和 7年 6月 1日	橘樹郡 (411)稲田村	町制	橘樹郡 (411)稲田町
昭和 8年 2月11日	鎌倉郡 (698)小坂村	町制	鎌倉郡 (698)大船町
昭和 8年 2月15日	三浦郡 (569)衣笠村	編入	(544)横須賀市
昭和 8年 4月 1日	鎌倉郡 (654)川口村	町制	鎌倉郡 (654)片瀬町
昭和 8年 4月 1日	三浦郡 (577)田浦町	編入	(544)横須賀市
昭和 8年 4月 1日	足柄上郡 (1139)川村	町制	足柄上郡 (1139)山北町
昭和 8年 4月 2日	鎌倉郡 (708)玉縄村	編入	鎌倉郡 (698)大船町
昭和 8年 8月 1日	橘樹郡 (358)中原町	編入	(323)川崎市
昭和 9年 1月 1日	都筑郡 (445)都田村	町制	都筑郡 (445)川和町

年月日		旧名称	内容		新名称
昭和10年 7月 1日	三浦郡	(602)西浦村	町制	三浦郡	(602)大楠町
昭和10年11月 3日	中郡	(1048)吾妻村	町制	中郡	(1048)二宮町
昭和11年10月 1日	鎌倉郡	(728)永野村	編入	横浜市	(6)中区
昭和11年10月 1日	久良岐郡	(247)金沢町	編入	横浜市	(12)磯子区
		(256)六浦荘村	編入		磯子区
	武蔵国	久良岐郡	消滅		
昭和12年 4月 1日	橘樹郡	(419)日吉村の一部	編入	横浜市	(5)神奈川区
		日吉村の一部（日吉村消滅）	編入		(323)川崎市
昭和12年 4月 1日	三浦郡	(586)久里浜村	編入		(544)横須賀市
昭和12年 4月 1日	橘樹郡	(374)高津町	編入		(323)川崎市
昭和12年 6月 1日	橘樹郡	(384)橘村	編入		川崎市
昭和12年12月20日	高座郡	(890)座間村	町制	高座郡	(890)座間町
昭和13年10月 1日	橘樹郡	(392)宮前村	編入		(323)川崎市
		(399)向丘村	編入		川崎市
		(402)生田村	編入		川崎市
		(411)稲田町	編入		川崎市
	武蔵国	橘樹郡	消滅		
昭和14年 4月 1日	横浜市	(5)神奈川区	分区	横浜市	(5)神奈川区（かながわく）
					(14)港北区（こうほくく）
昭和14年 4月 1日	都筑郡	(433)柿生村	編入		(323)川崎市
		(434)岡上村	編入		川崎市
昭和14年 4月 1日	鎌倉郡	(671)大正村	編入設定	横浜市	(18)戸塚区（とつかく）
		(716)本郷村			
		(721)豊田村			
		(737)川上村			
		(738)戸塚町			
		(741)瀬谷村			
		(748)中和田村			
		(754)中川村			
昭和14年 4月 1日	都筑郡	(455)二俣川村	編入	横浜市	(10)保土ヶ谷区
		(472)都岡村	編入		保土ヶ谷区
昭和14年 4月 1日	都筑郡	(438)新田村	編入	横浜市	(14)港北区

年月日	旧　名　称	内容	新　名　称
	(444)中川村	編入	港北区
	(445)川和町	編入	港北区
	(454)山内村	編入	港北区
	(486)新治村	編入	港北区
	(503)中里村	編入	港北区
	(507)田奈村	編入	港北区
	武蔵国　都筑郡	消滅	
昭和14年11月 3日	鎌倉郡 (687)鎌倉町	合併	(687)鎌倉市（かまくらし）
	(688)腰越町		
昭和15年 2月11日	足柄下郡 (1251)足柄村	町制	足柄下郡 (1251)足柄町
昭和15年 4月 1日	愛甲郡 (1374)愛川村	町制	愛甲郡 (1374)愛川町
昭和15年 4月 1日	足柄下郡 (1330)吉浜村	町制	足柄下郡 (1330)吉浜町
昭和15年 4月 1日	足柄上郡 (1077)南足柄村	町制	足柄上郡 (1077)南足柄町
昭和15年 4月 1日	三浦郡 (513)南下浦村	町制	三浦郡 (513)南下浦町
昭和15年 6月 1日	中郡 (953)南秦野村	町制	中郡 (953)南秦野町
昭和15年10月 1日	高座郡 (764)藤沢町	市制	(764)藤沢市
昭和15年11月 1日	高座郡 (825)寒川村	町制	高座郡 (825)寒川町
昭和15年12月20日	足柄下郡 (1224)小田原町	合併	(1224)小田原市（おだわらし）
	(1251)足柄町		
	(1257)大窪村		
	(1258)早川村		
	(1259)酒匂村の字山王原、同網一色		
昭和15年12月20日	高座郡 (848)海老名村	町制	高座郡 (848)海老名町
昭和16年 4月29日	高座郡 (869)大野村	合併	高座郡 (886)相模原町（さがみはらまち）
	(870)相原村		
	(877)大沢村		
	(878)田名村		
	(879)上溝町		
	(882)麻溝村		
	(885)新磯村		
	(890)座間町		
昭和16年 6月 1日	鎌倉郡 (653)村岡村	編入	(764)藤沢市

年月日	旧名称			内容	新名称		
昭和17年 3月10日	高座郡	(771)	六会村	編入			藤沢市
昭和17年 4月 1日	足柄下郡	(1259)	酒匂村	町制	足柄下郡	(1259)	酒匂町
昭和18年 4月 1日	三浦郡	(590)	北下浦村	編入		(544)	横須賀市
		(595)	武山村	編入			横須賀市
		(596)	長井町	編入			横須賀市
		(602)	大楠町	編入			横須賀市
		(603)	浦賀町	編入			横須賀市
		(627)	逗子町	編入			横須賀市
昭和18年11月 3日	高座郡	(863)	大和村	町制	高座郡	(863)	大和町
昭和18年12月 1日	横浜市	(6)	中区	分区	横浜市	(6)	中区(なかく)
						(7)	南区(みなみく)
昭和19年 2月11日	中郡	(939)	大野村	町制	中郡	(939)	大野町
昭和19年 4月 1日	横浜市	(6)	中区	分区	横浜市	(6)	中区(なかく)
						(9)	西区(にしく)
昭和19年11月 3日	高座郡	(786)	渋谷村	町制	高座郡	(786)	渋谷町
昭和20年 4月 1日	高座郡	(834)	綾瀬村	町制	高座郡	(834)	綾瀬町
昭和21年 6月 1日	愛甲郡	(1341)	林村	合併	愛甲郡	(1347)	睦合村(むつあいむら)
		(1342)	妻田村				
		(1343)	及川村				
		(1344)	三田村				
		(1345)	棚沢村				
		(1346)	下川入村				
昭和21年11月 3日	足柄上郡	(1115)	山田村	合併	足柄上郡	(1122)	相和村(そうわむら)
		(1121)	上中村				
昭和22年 4月 1日	鎌倉郡	(654)	片瀬町	編入		(764)	藤沢市
昭和22年10月 1日	高座郡	(787)	茅ヶ崎町	市制		(787)	茅ヶ崎市
昭和23年 1月 1日	鎌倉郡	(697)	深沢村	編入		(687)	鎌倉市
昭和23年 4月 1日	足柄下郡	(1292)	田島村	編入	足柄下郡	(1291)	国府津町
昭和23年 4月 1日	足柄下郡	(1285)	下府中村	編入		(1224)	小田原市
昭和23年 5月15日	横浜市	(12)	磯子区	分区	横浜市	(12)	磯子区(いそごく)
						(13)	金沢区(かなざわく)
昭和23年 6月 1日	鎌倉郡	(698)	大船町	編入		(687)	鎌倉市

年月日	旧名称		内容	新名称	
	相模国	鎌倉郡	消滅		
昭和23年 9月 1日	高座郡	(886)相模原町の大字座間、同座間入谷、同座間新田、同栗原、同新田宿、同四ッ谷	分立	高座郡	(890)座間町（ざままち）
昭和25年 7月 1日		(544)横須賀市の久木、小坪、山野根、新宿、逗子、桜山、池子、沼間	分立	三浦郡	(627)逗子町（ずしまち）
昭和25年12月18日	足柄上郡	(1172)桜井村	編入		(1224)小田原市
昭和26年 6月20日	足柄上郡	(1122)相和村の大字栃窪	編入	中郡	(981)西秦野村
昭和27年 4月 1日	中郡	(1065)国府村	町制	中郡	(1065)国府町
昭和29年 1月 1日	足柄下郡	(1308)箱根町	合併	足柄下郡	(1308)箱根町（はこねまち）
		(1309)元箱根村			
		(1310)芦ノ湯村			
昭和29年 4月15日	三浦郡	(627)逗子町	市制		(627)逗子市
昭和29年 7月15日	津久井郡	(1408)吉野町	合併	津久井郡	(1408)吉野町（よしのまち）
		(1409)小淵村			
		(1410)沢井村			
昭和29年 7月15日	足柄下郡	(1268)豊川村	編入		(1224)小田原市
昭和29年 7月15日	中郡	(909)旭村	編入		(895)平塚市
昭和29年11月20日	高座郡	(886)相模原町	市制		(886)相模原市
昭和29年12月 1日	足柄下郡	(1259)酒匂町	編入		(1224)小田原市
		(1276)上府中村	編入		小田原市
		(1290)下曽我村	編入		小田原市
		(1291)国府津町	編入		小田原市
		(1297)片浦村	編入		小田原市
昭和29年12月 1日	中郡	(1053)大磯町	合併	中郡	(1053)大磯町（おおいそまち）
		(1065)国府町			
昭和29年12月 1日	中郡	(982)伊勢原町	合併	中郡	(982)伊勢原町（いせはらまち）
		(995)比々多村			
		(996)大山町			
		(1001)高部屋村			
		(1009)成瀬村			
		(1017)大田村			
昭和30年 1月 1日	三浦郡	(513)南下浦町	合併		(543)三浦市（みうらし）

年月日	旧名称	内容	新名称
	(514) 三崎町		
	(542) 初声村		
昭和30年 1月 1日	津久井郡 (1417) 内郷村	合併	津久井郡 (1421) 相模湖町（さがみこまち）
	(1418) 千木良村		
	(1419) 小原町		
	(1420) 与瀬町		
昭和30年 1月 1日	中郡 (948) 秦野町	合併	(948) 秦野市（はだのし）
	(953) 南秦野町		
	(959) 北秦野村		
	(967) 東秦野村		
昭和30年 1月15日	愛甲郡 (1374) 愛川町	合併	愛甲郡 (1374) 愛川町（あいかわまち）
	(1377) 高峰村		
昭和30年 2月 1日	足柄上郡 (1102) 吉田島村	合併	足柄上郡 (1111) 開成町（かいせいまち）
	(1110) 酒田村		
昭和30年 2月 1日	足柄上郡 (1139) 山北町	合併	足柄上郡 (1139) 山北町（やまきたまち）
	(1142) 共和村		
	(1147) 清水村		
	(1151) 三保村		
昭和30年 2月 1日	愛甲郡 (1332) 厚木町	合併	(1332) 厚木市（あつぎし）
	(1340) 南毛利村		
	(1347) 睦合村		
	(1351) 小鮎村		
	(1355) 玉川村		
昭和30年 4月 1日	津久井郡 (1385) 湘南村	合併	津久井郡 (1389) 城山町（しろやままち）
	(1386) 川尻村		
	(1392) 三沢村の字中沢		
昭和30年 4月 1日	津久井郡 (1392) 三沢村の字三井（三沢村消滅）	合併	津久井郡 (1406) 津久井町（つくいまち）
	(1393) 中野町		
	(1402) 串川村		
	(1403) 鳥屋村		
	(1404) 青野原村		
	(1405) 青根村		
昭和30年 4月 1日	足柄下郡 (1328) 湯河原町	合併	足柄下郡 (1328) 湯河原町（ゆがわらまち）

年月日	旧名称	内容	新名称
	(1329) 福浦村		
	(1330) 吉浜町		
昭和30年 4月 1日	足柄上郡 (1127) 松田町	合併	足柄上郡 (1127) 松田町（まつだまち）
	(1135) 寄村		
昭和30年 4月 1日	足柄上郡 (1077) 南足柄町	合併	足柄上郡 (1077) 南足柄町（みなみあしがらまち）
	(1082) 北足柄村の大字内山、同矢倉沢		
	(1088) 福沢村		
	(1096) 岡本村		
	(1082) 北足柄村の大字平山（北足柄村消滅）	編入	足柄上郡 (1139) 山北町
昭和30年 4月 1日	足柄下郡 (1300) 前羽村	合併	足柄下郡 (1307) 橘町（たちばなまち）
	(1306) 下中村		
昭和30年 4月 5日	高座郡 (778) 御所見村	編入	(764) 藤沢市
	(786) 渋谷町の大字長後、同高倉	編入	藤沢市
	(813) 小出村の大字遠藤	編入	藤沢市
	小出村の大字堤、同下寺尾、同行谷、同芹沢（小出村消滅）	編入	(787) 茅ヶ崎市
昭和30年 4月 5日	高座郡 (786) 渋谷町の大字福田、同上和田、同下和田、同本蓼川	村制	高座郡 (786) 渋谷村
昭和30年 4月15日	中郡 (973) 大根村の大字真田	編入	中郡 (945) 金目村
	大根村の大字落幡、同北矢名、同南矢名、同下大槻（大根村消滅）	編入	(948) 秦野市
昭和30年 7月 8日	中郡 (1041) 相川村	編入	(1332) 厚木市
	愛甲郡 (1363) 依知村	編入	厚木市
昭和30年 7月20日	津久井郡 (1407) 牧野村	合併	津久井郡 (1414) 藤野町（ふじのまち）
	(1408) 吉野町		
	(1411) 佐野川村		
	(1412) 名倉村		
	(1413) 日連村		
昭和30年 7月20日	高座郡 (848) 海老名町	合併	高座郡 (848) 海老名町（えびなまち）
	(858) 有馬村		
昭和30年 7月28日	中郡 (981) 西秦野村	合併	中郡 (981) 西秦野町（にしはだのまち）

年月日	旧名称			内容	新名称		
	足柄上郡	(1101)	上秦野村				
昭和31年 4月 1日	中郡	(1034)	豊田村	編入	中郡	(939)	大野町
昭和31年 4月 1日	足柄上郡	(1114)	金田村	合併	足柄上郡	(1123)	大井町（おおいまち）
		(1122)	相和村				
		(1180)	曽我村の大字上大井、同西大井				
			曽我村の大字上曽我、同下大井、同鬼柳、同曽我大沢（曽我村消滅）	編入		(1224)	小田原市
昭和31年 9月 1日	高座郡	(786)	渋谷村	編入	高座郡	(863)	大和町
昭和31年 9月30日	中郡	(1028)	岡崎村の一部	編入		(895)	平塚市
			岡崎村の一部（岡崎村消滅）	編入	中郡	(982)	伊勢原町
昭和31年 9月30日	中郡	(913)	神田村	編入		(895)	平塚市
		(918)	城島村	編入			平塚市
		(924)	金田村	編入			平塚市
		(931)	土沢村	編入			平塚市
昭和31年 9月30日	愛甲郡	(1366)	荻野村	編入		(1332)	厚木市
昭和31年 9月30日	愛甲郡	(1381)	中津村	編入	愛甲郡	(1374)	愛川町
昭和31年 9月30日	足柄下郡	(1308)	箱根町	合併	足柄下郡	(1308)	箱根町（はこねまち）
		(1311)	湯本町				
		(1316)	宮城野村				
		(1317)	仙石原村				
		(1320)	温泉村				
昭和31年 9月30日	愛甲郡	(1368)	煤ヶ谷村	合併	愛甲郡	(1370)	清川村（きよかわむら）
		(1369)	宮ヶ瀬村				
昭和31年 9月30日	中郡	(939)	大野町	編入		(895)	平塚市
昭和31年 9月30日	足柄下郡	(1321)	真鶴町	合併	足柄下郡	(1321)	真鶴町（まなづるまち）
		(1322)	岩村				
昭和32年10月 1日	中郡	(945)	金目村	編入		(895)	平塚市
昭和33年12月 1日	足柄上郡	(1169)	中井村	町制	足柄上郡	(1169)	中井町
昭和34年 2月 1日	高座郡	(863)	大和町	市制		(863)	大和市
昭和38年 1月 1日	中郡	(981)	西秦野町	編入		(948)	秦野市
昭和44年10月 1日	横浜市	(18)	戸塚区	分区	横浜市	(18)	戸塚区（とつかく）
						(19)	瀬谷区（せやく）

年月日	旧名称	内容	新名称
昭和44年10月 1日	横浜市 (14)港北区	分区	横浜市 (14)港北区（こうほくく）
			(15)緑区（みどりく）
昭和44年10月 1日	横浜市 (10)保土ヶ谷区	分区	横浜市 (10)保土ヶ谷区（ほどがやく）
			(11)旭区（あさひく）
昭和44年10月 1日	横浜市 (7)南区	分区	横浜市 (7)南区（みなみく）
			(8)港南区（こうなんく）
昭和46年 3月 1日	中郡 (982)伊勢原町	市制	(982)伊勢原市
昭和46年 4月 1日	足柄下郡 (1307)橘町	編入	(1224)小田原市
昭和46年11月 1日	高座郡 (890)座間町	市制	(890)座間市
昭和46年11月 1日	高座郡 (848)海老名町	市制	(848)海老名市
昭和47年 4月 1日	足柄上郡 (1077)南足柄町	市制	(1077)南足柄市
昭和47年 4月 1日	(323)川崎市	区制	川崎市 (324)川崎区（かわさきく）
			(325)幸区（さいわいく）
			(326)中原区（なかはらく）
			(327)高津区（たかつく）
			(329)多摩区（たまく）
昭和53年11月 1日	高座郡 (834)綾瀬町	市制	(834)綾瀬市
昭和57年 7月 1日	川崎市 (329)多摩区	分区	川崎市 (329)多摩区（たまく）
			(330)麻生区（あさおく）
昭和57年 7月 1日	川崎市 (327)高津区	分区	川崎市 (327)高津区（たかつく）
			(328)宮前区（みやまえく）
昭和61年11月 3日	横浜市 (18)戸塚区	分区	横浜市 (18)戸塚区（とつかく）
			(20)栄区（さかえく）
			(21)泉区（いずみく）
平成 6年11月 6日	横浜市 (15)緑区	分区	横浜市 (15)緑区（みどりく）
			(16)青葉区（あおばく）
			(17)都筑区（つづきく）
平成 6年11月 6日	横浜市 (14)港北区	分区	横浜市 (14)港北区（こうほくく）
			(17)都筑区（つづきく）
平成18年 3月20日	津久井郡 (1406)津久井町	編入	(886)相模原市
	(1421)相模湖町	編入	相模原市
平成19年 3月11日	津久井郡 (1389)城山町	編入	相模原市
	(1414)藤野町	編入	相模原市

年月日	旧名称	内容	新名称
	津久井郡	消滅	
平成22年 4月 1日	(886)相模原市	区制	相模原市 (887)緑区（みどりく）
			(888)中央区（ちゅうおうく）
			(889)南区（みなみく）

郡変遷一覧

年月日	旧名称		内容	新名称	
江戸期又は江戸期以前				武蔵国	久良岐郡（くらきぐん）
					橘樹郡（たちばなぐん）
					都筑郡（つづきぐん）
					多摩郡（たまぐん）
				相模国	三浦郡（みうらぐん）
					鎌倉郡（かまくらぐん）
					高座郡（こうざぐん）
					足柄下郡（あしがらしもぐん）
					足柄上郡（あしがらかみぐん）
					淘綾郡（ゆるぎぐん）
					大住郡（おおすみぐん）
					愛甲郡（あいこうぐん）
					津久井県（つくいあがた）
明治 3年 2月27日	相模国	津久井県	改称	相模国	津久井郡（つくいぐん）
明治11年11月18日	武蔵国	多摩郡	分割	武蔵国	南多摩郡（みなみたまぐん）
					北多摩郡（きたたまぐん）
					西多摩郡（にしたまぐん）
明治26年 4月 1日	武蔵国	南多摩郡	編入		東京府（とうきょうふ）
		北多摩郡			
		西多摩郡			
明治29年 3月26日	相模国	淘綾郡	合併	相模国	中郡（なかぐん）
		大住郡			
昭和11年10月 1日	武蔵国	久良岐郡	消滅		
昭和13年10月 1日	武蔵国	橘樹郡	消滅		
昭和14年 4月 1日	武蔵国	都筑郡	消滅		
昭和23年 6月 1日	相模国	鎌倉郡	消滅		
平成19年 3月11日		津久井郡	消滅		

年 月 日	市	区	町	駅	宿	村
明治22年 3月30日	0	1	204	7	6	834
明治22年 3月31日	0	1	155	3	0	209
明治22年 4月 1日	1	0	17	3	0	209
明治25年10月31日	1	0	18	2	0	209
明治27年 7月 7日	1	0	19	2	0	207
明治28年10月 1日	1	0	20	2	0	206
明治34年 4月 1日	1	0	18	2	0	202
明治36年10月 1日	1	0	19	2	0	201
明治39年12月15日	1	0	18	2	0	201
明治40年 2月15日	2	0	17	2	0	201
明治40年10月 1日	2	0	16	2	0	201
明治41年 4月 1日	2	0	16	2	0	195
明治41年 7月 1日	2	0	17	2	0	192
明治42年 4月 1日	2	0	18	2	0	187
明治42年 5月 1日	2	0	18	2	0	185
明治44年 4月 1日	2	0	18	2	0	183
明治44年 7月 1日	2	0	18	2	0	183
大正 2年 4月 1日	2	0	21	0	0	179
大正 3年 6月 1日	2	0	22	0	0	178
大正 4年 8月15日	2	0	22	0	0	176
大正10年 4月 1日	2	0	23	0	0	175
大正12年 1月 1日	2	0	24	0	0	174
大正12年 4月 1日	2	0	25	0	0	171
大正12年 6月 1日	2	0	26	0	0	170
大正13年 4月 1日	2	0	27	0	0	169
大正13年 7月 1日	3	0	25	0	0	168
大正14年 1月 1日	3	0	27	0	0	166
大正14年 2月 1日	3	0	27	0	0	165
大正14年 4月 1日	3	0	26	0	0	165
大正14年 5月10日	3	0	27	0	0	163
大正14年 7月 1日	3	0	27	0	0	160
大正15年 1月 1日	3	0	29	0	0	158
大正15年 2月 1日	3	0	30	0	0	157
大正15年 7月 1日	3	0	31	0	0	156

区市町村数推移

年月日	市	区	町	駅	宿	村
昭和 2年 1月 1日	3	0	32	0	0	155
昭和 2年 4月 1日	3	0	29	0	0	148
昭和 2年10月 1日	3	5	31	0	0	146
昭和 3年 4月17日	3	5	32	0	0	145
昭和 4年 4月 1日	3	5	31	0	0	145
昭和 6年 1月 1日	3	5	32	0	0	144
昭和 7年 4月 1日	4	5	31	0	0	144
昭和 7年 6月 1日	4	5	32	0	0	143
昭和 8年 2月11日	4	5	33	0	0	142
昭和 8年 2月15日	4	5	33	0	0	141
昭和 8年 4月 1日	4	5	34	0	0	139
昭和 8年 4月 2日	4	5	34	0	0	138
昭和 8年 8月 1日	4	5	33	0	0	138
昭和 9年 1月 1日	4	5	34	0	0	137
昭和10年 7月 1日	4	5	35	0	0	136
昭和10年11月 3日	4	5	36	0	0	135
昭和11年10月 1日	4	5	35	0	0	133
昭和12年 4月 1日	4	5	34	0	0	131
昭和12年 6月 1日	4	5	34	0	0	130
昭和12年12月20日	4	5	35	0	0	129
昭和13年10月 1日	4	5	34	0	0	126
昭和14年 4月 1日	4	7	32	0	0	109
昭和14年11月 3日	5	7	30	0	0	109
昭和15年 2月11日	5	7	31	0	0	108
昭和15年 4月 1日	5	7	35	0	0	104
昭和15年 6月 1日	5	7	36	0	0	103
昭和15年10月 1日	6	7	35	0	0	103
昭和15年11月 1日	6	7	36	0	0	102
昭和15年12月20日	7	7	35	0	0	99
昭和16年 4月29日	7	7	34	0	0	93
昭和16年 6月 1日	7	7	34	0	0	92
昭和17年 3月10日	7	7	34	0	0	91
昭和17年 4月 1日	7	7	35	0	0	90
昭和18年 4月 1日	7	7	31	0	0	88

年月日	市	区	町	駅	宿	村
昭和18年11月 3日	7	7	32	0	0	87
昭和18年12月 1日	7	8	32	0	0	87
昭和19年 2月11日	7	8	33	0	0	86
昭和19年 4月 1日	7	9	33	0	0	86
昭和19年11月 3日	7	9	34	0	0	85
昭和20年 4月 1日	7	9	35	0	0	84
昭和21年 6月 1日	7	9	35	0	0	79
昭和21年11月 3日	7	9	35	0	0	78
昭和22年 4月 1日	7	9	34	0	0	78
昭和22年10月 1日	8	9	33	0	0	78
昭和23年 1月 1日	8	9	33	0	0	77
昭和23年 4月 1日	8	9	33	0	0	75
昭和23年 5月15日	8	10	33	0	0	75
昭和23年 6月 1日	8	10	32	0	0	75
昭和23年 9月 1日	8	10	33	0	0	75
昭和25年 7月 1日	8	10	34	0	0	75
昭和25年12月18日	8	10	34	0	0	74
昭和27年 4月 1日	8	10	35	0	0	73
昭和29年 1月 1日	8	10	35	0	0	71
昭和29年 4月15日	9	10	34	0	0	71
昭和29年 7月15日	9	10	34	0	0	67
昭和29年11月20日	10	10	33	0	0	67
昭和29年12月 1日	10	10	29	0	0	60
昭和30年 1月 1日	12	10	24	0	0	55
昭和30年 1月15日	12	10	24	0	0	54
昭和30年 2月 1日	13	10	24	0	0	45
昭和30年 4月 1日	13	10	25	0	0	31
昭和30年 4月 5日	13	10	24	0	0	30
昭和30年 4月15日	13	10	24	0	0	29
昭和30年 7月 8日	13	10	24	0	0	27
昭和30年 7月20日	13	10	24	0	0	22
昭和30年 7月28日	13	10	25	0	0	20
昭和31年 4月 1日	13	10	26	0	0	16
昭和31年 9月 1日	13	10	26	0	0	15

区市町村数推移

年月日	市	区	町	駅	宿	村
昭和31年 9月30日	13	10	24	0	0	3
昭和32年10月 1日	13	10	24	0	0	2
昭和33年12月 1日	13	10	25	0	0	1
昭和34年 2月 1日	14	10	24	0	0	1
昭和38年 1月 1日	14	10	23	0	0	1
昭和44年10月 1日	14	14	23	0	0	1
昭和46年 3月 1日	15	14	22	0	0	1
昭和46年 4月 1日	15	14	21	0	0	1
昭和46年11月 1日	17	14	19	0	0	1
昭和47年 4月 1日	18	19	18	0	0	1
昭和53年11月 1日	19	19	17	0	0	1
昭和57年 7月 1日	19	21	17	0	0	1
昭和61年11月 3日	19	23	17	0	0	1
平成 6年11月 6日	19	25	17	0	0	1
平成18年 3月20日	19	25	15	0	0	1
平成19年 3月11日	19	25	13	0	0	1
平成22年 4月 1日	19	28	13	0	0	1

第一大区

第一大区一小区

久良岐郡 (23) 本町（ほんちょう）
久良岐郡 (25) 北仲通（きたなかどおり）
久良岐郡 (27) 元浜町（もとはまちょう）
久良岐郡 (28) 海岸通（かいがんどおり）
久良岐郡 (29) 南仲通（みなみなかどおり）
久良岐郡 (30) 弁天通（べんてんどおり）
久良岐郡 (33) 境町（さかいちょう）
久良岐郡 (34) 太田町（おおたまち）
久良岐郡 (42) 相生町（あいおいちょう）
久良岐郡 (43) 住吉町（すみよしちょう）
久良岐郡 (44) 常盤町（ときわちょう）
久良岐郡 (45) 尾上町（おのえちょう）
久良岐郡 (46) 真砂町（まさごちょう）
久良岐郡 (50) 港町（みなとちょう）

第一大区二小区

久良岐郡 (49) 緑町（みどりちょう）
久良岐郡 (87) 桜木町（さくらぎちょう）
久良岐郡 (88) 内田町（うちだちょう）
久良岐郡 (89) 福長町（ふくながちょう）
久良岐郡 (90) 長住町（ながすみちょう）
久良岐郡 (91) 橘町（たちばなちょう）
久良岐郡 (92) 高島町（たかしまちょう）
久良岐郡 (93) 裏高島町（うらたかしまちょう）
久良岐郡 (100) 福島町（ふくしまちょう）

第一大区三小区

久良岐郡 (94) 花咲町（はなさきちょう）
久良岐郡 (95) 野毛町（のげちょう）
久良岐郡 (98) 宮川町（みやがわちょう）
久良岐郡 (101) 宮崎町（みやざきちょう）
久良岐郡 (102) 伊勢町（いせちょう）
久良岐郡 (103) 戸部町（とべちょう）
久良岐郡 (104) 平沼町（ひらぬままち）
久良岐郡 (123) 岡野町（おかのちょう）
久良岐郡 (124) 千歳町（ちとせちょう）
久良岐郡 (125) 新玉町（あらたまちょう）
久良岐郡 (183) 戸部町（とべまち）
久良岐郡 (185) 平沼新田（ひらぬましんでん）
久良岐郡 (186) 尾張屋新田（おわりやしんでん）
橘樹郡 (258) 岡野新田（おかのしんでん）
橘樹郡 (259) 藤江新田（ふじえしんでん）
橘樹郡 (260) 藤江町（ふじえちょう）
橘樹郡 (273) 芝生村（しぼうむら）

第一大区四小区

久良岐郡 (51) 吉田町（よしだまち）
久良岐郡 (52) 柳町（やなぎちょう）
久良岐郡 (53) 福富町（ふくとみちょう）
久良岐郡 (54) 長者町（ちょうじゃまち）
久良岐郡 (55) 末吉町（すえよしちょう）
久良岐郡 (56) 伊勢佐木町（いせざきちょう）
久良岐郡 (57) 姿見町（すがたみちょう）
久良岐郡 (58) 羽衣町（はごろもちょう）
久良岐郡 (59) 浪花町（なにわちょう）
久良岐郡 (60) 蓬莱町（ほうらいちょう）
久良岐郡 (62) 若竹町（わかたけちょう）
久良岐郡 (63) 松ヶ枝町（まつがえちょう）
久良岐郡 (64) 梅ヶ枝町（うめがえちょう）
久良岐郡 (65) 若葉町（わかばちょう）
久良岐郡 (66) 賑町（にぎわいまち）
久良岐郡 (67) 久方町（ひさかたちょう）
久良岐郡 (68) 足曳町（あしびきちょう）
久良岐郡 (69) 雲井町（くもいちょう）
久良岐郡 (70) 長島町（ながしまちょう）
久良岐郡 (71) 吉岡町（よしおかちょう）
久良岐郡 (72) 駿河町（するがちょう）
久良岐郡 (73) 萬代町（よろずよちょう）
久良岐郡 (74) 不老町（ふろうちょう）
久良岐郡 (75) 翁町（おきなちょう）
久良岐郡 (76) 扇町（おうぎちょう）
久良岐郡 (77) 寿町（ことぶきちょう）
久良岐郡 (78) 松影町（まつかげちょう）

久良岐郡 (80) 三吉町（みよしちょう）
久良岐郡 (81) 千歳町（ちとせちょう）
久良岐郡 (82) 山田町（やまだちょう）
久良岐郡 (83) 富士見町（ふじみちょう）
久良岐郡 (84) 山吹町（やまぶきちょう）
久良岐郡 (99) 日出町（ひのでちょう）
久良岐郡 (107) 三春町（みはるちょう）
久良岐郡 (108) 初音町（はつねちょう）
久良岐郡 (109) 英町（はなぶさちょう）
久良岐郡 (110) 霞町（かすみちょう）
久良岐郡 (111) 清水町（しみずちょう）
久良岐郡 (121) 児玉町（こだまちょう）
久良岐郡 (122) 和泉町（いずみちょう）
久良岐郡 (187) 太田村（おおたむら）
久良岐郡 (188) 吉田新田（よしだしんでん）
久良岐郡 岩井町 詳細不明
久良岐郡 柏木町 詳細不明
久良岐郡 檜原町 詳細不明

第一大区五小区

久良岐郡 (112) 元町（もとまち）
久良岐郡 (113) 諏訪町（すわちょう）
久良岐郡 (114) 上野町（うえのまち）
久良岐郡 (115) 千代崎町（ちよざきちょう）
久良岐郡 (116) 山元町（やまもとちょう）
久良岐郡 (117) 石川仲町（いしかわなかまち）
久良岐郡 (118) 石川町（いしかわまち）
久良岐郡 谷戸町 詳細不明
久良岐郡 三輪町 詳細不明
久良岐郡 (192) 中村（なかむら）
久良岐郡 (193) 根岸村（ねぎしむら）
久良岐郡 (194) 本牧本郷村（ほんもくほんごうむら）
久良岐郡 (195) 北方村（きたかたむら）

第二大区

第二大区一小区

橘樹郡 (257) 保土ヶ谷町（ほどがやまち）
橘樹郡 (261) 神戸町（ごうどまち）
橘樹郡 (262) 帷子町（かたびらまち）
橘樹郡 (263) 岩間町（いわままち）
橘樹郡 (264) 下星川村（しもほしかわむら）
橘樹郡 (265) 和田村（わだむら）
橘樹郡 (267) 仏向村（ぶっこうむら）
橘樹郡 (268) 坂本村（さかもとむら）

第二大区二小区

久良岐郡 (197) 永田村（ながたむら）
久良岐郡 (198) 引越村（ひっこしむら）
久良岐郡 (199) 弘明寺村（ぐみょうじむら）
久良岐郡 (200) 中里村（なかざとむら）
久良岐郡 (201) 最戸村（さいどむら）
久良岐郡 (202) 久保村（くぼむら）
久良岐郡 (203) 別所村（べっしょむら）

第二大区三小区

久良岐郡 (204) 蒔田村（まいたむら）
久良岐郡 (205) 堀内村（ほりのうちむら）
久良岐郡 (206) 井土ヶ谷村（いどがやむら）
久良岐郡 (208) 下大岡村（しもおおおかむら）
久良岐郡 (209) 上大岡村（かみおおおかむら）

第二大区四小区

久良岐郡 (211) 磯子村（いそごむら）
久良岐郡 (212) 滝頭村（たきがしらむら）
久良岐郡 (213) 岡村（おかむら）
久良岐郡 (215) 森公田村（もりくでんむら）
久良岐郡 (216) 森雑色村（もりぞうしきむら）
久良岐郡 (217) 森中原村（もりなかはらむら）
久良岐郡 (218) 杉田村（すぎたむら）

第二大区五小区

久良岐郡 (221) 松本村（まつもとむら）
久良岐郡 (222) 関村（せきむら）
久良岐郡 (223) 雑色村（ぞうしきむら）
久良岐郡 (225) 金井村（かないむら）
久良岐郡 (226) 吉原村（よしはらむら）
久良岐郡 (227) 宮ヶ谷村（みやがやむら）
久良岐郡 (228) 宮下村（みやしたむら）

第二大区六小区

久良岐郡 (231) 矢部野村（やべのむら）
久良岐郡 (232) 田中村（たなかむら）
久良岐郡 (233) 栗木村（くりきむら）
久良岐郡 (234) 峰村（みねむら）
久良岐郡 (235) 中里村（なかざとむら）
久良岐郡 (236) 氷取沢村（ひとりざわむら）

第二大区七小区

久良岐郡 (238) 町屋村（まちやむら）
久良岐郡 (239) 洲崎村（すさきむら）
久良岐郡 (240) 野島浦（のじまうら）
久良岐郡 (241) 寺前村（てらまえむら）
久良岐郡 (242) 谷津村（やつむら）
久良岐郡 (243) 富岡村（とみおかむら）
久良岐郡 (244) 柴村（しばむら）
久良岐郡 (245) 金沢入江新田（かなざわいりえしんでん）
久良岐郡 (246) 泥亀新田（でいきしんでん）

第二大区八小区

久良岐郡 (251) 三分村（さんぶむら）
久良岐郡 (253) 赤井村（あかいむら）
久良岐郡 (254) 宿村（しゅくむら）
久良岐郡 (255) 坂本村（さかもとむら）

第三大区

第三大区一小区

橘樹郡 (270) 神奈川町（かながわまち）
橘樹郡 (271) 新漁師町（しんりょうしまち）
橘樹郡 (272) 青木町（あおきまち）

第三大区二小区

橘樹郡 (274) 小机村（こづくえむら）
橘樹郡 (275) 下菅田村（しもすがたむら）
橘樹郡 (276) 羽沢村（はざわむら）
橘樹郡 (277) 三枚橋村（さんまいばしむら）
橘樹郡 (278) 片倉村（かたくらむら）

第三大区三小区

橘樹郡 (279) 岸根村（きしのねむら）
橘樹郡 (280) 鳥山村（とりやまむら）
橘樹郡 (281) 六角橋村（ろっかくばしむら）
橘樹郡 (282) 神大寺村（かんだいじむら）
橘樹郡 (308) 大豆戸村（おおまめどむら）
橘樹郡 (309) 篠原村（しのはらむら）

第三大区四小区

橘樹郡 (284) 西子安村（にしこやすむら）
橘樹郡 (285) 東子安村（ひがしこやすむら）
橘樹郡 (286) 新宿村（しんしゅくむら）
橘樹郡 (288) 鶴見村（つるみむら）
橘樹郡 (289) 生麦村（なまむぎむら）

第三大区五小区

橘樹郡 (287) 白幡村（しらはたむら）
橘樹郡 (297) 馬場村（ばばむら）
橘樹郡 (298) 北寺尾村（きたてらおむら）
橘樹郡 (299) 西寺尾村（にしてらおむら）
橘樹郡 (300) 東寺尾村（ひがしてらおむら）
橘樹郡 (310) 菊名村（きくなむら）

第三大区六小区

橘樹郡 (301) 獅子ヶ谷村（ししがやむら）
橘樹郡 (302) 師岡村（もろおかむら）
橘樹郡 (303) 駒岡村（こまおかむら）
橘樹郡 (305) 上末吉村（かみすえよしむら）
橘樹郡 (306) 下末吉村（しもすえよしむら）

第三大区七小区

橘樹郡 (311) 樽村（たるむら）
橘樹郡 (312) 大曽根村（おおそねむら）
橘樹郡 (313) 太尾村（ふとおむら）
橘樹郡 (315) 南綱島村（みなみつなしまむら）
橘樹郡 (316) 北綱島村（きたつなしまむら）
橘樹郡 (412) 箕輪村（みのわむら）

第四大区

第四大区一小区

橘樹郡 (318) 新宿町（しんじゅくまち）
橘樹郡 (319) 砂子町（いさごまち）

橘樹郡　(320) 小土呂町（ことろまち）
橘樹郡　(321) 久根崎町（くねざきまち）

第四大区二小区

橘樹郡　(331) 大師河原村（だいしがわらむら）
橘樹郡　(332) 川中島村（かわなかじまむら）
橘樹郡　(334) 池上義田村（いけがみぎたむら）

第四大区三小区

橘樹郡　(322) 堀ノ内村（ほりのうちむら）
橘樹郡　(335) 池上新田（いけがみしんでん）
橘樹郡　(345) 渡田村（わたりだむら）
橘樹郡　(346) 大島村（おおしまむら）
橘樹郡　(347) 中島村（なかじまむら）

第四大区四小区

橘樹郡　(290) 潮田村（うしおだむら）
橘樹郡　(291) 小野新田（おのしんでん）
橘樹郡　(348) 小田村（おだむら）
橘樹郡　(349) 下新田村（しもしんでんむら）
橘樹郡　(350) 田辺新田（たなべしんでん）

第四大区五小区

橘樹郡　(292) 市場村（いちばむら）
橘樹郡　(293) 菅沢村（すがさわむら）
橘樹郡　(294) 矢向村（やこうむら）
橘樹郡　(295) 江ヶ崎村（えがさきむら）
橘樹郡　(336) 南河原村（みなみかわらむら）

第四大区六小区

橘樹郡　(337) 塚越村（つかごしむら）
橘樹郡　(338) 古川村（ふるかわむら）
橘樹郡　(339) 戸手村（とてむら）
橘樹郡　(340) 小向村（こむかいむら）
橘樹郡　(341) 下平間村（しもひらまむら）
橘樹郡　(413) 小倉村（おぐらむら）

第四大区七小区

橘樹郡　(342) 上平間村（かみひらまむら）
橘樹郡　(343) 中丸子村（なかまるこむら）
橘樹郡　(359) 苅宿村（かりやどむら）
橘樹郡　(360) 今井村（いまいむら）
橘樹郡　(361) 市ノ坪村（いちのつぼむら）
橘樹郡　(414) 鹿島田村（かしまだむら）

第四大区八小区

橘樹郡　(362) 木月村（きづきむら）
橘樹郡　(363) 井田村（いだむら）
橘樹郡　(364) 北加瀬村（きたかせむら）
橘樹郡　(375) 明津村（あくつむら）
橘樹郡　(376) 蟹ヶ谷村（かにがやむら）

第四大区九小区

橘樹郡　藤田新田　詳細不明
橘樹郡　(415) 矢上村（やがみむら）
橘樹郡　(416) 南加瀬村（みなみかせむら）
橘樹郡　(417) 駒林村（こまばやしむら）
橘樹郡　(418) 駒ヶ橋村（こまがはしむら）

第五大区

第五大区一小区

橘樹郡　(366) 溝口村（みぞのくちむら）
橘樹郡　(367) 下作延村（しもさくのべむら）
橘樹郡　(368) 久本村（ひさもとむら）
橘樹郡　(369) 二子村（ふたごむら）
橘樹郡　(370) 久地村（くじむら）

第五大区二小区

橘樹郡　(352) 小杉村（こすぎむら）
橘樹郡　(353) 上丸子村（かみまるこむら）
橘樹郡　(354) 宮内村（みやうちむら）
橘樹郡　(371) 北見方村（きたみがたむら）
橘樹郡　(372) 諏訪河原村（すわかわらむら）

第五大区三小区

橘樹郡　(355) 上小田中村（かみこだなかむら）
橘樹郡　(356) 下小田中村（しもこだなかむら）
橘樹郡　(357) 新城村（しんじょうむら）
橘樹郡　(373) 坂戸村（さかどむら）

第五大区四小区

橘樹郡　(377) 岩川村（いわかわむら）
橘樹郡　(378) 清沢村（きよさわむら）

橘樹郡　(380) 新作村（しんさくむら）
橘樹郡　(381) 子母口村（しぼくちむら）
橘樹郡　(382) 末長村（すえながむら）
橘樹郡　(383) 久末村（ひさすえむら）

第五大区五小区

橘樹郡　(385) 梶ヶ谷村（かじがやむら）
橘樹郡　(386) 下野川村（しものがわむら）
橘樹郡　(387) 上野川村（かみのがわむら）
橘樹郡　(389) 馬絹村（まぎぬむら）
橘樹郡　(390) 有馬村（ありまむら）
橘樹郡　(391) 土橋村（つちはしむら）

第五大区六小区

橘樹郡　(393) 平村（たいらむら）
橘樹郡　(394) 下菅生村（しもすがおむら）
橘樹郡　(395) 天真寺新田（てんしんじしんでん）
橘樹郡　(397) 長尾村（ながおむら）
橘樹郡　(398) 上作延村（かみさくのべむら）

第五大区七小区

橘樹郡　(400) 上菅生村（かみすがおむら）
橘樹郡　(401) 五反田村（ごたんだむら）
橘樹郡　(403) 高石村（たかいしむら）
橘樹郡　(404) 細山村（ほそやまむら）
橘樹郡　(405) 金程村（かなほどむら）
橘樹郡　上菅生新田　詳細不明

第五大区八小区

橘樹郡　(406) 登戸村（のぼりとむら）
橘樹郡　(407) 宿河原村（しゅくがわらむら）
橘樹郡　(408) 堰村（せきむら）

第五大区九小区

橘樹郡　(409) 菅村（すげむら）
橘樹郡　(410) 中野島村（なかのしまむら）

第六大区

第六大区一小区

都筑郡　(435) 新羽村（にっぱむら）
都筑郡　(446) 大熊村（おおくまむら）

第六大区二小区

都筑郡　(436) 吉田村（よしだむら）
都筑郡　(437) 高田村（たかだむら）

第六大区三小区

都筑郡　(439) 山田村（やまだむら）
都筑郡　(440) 勝田村（かちだむら）
都筑郡　(441) 大棚村（おおだなむら）
都筑郡　(442) 牛久保村（うしくぼむら）
都筑郡　(443) 茅ヶ崎村（ちがさきむら）

第六大区四小区

都筑郡　(447) 東方村（ひがしがたむら）
都筑郡　(448) 川向村（かわむこうむら）
都筑郡　(449) 折本村（おりもとむら）

第六大区五小区

都筑郡　(450) 池辺村（いけのべむら）
都筑郡　(451) 佐江戸村（さえどむら）

第六大区六小区

都筑郡　(445) 川和村（かわわむら）
都筑郡　(452) 荏田村（えだむら）

第六大区七小区

都筑郡　(423) 下麻生村（しもあさおむら）
都筑郡　(424) 王禅寺村（おうぜんじむら）
都筑郡　(425) 早野村（はやのむら）
都筑郡　(453) 石川村（いしかわむら）

第六大区八小区

都筑郡　(426) 上麻生村（かみあさおむら）
都筑郡　(427) 五力田村（ごりきだむら）
都筑郡　(428) 古沢村（ふるさわむら）
都筑郡　(429) 萬福寺村（まんぷくじむら）
都筑郡　(430) 片平村（かたひらむら）
都筑郡　(431) 栗木村（くりぎむら）
都筑郡　(432) 黒川村（くろかわむら）

第七大区

第七大区一小区

都筑郡　(420) 上星川村（かみほしかわむら）

都筑郡　(421) 川島村（かわしまむら）
都筑郡　(473) 鴨居村（かもいむら）
都筑郡　(474) 本郷村（ほんごうむら）
都筑郡　(475) 上菅田村（かみすげだむら）
都筑郡　(476) 新井新田（あらいしんでん）

第七大区二小区

都筑郡　(455) 二俣川村（ふたまたがわむら）
都筑郡　(457) 本宿新田（ほんじゅくしんでん）
都筑郡　(458) 密経新田（みっきょうしんでん）
都筑郡　(459) 三反田村（さんたんだむら）
都筑郡　(460) 小高新田（おたかしんでん）
都筑郡　(461) 市野沢村（いちのさわむら）
都筑郡　(462) 今井村（いまいむら）

第七大区三小区

都筑郡　(463) 今宿村（いまじゅくむら）
都筑郡　(464) 鶴ヶ峰新田（つるがみねしんでん）
都筑郡　(465) 川井村（かわいむら）
都筑郡　(466) 下川井村（しもかわいむら）
都筑郡　(467) 上川井村（かみかわいむら）
都筑郡　(469) 上白根村（かみしらねむら）
都筑郡　(470) 下白根村（しもしらねむら）
都筑郡　(471) 坂倉新田（さかくらしんでん）

第七大区四小区

都筑郡　(477) 中山村（なかやまむら）
都筑郡　(478) 榎下村（えのしたむら）
都筑郡　(479) 久保村（くぼむら）
都筑郡　(480) 寺山村（てらやまむら）
都筑郡　(481) 台村（だいむら）
都筑郡　(483) 上猿山村（かみさるやまむら）
都筑郡　(484) 下猿山村（しもさるやまむら）
都筑郡　(487) 小山村（こやまむら）
都筑郡　(488) 青砥村（あおとむら）

第七大区五小区

都筑郡　(485) 十日市場村（とおかいちばむら）
都筑郡　(489) 北八朔村（きたはっさくむら）
都筑郡　(490) 西八朔村（にしはっさくむら）
都筑郡　(504) 長津田村（ながつだむら）

第七大区六小区

都筑郡　(491) 下谷本村（しもやもとむら）
都筑郡　(492) 上谷本村（かみやもとむら）
都筑郡　(493) 成合村（なりあいむら）
都筑郡　(494) 鉄村（くろがねむら）
都筑郡　(498) 黒須田村（くろすだむら）
都筑郡　(499) 大場村（おおばむら）
都筑郡　(500) 市ヶ尾村（いちがおむら）

第七大区七小区

都筑郡　(434) 岡上村（おかのぼりむら）
都筑郡　(501) 寺家村（じけむら）
都筑郡　(502) 鴨志田村（かもしだむら）
都筑郡　(505) 恩田村（おんだむら）
都筑郡　(506) 奈良村（ならむら）

第十四大区

第十四大区一小区

三浦郡　(587) 長沢村（ながさわむら）
三浦郡　(588) 野比村（のびむら）
三浦郡　(589) 津久井村（つくいむら）

第十四大区二小区

三浦郡　(508) 菊名村（きくなむら）
三浦郡　(509) 上宮田村（かみみやたむら）
三浦郡　(510) 金田村（かねだむら）
三浦郡　(511) 松輪村（まつわむら）
三浦郡　(512) 毘沙門村（びしゃもんむら）

第十四大区三小区

三浦郡　(514) 三崎町（みさきまち）
三浦郡　(523) 三崎城村（みさきじょうむら）
三浦郡　(524) 城ヶ島村（じょうがしまむら）
三浦郡　(525) 仲町岡村（なかのちょうおかむら）
三浦郡　(526) 東岡村（ひがしおかむら）
三浦郡　(527) 向ヶ崎村（むこうがさきむら）
三浦郡　(528) 宮川村（みやがわむら）
三浦郡　(529) 二町谷村（ふたまちやむら）

三浦郡　(530) 原村（はらむら）

第十四大区四小区

三浦郡　(532) 諸磯村（もろいそむら）
三浦郡　(533) 小網代村（こあじろむら）
三浦郡　(534) 下宮田村（しもみやたむら）
三浦郡　(535) 三戸村（みとむら）

第十四大区五小区

三浦郡　(536) 高円坊村（こうえんぼうむら）
三浦郡　(591) 武村（たけむら）
三浦郡　(592) 須軽谷村（すがりやむら）
三浦郡　(593) 林村（はやしむら）
三浦郡　(594) 大田和村（おおたわむら）

第十四大区六小区

三浦郡　(538) 赤羽根村（あかばねむら）
三浦郡　(539) 竹ノ下村（たけのしたむら）
三浦郡　(540) 本和田村（もとわだむら）
三浦郡　(541) 入江新田（いりえしんでん）
三浦郡　(596) 長井村（ながいむら）

第十四大区七小区

三浦郡　(597) 芦名村（あしなむら）
三浦郡　(598) 長坂村（ながさかむら）
三浦郡　(599) 荻野村（おぎのむら）
三浦郡　(600) 佐島村（さじまむら）
三浦郡　(601) 秋谷村（あきやむら）

第十五大区

第十五大区一小区

三浦郡　(577) 浦郷村（うらのごうむら）
三浦郡　(578) 船越新田（ふなこししんでん）
三浦郡　(579) 田浦村（たうらむら）
三浦郡　(580) 長浦村（ながうらむら）

第十五大区二小区

三浦郡　(544) 横須賀村（よこすかむら）
三浦郡　(561) 逸見村（へみむら）
三浦郡　(562) 公郷村（くごうむら）
三浦郡　(563) 深田村（ふかだむら）
三浦郡　(564) 中里村（なかざとむら）
三浦郡　(565) 佐野村（さのむら）
三浦郡　(567) 不入斗村（いりやまずむら）

第十五大区三小区

三浦郡　(603) 浦賀村（うらがむら）
三浦郡　(624) 大津村（おおつむら）
三浦郡　(625) 走水村（はしりみずむら）
三浦郡　(626) 鴨居村（かもいむら）

第十五大区四小区

三浦郡　(581) 佐原村（さはらむら）
三浦郡　(582) 内川新田（うちかわしんでん）
三浦郡　(583) 八幡久里浜村（やはたくりはまむら）
三浦郡　(584) 久村（くむら）
三浦郡　(585) 岩戸村（いわとむら）

第十五大区五小区

三浦郡　(566) 金谷村（かなやむら）
三浦郡　(569) 衣笠村（きぬかさむら）
三浦郡　(570) 小矢部村（こやべむら）
三浦郡　(571) 大矢部村（おおやべむら）
三浦郡　(572) 森崎村（もりさきむら）
三浦郡　(574) 上平作村（かみひらさくむら）
三浦郡　(575) 下平作村（しもひらさくむら）
三浦郡　(576) 池上村（いけがみむら）

第十五大区六小区

三浦郡　(636) 一色村（いっしきむら）
三浦郡　(637) 木古庭村（きこばむら）
三浦郡　(638) 上山口村（かみやまぐちむら）
三浦郡　(639) 下山口村（しもやまぐちむら）
三浦郡　(640) 堀内村（ほりうちむら）
三浦郡　(641) 長柄村（ながえむら）

第十五大区七小区

三浦郡　(627) 逗子村（ずしむら）
三浦郡　(628) 沼間村（ぬままむら）
三浦郡　(629) 桜山村（さくらやまむら）
三浦郡　(630) 池子村（いけごむら）
三浦郡　(631) 山野根村（やまのねむら）

三浦郡 (632) 柏原村（かしわばらむら）

三浦郡 (633) 久野谷村（くのやむら）

三浦郡 (635) 小坪村（こつぼむら）

第十六大区

第十六大区一小区

鎌倉郡 (643) 大鋸町（だいぎりまち）

鎌倉郡 (644) 西富町（にしとみまち）

鎌倉郡 (647) 柄沢村（からさわむら）

鎌倉郡 (656) 東俣野村（ひがしまたのむら）

鎌倉郡 (657) 上俣野村（かみまたのむら）

鎌倉郡 (658) 山谷新田（さんやしんでん）

第十六大区二小区

鎌倉郡 (648) 渡内村（わたうちむら）

鎌倉郡 (704) 岡本村（おかもとむら）

鎌倉郡 (705) 城廻村（しろめぐりむら）

鎌倉郡 (706) 植木村（うえきむら）

鎌倉郡 (707) 関谷村（せきやむら）

第十六大区三小区

鎌倉郡 (649) 弥勒寺村（みろくじむら）

鎌倉郡 (650) 小塚村（こつかむら）

鎌倉郡 (651) 宮前村（みやのまえむら）

鎌倉郡 (652) 高谷村（たかやむら）

鎌倉郡 (690) 山崎村（やまざきむら）

第十六大区四小区

鎌倉郡 (691) 梶原村（かじわらむら）

鎌倉郡 (692) 笛田村（ふえだむら）

鎌倉郡 (693) 寺分村（てらぶんむら）

鎌倉郡 (694) 上町谷村（かみまちやむら）

鎌倉郡 (695) 常盤村（ときわむら）

第十六大区五小区

鎌倉郡 (646) 川名村（かわなむら）

鎌倉郡 (654) 片瀬村（かたせむら）

鎌倉郡 (655) 江ノ島（えのしま）

鎌倉郡 (688) 腰越村（こしごえむら）

鎌倉郡 (689) 津村（つむら）

鎌倉郡 (696) 手広村（てびろむら）

第十六大区六小区

鎌倉郡 (672) 長谷村（はせむら）

鎌倉郡 (673) 坂ノ下村（さかのしたむら）

鎌倉郡 (674) 極楽寺村（ごくらくじむら）

鎌倉郡 (675) 乱橋材木座村（みだればしざいもくざむら）

鎌倉郡 (677) 大町村（おおまちむら）

第十六大区七小区

鎌倉郡 (678) 小町村（こまちむら）

鎌倉郡 (679) 雪ノ下村（ゆきのしたむら）

鎌倉郡 (680) 西御門村（にしみかどむら）

鎌倉郡 (681) 峠村（とうげむら）

鎌倉郡 (682) 浄明寺村（じょうみょうじむら）

鎌倉郡 (683) 二階堂村（にかいどうむら）

鎌倉郡 (684) 十二所村（じゅうにそうむら）

鎌倉郡 (685) 扇ヶ谷村（おうぎがやつむら）

鎌倉郡 (699) 山ノ内村（やまのうちむら）

第十六大区八小区

鎌倉郡 (698) 大船村（おおふなむら）

鎌倉郡 (700) 小袋谷村（こぶくろやむら）

鎌倉郡 (701) 台村（だいむら）

第十六大区九小区

鎌倉郡 (709) 小菅ヶ谷村（こすがやむら）

鎌倉郡 (710) 笠間村（かさまむら）

第十六大区十小区

鎌倉郡 (702) 岩瀬村（いわせむら）

鎌倉郡 (703) 今泉村（いまいずみむら）

鎌倉郡 (711) 公田村（くでんむら）

鎌倉郡 (712) 桂村（かつらむら）

第十六大区十一小区

鎌倉郡 (713) 鍛冶ヶ谷村（かじがやむら）

鎌倉郡 (714) 中野村（なかのむら）

鎌倉郡 (715) 上野村（かみのむら）

第十七大区

第十七大区一小区

鎌倉郡 (660) 金井村（かないむら）
鎌倉郡 (661) 田谷村（たやむら）
鎌倉郡 (664) 小雀村（こすずめむら）
鎌倉郡 (665) 長尾台村（ながおだいむら）
鎌倉郡 (717) 飯島村（いいじまむら）
鎌倉郡 (718) 長沼村（ながぬまむら）

第十七大区二小区

鎌倉郡 (719) 下倉田村（しもくらたむら）
鎌倉郡 (720) 上倉田村（かみくらたむら）
鎌倉郡 (723) 上野庭村（かみのばむら）
鎌倉郡 (724) 下野庭村（しものばむら）

第十七大区三小区

鎌倉郡 (725) 永谷村（ながやむら）
鎌倉郡 (730) 上柏尾村（かみかしおむら）
鎌倉郡 (731) 下柏尾村（しもかしおむら）
鎌倉郡 (732) 舞岡村（まいおかむら）

第十七大区四小区

鎌倉郡 (733) 前山田村（まえやまだむら）
鎌倉郡 (734) 後山田村（うしろやまだむら）
鎌倉郡 (735) 品濃村（しなのむら）
鎌倉郡 (736) 平戸村（ひらどむら）
鎌倉郡 (749) 上矢部村（かみやべむら）
鎌倉郡 (750) 秋葉村（あきばむら）
鎌倉郡 (751) 名瀬村（なせむら）

第十七大区五小区

鎌倉郡 (738) 戸塚宿（とつかじゅく）
鎌倉郡 (739) 矢部町（やべまち）
鎌倉郡 (740) 吉田町（よしだまち）

第十七大区六小区

鎌倉郡 (741) 瀬谷村（せやむら）
鎌倉郡 (742) 二ツ橋村（ふたつばしむら）
鎌倉郡 (743) 宮沢村（みやざわむら）
鎌倉郡 (752) 阿久和村（あくわむら）

第十七大区七小区

鎌倉郡 (744) 和泉村（いずみむら）
鎌倉郡 (746) 上飯田村（かみいいだむら）
鎌倉郡 (747) 下飯田村（しもいいだむら）

第十七大区八小区

鎌倉郡 (667) 原宿村（はらじゅくむら）
鎌倉郡 (668) 深谷村（ふかやむら）
鎌倉郡 (669) 汲沢村（ぐみざわむら）
鎌倉郡 (745) 中田村（なかたむら）
鎌倉郡 (753) 岡津村（おかつむら）

第十八大区

第十八大区一小区

高座郡 (755) 大久保町（おおくぼまち）
高座郡 (756) 坂戸町（さかどまち）

第十八大区二小区

高座郡 (758) 鵠沼村（くげぬまむら）
高座郡 (759) 羽鳥村（はとりむら）
高座郡 (760) 大庭村（おおばむら）
高座郡 (761) 稲荷村（いなりむら）

第十八大区三小区

高座郡 (762) 辻堂村（つじどうむら）
高座郡 (787) 茅ヶ崎村（ちがさきむら）
高座郡 (788) 室田村（むろだむら）
高座郡 (789) 小和田村（こわだむら）
高座郡 (790) 菱沼村（ひしぬまむら）
高座郡 (796) 矢畑村（やばたむら）

第十八大区四小区

高座郡 (791) 高田村（たかだむら）
高座郡 (792) 赤羽根村（あかばねむら）
高座郡 (793) 甘沼村（あまぬまむら）
高座郡 (794) 香川村（かがわむら）
高座郡 (797) 円蔵村（えんぞうむら）
高座郡 (798) 西久保村（にしくぼむら）

第十八大区五小区

高座郡 (799) 今宿村（いまじゅくむら）

はまのごうむら
高座郡 (800) 浜ノ郷村
へいだゆうしんでん
高座郡 (801) 平太夫新田
まつおむら
高座郡 (802) 松尾村
やなぎしまむら
高座郡 (803) 柳島村
なかじまむら
高座郡 (804) 中島村
はぎぞのむら
高座郡 (805) 萩園村
しもまちやむら
高座郡 (806) 下町屋村

第十八大区六小区

いちのみやむら
高座郡 (814) 一ノ宮村
なかせむら
高座郡 (815) 中瀬村
たばたむら
高座郡 (816) 田端村

第十八大区七小区

みややまむら
高座郡 (817) 宮山村
くらみむら
高座郡 (818) 倉見村

第十八大区八小区

しもおおまがりむら
高座郡 (819) 下大曲村
おおまがりむら
高座郡 (820) 大曲村
おかだむら
高座郡 (821) 岡田村
おおぞうむら
高座郡 (822) 大蔵村
こやとむら
高座郡 (823) 小谷村
こゆるぎむら
高座郡 (824) 小動村

第十八大区九小区

つつみむら
高座郡 (808) 堤村
なめがやむら
高座郡 (809) 行谷村
しもてらおむら
高座郡 (810) 下寺尾村
せりさわむら
高座郡 (811) 芹沢村

第十八大区十小区

かめいのむら
高座郡 (765) 亀井野村
にしまたのむら
高座郡 (766) 西俣野村
いしかわむら
高座郡 (767) 石川村
えんどうむら
高座郡 (812) 遠藤村

第十九大区

第十九大区一小区

えんぎょうむら
高座郡 (768) 円行村
いまだむら
高座郡 (769) 今田村
しもつちだなむら
高座郡 (770) 下土棚村
ちょうごむら
高座郡 (779) 長後村
せんぞくむら
高座郡 (780) 千束村
ななつぎむら
高座郡 (781) 七ツ木村
しもわだむら
高座郡 (783) 下和田村

第十九大区二小区

ふかやむら
高座郡 (826) 深谷村
ほんたてかわむら
高座郡 (827) 本蓼川村
たてかわむら
高座郡 (828) 蓼川村
よしおかむら
高座郡 (829) 吉岡村
かみつちだなむら
高座郡 (830) 上土棚村

第十九大区三小区

ふくだむら
高座郡 (784) 福田村
かみわだむら
高座郡 (785) 上和田村
ふかみむら
高座郡 (859) 深見村
かみそうやぎむら
高座郡 (860) 上草柳村
しもそうやぎむら
高座郡 (861) 下草柳村

第十九大区四小区

てらおむら
高座郡 (831) 寺尾村
こぞのむら
高座郡 (832) 小園村
こくぶむら
高座郡 (835) 国分村
もうちむら
高座郡 (836) 望地村

第十九大区五小区

はやかわむら
高座郡 (833) 早川村
かみおおやむら
高座郡 (838) 上大谷村
しもおおやむら
高座郡 (839) 下大谷村
すぎくぼむら
高座郡 (849) 杉窪村

第十九大区六小区

ようだむら
高座郡 (772) 用田村
くずはらむら
高座郡 (773) 葛原村
しょうぶざわむら
高座郡 (774) 菖蒲沢村
おそごうむら
高座郡 (775) 獺郷村
うちもどりむら
高座郡 (776) 打戻村

第十九大区七小区

みやばらむら
高座郡 (777) 宮原村
ほんごうむら
高座郡 (850) 本郷村

第十九大区八小区

高座郡 (851) 中野村（なかのむら）
高座郡 (852) 門沢橋村（かどさわばしむら）
高座郡 (853) 社家村（しゃけむら）
高座郡 (855) 上河内村（かみがわちむら）
高座郡 (856) 中河内村（なかがわちむら）
高座郡 (857) 今里村（いまざとむら）

第十九大区九小区

高座郡 (840) 中新田村（なかしんでんむら）
高座郡 (841) 河原口村（かわらぐちむら）
高座郡 (842) 上郷村（かみごうむら）

第二十大区

第二十大区一小区

高座郡 (844) 上今泉村（かみいまいずみむら）
高座郡 (846) 下今泉村（しもいまいずみむら）
高座郡 (847) 柏ヶ谷村（かしわがやむら）

第二十大区二小区

高座郡 (862) 下鶴間村（しもつるまむら）
高座郡 (864) 上鶴間村（かみつるまむら）
高座郡 (892) 栗原村（くりはらむら）

第二十大区三小区

高座郡 (865) 鵜ノ森村（うのもりむら）
高座郡 (866) 淵野辺村（ふちのべむら）
高座郡 (867) 矢部新田村（やべしんでんむら）
高座郡 (868) 上矢部村（かみやべむら）

第二十大区四小区

高座郡 (870) 相原村（あいはらむら）
高座郡 (871) 橋本村（はしもとむら）
高座郡 (872) 小山村（おやまむら）
高座郡 (873) 清兵衛新田（せいべえしんでん）

第二十大区五小区

高座郡 (874) 大島村（おおしまむら）
高座郡 (875) 上九沢村（かみくざわむら）
高座郡 (876) 下九沢村（しもくざわむら）

第二十大区六小区

高座郡 (878) 田名村（たなむら）
高座郡 (880) 当麻村（たいまむら）

第二十大区七小区

高座郡 (879) 上溝村（かみみぞむら）
高座郡 (881) 下溝村（しもみぞむら）

第二十大区八小区

高座郡 (883) 磯部村（いそべむら）
高座郡 (884) 新戸村（しんどむら）

第二十大区九小区

高座郡 (890) 座間村（ざまむら）
高座郡 (891) 座間入谷村（ざまいりやむら）
高座郡 (893) 新田宿村（しんでんじゅくむら）
高座郡 (894) 四ツ谷村（よつやむら）

第二十一大区

第二十一大区一小区

足柄下郡 (1190) 小田原駅十字町（おだわらえきじゅうじちょう）
足柄下郡 (1198) 小田原駅幸町（おだわらえきさいわいちょう）
足柄下郡 (1206) 小田原駅萬年町（おだわらえきまんねんちょう）
足柄下郡 (1212) 小田原駅緑町（おだわらえきみどりちょう）
足柄下郡 (1223) 小田原駅新玉町（おだわらえきあらたまちょう）

第二十一大区二小区

足柄下郡 (1225) 池上村（いけがみむら）
足柄下郡 (1226) 町田村（まちだむら）
足柄下郡 (1227) 中島村（なかじまむら）
足柄下郡 (1228) 荻窪村（おぎくぼむら）
足柄下郡 (1231) 谷津村（やつむら）
足柄下郡 (1233) 久野村（くのむら）
足柄下郡 (1234) 蓮正寺村（れんしょうじむら）
足柄下郡 (1235) 中曽根村（なかぞねむら）
足柄下郡 (1236) 飯田岡村（いいだおかむら）
足柄下郡 (1237) 新屋村（あらやむら）
足柄下郡 (1238) 堀ノ内村（ほりのうちむら）
足柄下郡 (1239) 柳新田村（やなぎしんでんむら）
足柄下郡 (1240) 小台村（こだいむら）

足柄下郡（1241）清水新田（しみずしんでん）
足柄下郡（1242）北久保村（きたのくぼむら）
足柄下郡（1243）府川村（ふかわむら）
足柄下郡（1244）穴部村（あなべむら）
足柄下郡（1245）穴部新田（あなべしんでん）
足柄下郡（1247）井細田村（いさいだむら）
足柄下郡（1248）多古村（たこむら）
足柄下郡（1249）今井村（いまいむら）

第二十一大区三小区

足柄下郡（1264）桑原村（くわはらむら）
足柄下郡（1265）成田村（なるだむら）
足柄下郡（1266）飯泉村（いいずみむら）
足柄下郡（1267）飯泉新田（いいずみしんでん）
足柄下郡（1269）高田村（たかだむら）
足柄下郡（1270）別堀村（べっぽりむら）
足柄下郡（1271）千代村（ちよむら）
足柄下郡（1272）延清村（のぶきよむら）
足柄下郡（1273）永塚村（ながつかむら）
足柄下郡（1274）東大友村（ひがしおおともむら）
足柄下郡（1275）西大友村（にしおおともむら）
足柄下郡（1277）下新田村（しもしんでんむら）
足柄下郡（1278）中新田村（なかしんでんむら）
足柄下郡（1279）上新田村（かみしんでんむら）
足柄下郡（1280）鴨宮村（かものみやむら）
足柄下郡（1281）矢作村（やはぎむら）
足柄下郡（1283）中里村（なかざとむら）
足柄下郡（1284）下堀村（しもほりむら）
足柄下郡（1286）曽我別所村（そがべっしょむら）
足柄下郡（1287）曽我原村（そがはらむら）
足柄下郡（1288）曽我谷津村（そがやつむら）
足柄下郡（1289）曽我岸村（そがきしむら）
足柄下郡（1292）田島村（たじまむら）

第二十一大区四小区

足柄下郡（1259）酒匂村（さかわむら）
足柄下郡（1261）山王原村（さんのうはらむら）
足柄下郡（1262）網一色村（あみいっしきむら）
足柄下郡（1263）小八幡村（こやわたむら）
足柄下郡（1291）国府津村（こうづむら）
足柄下郡（1298）前川村（まえかわむら）
足柄下郡（1299）羽根尾村（はねおむら）
足柄下郡（1301）中村原（なかむらはら）
足柄下郡（1302）上町村（かのまちむら）
足柄下郡（1303）小船村（おぶねむら）
足柄下郡（1304）小竹村（おたけむら）
足柄下郡（1305）沼代村（ぬましろむら）

第二十一大区五小区

足柄下郡（1252）板橋村（いたばしむら）
足柄下郡（1253）風祭村（かざまつりむら）
足柄下郡（1254）水ノ尾村（みずのおむら）
足柄下郡（1255）入生田村（いりうだむら）
足柄下郡（1256）後河原村（うしろがわらむら）
足柄下郡（1308）箱根宿（はこねじゅく）
足柄下郡（1309）元箱根村（もとはこねむら）
足柄下郡（1310）芦ノ湯村（あしのゆむら）
足柄下郡（1311）湯本村（ゆもとむら）
足柄下郡（1312）湯本茶屋村（ゆもとちゃやむら）
足柄下郡（1313）須雲川村（すくもがわむら）
足柄下郡（1314）塔ノ沢村（とうのさわむら）
足柄下郡（1315）畑宿（はたじゅく）
足柄上郡（1316）宮城野村（みやぎのむら）
足柄上郡（1317）仙石原村（せんごくはらむら）
足柄下郡（1318）底倉村（そこくらむら）
足柄下郡（1319）大平台村（おおひらだいむら）

第二十一大区六小区

足柄下郡（1258）早川村（はやかわむら）
足柄下郡（1293）石橋村（いしばしむら）
足柄下郡（1294）米神村（こめかみむら）
足柄下郡（1295）根府川村（ねぶかわむら）
足柄下郡（1296）江ノ浦村（えのうらむら）
足柄下郡（1321）真鶴村（まなづるむら）
足柄下郡（1322）岩村（いわむら）
足柄下郡（1324）宮下村（みやしたむら）

足柄下郡（1325）宮上村（みやかみむら）
足柄下郡（1326）門川村（もんかわむら）
足柄下郡（1327）城堀村（しろほりむら）
足柄下郡（1329）福浦村（ふくうらむら）
足柄下郡（1330）吉浜村（よしはまむら）
足柄下郡（1331）鍛冶屋村（かじやむら）

第二十一大区七小区

足柄上郡（1083）竹松村（たけまつむら）
足柄上郡（1084）壗下村（まましたむら）
足柄上郡（1085）怒田村（ぬだむら）
足柄上郡（1089）沼田村（ぬまたむら）
足柄上郡（1090）三竹山村（みたけやまむら）
足柄上郡（1091）岩原村（いわはらむら）
足柄上郡（1092）塚原村（つかはらむら）
足柄上郡（1093）駒形新宿（こまがたしんじゅく）
足柄上郡（1094）炭焼所村（すみやきじょむら）
足柄上郡（1095）和田河原村（わだがはらむら）
足柄上郡（1170）柏山村（かやまむら）
足柄上郡（1171）曽比村（そびむら）

第二十一大区八小区

足柄上郡（1066）中沼村（なかぬまむら）
足柄上郡（1067）狩野村（かのむら）
足柄上郡（1068）飯沢村（いいさわむら）
足柄上郡（1069）猿山村（さるやまむら）
足柄上郡（1070）関本村（せきもとむら）
足柄上郡（1071）雨坪村（あまつぼむら）
足柄上郡（1072）福泉村（ふくせんむら）
足柄上郡（1073）弘西寺村（こうさいじむら）
足柄上郡（1076）苅野村（かりのむら）
足柄上郡（1078）矢倉沢村（やぐらさわむら）
足柄上郡（1079）内山村（うちやまむら）
足柄上郡（1081）平山村（ひらやまむら）
足柄上郡（1143）谷ヶ村（やがむら）

第二十一大区九小区

足柄上郡（1080）小市村（こいちむら）
足柄上郡（1086）千津島村（せんづしまむら）
足柄上郡（1087）斑目村（まだらめむら）
足柄上郡（1102）吉田島村（よしだじまむら）
足柄上郡（1103）牛島村（うしじまむら）
足柄上郡（1104）宮ノ台村（みやのだいむら）
足柄上郡（1105）中ノ名村（なかのなむら）
足柄上郡（1106）円通寺村（えんつうじむら）
足柄上郡（1107）延沢村（のぶさわむら）
足柄上郡（1108）金井島村（かないしまむら）
足柄上郡（1109）岡野村（おかのむら）

第二十一大区十小区

足柄上郡（1097）八沢村（やさわむら）
足柄上郡（1098）柳川村（やながわむら）
足柄上郡（1099）菖蒲村（しょうぶむら）
足柄上郡（1100）三廻部村（みくるべむら）
足柄上郡（1112）金子村（かねこむら）
足柄上郡（1113）金手村（かなでむら）
足柄上郡（1115）山田村（やまだむら）
足柄上郡（1116）篠窪村（しのくぼむら）
足柄上郡（1117）高尾村（たかおむら）
足柄上郡（1118）柳村（やなぎむら）
足柄上郡（1119）赤田村（あかだむら）
足柄上郡（1124）神山村（こうやまむら）
足柄上郡（1135）寄村（やどりきむら）
足柄上郡（1173）鬼柳村（おにやなぎむら）
足柄上郡（1175）上大井村（かみおおいむら）
足柄上郡（1176）下大井村（しもおおいむら）
足柄上郡（1177）西大井村（にしおおいむら）
足柄上郡（1178）上曽我村（かみそがむら）
足柄上郡（1179）曽我大沢村（そがおおさわむら）

第二十一大区十一小区

足柄上郡（1125）松田惣領（まつだそうりょう）
足柄上郡（1126）松田庶子（まつだしょし）
足柄上郡（1136）川村向原（かわむらむこうはら）
足柄上郡（1137）川村岸（かわむらきし）
足柄上郡（1138）川村山北（かわむらやまきた）
足柄上郡（1140）皆瀬川村（みなせがわむら）

足柄上郡（1141）都夫良野村（つぶらのむら）
足柄上郡（1144）川西村（かわにしむら）
足柄上郡（1145）湯触村（ゆぶれむら）
足柄上郡（1146）山市場村（やまいちばむら）
足柄上郡（1148）世附村（よづくむら）
足柄上郡（1149）中川村（なかがわむら）
足柄上郡（1150）玄倉村（くろくらむら）
足柄上郡（1152）神縄村（かんなわむら）

第二十一大区十二小区

大住郡（1042）五分一村（ごぶいちむら）
足柄上郡（1153）遠藤村（えんどうむら）
足柄上郡（1154）北田村（きただむら）
足柄上郡（1155）田中村（たなかむら）
足柄上郡（1156）半分形村（はぶがたむら）
足柄上郡（1157）久所村（ぐぞむら）
足柄上郡（1158）古怒田村（こぬたむら）
足柄上郡（1159）鴨沢村（かもざわむら）
足柄上郡（1160）雑色村（ぞうしきむら）
足柄上郡（1161）松本村（まつもとむら）
足柄上郡（1162）比奈窪村（ひなくぼむら）
足柄上郡（1163）藤沢村（ふじさわむら）
足柄上郡（1164）岩倉村（いわくらむら）
足柄上郡（1165）境別所村（さかいべっしょむら）
足柄上郡（1166）境村（さかいむら）
足柄上郡（1168）井ノ口村（いのくちむら）

第二十二大区

第二十二大区一小区

淘綾郡（1043）出縄村（いでなわむら）
淘綾郡（1044）萬田村（まんだむら）
淘綾郡（1045）山下村（やましたむら）
淘綾郡（1046）高根村（たかねむら）
淘綾郡（1048）二宮村（にのみやむら）
淘綾郡（1049）山西村（やまにしむら）
淘綾郡（1050）川匂村（かわわむら）
淘綾郡（1051）中里村（なかざとむら）
淘綾郡（1052）一色村（いっしきむら）
淘綾郡（1058）西窪村（にしくぼむら）
淘綾郡（1059）黒岩村（くろいわむら）
淘綾郡（1060）虫窪村（むしくぼむら）
淘綾郡（1061）国府新宿村（こくふしんじゅくむら）
淘綾郡（1062）国府本郷村（こくふほんごうむら）
淘綾郡（1063）生沢村（いくさわむら）
淘綾郡（1064）寺坂村（てらさかむら）

第二十二大区二小区

淘綾郡（1054）高麗村（こまむら）
淘綾郡（1056）西小磯村（にしこいそむら）
淘綾郡（1057）東小磯村（ひがしこいそむら）

第二十二大区三小区

大住郡（949）平沢村（ひらさわむら）
大住郡（950）今泉村（いまいずみむら）
大住郡（951）尾尻村（おじりむら）
大住郡（952）西大竹村（にしおおだけむら）
大住郡（954）菩提村（ぼだいむら）
大住郡（955）横野村（よこのむら）
大住郡（956）戸川村（とがわむら）
大住郡（957）三屋村（さんやむら）
大住郡（974）千村（ちむら）
大住郡（975）渋沢村（しぶさわむら）
大住郡（976）堀山下村（ほりやましたむら）
大住郡（977）堀川村（ほりかわむら）
大住郡（978）堀斎藤村（ほりさいとうむら）
大住郡（979）堀沼城村（ほりぬまじょうむら）
足柄上郡（1120）栃窪村（とちくぼむら）

第二十二大区四小区

大住郡（946）曽屋村（そやむら）
大住郡（958）羽根村（はねむら）
大住郡（960）西田原村（にしたわらむら）
大住郡（961）東田原村（ひがしたわらむら）
大住郡（962）蓑毛村（みのげむら）
大住郡（963）小蓑毛村（こみのげむら）
大住郡（964）寺山村（てらやまむら）
大住郡（965）落合村（おちあいむら）

大住郡 (966) 名古木村（ながのきむら）
大住郡 (987) 善波村（ぜんばむら）

第二十二大区五小区

大住郡 (900) 河内村（こうちむら）
大住郡 (901) 根坂間村（ねさかまむら）
大住郡 (902) 徳延村（とくのべむら）
大住郡 (903) 公所村（ぐぞむら）
大住郡 (907) 纏村（まといむら）
大住郡 (919) 入部村（いりぶむら）
大住郡 (920) 長持村（ながもちむら）
大住郡 (928) 土屋村（つちやむら）
大住郡 (929) 上吉沢村（かみきちさわむら）
大住郡 (930) 下吉沢村（しもきちさわむら）
大住郡 (940) 千須谷村（せんずやむら）
大住郡 (941) 片岡村（かたおかむら）
大住郡 (942) 広川村（ひろかわむら）
大住郡 (947) 上大槻村（かみおおつきむら）
大住郡 (968) 下大槻村（しもおおつきむら）

第二十二大区六小区

大住郡 (921) 寺田縄村（てらだなわむら）
大住郡 (922) 入野村（いりのむら）
大住郡 (923) 飯島村（いいじまむら）
大住郡 (943) 南金目村（みなみかなめむら）
大住郡 (944) 北金目村（きたかなめむら）
大住郡 (969) 真田村（さなだむら）
大住郡 (970) 南矢名村（みなみやなむら）
大住郡 (971) 北矢名村（きたやなむら）
大住郡 (972) 落幡村（おちはたむら）
大住郡 (988) 坪ノ内村（つぼのうちむら）
大住郡 (989) 三ノ宮村（さんのみやむら）
大住郡 (991) 神戸村（ごうどむら）
大住郡 (992) 串橋村（くしはしむら）
大住郡 (993) 笠窪村（かさくぼむら）

第二十二大区七小区

大住郡 (982) 伊勢原村（いせはらむら）
大住郡 (983) 池端村（いけばたむら）
大住郡 (984) 東大竹村（ひがしおおたけむら）
大住郡 (985) 田中村（たなかむら）
大住郡 (986) 板戸村（いたどむら）
大住郡 (994) 白根村（しらねむら）
大住郡 (996) 大山町（おおやままち）
大住郡 (997) 子易村（こやすむら）
大住郡 (999) 日向村（ひなたむら）
大住郡 (1000) 上粕屋村（かみかすやむら）
大住郡 (1002) 下粕屋村（しもかすやむら）

第二十二大区八小区

大住郡 (914) 城所村（きどころむら）
大住郡 (915) 小鍋島村（こなべしまむら）
大住郡 (916) 大島村（おおしまむら）
大住郡 (917) 下島村（しもしまむら）
大住郡 (1011) 下平間村（しもひらまむら）
大住郡 (1012) 上平間村（かみひらまむら）
大住郡 (1018) 矢崎村（やさきむら）
大住郡 (1019) 北大縄村（きたおおなわむら）
大住郡 (1020) 大畑村（おおばたけむら）
大住郡 (1021) 丸島村（まるしまむら）
大住郡 (1023) 上入山瀬村（かみいりやませむら）
大住郡 (1024) 下入山瀬村（しもいりやませむら）
大住郡 (1025) 馬渡村（まわたりむら）
大住郡 (1026) 西海地村（さいかちむら）
大住郡 (1027) 大句村（おおくむら）
大住郡 (1029) 豊田本郷村（とよだほんごうむら）
大住郡 (1030) 小嶺村（こみねむら）
大住郡 (1031) 宮下村（みやしたむら）
大住郡 (1032) 平等寺村（びょうどうじむら）
大住郡 (1033) 打間木村（うちまぎむら）

第二十二大区九小区

大住郡 (998) 西富岡村（にしとみおかむら）
大住郡 (1003) 東富岡村（ひがしとみおかむら）
大住郡 (1004) 粟窪村（あわくぼむら）
大住郡 (1005) 高森村（たかもりむら）
大住郡 (1006) 見附島村（みつけしまむら）

大住郡 (1007) 石田村（いしだむら）
大住郡 (1008) 下落合村（しもおちあいむら）
大住郡 (1013) 小稲葉村（こいなばむら）
大住郡 (1014) 上谷村（かみやむら）
大住郡 (1015) 下谷村（しもやむら）
大住郡 (1016) 沼目村（ぬまめむら）
大住郡 (1035) 長沼村（ながぬまむら）
大住郡 (1036) 上落合村（かみおちあいむら）
大住郡 (1037) 下津古久村（しもつこくむら）

第二十二大区十小区

大住郡 (896) 平塚新宿（ひらつかしんじゅく）
彦右衛門新田 詳細不明
大住郡 (897) 須賀村（すかむら）
大住郡 (898) 馬入村（ばにゅうむら）

第二十二大区十一小区

大住郡 (910) 田村（たむら）
大住郡 (911) 大神村（おおかみむら）
大住郡 (912) 吉際村（よしぎわむら）
大住郡 (932) 八幡村（やはたむら）
大住郡 (933) 四ノ宮村（しのみやむら）
大住郡 (934) 真土村（しんどむら）
大住郡 (935) 南原村（みなみはらむら）
大住郡 (937) 中原下宿（なかはらしもじゅく）
大住郡 (938) 中原上宿（なかはらかみじゅく）
大住郡 (1038) 戸田村（とだむら）
大住郡 (1039) 酒井村（さかいむら）
大住郡 (1040) 岡田村（おかだむら）

第二十三大区

第二十三大区一小区

愛甲郡 (1333) 戸室村（とむろむら）
愛甲郡 (1334) 温水村（ぬるみずむら）
愛甲郡 (1335) 長谷村（はせむら）
愛甲郡 (1336) 愛名村（あいなむら）
愛甲郡 (1341) 林村（はやしむら）
愛甲郡 (1348) 下古沢村（しもふるさわむら）
愛甲郡 (1349) 上古沢村（かみふるさわむら）
愛甲郡 (1352) 岡津古久村（おかつこくむら）
愛甲郡 (1353) 小野村（おのむら）
愛甲郡 (1354) 七沢村（ななさわむら）
愛甲郡 (1368) 煤ヶ谷村（すすがやむら）
愛甲郡 (1369) 宮ヶ瀬村（みやがせむら）

第二十三大区二小区

愛甲郡 (1332) 厚木町（あつぎまち）
愛甲郡 (1337) 恩名村（おんなむら）
愛甲郡 (1338) 船子村（ふなこむら）
愛甲郡 (1339) 愛甲村（あいこうむら）
愛甲郡 (1356) 金田村（かねだむら）
愛甲郡 (1357) 下依知村（しもえちむら）
愛甲郡 (1358) 中依知村（なかえちむら）
愛甲郡 (1359) 上依知村（かみえちむら）
愛甲郡 (1360) 関口村（せきぐちむら）
愛甲郡 (1361) 山際村（やまぎわむら）
愛甲郡 (1362) 猿ヶ島村（さるがしまむら）

第二十三大区三小区

愛甲郡 (1342) 妻田村（つまだむら）
愛甲郡 (1343) 及川村（おいかわむら）
愛甲郡 (1344) 三田村（さんだむら）
愛甲郡 (1345) 棚沢村（たなさわむら）
愛甲郡 (1350) 飯山村（いいやまむら）
愛甲郡 (1364) 下荻野村（しもおぎのむら）
愛甲郡 (1365) 中荻野村（なかおぎのむら）
愛甲郡 (1367) 上荻野村（かみおぎのむら）

第二十三大区四小区

愛甲郡 (1346) 下川入村（しもかわいりむら）
愛甲郡 (1372) 田代村（たしろむら）
愛甲郡 (1373) 半原村（はんばらむら）
愛甲郡 (1375) 角田村（すみだむら）
愛甲郡 (1376) 三増村（みませむら）
愛甲郡 (1381) 中津村（なかつむら）
愛甲郡 (1382) 八菅山村（はすげさんむら）
愛甲郡 八菅新田 詳細不明

第二十三大区五小区

津久井郡（1383）小倉村（おぐらむら）
津久井郡（1384）葉山島村（はやまじまむら）
津久井郡（1386）川尻村（かわしりむら）
津久井郡（1390）中沢村（なかざわむら）
津久井郡（1391）三井村（みいむら）
津久井郡（1393）中野村（なかのむら）
津久井郡（1394）又野村（またのむら）
津久井郡（1395）太井村（おおいむら）
津久井郡（1396）三ヶ木村（みかげむら）
津久井郡（1398）下長竹村（しもながたけむら）
津久井郡（1399）上長竹村（かみながたけむら）
津久井郡（1400）根小屋村（ねごやむら）
津久井郡（1401）青山村（あおやまむら）
津久井郡（1403）鳥屋村（とやむら）
津久井郡（1404）青野原村（あおのはらむら）
津久井郡（1405）青根村（あおねむら）

第二十三大区六小区

津久井郡（1407）牧野村（まぎのむら）
津久井郡（1408）吉野駅（よしのえき）
津久井郡（1409）小淵村（おぶちむら）
津久井郡（1410）沢井村（さわいむら）
津久井郡（1411）佐野川村（さのがわむら）
津久井郡（1412）名倉村（なぐらむら）
津久井郡（1413）日連村（ひづれむら）
津久井郡（1415）若柳村（わかやなぎむら）
津久井郡（1416）寸沢嵐村（すあらしむら）
津久井郡（1418）千木良村（ちぎらむら）
津久井郡（1419）小原町（おはらまち）
津久井郡（1420）与瀬駅（よせえき）

郡区町村編制法（明治十一年太政官布告）

第十七号

郡区町村編制法左ノ通被定候条此旨布告候事

明治十一年七月二十二日　　　　　　太政大臣三条実美

第一条　地方ヲ画シテ府県ノ下郡区町村トス

第二条　郡町村ノ区域名称ハ総テ旧ニ依ル

第三条　郡ノ区域広濶ニ過キ施政ニ不便ナル者ハ一郡ヲ画シテ数郡トナス　東西南北上中下某郡ト云カ如シ

第四条　三府五港其他人口輻湊ノ地ハ別ニ一区トナシ其ノ広濶ナル者ハ区分シテ数区トナス

第五条　毎郡ニ郡長各一員ヲ置キ毎区ニ区長各一員ヲ置ク郡ノ狭少ナルモノハ数郡ニ一員ヲ置クコトヲ得

第六条　毎町村ニ戸長各一員ヲ置ク又数町村ニ一員ヲ置クコトヲ得

神奈川県布達

甲第百四十五号

本年七月太政官第十七号公布ニ依リ郡区編成別紙ノ通相定候条此旨布達候事

但従前大小区務之儀ハ追テ何分之儀相達候迄都テ従来之通取扱候儀ト可相心得候事

明治十一年十一月十八日　　　神奈川県令野村　靖

（別紙）

横浜区　　久良岐郡ノ内市街地ヲ渾テ該区トス

本町（ホンー）	北仲通（キタナカドオリ）	元浜町（モトハマー）	海岸通（カイガン）
南仲通（ミナミナカ）	弁天通（ベンテン）	境町（サカヒー）	太田町（オホタマチ）
相生町（アイヲヒー）	住吉町（スミヨシー）	常盤町（トキハー）	尾上町（ヲノヘー）

真砂町（マサゴー）　港町（ミナトー）　吉田町（ヨシダマチ）　柳町（ヤナギー）
福富町（フクトミー）　長者町（チョウジヤー）　末吉町（スエヨシー）　伊勢佐木町（イセザキー）
姿見町（スガタミー）　羽衣町（ハゴロモー）　浪花町（ナニハー）　蓬莱町（ホウライー）
若竹町（ワカタケー）　松ヶ枝町（マツガエー）　梅ヶ枝町（ウメガエー）　若葉町（ワカバー）
賑町（ニギハヒマチ）　久方町（ヒサカター）　足曳町（アシビキー）　雲井町（クモ井ー）
長島町（ナガシマー）　吉岡町（ヨシヲカー）　駿河町（スルガー）　萬代町（ヨロヅヨー）
不老町（フロウー）　翁町（オキナー）　扇町（アフギマチ）　寿町（コトブキー）
松影町（マツカゲー）　吉浜町（ヨシハマー）　三吉町（ミヨシー）　千歳町（チトセー）
山田町（ヤマダー）　富士見町（フジミー）　山吹町（ヤマブキー）　桜木町（サクラギー）
内田町（ウチダー）　福長町（フクナガー）　長住町（ナガズミー）　緑町（ミドリー）
橘町（タチバナー）　高島町（タカシマー）　裏高島町（ウラタカシマー）　花咲町（ハナサキー）
野毛町（ノゲー）　月岡町（ツキヲカー）　老松町（オイマツー）　宮川町（ミヤガハー）
日出町（ヒノデー）　福島町（フクシマー）　宮崎町（ミヤザキー）　伊勢町（イセー）
戸部町（トベー）　平沼町（ヒラヌママチ）　仲町（ナカー）　材木町（ザイモクー）
黄金町（コガ子ー）　三春町（ミハルー）　初音町（ハツ子ー）　英町（ハナブサー）
霞町（カスミー）　清水町（シミヅー）　元町（モトマチ）　諏訪町（スハー）
上野町（ウヘノマチ）　千代崎町（チヨサキー）　山本町（ヤマモトー）　石川仲町（イシカハナカマチ）
石川町（イシカハマチ）

合八十一

久良岐郡（クラキ）　該郡ノ内渾テ郡村地ヲ云

吉田新田（ヨシダシンデン）　平沼新田（ヒラヌマシンデン）　尾張屋新田（ヲハリヤシンデン）　太田村（オホタ）
北方村（キタカタ）　本牧本郷村（モンモクホンガウ）　根岸村（子ギシ）　中村（ナカ）
久保村（クボ）　最戸村（サイド）　別所村（ベツショ）　中里村（ナカザト）
弘明寺村（グミヤウジ）　引越村（ヒツコシ）　永田村（ナガタ）　上大岡村（カミオホヲカ）

下大岡村（シモオホヲカ）	井土ヶ谷村（イドガヤ）	蒔田村（マイタ）	堀ノ内村（ホリウチ）
滝頭村（タキガシラ）	岡村（ヲカ）	磯子村（イソコ）	森村（モリ）
森中原村（モリナカハラ）	杉田村（スギタ）	笹下村（サヽゲ）	日野村（ヒノ）
田中村（タナカ）	矢部野村（ヤベノ）	栗木村（クリキ）	中里村（ナカザト）
氷取沢村（ヒトリサハ）	峰村（ミ子）	町屋村（マチヤ）	洲崎村（スザキ）
泥亀新田（デイキシンデン）	野島浦（ノジマ）	寺前村（テラマヘ）	柴村（シバ）
谷津村（ヤツ）	富岡村（トミヲカ）	三分村（サンブ）	釜利谷村（カマリヤ）

合四拾四

橘樹郡（タチバナ）

岡野新田（ヲカノシンデン）	芝生村（シバフ）	保土ヶ谷町（ホドガヤマチ）	岩間町（イハママチ）
神戸町（ガウドマチ）	帷子町（カタビラマチ）	下星川村（シモホシカハ）	仏向村（ブツカウ）
坂本村（サカモト）	和田村（ワダ）	神奈川町（カナガハマチ）	青木町（アヲキマチ）
下菅田村（シモスゲタ）	小机村（コヅクエ）	羽沢村（ハザハ）	三枚橋村（サンマイバシ）
片倉村（カタクラ）	大豆戸村（オホマメド）	篠原村（シノハラ）	鳥山村（トリヤマ）
神大寺村（ジンダイジ）	六角橋村（ロクカクバシ）	岸ノ根村（キシ子）	子安村（コヤス）
生麦村（ナマムギ）	鶴見村（ツルミ）	馬場村（ババ）	西寺尾村（ニシテラオ）
北寺尾村（キタテラヲ）	東寺尾村（ヒガシテラヲ）	菊名村（キクナ）	白幡村（シラハタ）
獅子ヶ谷村（シヽヤ）	師岡村（モロヲカ）	駒岡村（コマヲカ）	上末吉村（カミスヘヨシ）
下末吉村（シモスヘヨシ）	南綱島村（ミナミツナシマ）	北綱島村（キタツナシマ）	箕輪村（ミノワ）
大曽根村（オホゾ子）	樽村（タル）	太尾村（フトヲ）	久根崎町（クネザキマチ）
新宿町（シンシユクマチ）	砂子町（イサゴマチ）	小土呂町（コドロマチ）	大師河原村（ダイシカハラ）
堀ノ内村（ホリウチ）	渡田村（ワタリダ）	大島村（オホシマ）	池上新田（イケガミシンデン）
中島村（ナカシマ）	小田村（ヲダ）	下新田（シモシンデン）	潮田村（ウシホダ）
田辺新田（タナベシンデン）	小野新田（ヲノシンデン）	市場村（イチバ）	菅沢村（スガサハ）

矢向村（ヤカウ）　江ヶ崎村（エガザキ）　南河原村（ミナミカハラ）　小倉村（ヲグラ）
塚越村（ツカコシ）　下平間村（シモヒラマ）　古川村（フルカハ）　戸手村（トテ）
小向村（コムカヒ）　上平間村（カミヒラマ）　中丸子村（ナカマルコ）　市ノ坪村（イチツボ）
苅宿村（カリヤド）　鹿島田村（カシマダ）　今井村（イマ井）　北加瀬村（キタカセ）
木月村（キヅキ）　井田村（井ダ）　明津村（アケヅ）　蟹ヶ谷村（カニガヤ）
南加瀬村（ミナミカセ）　矢上村（ヤガミ）　駒林村（コマハヤシ）　駒ヶ橋村（コマガハシ）
溝ノ口村（ミゾグチ）　二子村（フタゴ）　久地村（クヂ）　下作延村（シモサクノベ）
久本村（ヒサモト）　諏訪河原村（スハカハラ）　北見方村（キタミカタ）　宮内村（ミヤウチ）
小杉村（コスギ）　上丸子村（カミマルコ）　上小田中村（カミコダナカ）　下小田中村（シモコダナカ）
新城村（シンジヤウ）　坂戸村（サカト）　千年村（チトセ）　子母口村（シボグチ）
久末村（ヒサスヘ）　新作村（シンサク）　末長村（スヘナガ）　梶ヶ谷村（カヂガヤ）
野川村（ノカハ）　有馬村（アリマ）　馬絹村（マギヌ）　土橋村（ツチハシ）
上作延村（カミサクノベ）　長尾村（ナガヲ）　平村（タヒラ）　菅生村（スガヲ）
生田村（イクタ）　高石村（タカイシ）　細山村（ホソヤマ）　金程村（ハナホド）
登戸村（ノボリト）　宿河原村（シユクガハラ）　堰村（セキ）　菅村（スゲ）
中野島村（ナカノシマ）

合百二拾壱

都筑郡（ツヾキ）

新羽村（ニツパ）　大熊村（オホクマ）　吉田村（ヨシダ）　高田村（タカダ）
山田村（ヤマダ）　大棚村（オホダナ）　牛久保村（ウシクボ）　茅ヶ崎村（チガザキ）
勝田村（カチダ）　東方村（ヒガシガタ）　折本村（ヲリモト）　川向村（カハムカウ）
池辺村（イケノベ）　佐江戸村（サエド）　川和村（カハワ）　荏田村（エダ）
王禅寺村（ワウゼンジ）　早野村（ハヤノ）　下麻生村（シモアサフ）　石川村（イシカハ）
黒川村（クロカハ）　栗木村（クリギ）　片平村（カタヒラ）　五力田村（ゴリキダ）

古沢村（フルサワ）	萬福寺村（マンプクジ）	上麻生村（カミアサフ）	川島村（カハシマ）
上星川村（カミホシカハ）	上菅田村（カミスゲタ）	新井新田（アラ井シンデン）	本郷村（ホンガウ）
鴨居村（カモ井）	二俣川村（フタマタカハ）	三反田村（サンダタ）	小高新田（コダカシンデン）
市野沢村（イチノサハ）	今井村（イマ井）	今宿村（イマジユク）	下川井村（シモカハ井）
川井村（カハ井）	上川井村（カミカハ井）	上白根村（カミシラ子）	下白根村（シモシラ子）
久保村（クボ）	台村（ダイ）	寺山村（テラヤマ）	中山村（ナカヤマ）
上猿山村（カミサルヤマ）	下猿山村（シモサルヤマ）	青砥村（アヲト）	小山村（コヤマ）
榎下村（エノシタ）	長津田村（ナガツダ）	十日市場村（トウカイチバ）	西八朔村（ニシハツサク）
北八朔村（キタハツサク）	鉄村（クロガネ）	黒須田村（クロスダ）	大場村（ヲホバ）
市ヶ尾村（イチガヲ）	下谷本村（シモヤモト）	上谷本村（カミヤモト）	成合村（ナリアイ）
奈良村（ナラ）	岡上村（ヲカノボリ）	寺家村（ジケ）	鴨志田村（カモシダ）
恩田村（オンダ）			

合六拾九

西多摩郡（ニシタマ）（略）

南多摩郡（ミナミタマ）（略）

北多摩郡（キタタマ）（略）

三浦郡（ミウラ）

野比村（ノビ）	長沢村（ナガサハ）	津久井村（ツク井）	上宮田村（カミミヤタ）
菊名村（キクナ）	松輪村（ナツワ）	金田村（カ子ダ）	毘沙門村（ビシヤモン）
六合村（ムツアヒ）	三崎町（ミサキ）	城ヶ島村（ジヤウガシマ）	諸磯村（モロイソ）
三戸村（ミト）	小網代村（コアジロ）	下宮田村（シモミヤダ）	武村（タケ）
大田和村（オホタワ）	林村（ハヤシ）	須軽谷村（スガリヤ）	高円坊村（コウエンボフ）
長井村（ナガ井）	和田村（ワダ）	入江新田（イリエ）	荻野村（ヲギノ）

長坂村（ナガサカ）　芦名村（アシナ）　佐島村（サジマ）　秋谷村（アキヤ）
浦郷村（ウラノガウ）　田浦村（タウラ）　船越新田（フナコシシンデン）　長浦村（ナガウラ）
逸見村（ヘミ）　横須賀町（ヨコスカマチ）　不入斗村（イリヤマズ）　深田村（フカダ）
中里村（ナカザト）　佐野村（サノ）　公郷村（クガウ）　大津村（オホツ）
走水村（ハシリミヅ）　鴨居村（カモ井）　浦賀町（ウラガマチ）　内川新田（ウチカハシンデン）
八幡久里浜村（ヤハタクリハマ）　久村（ク）　佐原村（サハラ）　岩戸村（イハド）
森崎村（モリサキ）　大矢部村（オホヤベ）　衣笠村（キヌガサ）　小矢部村（コヤベ）
金谷村（カ子ヤ）　平作村（ヒラサク）　木古庭村（キコバ）　上山口村（カミヤマクチ）
下山口村（シモヤマクチ）　一色村（イツシキ）　長柄村（ナガエ）　堀内村（ホリウチ）
桜山村（サクラヤマ）　小坪村（コツボ）　久木村（ヒサキ）　逗子村（ヅシ）
山ノ根村（ヤマ子）　池子村（イケコ）　沼間村（ヌママ）

合六拾七

鎌倉郡（カマクラ）

上俣野村（カミマタノ）　東俣野村（ヒガシマタノ）　山谷新田（サンヤシンデン）　柄沢村（カラサハ）
大鋸町（ダイギリマチ）　西富町（ニシトミチヤウ）　渡内村（ワタウチ）　関谷村（セキヤ）
城廻村（シロメグリ）　岡本村（ヲカモト）　植木村（ウエキ）　高谷村（タカヤ）
小塚村（コツカ）　弥勒寺村（ミロクジ）　宮前村（ミヤノマヘ）　山崎村（ヤマサキ）
上町谷村（カミマチヤ）　寺分村（テラブン）　梶原村（カヂハラ）　常盤村（トキハ）
笛田村（フエダ）　手広村（テヒロ）　川名村（カハナ）　片瀬村（カタセ）
江ノ島（エシマ）　腰越村（コシゴエ）　津村（ツ）　極楽寺村（ゴクラクジ）
坂ノ下村（サカシタ）　長谷村（ハセ）　乱橋材木座村（ミダレバシザイモクザ）　大町村（オホマチ）
峠村（タフゲ）　十二所村（ジウニソー）　浄明寺村（ヂヨウミヨウジ）　二階堂村（ニカヒドウ）
西御門村（ニシミカド）　雪ノ下村（ユキシタ）　小町村（コマチ）　扇ヶ谷村（アフギヤ）
山ノ内村（ヤマウチ）　台村（ダイ）　小袋谷村（コブクロヤ）　大船村（ヲホフナ）

笠間村（カサマ）	小菅ヶ谷村（コスガヤ）	今泉村（イマイヅミ）	岩瀬村（イハセ）
桂村（カツラ）	公田村（クデン）	鍛冶ヶ谷村（カヂガヤ）	中野村（ナカノ）
上野村（ウヘノ）	飯島村（イヒジマ）	長沼村（ナガヌマ）	小雀村（コスヾメ）
長尾台村（ナガヲダイ）	田谷村（タヤ）	金井村（カナ井）	上野庭村（カミノバ）
下野庭村（シモノバ）	上倉田村（カミクラダ）	下倉田村（シモクラダ）	舞岡村（マヒヲカ）
永谷村（ナガヤ）	上柏尾村（カミカシヲ）	下柏尾村（シモカシヲ）	品濃村（シナノ）
平戸村（ヒラド）	前山田村（マヘヤマダ）	後山田村（ウシロヤマダ）	秋葉村（アキバ）
名瀬村（ナセ）	上矢部村（カミヤベ）	戸塚宿（トヅカジユク）	吉田町（ヨシダマチ）
矢部町（ヤベマチ）	瀬谷村（セヤ）	二ツ橋村（フタツバシ）	宮沢村（ミヤザワ）
阿久和村（アクワ）	和泉村（イヅミ）	上飯田村（カミイヒダ）	下飯田村（シモイヒダ）
中田村（ナカダ）	岡津村（ヲカヅ）	深谷村（フカヤ）	汲沢村（グミザワ）
原宿村（ハラジユク）			

合八拾九

高座郡（カウザ）

藤沢宿（フヂサワ）	大庭村（オホバ）	羽鳥村（ハトリ）	稲荷村（イナリ）
鵠沼村（クヾヒヌマ）	茅ヶ崎村（チガサキ）	矢畑村（ヤバタ）	室田村（ムロダ）
菱沼村（ヒシヌマ）	小和田村（コワダ）	辻堂村（ツヂドウ）	高田村（タカダ）
赤羽根村（アカバ子）	甘沼村（アマヌマ）	香川村（カガハ）	西久保村（ニシクボ）
円蔵村（エンザウ）	今宿村（イマジユク）	萩園村（ハギゾノ）	浜ノ郷村（ハマガウ）
松尾村（マツヲ）	下町屋村（シモマチヤ）	柳島村（ヤナギシマ）	中島村（ナカジマ）
平太夫新田（ヘイダイフシンデン）	一ノ宮村（イチミヤ）	田端村（タバタ）	中瀬村（ナカセ）
宮山村（ミヤヤマ）	倉見村（クラミ）	小動村（コユルギ）	小谷村（コヤト）
大曲村（オホマガリ）	下大曲村（シモオホマガリ）	岡田村（オカダ）	大蔵村（オホザウ）
行谷村（ナメガヤ）	芹沢村（セリサハ）	堤村（ツヽミ）	下寺尾村（シモテラヲ）

遠藤村（エンドウ）　亀井野村（カメ井ノ）　石川村（イシカハ）　西俣野村（ニシマタノ）
下和田村（シモワダ）　高倉村（タカクラ）　今田村（イマダ）　円行村（エンギヤウ）
下土棚村（シモツチダナ）　長後村（チヤウゴ）　蓼川村（タデカワ）　本蓼川村（ホンタデカワ）
上土棚村（カミツチダナ）　深谷村（フカヤ）　吉岡村（ヨシヲカ）　深見村（フカミ）
上草柳村（カミサウヤギ）　下草柳村（シモサウヤギ）　福田村（フクダ）　上和田村（カミワダ）
寺尾村（テラヲ）　小園村（コソノ）　望地村（マウチ）　国分村（コクブ）
早川村（ハヤカハ）　杉窪村（スギクボ）　大谷村（オホヤ）　用田村（ヨウダ）
葛原村（クズハラ）　菖蒲沢村（シヨウブザハ）　打戻村（ウチモドリ）　獺郷村（ヲソガウ）
本郷村（ホンガウ）　宮原村（ミヤバラ）　今里村（イマザト）　上河内村（カミガハチ）
中河内村（ナカガハチ）　社家村（シヤケ）　中野村（ナカノ）　門沢橋村（カドサハバシ）
上郷村（カミガウ）　河原口村（カハラグチ）　中新田村（ナカシンデン）　柏ヶ谷村（カシハガヤ）
上今泉村（カミイマイヅミ）　下今泉村（シモイマイヅミ）　上鶴間村（カミツルマ）　下鶴間村（シモツルマ）
栗原村（クリハラ）　淵野辺村（フチノベ）　上矢部村（キミヤベ）　鵜ノ森村（ウノモリ）
矢部新田村（ヤベシンデン）　橋本村（ハシモト）　相原村（アイハラ）　小山村（ヲヤマ）
清兵衛新田（セイベエシンデン）　下九沢村（シモクザワ）　上九沢村（カミクザワ）　大島村（オホシマ）
田名村（タナタ）　当麻村（タヒマ）　上溝村（カミミゾ）　下溝村（シモミゾ）
磯部村（イソベ）　新戸村（シンド）　座間村（ザマ）　座間入谷村（ザマイリヤ）
新田宿村（シンデンジユク）　四ツ谷村（ヨツヤ）

合百十

大住郡（オホスミ）
淘綾郡（ヨロギ）　両郡ヲ合シテ一役所ヲ置

五分一村（ゴブイチ）　千村（チ）　渋沢村（シブサハ）　平沢村（ヒラサハ）
今泉村（イマイヅミ）　尾尻村（ヲジリ）　西大竹村（ニシオホダケ）　堀沼城村（ホリヌマジヨウ）
堀川村（ホリカハ）　堀斎藤村（ホリサイトウ）　堀山下村（ホリヤマシタ）　戸川村（トガハ）

三屋村（サンヤ）　横野村（ヨコノ）　菩提村（ボダイ）　曽屋村（ソヤ）
羽根村（ハ子）　西田原村（ニシタハラ）　東田原村（ヒガシタハラ）　蓑毛村（ミノゲ）
小蓑毛村（コミノゲ）　寺山村（テラヤマ）　落合村（オチアイ）　名古木村（ナガノキ）
善波村（ゼンバ）　上大槻村（カミオホツキ）　下大槻村（シモオホツキ）　土屋村（ツチヤ）
上吉沢村（カミキツサハ）　下吉沢村（シモキツサハ）　千須谷村（センズヤ）　片岡村（カタヲカ）
広川村（ヒロカハ）　公所村（グゾ）　根坂間村（子サカマ）　河内村（カフチ）
纏村（マトヒ）　長持村（ナガモチ）　徳延村（トクノベ）　入部村（イリブ）
三ノ宮村（サンミヤ）　神戸村（ガフド）　串橋村（クシハシ）　坪ノ内村（ツボウチ）
笠窪村（カサクボ）　落幡村（オチハタ）　北矢名村（キタヤナ）　南矢名村（ミナミヤナ）
真田村（サナダ）　北金目村（キタカナメ）　南金目村（ミナミカナメ）　飯島村（イヒジマ）
寺田縄村（テラダナハ）　入野村（イリノ）　大山町（オホヤマ）　子易村（コヤス）
日向村（ヒナタ）　上粕屋村（カミカスヤ）　下粕屋村（シモカスヤ）　池端村（イケハタ）
東大竹村（ヒガシオホタケ）　伊勢原村（イセバラ）　板戸村（イタド）　田中村（タナカ）
白根村（シラネ）　丸島村（マルシマ）　大畑村（オホバタケ）　矢崎村（ヤサキ）
北大縄村（キタオヽナハ）　入山瀬村（イリヤマセ）　西海地村（サイカチ）　大句村（オホク）
馬渡村（マワタリ）　上平間村（カミヒラマ）　下平間村（シモヒラマ）　城所村（キドコロ）
小鍋島村（コナベシマ）　大島村（オホシマ）　下島村（シモシマ）　打間木村（ウチマキ）
小嶺村（コミネ）　豊田本郷村（トヨダホンガウ）　宮下村（ミヤシタ）　平等寺村（ヒヤウドウジ）
西富岡村（ニシトミヲカ）　東富岡村（ヒガシトミヲカ）　粟窪村（アハクボ）　高森村（タカモリ）
見附島村（ミヅケシマ）　石田村（イシダ）　上落合村（カミヲチアイ）　下落合村（シモオチアイ）
小稲葉村（コイナバ）　上谷村（カミヤ）　下谷村（シモヤ）　沼目村（ヌマメ）
長沼村（ナガヌマ）　下津古久村（シモツコク）　平塚宿（ヒラツカジユク）　平塚新宿（ヒラツカシンジユク）
馬入村（バニウ）　須賀村（スカ）　真土村（シンド）　中原上宿（ナカハラカミジユク）
中原下宿（ナカハラシモジユク）　南原村（ミナミハラ）　八幡村（ヤハタ）　四ノ宮村（シミヤ）
田村（タ）　大神村（オホカミ）　戸田村（トダ）　酒井村（サカ井）

岡田村（ヲカダ）	吉際村（ヨシギハ）		

大住郡合百拾四

川匂村（カハワ）	山西村（ヤマニシ）	二宮村（ニノミヤ）	中里村（ナカザト）
一色村（イツシキ）	西窪村（ニシクボ）	黒岩村（クロイハ）	虫窪村（ムシクボ）
生沢村（イクサハ）	国府新宿（コフシンジユク）	国府本郷村（コフホンガウ）	寺坂村（テラサカ）
出縄村（イデナハ）	萬田村（マンダ）	山下村（ヤマシタ）	高根村（タカ子）
西小磯村（ニシコイソ）	東小磯村（ヒガシコイソ）	大磯宿（オホイソ）	高麗村（コマ）

淘綾郡合二十

足柄上郡（アシガラカミ）

宮城野村（ミヤギノ）	仙石原村（センゴクハラ）	沼田村（ヌマダ）	三竹山村（ミタケヤマ）
岩原村（イハハラ）	塚原村（ツカハラ）	柏山村（カヤマ）	曽比村（ソヒ）
駒形新宿（コマガタシンジユク）	炭焼所村（スミヤキジヨ）	和田河原村（ワダガハラ）	竹松村（タケマツ）
壗下村（マヽシタ）	怒田村（ヌタ）	中沼村（ナカヌマ）	狩野村（カノ）
飯沢村（イヒサハ）	猿山村（サルヤマ）	関本村（セキモト）	雨坪村（アマツボ）
福泉村（フクセン）	弘西寺村（コウサイジ）	苅野村（カリノ）	矢倉沢村（ヤクラサハ）
内山村（ウチヤマ）	平山村（ヒラヤマ）	谷ヶ村（ヤガ）	吉田島村（ヨシダジマ）
牛島村（ウシジマ）	宮ノ台村（ミヤダイ）	中ノ名村（ナカナ）	円通寺村（エンツウジ）
延沢村（ノブサハ）	金井島村（カナ井シマ）	岡野村（ヲカノ）	千津島村（センヅシマ）
小市村（コイチ）	斑目村（マダラメ）	鬼柳村（オニヤナギ）	西大井村（ニシオホ井）
金子村（カ子コ）	金手村（カナデ）	神山村（カフヤマ）	柳村（ヤナギ）
高尾村（タカヲ）	赤田村（アカダ）	山田村（ヤマダ）	上大井村（カミオホ井）
曽我大沢村（ソガオホサハ）	上曽我村（カミソガ）	下大井村（シモオホ井）	菖蒲村（シヤウブ）
柳川村（ヤナガハ）	八沢村（ヤサハ）	三廻部村（ミクルベ）	寄村（ヤドリキ）
篠窪村（シノクボ）	松田惣領（マツダソウリヨウ）	松田庶子（マツダソシ）	川村向原（カハムラムカウハラ）

川村岸（カハムラキシ）	川村山北（カワムラヤマキタ）	皆瀬川村（ミナセガハ）	都夫良野村（ツブラノ）
湯触村（ユブレ）	川西村（カワニシ）	山市場村（ヤマイチバ）	神縄村（カンナハ）
世附村（ヨヅク）	中川村（ナカガハ）	玄倉村（クロクラ）	遠藤村（エンドウ）
北田村（キタダ）	田中村（タナカ）	半分形村（ハブガタ）	久所村（クゾ）
古怒田村（コヌタ）	鴨沢村（カモサハ）	雑色村（ザウシキ）	松本村（マツモト）
比奈窪村（ヒナクボ）	藤沢村（フジサハ）	岩倉村（イハクラ）	境別所村（サカヒベツショ）
境村（サカヒ）	井ノ口村（井クチ）	栃窪村（トチクボ）	

合八拾七

足柄下郡（アシガラ）

十字町（ジウジマチ）	幸町（サイハイー）	萬年町（マンネンー）	緑町（ミドリー）
新玉町（アラタマー）	池戸新田（イケドシンデン）	堤新田（ツヽミシンデン）	池上村（イケガミ）
町田村（マチダ）	中島村（ナカジマ）	今井村（イマ井）	井細田村（井サヒダ）
多古村（タコ）	久野村（クノ）	荻窪村（ヲギクボ）	谷津村（ヤツ）
蓮正寺村（レンシヤウジ）	中曽根村（ナカソ子）	飯田岡村（イヽダヲカ）	堀ノ内村（ホリウチ）
柳新田村（ヤナギシンデン）	小台村（コダイ）	新屋村（アラヤ）	清水新田（シミヅシンデン）
北ノ久保村（キタクボ）	府川村（フカハ）	穴部村（アナベ）	穴部新田（アナブシンデン）
下新田村（シモシンデン）	中新田村（ナカシンデン）	上新田村（カミシンデン）	鴨ノ宮村（カモミヤ）
矢作村（ヤハギ）	中里村（ナカザト）	下堀村（シモホリ）	高田村（タカダ）
別堀村（ベツホリ）	千代村（チヨ）	延清村（ノブキヨ）	永塚村（ナガツカ）
東大友村（ヒガシオホトモ）	西大友村（ニシオホトモ）	桑原村（クハハラ）	成田村（ナリタ）
飯泉村（イヒヅミ）	田島村（タシマ）	曽我別所村（ソガベツショ）	曽我原村（ソガハラ）
曽我谷津村（ソガヤツ）	曽我岸村（ソガキシ）	山王原村（サンワウハラ）	網一色村（アミイツシキ）
酒匂村（サカワ）	小八幡村（コヤワタ）	国府津村（コフヅ）	前川村（マヘカハ）
羽根尾村（ハ子ヲ）	中村原（ナカムラハラ）	上町村（カミマチ）	小船村（ヲフ子）

小竹村（ヲタケ）　沼代村（ヌマシロ）　板橋村（イタバシ）　風祭村（カザマツリ）
水ノ尾村（ミヅヲ）　入生田村（イリフダ）　後河原村（ウシロガハラ）　湯本村（ユモト）
湯本茶屋（ユモトヂヤヤ）　須雲川村（スクモガハ）　畑宿（ハタジュク）　箱根宿（ハコ子ジュク）
元箱根村（モトハコ子）　芦ノ湯村（アシユ）　底倉村（ソコクラ）　大平台村（オホヒラダイ）
塔ノ沢村（タフサワ）　早川村（ハヤカハ）　石橋村（イシバシ）　米神村（コメカミ）
根府川村（子ブカハ）　江ノ浦村（エウラ）　岩村（イハ）　真鶴村（マナツル）
福浦村（フクウラ）　吉浜村（ヨシハマ）　鍛冶屋村（カジヤ）　城堀村（シロホリ）
宮下村（ミヤシタ）　宮上村（ミヤカミ）　門川村（モカハ）

合九拾壱

愛甲郡（アイカフ）

戸室村（トムロ）　林村（ハヤシ）　温水村（ヌルミヅ）　長谷村（ハセ）
岡津古久村（ヲカヅコク）　小野村（ヲノ）　愛名村（アイナ）　下古沢村（シモフルサハ）
上古沢村（カミフルサハ）　七沢村（ナヽサハ）　煤ヶ谷村（スヽガヤ）　宮ヶ瀬村（ミヤガセ）
厚木村（アツギ）　金田村（カ子ダ）　下依知村（シモエチ）　中依知村（ナカエチ）
関口村（セキグチ）　猿ヶ島村（サルガシマ）　上依知村（カミエチ）　山際村（ヤマギハ）
恩名村（オンナ）　船子村（フナコ）　愛甲村（アイコウ）　妻田村（ツマダ）
及川村（ヲヒガハ）　飯山村（イヒヤマ）　荻野村（ヲギノ）　三田村（サンダ）
棚沢村（タナサハ）　上荻野村（カミヲギノ）　下川入村（シモカハイリ）　中津村（ナカヅ）
八菅山村（ハスゲサン）　角田村（スミダ）　三増村（ミマセ）　田代村（タシロ）
半原村（ハンバラ）

合三拾七

津久井郡（ツク井）

三ヶ木村（ミカギ）　中野村（ナカノ）　又野村（マタノ）　三井村（ミ井）

太井村（オホ井）	中沢村（ナカザハ）	川尻村（カハシリ）	葉山島村（ハヤマジマ）
小倉村（ヲグラ）	根小屋村（子コヤ）	長竹村（ナガタケ）	青山村（アヲヤマ）
鳥屋村（トヤ）	青野原村（アヲノハラ）	青根村（アヲ子）	吉野駅（ヨシノ）
沢井村（サハ井）	佐野川村（サノガハ）	小淵村（ヲブチ）	名倉村（ナグラ）
牧野村（マキノ）	日連村（ヒヅレ）	与瀬小原駅（ヨセコバラ）	千木良村（チギラ）
若柳村（ワカヤナギ）	寸沢嵐村（スアラシ）		

合二拾六

神奈川県布達（外国人居留地脱落の訂正）

正誤

明治十一年十一月本県甲第百四十五号布達別紙横浜区町村合八十一ノ次左ノ行ヲ脱ス

明治十七年三月二十一日　　　　神　奈　川　県

外

外国人居留地一円

神奈川県布達（戸部町脱落の訂正）

甲第二百十号

明治十一年十一月甲第百四十五号布達郡区編制久良岐郡町村名ノ内戸部町ノ義脱落ニ付更ニ追加候条此旨布達候事

明治十四年十一月二十四日　　　　神奈川県令沖　守固

神奈川県告示第百十九号（戸太村を町制）

久良岐郡戸太村ヲ戸太町ト為ス

明治二十八年十月一日　　　　神奈川県知事　中　野　健　明

【あ】

【い】

【お】

【さ】

【す】

【ち】

【つ】

【に】

【ぬ】

【ふ】

【へ】

【ほ】

【ま】

【み】

【む】

【め】

【も】

【や】

【ゆ】

【よ】

推薦の辞

労作である。

文字通りコツコツと積み重ねた研究の成果だろう。行政区域が時間軸の中でどう変化してきたか、本来の区割りからどう変遷したのか。地縁という概念が消滅しつつある今、自らの寄って立つ土地について改めて考える機会を提供してくれるものだ。しかも、単に、どの村が併合されたか、とか、自治体の集散離合を編年で追っている以上に、行間から地域特性や土地柄が滲んでくる。

かつて、荘園文化の名残や地形をうつした地名など、そのこと自体に意味の内包された地名、地番が生きていた頃があった。時代がうつり、技術が発達して、衛星からの測量やデジタル化が進むと、たとえば2015年には都道府県の面積が修正されるような事態になった。もっとも、プレートテクトニクスを勘案すれば地形は絶えず変動しているのだろうし、震災で大きく地形が変わってしまったり、隣地との境界が現状と図面で相違したりしている例なども枚挙に暇がない。今後ますますデジタル化が進み、土地と人間との距離が離れてしまいそうな危惧もあるが、そんな中で、この資料はアナログ的な温かさを感じさせられる。これは取りも直さず、筆者である齊藤氏の労をいとわぬ手作業の成果だからだろう。

街づくりや行政上の要請に留まらず、文化全般の様々な場面で貴重な資料になることと信じている。

千葉商科大学国際教養学部長
元神奈川県教育委員
宮崎　緑

編者略歴

齊藤　達也（さいとう・たつや）

昭和33年　神奈川県鎌倉市生まれ

昭和56年4月　神奈川県庁入庁

平成25年4月　神奈川県立公文書館資料課長

神奈川県区市町村変遷総覧
県立公文書館資料をたどる

2015年3月29日　初版発行

編　集　齊藤　達也

発　行　神奈川新聞社
〒231-8445　横浜市中区太田町2-23
☎045(227)0850

ISBN　978-4-87645-536-2　C3021